中国地质调查成果 CGS 2023-010
"海口江东新区综合地质调查"项目资助
"海南岛热带特色农业区生态地质调查"项目资助
"全国重要地质遗迹资源调查与地质文化村建设支撑示范"项目资助

琼中县脱贫攻坚地质调查与实践

QIONGZHONG XIAN TUOPIN GONGJIAN DIZHI DIAOCHA YU SHIJIAN

齐 信 唐世新 张再天 宋庆伟 王晓晗 等著

图书在版编目(CIP)数据

琼中县脱贫攻坚地质调查与实践/齐信等著. —武汉:中国地质大学出版社,2023.8
ISBN 978-7-5625-5649-7

Ⅰ.①琼… Ⅱ.①齐… Ⅲ.①扶贫-研究-琼中黎族苗族自治县②地质调查-研究-琼中黎族苗族自治县 Ⅳ.①F127.664②P622

中国版本图书馆CIP数据核字(2023)第140719号

琼中县脱贫攻坚地质调查与实践		齐 信 等著
责任编辑:唐然坤	选题策划:唐然坤	责任校对:张咏梅
出版发行:中国地质大学出版社(武汉市洪山区鲁磨路388号)		邮编:430074
电 话:(027)67883511	传 真:(027)67883580	E-mail:cbb@cug.edu.cn
经 销:全国新华书店		http://cugp.cug.edu.cn
开本:880毫米×1 230毫米 1/16		字数:491千字 印张:15.5
版次:2023年8月第1版		印次:2023年8月第1次印刷
印刷:湖北新华印务有限公司		
ISBN 978-7-5625-5649-7		定价:198.00元

如有印装质量问题请与印刷厂联系调换

《琼中县脱贫攻坚地质调查与实践》编委会

顾　　问：黎清华　张志强　王安涛　董　颖　马生明
主　　编：齐　信　唐世新　张再天　宋庆伟　王晓晗
副 主 编：任　磊　莫位明　杨　博　陈双喜　杨群兴
参编人员：王芳婷　代　涛　梁昌智　孙　森　陈飞婷
　　　　　薛宝林　焦尚斌　高　鹏　谢扬龙　林荣俊
　　　　　龚　彬　江扬波　杨剑洲　龚晶晶　付燕刚

主编单位：中国地质调查局武汉地质调查中心
参编单位：中国地质科学院地球物理地球化学勘查研究所
　　　　　中国地质环境监测院
　　　　　广东省地质局第四地质大队
　　　　　华北地质勘查局五一九大队
　　　　　海南地质综合勘察设计院

前　言

党的十八大以来,以习近平同志为核心的党中央把脱贫攻坚放在治国理政的突出位置。脱贫攻坚已成为全面建成小康社会的底线任务,实施精准扶贫、实现精准脱贫是打赢脱贫攻坚这场"人民战争"的关键。自脱贫攻坚战打响以来,自然资源部深入学习贯彻习近平总书记关于扶贫工作的重要论述,坚决落实党中央、国务院的决策部署,把脱贫攻坚作为重大政治任务,聚焦"两不愁三保障"目标,抓紧政策扶贫、对口扶贫两条主线,对脱贫攻坚工作进行了全面部署。中国地质调查局认真贯彻落实党中央关于脱贫攻坚的重要指示批示精神、习近平总书记扶贫开发战略思想和自然资源部党组的决策部署,聚焦精准扶贫、精准脱贫,坚持需求导向与问题导向相结合,充分依托和发挥地质调查专业优势,立足贫困地区客观实际,因地制宜地开展了"地质调查＋"工作,在海南省琼中黎族苗族自治县(简称"琼中县")打造出了精准扶贫的新引擎。

琼中县位于海南岛中部,五指山山麓,是海南热带雨林国家公园的核心区。琼中县自然资源丰富,生态环境优美,位于海南之首,区位优势明显,但是琼中县短板亦较为突出。首先,县域大部分区域位于海南岛的生态核心区,有着严格的生态保护红线管控要求;其次,由于琼中县地形起伏较大,海拔200m以上的地区占比近80%,不利于农业产业化发展;最后,琼中县地质建造以花岗岩为主,在强烈的物理、化学风化作用下,再叠加台风暴雨等影响,致使该地区地质灾害较为频发。琼中县热带农业产业的发展、饮水用水的安全保障、地质灾害的防治以及城镇化的高质量发展均受到气候、地形、地貌和地质本底条件的制约。因此,实施精准扶贫,实现精准脱贫,亟需全面梳理琼中县的自然资源,查明制约琼中县水资源和土地资源安全利用、地质灾害防治及国土空间规划等方面的关键因素,因地制宜地提出对策建议,为热带雨林生态环境保护区新型城镇化和高质量绿色发展贡献地质力量。

针对琼中县地理、地质和资源环境等方面的优势与不足,中国地质调查局发挥专业技术优势,以地球系统科学为指导,开展了琼中县水文地质调查、地质灾害调查监测、地热资源调查、农业生态地质调查、地质遗迹调查等基础工作,重点围绕地下水、地热水、生态地质、灾害地质、地质遗迹和国土空间规划等方面存在的问题与重大需求,探索了"地质调查＋"扶贫新路径。结合水文地质调查和多手段地球物理勘探,成功在花岗岩建造区建成扶贫饮水井29口,解决了贫困地区居民的安全饮水难题,并总结了琼中花岗岩地区地下水的赋存规律和蓄水模式,汇总形成了花岗岩地区"五步法"找水模式和"四查"找水勘查技术方法体系;发现了具有开发价值的富锶、偏硅酸等优质矿泉水资源地8处,成功探获了中低温地热资源井3口,为琼中县矿泉水资源开发和温泉旅游小镇建设奠定了坚实的基础。在生态地质调查的基础上,全面梳理总结了琼中县黄壤、赤红壤、砖红壤、紫色土和水稻土5种土壤类型的特征及空间分布,查明了特色农产品产区和特殊地质背景区的土壤养分、有益组分、环境质量、特色组分等状况、分布规律及主导控制因素,为土地特色农用规划开发提供了基础地质、

I

地球化学等资源本底信息,系统揭示了岩-土体中矿物、元素等的物质组成演化特征及规律,查清了土壤中农作物营养元素、有益元素以及有害元素的演变规律,并开展了土壤环境、土壤养分的评价,总结了元素的迁移规律,提出了热带特色农业产业规划和农产品种植建议。通过灾害地质调查,梳理了琼中县132处地质灾害(隐患)点的分布位置和主要控制因素,并建成了海南省首个信息化在线泥石流灾害监测系统与预警平台,推动了地质灾害防治监测的自动化和智能化建设。通过地质遗迹调查,厘清了琼中县49处地质遗迹(以地貌景观、地质灾害遗址等为主)的空间分布位置与类别,并开展了以地质遗迹景观为主的旅游研学路线探索工作。并以上述调查研究工作为基础,统筹考虑了基础地质条件、各类自然资源空间分布以及政府发展规划的约束,开展了城镇建设、农业生产的适宜性评价及承载力评价,提出了城镇国土空间规划优化建议。

为了进一步总结脱贫攻坚地质调查成果与经验做法,在中国地质调查局统一领导下,中国地质调查局武汉地质调查中心联合中国地质科学院地球物理地球化学勘查研究所以及中国地质环境监测院等单位,并在琼中黎族苗族自治县人民政府、琼中黎族苗族自治县自然资源和规划局、琼中黎族苗族自治县水务局等政府部门的协助下,以琼中县脱贫攻坚地质调查工作为案例,编写形成《琼中县脱贫攻坚地质调查与实践》一书。中国地质调查局武汉地质调查中心负责牵头实施,其中第1章至第4章、第7章、第8章由中国地质调查局武汉地质调查中心科研人员负责完成,第5章由中国地质科学院地球物理地球化学勘查研究所科研人员负责完成,第6章由中国地质环境监测院科研人员负责完成。本书在编写过程中还得到了广东省地质局第四地质大队、华北地质勘查局五一九大队、海南地质综合勘察设计院等地勘单位的大力支持和帮助。

由于笔者水平有限,《琼中县脱贫攻坚地质调查与实践》难免存在不足,恳请各位读者不吝赐教,以便进一步修改和完善。本书在编撰过程中,得到了众多人士的支持和关心,在此一并表示感谢。

编委会
2023年4月

目 录

1 琼中县地质概况 ·· (1)
  1.1 地理位置 ·· (1)
  1.2 气象水文 ·· (2)
  1.3 地形地貌 ·· (2)
  1.4 地层岩性 ·· (3)
  1.5 地质构造 ·· (5)
  1.6 自然资源 ·· (5)

2 水文地质调查保障饮水安全利用 ··· (7)
  2.1 琼中县地下水类型 ··· (7)
  2.2 地下水补径排条件及动态分析 ·· (7)
  2.3 地下水蓄水模式及赋存规律 ··· (8)
  2.4 不同含水层电性特征与物探找水方法总结 ·· (10)
  2.5 水化学特征 ·· (13)
  2.6 地下水质量评价 ·· (19)
  2.7 琼中县缺水概况 ·· (23)
  2.8 琼中县山区供水模式 ··· (25)
  2.9 扶贫找水打井实例 ·· (28)
  2.10 花岗岩区找水建议 ··· (39)
  2.11 地下水开发利用建议 ·· (40)

3 地热资源勘探有效支撑清洁能源开发 ·· (42)
  3.1 上安乡（南流）地热田地质概况 ·· (42)
  3.2 地热田范围 ·· (44)
  3.3 热储特征及埋藏条件 ··· (45)
  3.4 地热流体热储特征 ·· (49)
  3.5 地热流体化学特征 ·· (51)
  3.6 地热资源计算与评价 ··· (57)
  3.7 地热流体质量评价 ·· (64)

  3.8 地热资源开发利用建议 ··· (65)

4 地质灾害调查服务防灾减灾及民生安全 ·· (71)
  4.1 琼中县地质灾害类型与分布规律 ·· (71)
  4.2 琼中县地质灾害形成条件和影响因素 ·· (73)
  4.3 什金钗村泥石流沟简介 ·· (75)
  4.4 什金钗村泥石流监测方案 ··· (77)
  4.5 什金钗村泥石流灾害监测系统与预警平台 ·· (81)
  4.6 琼中县地质灾害治理措施及建议 ·· (83)

5 农业生态地质调查高效支撑生态农业发展 ·· (91)
  5.1 主要地质建造及物质垂向演化 ··· (91)
  5.2 土壤发生类型与土地质量状况 ·· (131)
  5.3 农用地适宜性调查内容及方法 ·· (134)
  5.4 农用地适宜性评价 ··· (141)
  5.5 土壤组分生态效应评价 ··· (164)
  5.6 农业发展规划建议 ··· (170)
  5.7 农业生态地质调查工作模式 ··· (171)

6 地质遗迹调查助推地方特色旅游产业发展 ··· (177)
  6.1 琼中县地质遗迹概况 ·· (177)
  6.2 琼中县典型地质遗迹 ·· (180)
  6.3 琼中县地学旅游提升 ·· (190)
  6.4 琼中县地质遗迹区划 ·· (193)
  6.5 琼中县地质遗迹保护与开发利用建议 ··· (195)

7 琼中县"双评价"支撑服务国土空间规划 ··· (196)
  7.1 省级战略功能定位 ··· (196)
  7.2 自然资源禀赋特征 ··· (196)
  7.3 资源环境承载能力和国土空间开发适宜性评价体系 ···························· (204)
  7.4 资源环境承载能力和国土空间开发适宜性评价 ·································· (208)
  7.5 风险识别与潜力分析 ·· (222)
  7.6 国土空间规划地学建议 ··· (229)

8 琼中县脱贫攻坚地质调查模式及经验启示 ··· (232)
  8.1 琼中县脱贫攻坚"地质调查+"模式 ··· (232)
  8.2 地质调查支撑服务琼中脱贫攻坚经验启示 ·· (237)

主要参考文献 ··· (239)

1 琼中县地质概况

1.1 地理位置

琼中县位于海南岛中部,地跨北纬18°14′—19°25′,东经109°31′—110°09′,东靠琼海市和万宁市,西连白沙黎族自治县和儋州市,南接陵水黎族自治县、保亭黎族苗族自治县和五指山市,北邻屯昌县和澄迈县,全境东西长79.22km,南北宽76.69km,面积2 705.17km²。琼中县设有营根镇、湾岭镇、黎母山镇、红毛镇、长征镇、中平镇、和平镇、什运乡、上安乡、吊罗山乡10个乡镇,共计110个村(居)委会、631个自然村,还管辖新市农场,境内还有阳江、大丰、新进、乌石、岭头、南方、新伟、加钗、长征、乘坡、太平11个国营农场。据第七次全国人口普查数据,截至2020年11月1日,琼中县常住人口179 586人。

琼中县境内交通四通八达,县城营根镇北距海口市137km,南距三亚市165km,东达万宁市万城镇90km,西抵儋州市那大镇84km,是海南岛陆地交通公路的咽喉。随着海口—琼中—三亚高速公路、洋浦—琼中—万宁高速公路的规划建设,琼中将处于海南"田"字形交通枢纽的中心,区位优势明显,届时琼中县将融入全省一小时经济圈(图1-1-1)。

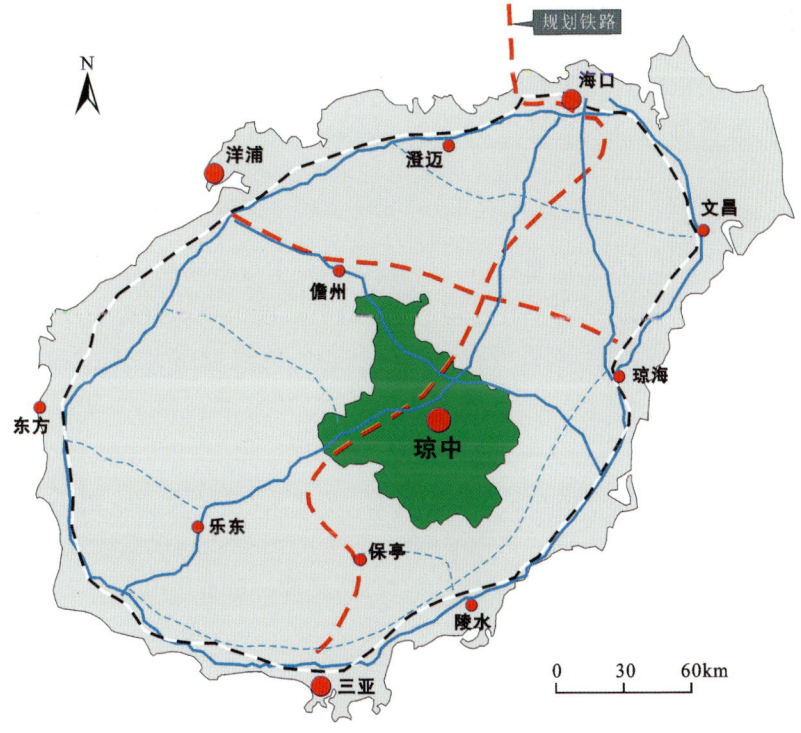

图1-1-1 琼中县交通地理位置示意图

1.2 气象水文

琼中县属热带海洋性季风气候区,日照充足,全年平均日照时间1743h。年平均气温22.5℃,年均最高气温33.0℃,年均最低气温12.8℃。由于四周群山环抱,琼中县形成昼热夜凉的山区气候特征,昼夜温差大于10℃。1月平均气温17.0℃,极端最低气温-6.0℃;7月气温最高,平均气温26.7℃,极端最高气温38.0℃。由于琼中县地处海南岛腹地,受台风影响小,是海南岛静风频率最高的地区之一,全年以东南风为主。

琼中县雨水充沛,旱季和雨季分明,5—10月为雨季,11月至翌年4月为旱季,年平均降雨量2444mm,全年88.4%的降雨量集中在雨季。县境内降雨量在空间上分布不均,降雨量由东向西逐步递增。县境内年均降雨量最大的地区为和平镇,年降雨量大于2600mm;其次为中平镇、上安乡、吊罗山乡等大部分地区,降雨量为2400～2600mm;什运乡、红毛镇等地区年均降雨量相对较少,降雨量小于2000mm。

1.3 地形地貌

琼中县地形西南高,东北低,地势自西南向东北倾斜。根据地貌成因和形态特征,全县划分为4个地貌类型:侵蚀构造中山区、侵蚀构造低山区、构造剥蚀丘陵区、构造剥蚀台地区(图1-3-1)。

1. 侵蚀构造中山区(Ⅰ)

侵蚀构造中山区主要分布于西南部的五指山、西部的鹦哥岭及中北部的黎母山(也称黎母岭)等地区,面积59.59km²,占全县面积的2.20%。区内平均海拔高度大于1000m。山脉走向与区域构造线基本一致,山峰陡峻,基岩裸露,常形成悬崖峭壁,侵蚀切割强烈,山谷呈"V"字形。五指山位于琼中县上安乡西部(琼中县与五指山市界上),海拔1867m,是海南岛第一高山。鹦哥岭位于琼中县西部,呈西南走向,横跨琼中、白沙、五指山、乐东4个县市。黎母山位于黎母山镇南部黎母山镇与乌石镇边界上,海拔1412m,山顶面积1000～1200m²,较平,西北面坡地呈阶梯状。

2. 侵蚀构造低山区(Ⅱ)

侵蚀构造低山区主要分布于西北部黎母山—鹦哥岭一带、上安乡西部、吊罗山南部、县东部加铁岭、白马岭峰等地区,面积为684.64km²,占全县面积的25.31%。区内平均海拔500～1000m的山峰(岭)有100多座。区内侵蚀切割较强烈,水系发育,多呈树枝状,河流坡度大,与丘陵接壤地段相对高差200～500m。

3. 构造剥蚀丘陵区(Ⅲ)

构造剥蚀丘陵区主要分布于琼中县中部、南部、北部、东部及西部什运乡—红毛镇一带等地区,面积为1 602.90km²,占全县面积的59.25%。区内平均海拔为100～500m,水系较发育。近山高丘多为河谷、沟谷切割低山而成,陡坡顶尖,自高处向低处连续伸展,形成一道道小山坡。花岗岩组成的丘陵因岩性不透水,表土流失多,地面破碎成浑圆形小丘。

4. 构造剥蚀台地区(Ⅳ)

构造剥蚀台地区主要分布于琼中县东北及北部黎母山镇、湾岭镇、营根镇一带等地区,面积为358.04km²,占全县面积的13.24%。区内平均海拔为30～100m,水系较发育。

1 琼中县地质概况

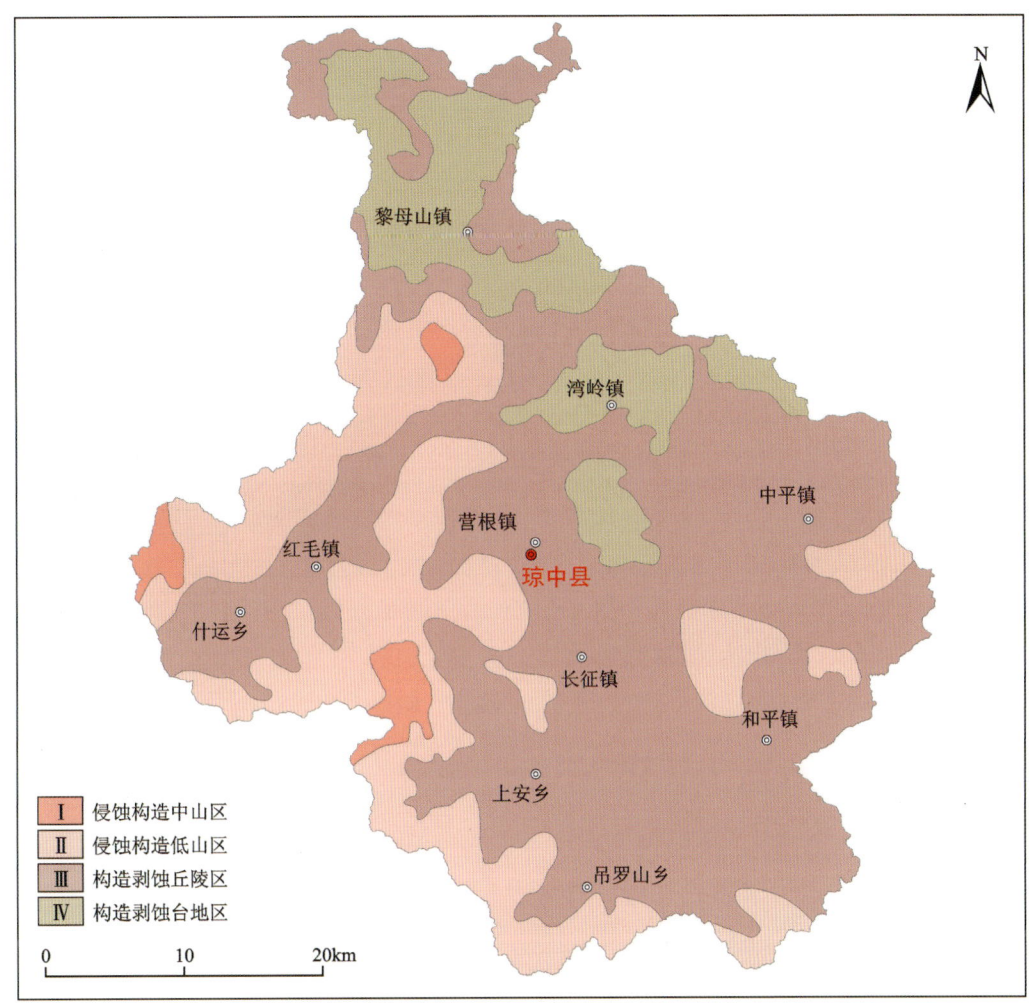

图 1-3-1 琼中县地貌类型图

1.4 地层岩性

琼中县境内分布的地层和岩石主要有长城系峨文岭组（Che）、戈枕村组（Chg），志留系陀烈组（S_1t），白垩系鹿母湾组（K_1l）、六罗村组（K_1ll），以及二叠纪—白垩纪等不同时期或期次的侵入岩（图 1-4-1）。

1. 地层

（1）长城系戈枕村组（Chg）：主要分布于中部长征镇—新安村—坡头村一带。岩性以片麻岩为主，主要为黑云斜长片麻岩夹黑云角闪斜长片麻岩及二云斜长片麻岩。岩石发生不同程度的混合岩化，形成混合质片麻岩、混合岩及混合花岗闪长岩，混合质片麻岩常具条纹状构造。

（2）长城系峨文岭组（Che）：主要分布于西部什运乡区域，少量分布于西南部边境地区。岩性以云母石英片岩、石英云母片岩为主，夹数层长石石英岩及石墨矿层。

（3）志留系陀烈组（S_1t）：陀烈组是一套半深海—深海环境沉积的碎屑岩，岩石经区域变质作用形成一套低绿片岩相的浅变质岩，局部受热变质叠加。陀烈组主要分布于北部高桥村、坡留村及东部南茂村等地区，可分为 3 段。下段为变质细砂岩、绢云母板岩夹灰岩透镜体，中段为碳质绢云板岩夹变质粉砂岩条带，上段为绢云板岩夹变质粉砂岩条带，产几丁虫、微古植物化石。

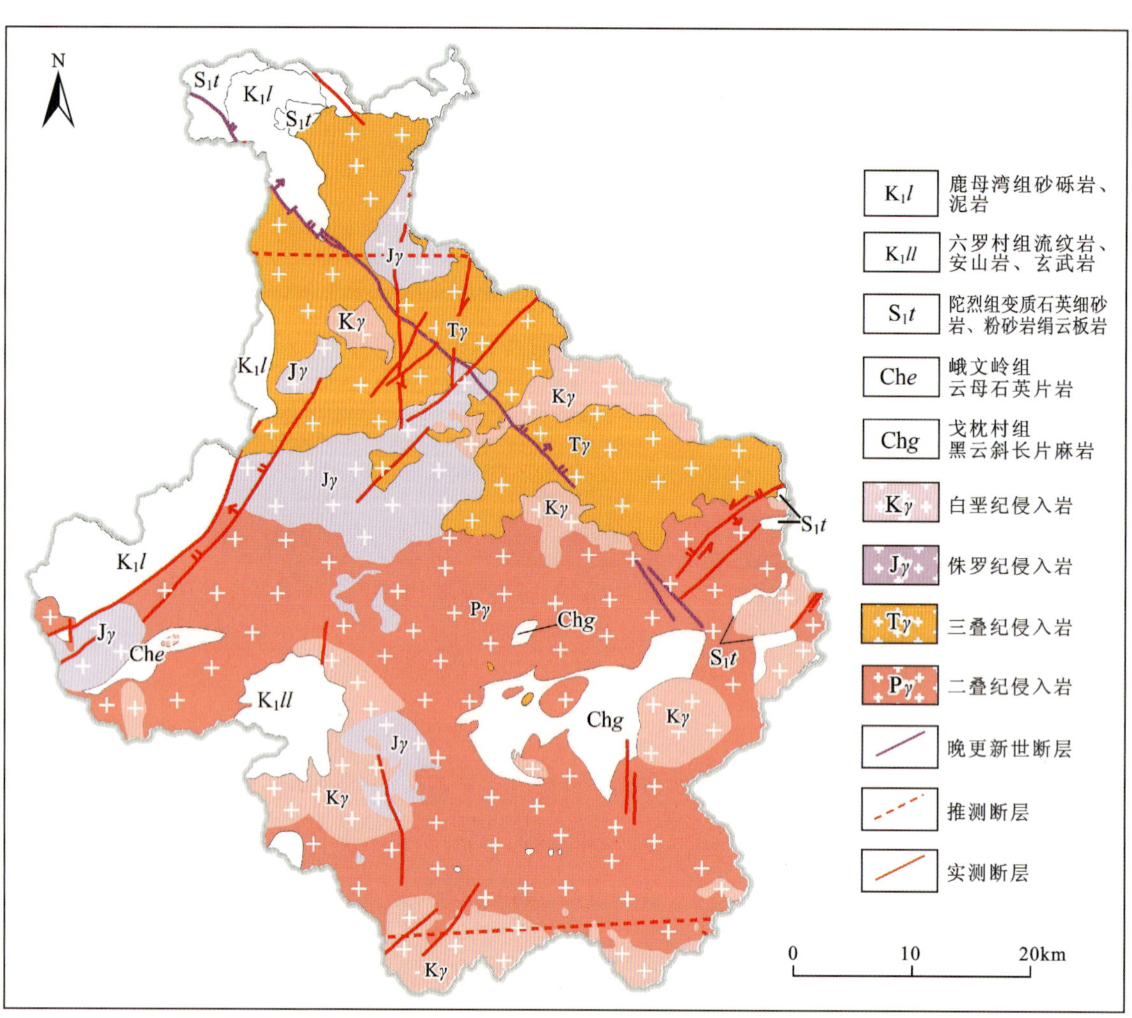

图1-4-1 琼中县区域地质简图

(4) 白垩系鹿母湾组（K_1l）：主要分布于西部鹦哥岭—什寒村、黎母山及北部松涛村等区域，为陆源碎屑岩、沉火山碎屑岩混合沉积，部分砂岩、粉砂岩、泥质岩中亦含丰富的火山物质。岩性以浅紫红色、浅灰白色砂砾岩、凝灰质砂岩、泥质粉砂岩、粉砂质泥岩、安山质—英安质火山岩为主。该组局部砾岩、砂砾岩中发育大、中型交错层理，大型平行层理。砂岩中发育平行砂纹层理局部含砾、砂泥质粉砂岩中具粒序层理。部分泥岩、粉砂岩中产孢粉化石。鹿母湾组下部不整合于长城系戈枕村组、志留系陀烈组之上，岩石未遭受变质作用。

(5) 白垩系六罗村组（K_1ll）：主要分布于上安乡西北部五指山区域。岩性上部为流纹质火山岩，下部为安山岩或玄武岩。

2. 侵入岩

琼中县境内大面积出露白垩纪、侏罗纪、三叠纪、二叠纪侵入岩，约占整个县域面积的86%（图1-4-1）。

(1) 晚白垩世侵入岩（$K_2\gamma$），主要分布于南部、西部及中部等地区。岩性为花岗斑岩、细粒黑云母二长花岗岩、粗中粒含斑黑云母正长花岗岩、细中粒斑状黑云正长花岗岩，坚硬—较坚硬，主要矿物成分为钾长石、斜长石、石英、黑云母、角闪石等。岩石化学成分总体上由中性向酸性演化，各单元均普遍具弱片麻状构造，原生定向组构发育。

(2) 早白垩世侵入岩（$K_1\gamma$），主要分布于中东部坡头村、东北部加章村、中北部握岱村等区域。岩性为细中粒含斑角闪黑云二长花岗岩、中细粒角闪黑云花岗闪长岩，坚硬—较坚硬，主要矿物成分为钾长石、石英、斜长石、黑云母、角闪石。

（3）晚侏罗世侵入岩（$J_3\gamma$），主要分布于中北部黎母山林场、黎母山镇西部、什运乡西部及上安乡中部等区域。岩性为中细粒黑云母正长花岗岩、中粒黑云母正长花岗岩、粗中粒斑状角闪黑云二长花岗岩、闪长岩，坚硬—较坚硬，主要矿物成分为钾长石、石英、斜长石、黑云母、角闪石。

（4）中三叠世侵入岩（$T_2\gamma$），主要分布于湾岭镇西部与黎母山镇的大部分地区，出露面积较大。岩性为花岗斑岩、中细粒黑云母正长花岗岩、中粒斑状黑云二长花岗岩、粗中粒巨斑状角闪黑云二长花岗岩，坚硬—较坚硬，主要矿物成分为钾长石、石英、斜长石、黑云母、角闪石。

（5）中二叠世侵入岩（$P_2\gamma$），主要分布于营根镇、红毛镇、中平镇、吊罗山乡及和平镇等地区，出露面积较大。岩性为中细粒黑云母正长花岗岩、中细粒斑状黑云母二长花岗岩、角闪黑云二长花岗岩，坚硬—较坚硬，主要矿物成分为钾长石、石英、斜长石、黑云母、角闪石。

（6）早二叠世侵入岩（$P_1\gamma$），主要分布于中部新安村、长征镇及什运乡西北部等地区。岩性为细中粒含斑石英二长岩、细中粒石英二长闪长岩、细中粒含斑石榴石黑云母正长花岗岩、中粗粒巨斑状黑云母二长花岗岩、中细粒花岗闪长岩，坚硬—较坚硬，主要矿物成分为钾长石、石英、斜长石、黑云母、角闪石。

1.5　地质构造

琼中县地处北东向与北西向两组区域构造的交会处附近，且受到区内的东西向、北东向和北向3组构造控制。构造表现形式以断裂构造为主，褶皱不明显。

琼中县地质构造历史发展过程中，伴随着中岳、加里东、海西—印支、燕山、喜马拉雅等构造运动，形成了不同方向、不同形态和不同性质的构造形迹，构成了昌江-琼海、尖峰-吊罗东西向构造带，南北向构造带，北东向构造带，北西向构造带等主要构造体系，控制着全县沉积建造、岩浆活动、变质变形作用、成矿作用以及挽近时期山川地势的展布。

琼中县境内分布的断裂构造较为发育，除了发育东西向、南北向和北东向3组主要断裂带，全境还发育众多的小型断裂、断层（图1-5-1）。

1.6　自然资源

琼中县是海南省全省生态保护核心区，境内有五指山、黎母山、鹦哥岭、吊罗山等国家级和省级自然保护区，森林覆盖率高达83.74%，生态环境综合指数位居全国第四、海南之首，是名副其实的"天然氧吧"，有"三江之源、森林王国、绿橙之乡、黎苗家园"的美称，兼有"绿色宝库、海南心肺"之美誉。

琼中县自然资源丰富，主要表现在水资源、野生动物资源、野生植物资源、矿产资源方面。

（1）水资源：琼中县是海南岛三大河流——南渡江、万泉河和昌化江的发源地，支流密集，呈放射状向四周奔流，河网密度系数为1.32km/km²。丰水年产水量58.47亿m³，枯水年产水量24.43亿m³，枯水年可利用水量7.3亿m³。水能蕴藏量10.83万kW，已开发利用量1.622万kW。

（2）野生动物资源：兽类30余种；鸟类有300多种，分属20目60科（4亚科）；鱼类只有淡水鱼类，共计15科57属72种；两栖动物37种；爬行类动物20余种；昆虫20余种；另有多种节肢动物、软体动物、环节动物等。

（3）野生植物资源：琼中县植被覆盖率非常高，树木种类繁多，仅乔木就有700多种；竹类有10余种；药用植物有60余种；花卉植物有509种，分木本、草本和仙人掌类。

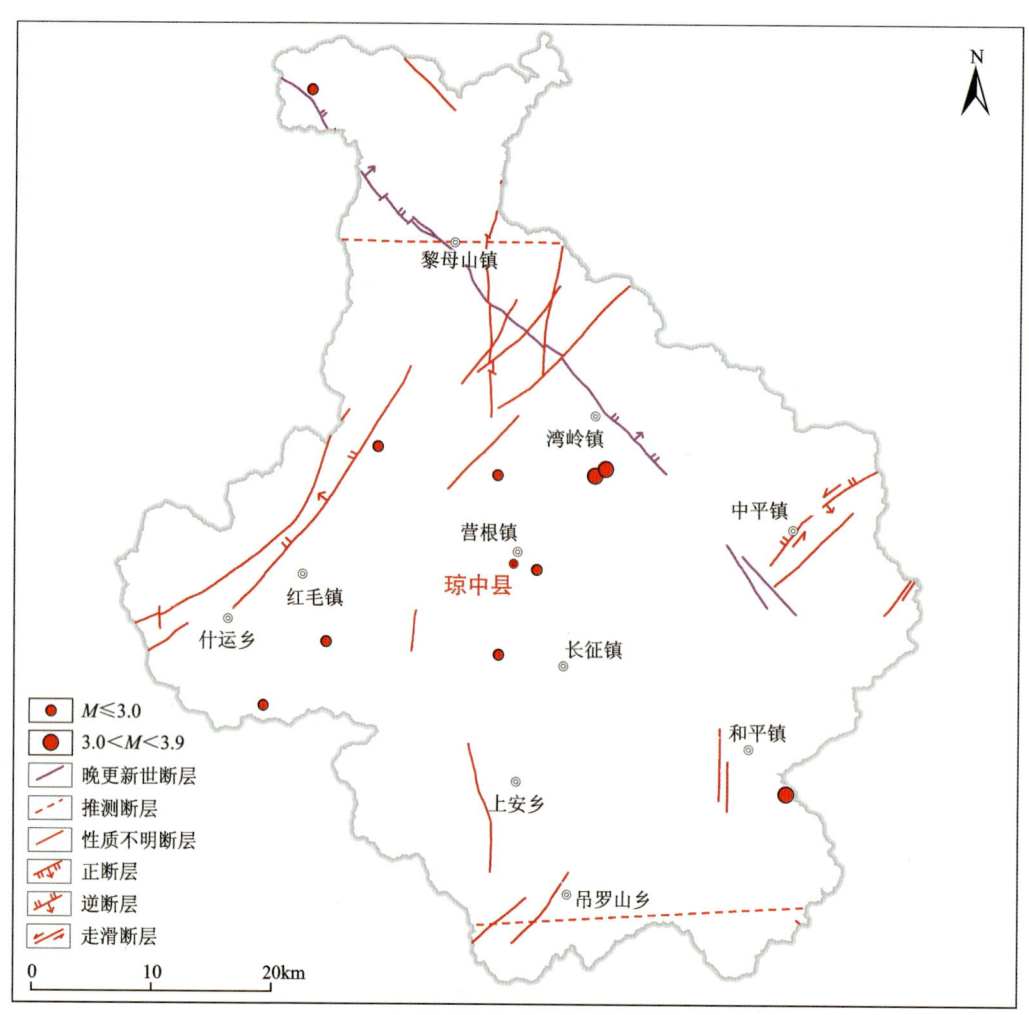

图 1-5-1 琼中县地质构造图

(4)矿产资源:2006—2013年中国地质调查局武汉地质调查中心实施"中南地区矿产资源潜力评价"项目查明,琼中县境内的矿产种类有7种,矿床点有19处。其中,中型矿床3处,小型矿床13处,矿点3处。优势矿种为金矿、铅矿、多金属矿等。

2 水文地质调查保障饮水安全利用

2.1 琼中县地下水类型

依据含水层介质、地下水赋存条件等特征,琼中县地下水类型以基岩裂隙水和风化壳网状裂隙-孔隙水两类为主。其中,基岩裂隙水可进一步细分为层状岩类裂隙水、块状岩类裂隙水、红层裂隙水3个亚类。

1. 层状岩类裂隙水

层状岩类(网状层状)裂隙水含水层主要分布于黎母山镇北部与中平镇东南部地区。含水岩组主要由志留系的砂岩、粉砂岩、板岩组成,地下水主要赋存于砂岩、粉砂岩裂隙中。

2. 块状岩类裂隙水

块状岩类(网状脉状)裂隙水含水层大范围分布于琼中县。含水岩组主要分布于岩浆岩建造区,地下水赋存于各类型岩浆岩的裂隙、断裂或节理中。

3. 红层裂隙水

红层(局部层间)裂隙水含水层主要分布于琼中县北部的阳江农场与西北部鹦哥岭—黎母山一带。含水岩组主要由白垩系的砂砾岩、粉砂岩、泥岩等组成。

4. 风化壳网状裂隙-孔隙水

风化壳网状裂隙-孔隙水分布于琼中县全域,且为琼中县居民最重要饮用水水源之一。地下水主要赋存于沉积岩、变质岩、岩浆岩等不同岩石建造类型的风化产物或松散沉积物中。

齐信等(2021a)依据琼中县脱贫攻坚地质调查中综合地球物理勘探资料,总结了不同类型含水层电性特征,进一步细分出与花岗岩含水岩组相关的3种地下水类型,分别为断裂构造裂隙水、风化壳网状裂隙-孔隙水和接触带型基岩裂隙水三大类。

2.2 地下水补径排条件及动态分析

1. 地下水补给、径流及排泄条件

琼中县地处热带的基岩山区。该地区雨量充沛,河系发育,为地下水的补给提供了充足水源。并且广大基岩山区经历过多次构造运动,断裂密集,地表浅部岩石破碎,节理裂隙发育,有利于降雨的渗入补给。因此,降雨是区内地下水的主要补给来源。

地下水径流和排泄受构造、地形、植被等诸多因素控制。区内基岩山区地势较高,地下水水力坡度大,加上沟谷切割较深和岩石节理裂隙发育,地下水获得补给后呈放射状由高向低经短距离径流,沿裂隙渗入补给到基岩裂隙含水层,然后由分水岭向谷底或深部运动。在构造、岩性或地形因素的影响下,局部含水层出露,地下水以泉或片流形式排泄于凹沟、河谷中。

2. 地下水动态特征分析

区内地下水水位、水量等动态变化主要受降雨的影响。雨季地下水水位上升,水量增大;旱季地下水水位下降,水量减少。根据收集的资料,地下水水位在3—5月普遍较低,6月开始上升,8—10月达到最高峰。

2.3 地下水蓄水模式及赋存规律

琼中县区域内大部分居民的生产、生活用水来源主要为山泉水和浅层地下水(大口井)。此种水源水量不稳定,季节性差异大,且水质易受污染。因此,寻找优质地下水作为供水水源对解决缺水问题具有至关重要的作用,寻找有规模性的蓄水构造是解决缺水问题的首要目标。蓄水构造作为地下水形成、赋存和运移的场所,其规模、发育特征和空间展布对地下水的水量有着重要的影响。

蓄水构造是指含水层和隔水层按照一定有利于蓄水的构造形式组合而成的不同水文地质单元,是由透水层(带)、隔水层(体)及地下水补给排泄条件形成的能在水交替循环过程中不断富集和储存地下水的开放性地质构造(汪云等,2019)。琼中县约86%的地区都被花岗岩覆盖,地下水的蓄水构造绝大多数与花岗岩含水层相关,上文划分的琼中县与花岗岩建造有关的含水层可对应琼中县地下水蓄水构造的3种主要类型:基岩构造裂隙蓄水构造、风化网状裂隙蓄水构造以及侵入接触带基岩裂隙蓄水构造。具体特征如表2-3-1所示。

根据29口扶贫井的物探解译结果和水文地质钻探的验证分析结果,对琼中县3种主要蓄水构造的赋存规律进行简要分析和总结。

1. 基岩构造裂隙蓄水构造

基岩构造裂隙含水层为琼中县打井找水的主要目标含水层之一,也是最常见的蓄水构造类型。在断裂构造发育的部位,破碎带的裂隙为地下水提供了良好的储存空间。因各个部位受力性质不同导致裂隙性质亦不同,破碎带富水性差异大,在同一断裂带附近的钻井的富水程度变化都很大(纪汶龙等,2021)。综合对比分析发现,在琼中县北西向张性或张扭性构造带中,地下水一般富集好,水量较为丰富,是寻找地下水的重点方向。张性及张扭性断层是在较低围压条件下产生的,裂隙张开度大,在后期没有岩脉或其他物质充填的情况下,透水性和富水性都较好。

2. 风化网状裂隙蓄水构造

花岗岩风化网状裂隙水一般通过村民自挖大口井开发利用,主要接受降雨补给,富水程度主要取决于花岗岩风化程度、风化壳厚度以及地形地貌条件,从而产生同一类型地下水不同富集程度的现象。一般认为,花岗岩风化程度越高,风化壳厚度越大,风化壳土体颗粒越大,花岗岩风化网状裂隙水的富水性就越好。地形地貌也是重要的影响因素,负地形对花岗岩风化网状裂隙水的富集有利,如谷地、洼地、掌心地等。

琼中县降雨较为丰富,有大面积的汇水洼地地形地貌区,尤其在地下水补给及汇水条件较好的地区,地下水补给相对充足,水量相对稳定。花岗岩洼地地貌区的地表水相对丰富,水-岩作用相对强烈,岩土体一般较为破碎,风化深度较大,多呈囊状、蜂窝状,下部基岩面亦呈低洼状,形成具有局部加深的蓄水空间,是地下水储存的有利条件,水量通常比较丰富。

3. 侵入接触带基岩裂隙蓄水构造

不同类型的基岩侵入接触带在琼中县广泛分布,因而侵入接触带基岩裂隙水蓄水构造亦是主要蓄水

2 水文地质调查保障饮水安全利用

表2-3-1 琼中县基岩蓄水构造主要类型和富水特征

类型	图示	蓄水条件	蓄水特征
基岩构造裂隙蓄水构造		张性、张扭性断裂的断层角砾岩和侵入岩脉带具备含水空间,以两盘完整岩层为相对隔水边界,有利于地下水储存	主要赋存于断裂构造带和侵入岩脉中,是花岗岩地区最重要的地下水类型,呈条带状分布,具有埋藏深、富水性好的特点。断裂构造破碎带和裂隙带具有导水作用,降雨通过地表下渗补给含水层。基岩构造裂隙破碎带的富水性质及规模,尤其是琼中县地区的主要控水条件影响,主要受控于断层破碎带的力学性质及规模,尤其是琼中县地区的主要控水断裂——北西向张性、张扭性断裂
风化网状裂隙蓄水构造		主要分布在弱透水的岩石地区,以基岩风化裂隙带为含水层,其下面的新鲜岩石为隔水边界,接受降雨补给,形成地下水	主要赋存于花岗岩风化壳内的裂隙和孔隙中,具有分布广泛、埋藏浅的特点。一般呈层状分布,导水通过风化网状裂隙带。风化壳区地下水埋深一般小于5m,风化网状裂隙含水层厚度在地表下渗补给水量不大。在地质构造破碎带、地下水与深部基岩构造裂隙存在着互为补充的水力联系,地下水富集性较好
侵入接触带基岩裂隙蓄水构造		侵入岩与围岩接触带上裂隙带较发育,能富集地下水	侵入接触带基岩裂隙水主要分布在花岗岩与变质岩以及不同花岗岩期次的接触带处,呈带状分布。侵入接触带花岗岩与沉积岩、变质岩接触带处,尤其是侵入期次花岗岩基岩断裂破碎带处,地下水相对较好;不同次侵入岩接触带处,富水性相对贫乏,富水性一般较差

构造类型之一。一般来说,岩相差异越大,地下水富集程度越好。花岗岩与变质岩或者沉积岩接触带位置多为地下水富水地段,是重点找水打井靶区。在侵入体的挤压和冷凝作用下,接触带附近的围岩和侵入体内形成了一些压性、张性裂隙,这些裂隙大大增加了岩层的渗透性和蓄水能力(黄道顺,2005)。

2.4 不同含水层电性特征与物探找水方法总结

2.4.1 不同含水层电性特征

地球物理探测是根据地下岩土体、水体等地质体的物性差异来辨别地层结构及空间分布特征。电法勘探即是依据地质体的电阻率差异来划分岩土地层,识别断裂构造与断层破碎带,寻找低阻异常特征。针对琼中县花岗岩地区的3种地下水含水层类型,本次分别选取音频大地电磁测深法、高密度电阻率法、可控源音频大地电磁测深法3种地球物理电法勘探方法来识别不同的含水层类型,并通过29口扶贫井的钻孔验证。以琼中县3个缺水村找水打井的成功案例为例,对3类地下水含水层的电性特征进行简要分析和总结。

1. 基岩构造裂隙水含水层

花岗岩若没有受构造作用的影响,岩石结构都很完整,透水性及含水性都很差,一般可视作相对隔水层。但在构造作用下,花岗岩裂隙发育处多为地下水富集区。在电阻率断面上,该类地下水含水层结构特征一般较直观,具有清晰的含水层边界,多呈现陡降的低阻条带状或漏斗状。

如图2-4-1所示,从黎母山镇榕木村音频大地电磁测深法(EH4)的物探剖面可知,剖面在400~500号点附近,电阻率等值线畸变纵向呈条带状、漏斗状,电阻率值为100~200Ω·m,且向深部延伸;同时,剖面的660~700号点之间的电阻率等值线畸变纵向呈条带状、漏斗状,电阻率值为200~400Ω·m,且向深部有一定的延伸趋势。两条纵向低阻条带在音频大地电磁测深法(EH4)物探剖面的反映中均较为清晰,根据电性特征推测纵向呈条带状、漏斗状的低阻异常为断裂破碎带的电性反映。综合对比两处低阻带,剖面400~500号点处低阻带的富水性优于剖面660~700号点处低阻带。因此,钻孔井位定于剖面435m处,最终钻探揭露出水量为187t/d,主要出水段为100~250m断裂构造破碎带。

2. 风化网状裂隙水含水层

花岗岩风化网状裂隙水主要赋存于花岗岩风化后形成的岩土体裂隙、孔隙中,是花岗岩区广泛存在的地下水类型。在电阻率断面上,该类含水层与洼地地形地貌近似,呈现洼地状或凹槽状低阻电性特征。

图2-4-2为黎母山镇南吉村高密度电阻率物探剖面。由图可知,测点370~550点号范围出现凹槽洼地型低阻带,电阻率值为18~100Ω·m,低阻条带的厚度为40~50m,推测该区为深部囊状风化壳地段,具有较厚的风化层和凹形储水结构,富水性良好。因此,将钻孔井位定在凹槽洼地型低阻带中部位置,井位定于测点470号点位置,设计钻孔深度为100m,钻探出水量达到241t/d,主要出水段为地表以下30~80m花岗岩风化壳岩土层段。该钻孔找水取得了良好的效果,是一次典型的找水打井成功案例。

3. 侵入接触带基岩裂隙水含水层

侵入接触带基岩裂隙水顾名思义指主要赋存于花岗岩与沉积岩或变质岩侵入接触带部位的地下水。琼中县除广泛分布花岗岩外,还有长城系峨文岭组(Che)和戈枕村组(Chg)变质岩,志留系陀烈组(S_1t)、白垩系鹿母湾组(K_1l)沉积岩、六罗村组(K_1ll)火山岩。在电阻率断面上,花岗岩与其他不同地

2 水文地质调查保障饮水安全利用

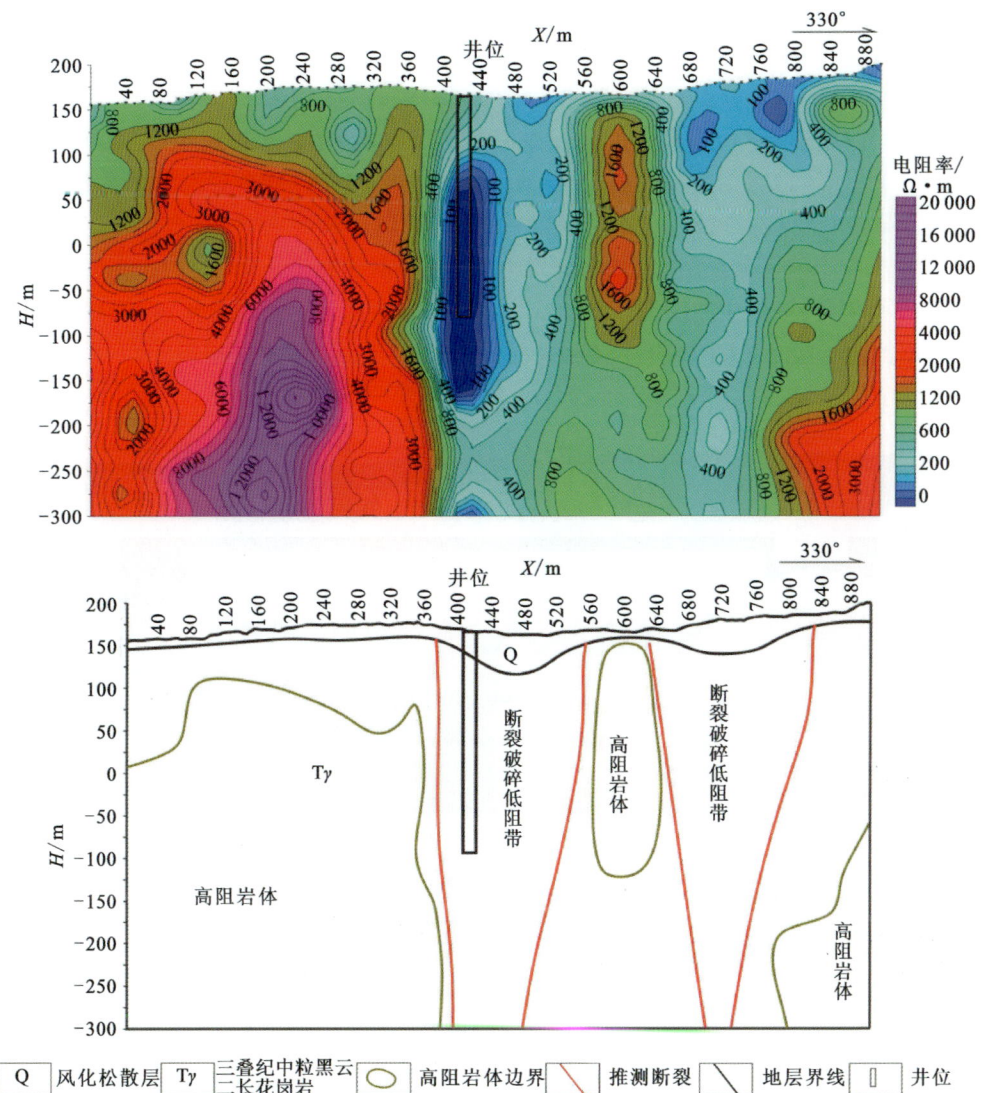

图 2-4-1 榕木村音频大地电磁测深法（EH4）物探剖面与地质解译剖面图

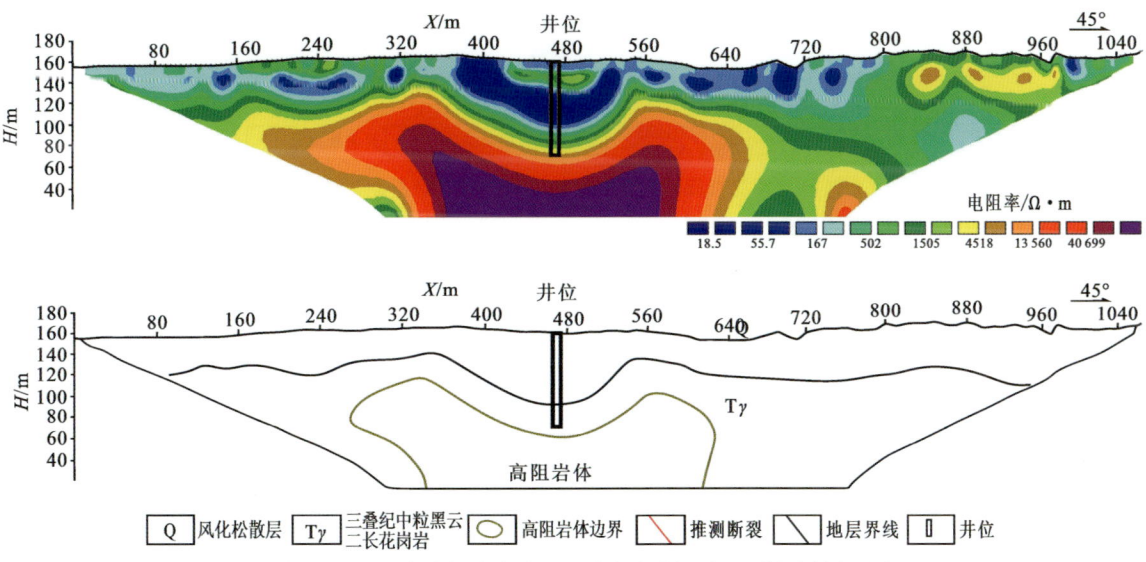

图 2-4-2 南吉村高密度电阻率物探剖面与地质解译剖面图

层的侵入接触带界面清晰,含水层呈现层状或带状的低阻电性特征,低阻带边界与侵入接触带实际位置基本一致。

如图2-4-3所示,由黎母山镇毛枞村可控源音频大地电磁测深物探剖面可知,鹿母湾组厚度处于150～350m之间,呈现南西薄、北东厚的特征,厚度分布不均。该地层整体呈现低阻异常,局部包裹高阻岩体。经地质资料分析,白垩系鹿母湾组(K_1l)的岩性为互层状红色砂砾岩与粉砂质泥岩,粉砂质泥岩为相对隔水层,局部呈现高阻现象。与之接触的下部花岗岩体较为完整,富水性差,整体呈高阻特征。鹿母湾组岩石与花岗岩接触带呈层状、带状低阻电性特征,剖面在0～500号、700～870号点地段的富水性较好。经钻孔揭露,最终成井深度为251m,上部200m揭露地层为鹿母湾组,下部51m揭露地层为花岗岩,钻探出水量为720t/d,主要出水段为地表以下100～230m接触带层段。

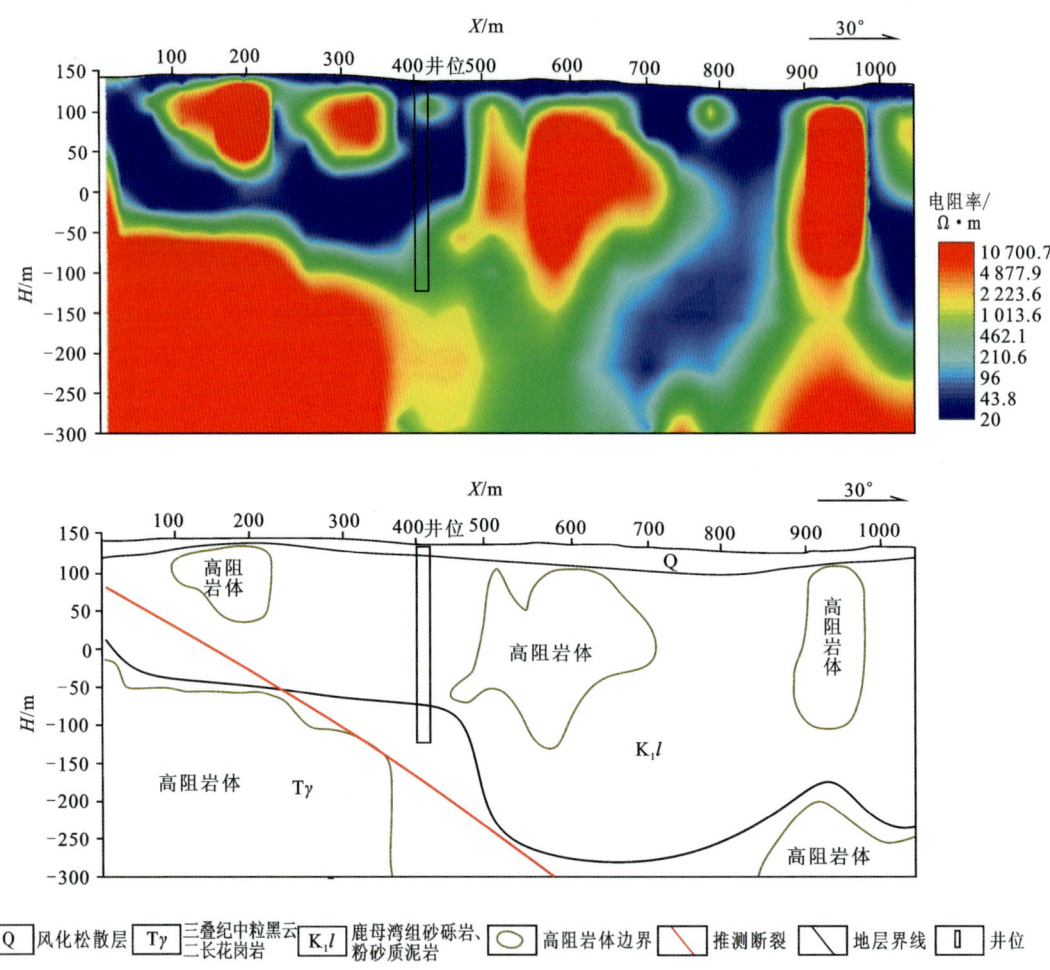

图2-4-3 毛枞村可控源音频大地电磁测深(CSAMT)物探剖面与地质解译剖面图

2.4.2 物探找水方法总结

2019—2020年,琼中县脱贫攻坚地质调查项目在琼中县缺水区成功实施了29口扶贫井,钻孔位置的确定均以野外地质调查、区域地质资料和地球物理勘探结果作为重要参考。

物探方法以电法勘探为主,是根据地下地质体的电阻率差异来寻找地下含水层,主要包括音频大地电磁测深法、高密度电阻率法和可控源音频大地电磁测深法。3种物探方法各具明显优势,但也存明显短板,需按目标含水层的类型来选择使用。音频大地电磁测深法勘查深度范围为20～500m,具有施工方便、探测深度大等优点,能够详细探测深部断裂破碎带、寻找构造裂隙水和有效划分岩性界线与断层等,垂向、横向分辨能力高,缺点是抗电磁干扰能力弱。高密度电阻率法垂向分辨率高,成本低,效率高,信息丰富,抗干扰能力强,浅部分辨率高,但主要勘查深度为地表以下100m范围内,探测深度有限,适用于有效深度范围内探测断裂破碎带,寻找基岩构造裂隙水和基岩风化网状裂隙水。可控源音频大地电磁测深法主要针对中深部地质情况,探测深度较大,深度范围为50～800m,抗干扰能力强,能够刻画储水构造的空间特征,但是勘探精度不高。

对比分析可知,音频大地电磁测深法和可控源音频大地电磁测深法勘探深度较大,均可探测深部断裂构造裂隙水;高密度电阻率法垂向分辨率高,抗干扰能力介于音频大地电磁测深法和可控源音频大地电磁测深法之间,但是探测深度有限,更适用于探测花岗岩风化壳网状裂隙水和浅部断裂构造裂隙水。考虑到不同地下水含水层类型、不同含水层结构与深度、不同干扰强度和不同精度分辨率效果等因素,建议可选择多种物探方法进行探测,并对不同勘探解译结果进行分析对比,以提高物探结果的可靠性和找水成功率。

2.5 水化学特征

为全面摸清琼中县域地表水和地下水的水化学特征、成因机制。本次于2020年4月枯水期开展取样,共设置地下水采样点224个,在采样点采集样品224件,具体包括1件大气降水样、118件地表水样(河流、湖泊)、86件潜水样(浅层地下水)、19件承压水样(深部构造裂隙水)。

采样点的布设原则:采用网格法,将采样点近乎均匀分布在琼中县所有村庄的网格中,并兼顾研究区所有地层及不同岩石单元;采样位置为与村镇居民生活、生产和农业活动密切相关的民井、机井、湖泊、河流等地点。

采样瓶选取500mL和100mL聚乙烯瓶,采集的地下水或地表水水样当天用0.45μm微孔滤膜过滤,装满两种规格的采样瓶。其中,一瓶加入优级纯浓硝酸至pH<2,用于阳离子分析;另一瓶不添加任何试剂,用于阴离子测试。

现场采样采用美国EUREKA公司生产的Manta+多参数水质监测仪测定水温、水位、pH、溶解氧、电导率等指标。其他指标在水样采集后经过处理,一周内送至中南矿产资源监督检测中心进行测试。测试指标包括K^+、Na^+、Ca^{2+}、Mg^{2+}、HCO_3^-、Cl^-、SO_4^{2-}等指标和溶解性总固体(TDS)。

2.5.1 水化学特征

通过数理统计对琼中县样品的水化学参数及主要离子浓度统计分析。结果显示(表2-5-1),地表水pH在6.46～8.41之间,平均值为7.22,总体偏弱碱性,TDS在46.40～159.00mg/L之间波动,平均值为77.52mg/L;潜水的pH在5.78～7.73之间,平均值为6.65,总体偏酸性,TDS在30.10～479.00mg/L之间波动,平均值为155.90mg/L;承压水pH在5.82～8.06之间,平均值为7.02,总体为中性,TDS在59.20～281.00mg/L之间波动,平均值为176.93mg/L。

对琼中县采集的地下水、地表水的pH、TDS和常规离子等水化学参数进行统计分析。由表2-5-1可知,研究区地表水、潜水、承压水pH的平均值分别为7.22、6.65、7.02,总体上呈现为弱酸性至中性水。pH的变异系数在12.97～16.48之间波动,在所有统计指标中变异系数最大,表明琼中县水化学特征中pH指标差异性明显,可能受到多个因素的影响。3种类型水中TDS平均值在77.52～176.93mg/L,均低于200mg/L,而且变异系数较小,表明3种类型水以低TDS为主。地表水、潜水、

表 2-5-1 琼中县水化学指标统计结果

参数	单位	地表水				潜水				承压水			
		最大值	最小值	平均值	变异系数	最大值	最小值	平均值	变异系数	最大值	最小值	平均值	变异系数
pH		8.41	6.46	7.22	15.15	7.73	5.78	6.65	16.48	8.06	5.82	7.02	12.97
TDS	mg/L	159.00	46.40	77.52	3.57	479.00	30.10	155.90	1.97	281.00	59.20	176.93	2.68
K^+	mg/L	5.30	0.01	1.45	1.63	26.00	0.22	5.11	0.91	21.60	0.64	3.35	0.74
Na^+	mg/L	22.80	1.22	5.89	1.94	34.90	1.50	11.77	1.67	17.80	3.45	11.83	3.11
Ca^{2+}	mg/L	27.00	2.31	7.68	1.63	87.10	2.08	17.23	1.14	54.20	3.61	26.07	1.57
Mg^{2+}	mg/L	4.52	0.51	2.10	2.17	24.70	0.50	4.20	1.07	14.10	0.65	4.51	1.34
HCO_3^-	mg/L	109.00	17.70	45.75	2.53	346.00	8.62	72.88	1.24	265.00	25.90	114.91	1.55
Cl^-	mg/L	19.30	0.46	3.12	1.60	35.90	0.48	8.73	1.19	14.50	1.27	5.51	1.43
SO_4^{2-}	mg/L	7.01	0.74	2.72	2.02	58.90	0.66	9.04	0.87	10.50	2.00	4.95	1.77
NO_3^-	mg/L	9.46	0.10	0.95	0.62	105.00	0.10	18.27	0.91	62.50	0.10	8.99	0.61

承压水 TDS 的变化呈现明显的垂向分层性,即地表水＜潜水＜承压水。地表水、潜水、承压水 3 种类型水的阳离子均以 Na^+、Ca^{2+}、Mg^{2+} 为主,其中 Na^+ 的平均值分别为 5.89mg/L、11.77mg/L、11.83mg/L,Ca^{2+} 的平均值分别为 7.68mg/L、17.23mg/L、26.07mg/L,Mg^{2+} 的平均值分别为 2.10mg/L、4.20mg/L、4.51mg/L;阴离子则表现出差异性,地表水和承压水阴离子以 HCO_3^- 为主,平均值分别为 45.75mg/L、114.91mg/L;而潜水阴离子呈现出多样性,并以 HCO_3^-、Cl^-、SO_4^{2-} 为主,但 HCO_3^- 占比仍然最大。潜水中 Cl^-、NO_3^-、K^+ 平均值达到 8.73mg/L、18.27mg/L、5.11mg/L,明显高于地表水和承压水,表明人类活动如农药、化肥等明显对浅层地下水系统有干扰。

2.5.2 水化学类型及 Piper 图

通过测试结果统计分析,琼中县地下水水化学类型总体以 HCO_3-Ca·Na 型、HCO_3-Ca 型为主(图 2-5-1)。其中,潜水的水化学类型包括 HCO_3-Ca·Na 型、HCO_3-Ca 型、HCO_3-Na·Ca·Mg 型、HCO_3-Ca·Mg 型、HCO_3·Cl-Ca 型、HCO_3·Cl-Na·Ca·Mg 型、HCO_3·Cl-Na 型、HCO_3·Cl-Na·Ca 型、HCO_3·SO_4-Ca 型、HCO_3·SO_4-Na·Ca 型、HCO_3·SO_4-Na·Ca·Mg 型,主要类型为 HCO_3-Ca·Na 型、HCO_3-Ca 型、HCO_3·Cl-Na·Ca 型。承压水的水化学类型包括 HCO_3-Ca·Na 型、HCO_3-Ca 型、HCO_3·Cl-Na·Ca 型、HCO_3·Cl-Na·Ca·Mg 型、HCO_3·Cl-Ca·Mg 型,主要类型为 HCO_3-Ca·Na、HCO_3-Ca 型。地表水的水化学类型包括 HCO_3-Ca·Na 型、HCO_3-Ca 型、HCO_3-Na·Ca·Mg 型,主要类型为 HCO_3-Ca·Na 型、HCO_3-Ca 型。大气降水的水化学类型为 HCO_3-Na 型。

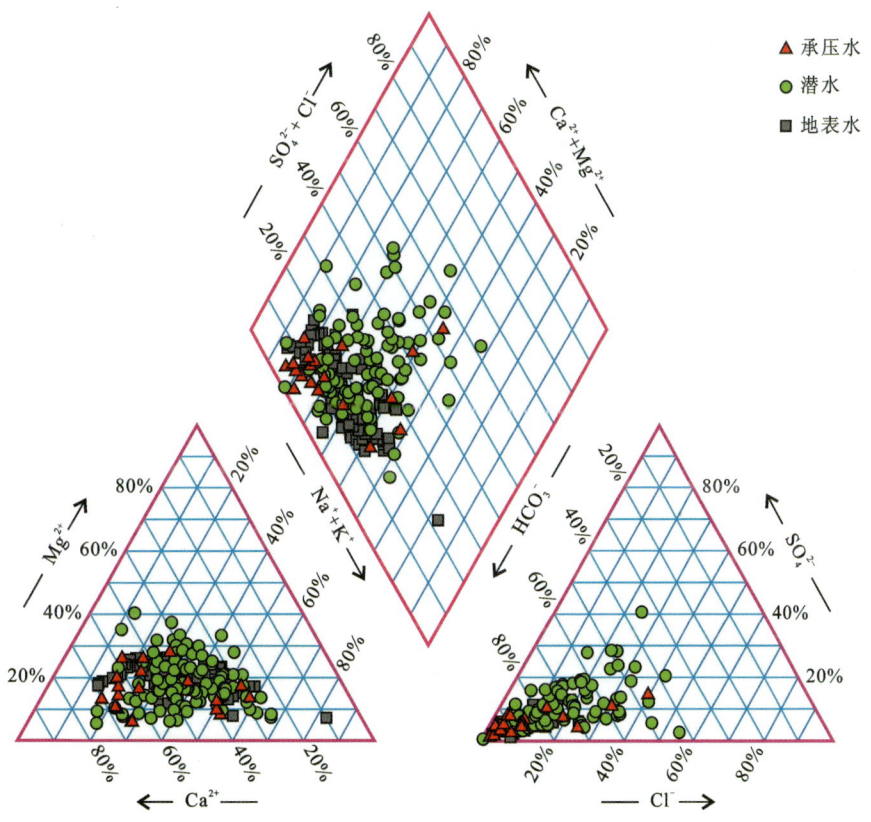

图 2-5-1 琼中县地表水、地下水水化学类型 Piper 图

潜水主要水化学类型 $HCO_3-Ca \cdot Na$ 型(图 2-5-2)中最主要的阳离子为 Na^+ 和 Ca^{2+}，其毫克当量百分数平均值分别为 35.47% 和 41.79%，HCO_3^- 为主要的阴离子，其毫克当量百分数平均值为 72.23%；HCO_3-Ca 型中最主要的阳离子为 Ca^{2+}，其毫克当量百分数平均值分别为 61.95%，HCO_3^- 为主要的阴离子，其毫克当量百分数平均值为 83.61%；$HCO_3 \cdot Cl-Na \cdot Ca$ 型中最主要的阳离子为 Na^+ 和 Ca^{2+}，其毫克当量百分数平均值分别为 35.79% 和 36.05%，HCO_3^- 和 Cl^- 为主要的阴离子，两者毫克当量百分数平均值分别为 53.59%、32.45%。潜水水化学类型最为多样，可能与地质建造、风化淋滤作用、地貌类型以及人类活动密切相关。而且潜水中的 Cl^- 和 SO_4^{2-} 含量远高于浅层承压水，可能是受到人类活动的影响。

地表水主要水化学类型 $HCO_3-Ca \cdot Na$ 型(图 2-5-3)中最主要的阳离子为 Na^+ 和 Ca^{2+}，两者毫克当量百分数平均值分别为 36.37% 和 37.35%，HCO_3^- 为主要的阴离子，其毫克当量百分数平均值为 79.62%；HCO_3-Ca 型中最主要的阳离子为 Ca^{2+}，其毫克当量百分数平均值为 56.50%，HCO_3^- 为主要的阴离子，其毫克当量百分数平均值为 84.41%。

承压水水化学类型 $HCO_3-Ca \cdot Na$ 型(图 2-5-4)中最主要的阳离子为 Na^+ 和 Ca^{2+}，其毫克当量百分数平均值分别为 36.69% 和 46.72%，HCO_3^- 为主要的阴离子，其毫克当量百分数平均值为 79.05%；HCO_3-Ca 型中最主要的阳离子为 Ca^{2+}，其毫克当量百分数平均值为 63.22%，HCO_3^- 为主要的阴离子，其毫克当量百分数平均值为 90.55%。

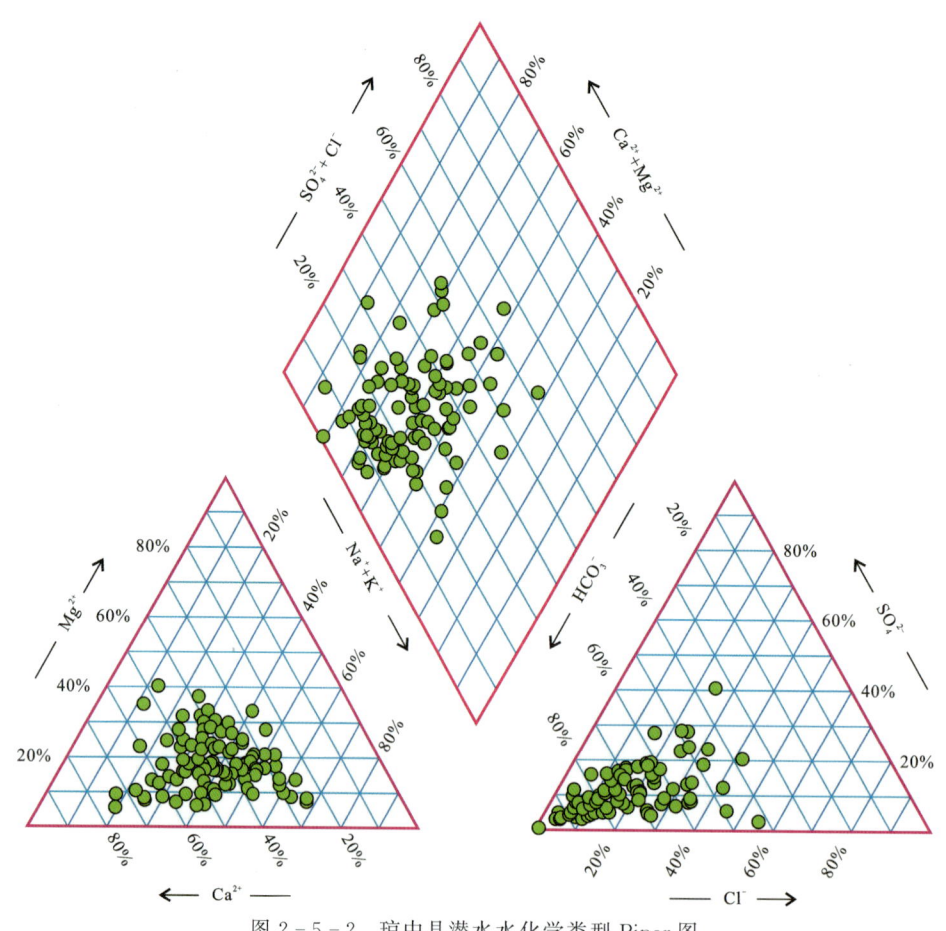

图 2-5-2 琼中县潜水水化学类型 Piper 图

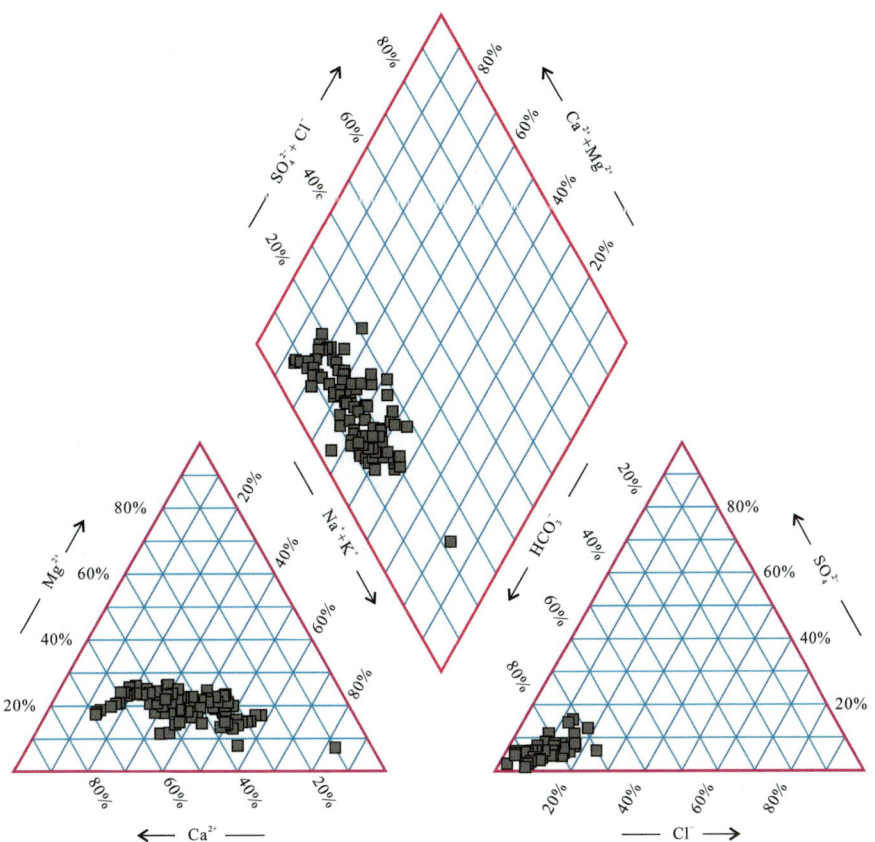

图 2-5-3 琼中县地表水水化学类型 Piper 图

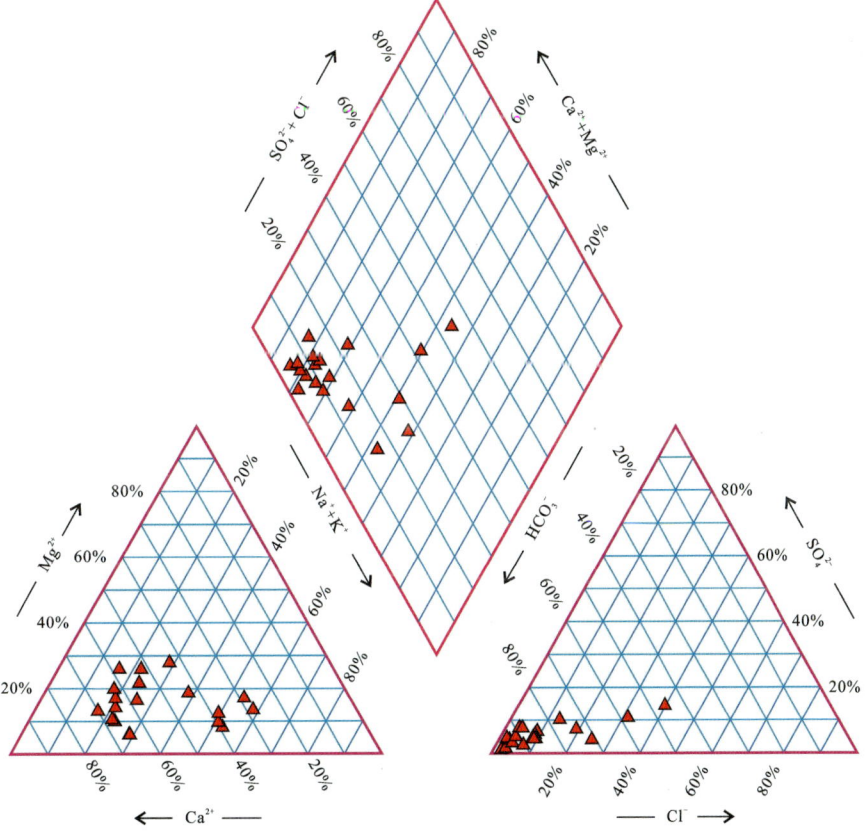

图 2-5-4 琼中县承压水水化学类型 Piper 图

大气降水仅仅测试了单个样品,结果显示,HCO_3^-为主要的阴离子,其毫克当量百分数平均值为59.98%;阳离子为Na^+,其毫克当量百分数平均值为76.69%。

Gibbs图解广泛应用在地表水、地下水离子成因的分析中,最开始用于地表水成因分析中。Gibbs图解采用半对数坐标图解,纵坐标以对数表示水中溶解性总固体(TDS)含量,横坐标以算术值表示阳离子$Na^+/(Na^++1/2Ca^{2+})$或阴离子$Cl^-/(Cl^-+HCO_3^-)$的比值。按此关系,全球所有地表水的离子组分点几乎全部落在图中的虚框内(Gibbs,1970)。Gibbs(1970)指出,图中右下角的一些溶解性总固体含量很低的河水具有较高的$Na^+/(Na^++1/2Ca^{2+})$与$Cl^-/(Cl^-+HCO_3^-)$(接近于1),这类水主要受海洋起源的大气降水补给,其离子组成和含量取决于大气中/纯水(0)对海洋气溶胶的稀释作用。本次研究中测试的大气降水数据投点后亦落在了Gibbs图(图2-5-5)的最右端部分区域中。溶解性总固体含量稍高,且$Na^+/(Na^++1/2Ca^{2+})$比值在0.5左右或小于0.5的数据,其离子主要来源于岩石的风化释放。落在图右上角的溶解性总固体含量很高和$Na^+/(Na^++1/2Ca^{2+})$亦高(接近1)的数据分布在蒸发作用很强的干旱区域,海洋水的组分数据亦落在这一区域。

由Gibbs图(图2-5-5)图解可知,琼中县域内,地表水(主要为河流和部分湖泊)、浅层地下水及深层地下水的水化学成因主要为岩石风化作用,但Gibbs图阳离子图解显示少数地表水和浅层地下水水化学成因亦受到大气降水的影响,$Na^+/(Na^++1/2Ca^{2+})$比值在大于0.5左右的数据可能受到人为活动的干扰,需进一步开展详细研究。

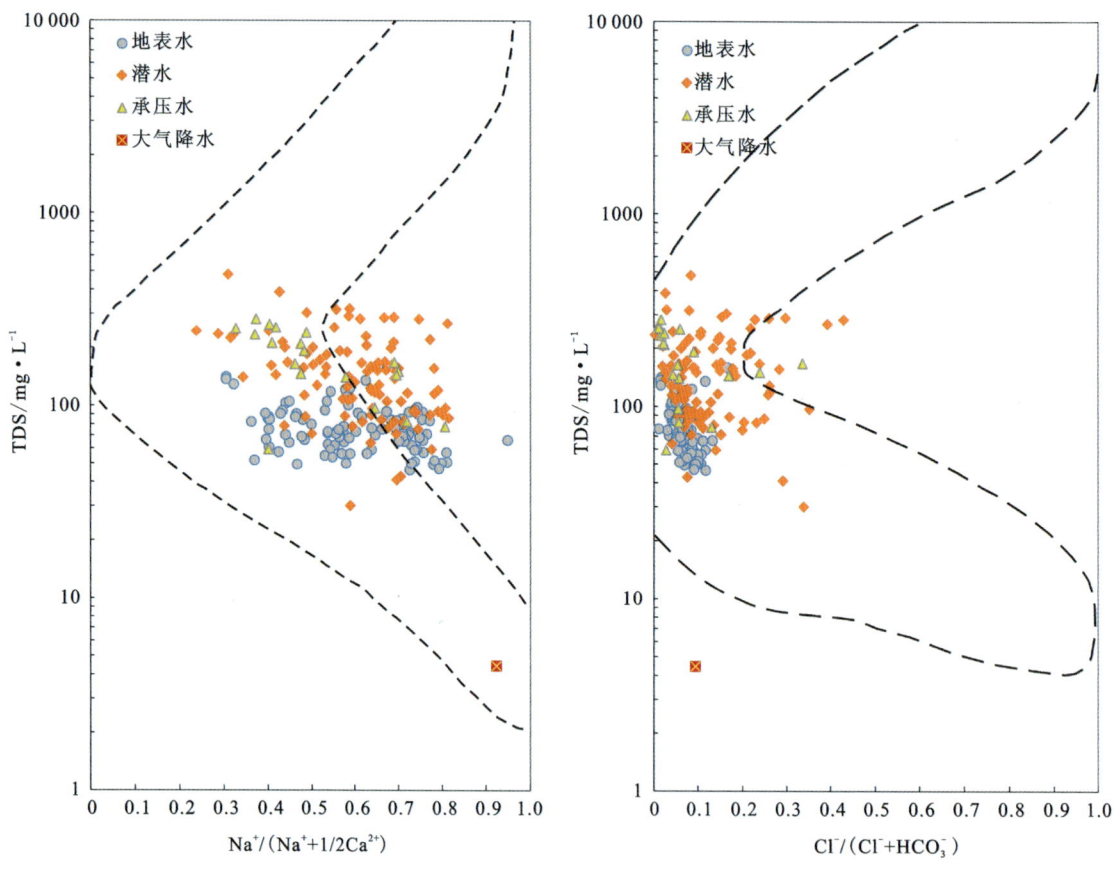

图2-5-5 琼中县不同水类型Gibbs图解

2.6 地下水质量评价

2.6.1 单项指标质量评价

地下水质量评价指标繁多,类型不一。参照《地下水质量标准》(GB/T 14848—2017)和《食品安全国家标准饮用水天然矿泉水检验方法》(GB/T 8538—2016),确定参评指标为41项,按照其性质分别划分为感官性指标(4项)、一般化学指标(14项)、微生物指标(4项)、毒理学指标(17项)和放射性指标(2项)5类(表2-6-1)。

表 2-6-1 地下水评价指标分类

评价指标分类	数量/项	指标名称
感官性指标	4	色度、嗅和味、浑浊度、肉眼可见物
一般化学指标	14	酸碱度(pH)、总硬度、溶解性总固体(TDS)、硫酸盐、氯化物、铁、锰、铜、锌、铝、耗氧量、挥发酚、氨氮、钠
微生物指标	4	总大肠菌群、菌落总数、大肠埃希氏菌、耐热大肠菌群
毒理学指标	17	硝酸盐、亚硝酸盐、氰化物、氟化物、碘化物、汞、砷、硒、铬(六价)、镉、铅、钴、镍、银、钡、钒、锑
放射性指标	2	总 α 放射性、总 β 放射性

2.6.2 评价方法

目前地下水质量评价方法较多,有单因子评价法(陈桥等,2019)、聚类分析法(李亚松等,2012)、内梅罗指数法(邢高哲和孙恺,2015;白莉和刘希胜,2019)、地下水质量可拓评价方法(张礼中等,2008)、模糊综合评价方法(皮建高等,2009;Liu,2004;Uricchio et al.,2004;于伟伟等,2009)、人工神经网络法(兰兆青,2013)、地下水质量指标分类综合评价方法(许真等,2014;童军等,2019)等。地下水质量评价没有统一的标准方法,必须结合研究区的区域地质特点和评价目的选定合适的评价方法。

本次开展琼中县地下水质量现状评价,旨在为当地水资源的安全利用、合理开采和科学规划提供科学依据。因此,评价既要充分考虑单因子影响要素,又要达到开展综合评价的目的,且具有可操作性。据此,选用地下水质量单因子评价法和地下水质量综合评价法,综合研究地下水质量特征。地下水质量现状评价共分为两部分:第一部分采用地下水质量单因子评价法,参照《地下水质量标准》(GB/T 14848—2017)要求,按照取"优"原则,即样品测试结果限值同时满足Ⅰ类、Ⅱ类和Ⅲ类水质,则将该组样品水质划分为Ⅰ类;第二部分采用地下水质量综合评价法,即在地下水质量单因子评价的基础上,利用多组因子综合叠加分析,按照取差原则,综合所有测试指标中最差分类来确定。针对综合评价结果,用不同的色块区划分区,最终给出地下水质量综合评价结果。

2.6.3 地下水质量单因子评价

1. 感官性指标评价

感官性指标包括色度、嗅和味、浑浊度、肉眼可见物 4 项指标(表 2-6-1)。参照《地下水质量标准》(GB/T 14848—2017),对本次采集的 136 件地下水样品进行感官性指标评价,结果见图 2-6-1。可以看出,琼中县的地下水水质以Ⅰ类水为主,约占总数的 95.96%;其次为Ⅲ类和Ⅳ类水,约占总数的 4.04%。

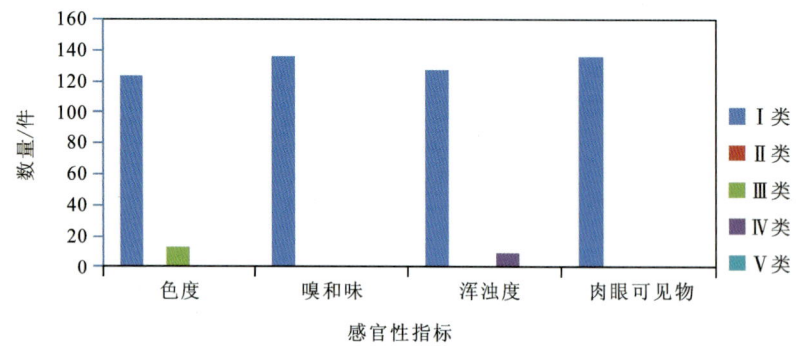

图 2-6-1 琼中县地下水感官性状指标评价分类图

2. 一般化学指标评价

按照《地下水质量标准》(GB/T 14848—2017),选取酸碱度、总硬度、溶解性总固体(TDS)、硫酸盐、氯化物、铁、锰、铜、锌、铝、挥发酚、耗氧量、氨氮、钠等指标参与一般化学评价,对本次采集的 136 件地下水样品进行一般化学指标评价(图 2-6-2)。可以看出,琼中县的地下水水质以Ⅰ类水为主,约占总数的 85.92%;其次为Ⅱ类、Ⅲ类、Ⅳ类和Ⅴ类水,占比分别为 5.36%、2.11%、5.93%、0.68%,主要是局部区域地下水铁、锰、铝等元素含量超标。

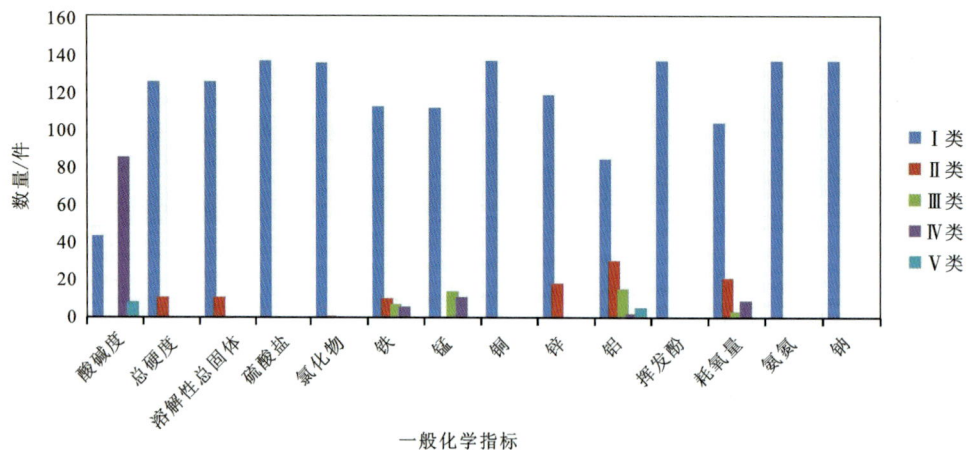

图 2-6-2 琼中县地下水一般化学指标评价分类图

3. 微生物指标评价

微生物指标包括总大肠菌群、菌落总数、大肠埃希氏菌、耐热大肠菌群 4 项指标(表 2-6-1)。对琼中县 86 件地下水样进行了微生物指标评价。从图 2-6-3 可以看出,总大肠菌群、大肠埃希氏菌、耐热大肠菌群均未检出,菌落总数检测值范围为19~450CFU/mL。按照菌落总数划分,琼中县的地下水水质以Ⅰ类水为主(表2-6-1),约占总数的96.51%,其次为Ⅳ类水,约占总数的3.49%。

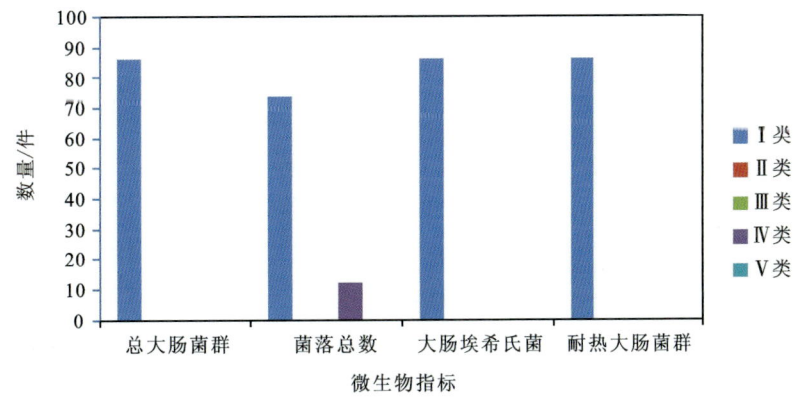

图2-6-3 琼中县地下水微生物指标评价分类图

4. 毒理学指标评价

参照《地下水质量标准》(GB/T 14848—2017)指标及限值,毒理学指标包括硝酸盐、亚硝酸盐、氰化物、氟化物、碘化物、汞、砷、硒、铬(六价)、镉、铅、钴、镍、银、钡、钒、锑。对本次采集的136件地下水样品进行毒理学指标评价,评价结果见图2-6-4,琼中县的地下水水质以Ⅰ类水为主,占比高达84.08%,其余为Ⅱ类、Ⅲ类、Ⅳ类和Ⅴ类水,占比分别为8.27%、5.36%、0.95%、1.34%,主要是局部区域地下水硝酸盐、铬(六价)、钡等含量超标(表2-6-1),反映琼中县局部区域地下水已受到污染。

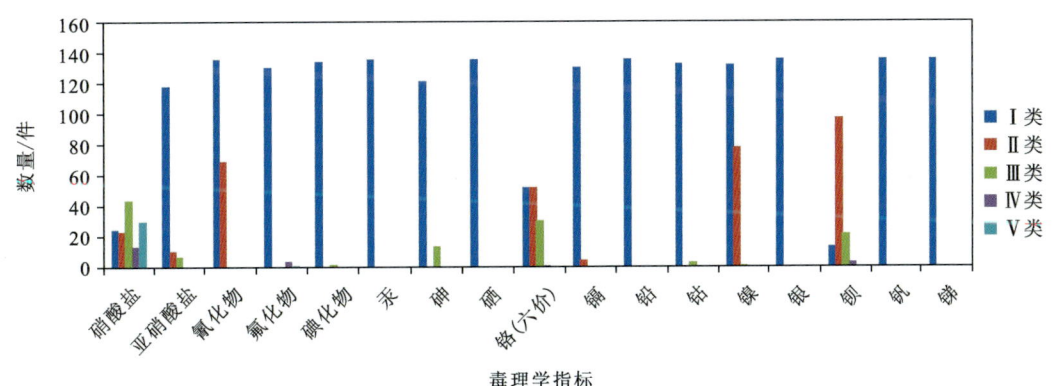

图2-6-4 琼中县地下水毒理学指标评价分类图

5. 放射性指标评价

参照《地下水质量标准》(GB/T 14848—2017)指标及限值,选择总α放射性、总β放射性为放射性指标(表2-6-1)。对琼中县12件地下水样进行了放射性指标评价,结果见图2-6-5,总α放射性指标显示琼中县的地下水均为Ⅰ类水;总β放射性指标显示琼中县的地下水样品中,Ⅰ类水为8组,Ⅱ类水为4组。据此,琼中县地下水放射性指标Ⅰ类水占比66.67%,Ⅱ类水占比33.33%。

2.6.4 地下水质量综合评价

地下水质量综合评价是集成单因子评价,将感官性指标、一般化学指标、微生物指标、毒理学指标、放射性指标5类评价指标进行叠加分析,两两比较,总体上按照取"差"原则划分。当感官性指标、一般

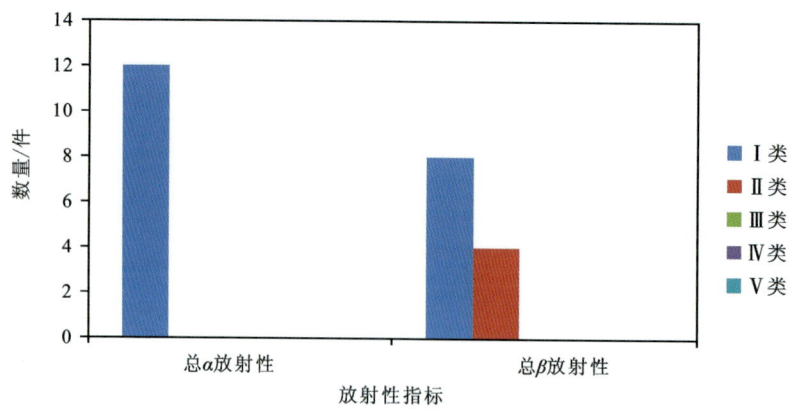

图 2-6-5 琼中县地下水放射性指标评价分类图

化学指标、微生物指标、毒理学指标、放射性指标均属于Ⅰ类水时,最终地下水质量综合评价归属于Ⅰ类水;当感官性指标、一般化学指标、微生物指标、毒理学指标、放射性指标有一项指标属于Ⅴ类水时,最终地下水质量综合评价归属于相对应的Ⅴ类水。按照地下水可饮用特征,最终划分为3个等级:第一等级综合评价结果为Ⅰ～Ⅲ类水,是可供直接饮用的地下水;第二等级综合评价结果为Ⅳ类水,适当处理后可供饮用的地下水;第三等级综合评价结果为Ⅴ类水,不宜作为饮用水的地下水。

根据上述地下水质量综合分级判断标准,对琼中县地下水质量进行综合评价,评价结果见图2-6-6和图2-6-7。从图上可以看出,Ⅰ～Ⅲ类水分布面积2 156.47km²,占比约79.8%,分布较广;Ⅳ类水分布面积422.64km²,占比约15.6%,在各乡镇零星分布;Ⅴ类水分布面积124.45km²,占比约4.6%,主要分布在什运乡南部、营根镇和长征镇的东南部区域,分布面积相对较少。总体上说,地下水质量总体较好,79.8%区域是可供直接饮用的地下水;15.6%区域的地下水适当处理后可供直接饮用;4.6%区域内的地下水不宜作为饮用水,且这些区域地下水质量受人为因素影响较小,主要是自然因素地下水天然背景值偏高,这与矿产资源分布具有一定的相关性。

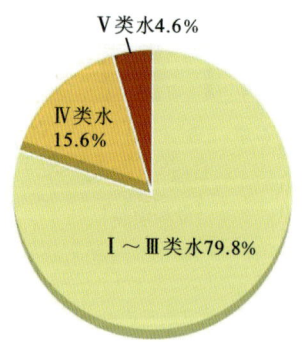

图 2-6-6 琼中县地下水质量综合评价分类占比图

2006—2013年,中国地质调查局武汉地质调查中心实施"中南地区矿产资源潜力评价"项目,查明琼中县有7种矿产种类,共计19处矿床或矿点,其中14处矿床或矿点分布在Ⅳ～Ⅴ类地下水分布范围内(图2-6-6)。统计分析显示,74%的矿床或矿点分布在20%的县域面积范围内,地下水质量分区与矿产资源分布具有较高的相关性,地下水质量较差区域多为铅矿、多金属矿点分布区。琼中县虽未进行矿产资源开发利用,但矿物质元素与地下水的水-岩作用相对强烈,部分矿物质元素溶解于地下水,导致地下水矿物质元素组分含量高,如铁、锰、铝等(齐信等,2021b)。

通过走访调研与对比分析,琼中县地下水质量综合评价分区结果与实际情况较为一致,具有较高的可信度。因此,运用地下水质量单因子评价法和地下水质量综合评价法开展地下水质量综合评价,能够真实地评价多因子、多要素、复杂条件、综合影响下的地下水质量问题,具有一定的可信度,具有推广意义。

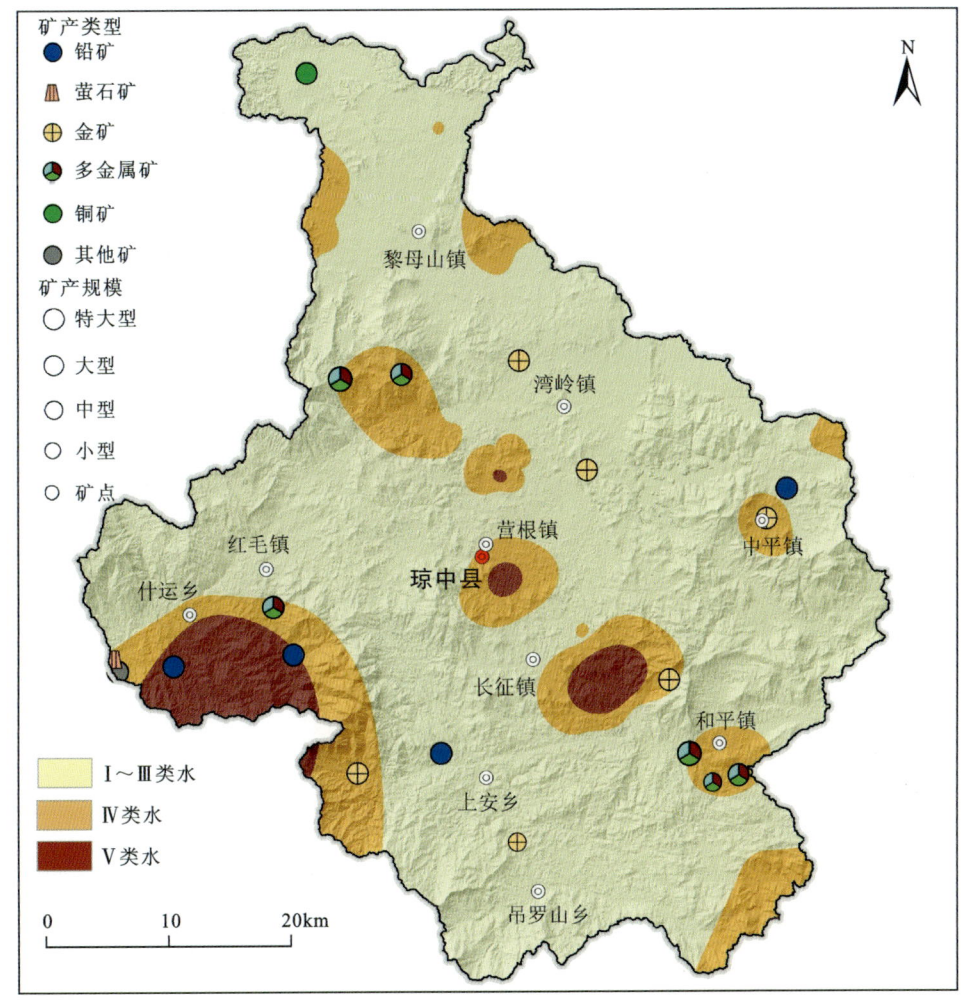

图 2-6-7　琼中县地下水质量分区与矿产资源分布关系图

2.7　琼中县缺水概况

2.7.1　缺水基本情况

据第七次全国人口普查数据，截至 2020 年 11 月 1 日，琼中县常住人口近 179 586 人，其中上报县人民政府缺水总人数为 1.2 万人，缺水居民主要集中分布在黎母山镇、长征镇、营根镇、中平镇等（图 2-7-1）。经过实地调研，缺水区居民的用水来源主要分为 3 种：大口井、人工钻孔井（浅井）、山泉引水。3 种取水模式存在明显的缺陷，表现为：①大口井在枯水期缺水严重，且大口井中的水基本为地表水，水质较差；②人工钻孔井水量小甚至没水，全年缺水都比较严重；③山泉水由于是地表水，且引水过程中全程露天，极易受到植物落叶、动物粪便等污染，造成微生物超标。

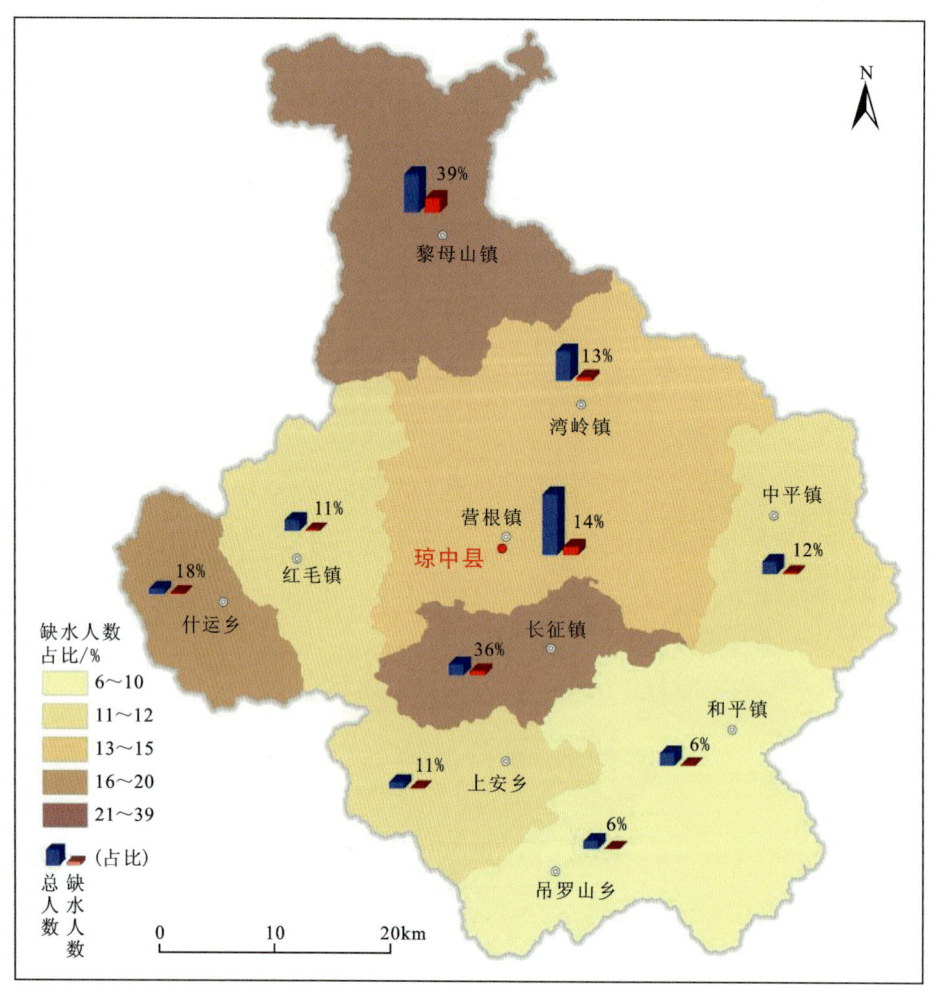

图 2-7-1 琼中县缺水状况分布图

2.7.2 主要缺水原因

1. 季节型(资源型)缺水

琼中县雨量充沛,年平均降雨量 2444mm,但降雨季节性差异大,5—10 月为雨季,11 月至翌年 4 月为旱季,全年降雨量 88.4% 集中在雨季。而且河流径流量充足,年平均径流量 39.29 亿 m^3。由于琼中县域绝大多数为花岗岩建造区,除风化网状裂隙水外,地表留存的水量有限,无法满足区域内居民旱季的饮水需求。

2. 水质型缺水

琼中县地区 90% 以上为花岗岩、红层地层分布区,有部分乡镇或村落存在铁、锰背景值偏高的区域性特点。另外,琼中县缺水区的用水来源大部分是山泉地表水和浅层地下水,山泉地表水和浅层地下水在枯水期、丰水期均暴露地表,易于受周边人类生产、生活以及降雨的影响,水源地易于污染,造成水质不好、微生物超标等情况。

3. 工程型缺水

在琼中县极偏远、高海拔地区,交通不便,道路不通,施工条件差,钻机等装备不能进入缺水村,难以实施钻探工作,存在工程型缺水问题。

2.7.3 找水难点

(1)琼中县县域内岩性以花岗岩、花岗闪长岩等为主,花岗岩岩体结构致密,断裂相对不发育,富水性差。在空间展布特征上,花岗岩岩体厚度具有不均一性,裂隙延伸、展布以及断裂性质受到多种因素影响。

(2)琼中县花岗岩风化壳相对薄,风化网状裂隙水富水性不丰富,区域范围内集体供水需求难以满足,仅仅可支撑部分分散村落供水需求。2019—2020年钻孔揭露,琼中地区花岗岩风化壳薄,钻孔揭露厚度一般为0~11m,最大厚度20.8m(沟谷内),单井涌水量一般为3~15t/d,难以满足缺水村的日常生产生活用水需求。

(3)在琼中县偏远山区,钻探施工条件要求高,施工受地形地貌条件影响显著。

2.8 琼中县山区供水模式

在2019—2020年琼中县找水打井工作的基础上,本次初步探索出山区农村安全饮水的分散农户式供水模式和相对集中式供水模式,为"地质找水+山区供水"的地质调查扶贫模式探索出新路径。

2.8.1 分散农户式供水模式

琼中县大部分地区为低山和丘陵地貌类型,居住相对分散,建议采用分散农户式供水模式(图2-8-1),着力解决山区农村500人以内规模散居村户的安全饮水需求。琼中县供水工程由饮水示范井(1口)、抽水泵房(1座)、上引水管网、净水设备、高位水塔、二级入户管网组成,其中一级下引水管网联通至各个村小组,二级下引水管网接入农户家中。饮水示范井的单井涌水量应达到100t/d以上,适宜在居住相对分散的偏远山区农村实施。

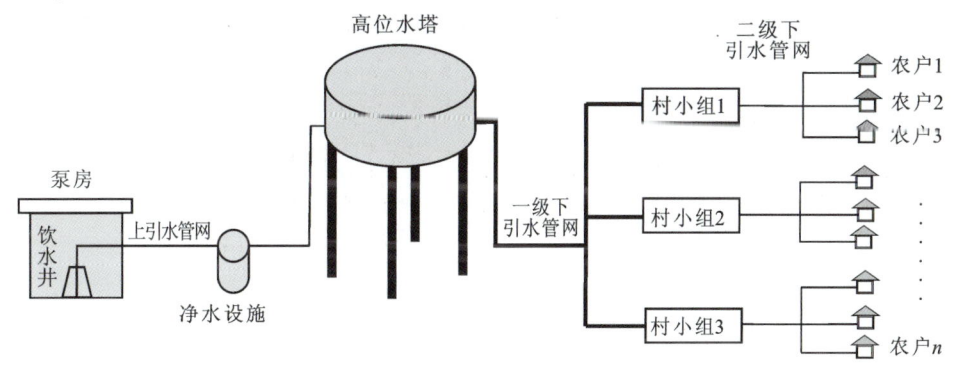

图2-8-1 分散农户式供水模式示意图

下面以营根镇南涽村供水为例,进行介绍。

营根镇南涽村共39户171人,饮水水源主要是山泉水。山泉水受季节变化影响较大,尤其在干旱季节水量严重不足,雨季水量虽大但水体浑浊,而且水源源头多位于较远的山区,为开放式管理,亦容易受污染。因此,营根镇南涽村是长期缺水区,饮用水缺乏一直是当地政府部门急需攻克的难题。

为解决南涖村村民的安全饮水困难问题,2020年,琼中县脱贫攻坚地质调查项目组通过区域资料分析、野外实地调查、地球物理勘探等工作手段,在南涖村部署实施了1口探采结合井。该钻孔成井深度200m,单井涌水量为268t/d,水量可完全满足该村171人的用水需求,水质检测结果符合饮用水标准,且为富锶、偏硅酸复合型矿泉水。

2021年,为尽快解决南涖村村民的用水困难,早日找到方便、干净卫生的地下水水源,琼中县营根镇人民政府积极下发安全饮水配套扶贫资金,为南涖村39户居民建设了蓄水池和入户下引水管网工程(图2-8-2、图2-8-3),成功实现了家家户户都能喝上安全优质地下水的目标,切实解决了南涖村的安全饮水问题,保障了南涖村居民的饮水安全。

图2-8-2 营根镇南涖村泵房与净水设备

图2-8-3 南涖村供水管网

2.8.2 相对集中式供水模式

在琼中县地形相对平缓的地方,尤其是乡镇城区、农场区、居住集中村庄,居民人口多,需水量大,建议采用相对集中式供水模式(图2-8-4)着力解决山区农村500人以上规模散居村户的安全饮水困难。供水工程由饮水示范井(2口,1口主井和1口副井)、抽水泵房(2座)、上引水管网、净水设备、高位蓄水池、三级入户管网组成,其中一级下引水管网将水源输送至村庄不同方向的村小组聚集处,二级下引水管网联通至各个村小组,三级下引水管网接入农户家中。饮水示范井的单井涌水量应达到400t/d以上。该模式适用于居民居住相对集中的乡镇、农场缺水区。

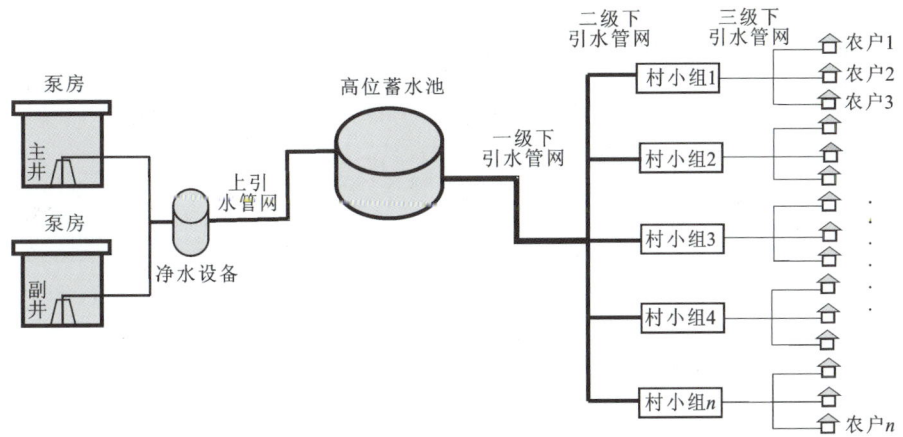

图 2-8-4 相对集中式供水模式示意图

下面以黎母山镇榕木村和新进农场供水为例进行介绍。

黎母山镇榕木村和新进农场共 5000 余人,饮水水源主要是分散型人工开挖的大口浅井和山泉水。如 2.7 节所述,大口浅井受季节性影响大,水量不稳定,而山泉水极易受污染,水质难以保证。因此,黎母山镇榕木村和新进农场相对集中居住区是长期缺水区,安全饮水困难一直是亟须解决的问题。

为解决榕木村和新进农场居民的安全饮水问题,2019 年,琼中县脱贫攻坚地质调查项目组通过区域资料分析、野外实地调查、地球物理勘探等工作手段,在榕木村部署实施了两口探采结合井(LMSSK05、LMSSK07)。其中,LMSSK05 成井深度为 200m,单井涌水量为 187t/d,LMSSK07 成井深度为 168.35m,单井涌水量为 603t/d,水量完全满足榕木村和新进农场 5000 余人的用水需求;两口扶贫井水质检测结果均符合饮用水标准,且 LMSSK05 水井水质为锌型、偏硅酸型矿泉水,LMSSK07 水井水质为锶型、偏硅酸型矿泉水。

LMSSK05、LMSSK07 两口示范井建成后,中国地质调查局武汉地质调查中心立即设计建造了配套的山顶高位蓄水池(300t)及从泵房到蓄水池的进水管网工程(图 2-8-5、图 2-8-6)。2020 年,琼中县人民政府下发配套资金完成了出水管网和电力设备的铺设,全部完成了榕木村饮水示范工程,切实解决了榕木村和新进农场 5000 余人的安全饮水需求,真正实现了"一户一表一龙头"安全饮水到户的供水目标。

图 2-8-5 榕木村饮水示范工程高位蓄水池

图 2-8-6 榕木村饮水示范工程供水管网

2.9 扶贫找水打井实例

2019—2020先后在琼中县先后建成29口饮水扶贫井(2019年建成11口,2020年建成18口),扶贫井遍及琼中县的黎母山镇、长征镇、营根镇、和平镇、中平镇、上安乡6个乡镇,满足了26处安全饮水需求点(2019年建成9处,2020年建成17处)的用水需求,总涌水量为8091t/d,解决了1.5万余群众的饮水难题。同时黎母山镇榕木村和新进农场、长征镇长征居2处长期集中连片缺水连片区及长征镇深涟村、营根镇干埇村2处分散式自然村落缺水区,与地方政府联合共建集中或分散式饮水示范工程,饮水示范工程包括高位水池或水塔、泵房+深井泵、上引水管网、下引水管网等。上述饮水示范井,总日供水量达1 942.36t/d,直接解决上述5处集中或分散居民区8262人的饮水困难。

2.9.1 黎母山镇榕木村饮水示范工程

2.9.1.1 缺水情况

黎母山镇榕木村和新进农场共有5000余名居民,饮用水水源主要为外引山泉水以及村民自挖大口井,属于资源型和水质型缺水的类型,亟须寻找水量稳定、水质优良的地下水水源来解决村民安全饮水难题。

2.9.1.2 地质、地理背景概述

黎母山镇榕木村区内岩石类型主要为晚三叠世花岗岩及其风化剥蚀残积形成的第四系松散堆积物。区域性大断裂不发育,仅1∶50 000区域地质图显示存在北东向断裂,但并未延伸或穿越榕木村范围内。榕木村所属地貌为低丘陵地貌,周围地势较平坦,地形高差较小,东南侧约800m处为380县道。村域内无大型水库和大型水系经过,仅有北东向分布的主河流,并分布数条北西向支流,主要径流方向

为南东往北西方向,向河流排泄。工作区内地下水的补给、径流、排泄条件主要受气象、水文、地形地貌、岩性、构造等各种因素控制。

2.9.1.3 地球物理探测

针对榕木村,部署高密度电法物探测线10km、可控源音频大地电磁测深法(CSAMT)物探测线10km。

榕木村位于黎母山镇东部,经野外调查和区域资料分析可知,该区域地层岩性为黎母山侵入单元中粗粒斑(巨斑)状黑云二长花岗岩。因此,找水目标为构造断裂破碎带中赋存的基岩裂隙水,基于含水层和致密花岗岩层明显的电阻率(电性特征)差异,结合现场作业条件,选择高密度电法和可控源音频大地电磁测深法(CSAMT)开展地球物理勘探工作。在电法勘探解译剖面中,断裂破碎带含水层显示为低阻带,而相对致密花岗岩呈现出高阻体的电性形态。

在榕木村圈定的找水靶区中,共部署了6条高密度电法物探剖面和4条可控源音频大地电磁测深剖面。其中,从高密度电法剖面二维反演物探解译结果可以看出,探测区域存在3处较为明显的条带状低阻异常(图2-9-1a~c),推测其可能为构造断裂破碎带含水层。根据低阻带的展布规模与空间分布等特征,优选其中两处低阻异常部位布设可控源音频大地电磁测深物探测线,与可控源音频大地电磁测深物探剖面解译结果(图2-9-2a、b)进行对比验证,可推断出在电阻率断面上呈纵向条带状低阻异常的断裂破碎带,进而确定扶贫井钻孔位置,并且根据含水层的深度确定水文地质钻探的打井目标深度。

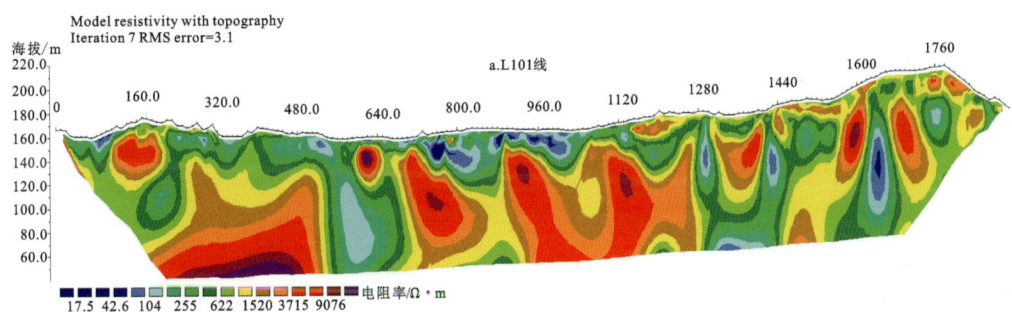

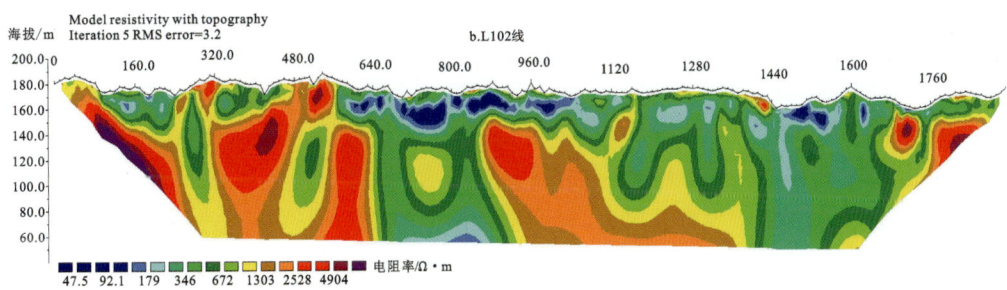

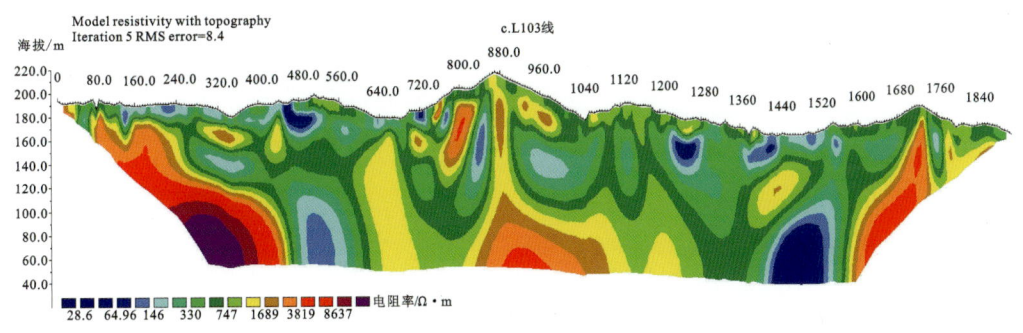

图2-9-1 榕木村高密度电法二维反演电阻率断面图

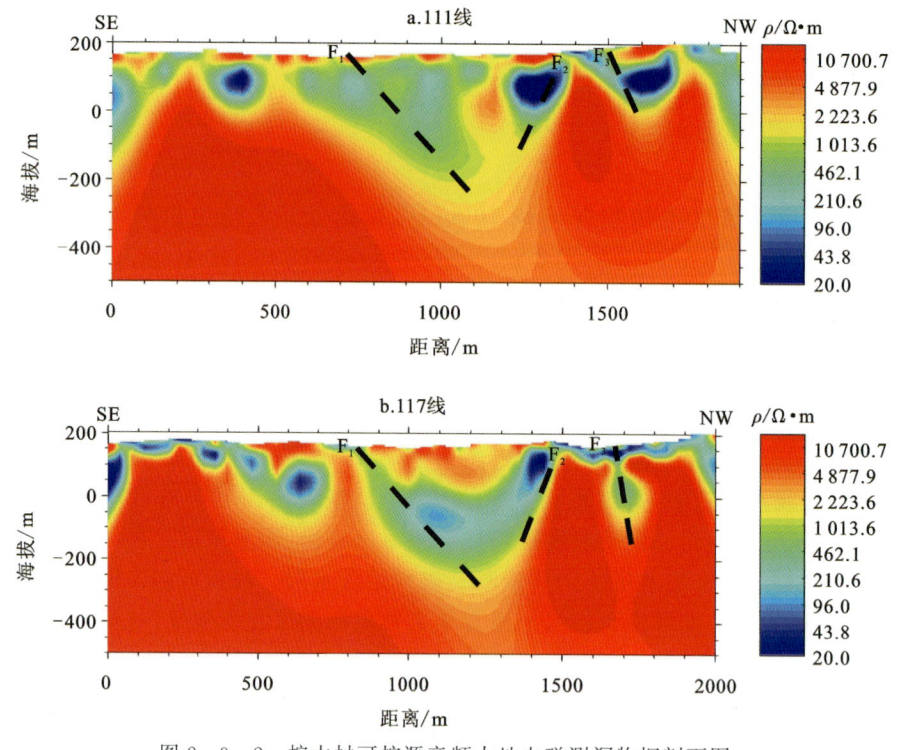

图 2-9-2 榕木村可控源音频大地电磁测深物探剖面图

2.9.1.4 LMSSK07 水文地质钻探

黎母山镇榕木村 LMSSK07 扶贫井地理位置为东经 109°52′06.62″，北纬 19°15′41.15″，海拔为 173m。该井由海南地质综合勘察设计院于 2019 年 10 月 28 日施工完成，成井深度为 168.35m，单井涌水量为 603t/d。

1. 岩芯概述

（1）砾质黏性土 $[Q_{(\gamma)}^{dd}]$：灰黄色，以黏粒、粉粒为主，砾粒次之，粒径 2~5mm，硬塑状，切面粗糙，干强度中等，韧性中等，无摇振反应，透水性差——一般。砾质黏性土埋深 0.0~11.0m，厚约 11m。

（2）中风化花岗岩（$T_2\gamma$）：肉红色、灰白色，中粗粒结构，块状构造，主要矿物成分为钾长石、石英、云母和角闪石。岩体以中等完整——完整性差为主，较完整次之，再次为完整和破碎。锤击声较清脆，裂隙以较发育——发育为主，发育一般——发育差次之，岩石质量指标（RQD）=5%~96%。LMSSK07 井 110.8~116.4m、119.2~122.05m、125.05~128.05m 和 137.8~142.05m 段可见灰黑色辉长岩岩脉；116.4~119.2m 和 122.05~123.1m 段可见石英岩脉；11~50m、53~77m、80~89m、98~103m、110~122m 和 131~145m 段可见地下水活动迹象。中风化花岗岩埋深 11.0~146.5m，厚约 135.5m。

（3）微风化花岗岩（$T_2\gamma$）：肉红色、灰白色，中粗粒结构，块状构造，主要矿物成分为钾长石、石英、云母和角闪石。岩体以完整为主，较完整次之。锤击声清脆，裂隙发育差，局部发育一般，RQD=85%~97%，未见地下水活动迹象。微风化花岗岩埋深 146.5~168.35m，厚约 21.85m。

2. 成井结构

LMSSK07 井开孔孔径为 350mm，0~11.50m 钻孔孔径为 350mm，11.50~168.35m 孔径为 168mm。0~11.5m 为 Φ219mm 无缝钢管，11.50~168.35m 为天然井壁。井管与井壁间被砾石、水泥充填，钻孔成井结构参数见表 2-9-1。

2 水文地质调查保障饮水安全利用

表 2-9-1 LMSSK07 井成井结构参数表

钻孔		套管		滤管	
口径/mm	钻进深度/m	口径/mm	下入深度/m	口径/mm	下入深度/m
350	0~11.50	219	0~5.50	219	5.50~11.50
168	11.50~168.35	天然孔壁			

3. 主要含水层特征

LMSSK07 井的主要含水层段为 11~20m、24~50m、53~77m、80~89m、98~103m、110~122m、131~145m、163~167m。岩性主要为完整性中等—完整性差的中粗粒花岗岩,含水部位为孔隙、裂隙发育的岩石破碎裂隙带。

4. LMSSK07 井抽水实验

对 LMSSK07 井水文地质钻孔进行抽水试验,总共进行 3 次降深,获取该水文孔含水层的水文地质参数。总抽水延续时间为 32.3h,总稳定时间为 26.16h,抽水前静水位埋深为 2.45m。第 1 次降深抽水动水位埋深为 60.5m($S_1=58.05$m),第 2 次降深抽水动水位埋深为 35.27m($S_2=32.82$m),第 3 次降深抽水动水位埋深为 19.91m($S_3=17.46$m)。涌水量分别为:$Q_1=603.36$m³/d,$Q_2=485.28$m³/d,$Q_3=304.32$m³/d。注意:前文涌水量单位用"t/d"表示,此部分因需与降深等参数计算,故用"m³/d"表示。单位涌水量分别为:$q_1=0.120$L/(s·m),$q_2=0.171$L/(s·m),$q_3=0.202$L/(s·m)。Q-S 关系曲线为对数型,即 $Q=55.127\lg S_w-300.26$。

抽水试验取得相关参数具体如下。渗透系数:$K_1=0.129$m/d,$K_2=0.174$m/d,$K_3=0.189$m/d,平均渗透系数 $K=0.164$m/d;影响半径:$R_1=209$m,$R_2=137$m,$R_3=76$m,平均影响半径 $R=140$m(表 2-9-2)。

5. LMSSK07 井水化学及水质特征

(1)LMSSK07 井水化学特征:根据 LMSSK07 井水质测试结果,按照《地下水质量标准》(GB/T 14848—2017)划分,LMSSK07 井井水属于 Ⅱ 类地下水,地下水化学组分含量较低,适用于各种用途。水中阳离子以 Na^+、Ca^{2+} 为主,质量浓度分别为 8.4~18.6mg/L、25.6~50.7mg/L;阴离子以 HCO_3^- 为主,质量浓度为 112~220mg/L。LMSSK07 井井水的水化学类型属 HCO_3-$Na·Ca$ 型。

表 2-9-2 LMSSK07 井 3 次降深水文地质参数结果表

参数	降深 S_w/m	涌水量 Q/m³·d⁻¹	抽水井半径 r_w/m	影响半径 R/m	渗透系数 K/m·d⁻¹
第 1 次	$S_1=58.05$	603.36	0.084	209	0.129
第 2 次	$S_2=32.82$	485.28	0.084	137	0.174
第 3 次	$S_3=17.46$	304.32	0.084	76	0.189
平均值				140	0.164

(2)LMSSK07 井水质特征:①pH 为 6.73~8.32,属弱酸性至弱碱性水;②TDS 质量浓度为 211~337mg/L;③钙(Ca^{2+})质量浓度为 25.6~50.7mg/L,钠(Na^+)质量浓度为 8.4~18.6mg/L;④氟(F^-)质量浓度为 0.3~0.66mg/L,含量未超过 1.5 mg/L 的限量标准;⑤LMSSK07 井水还含有锂(0.02~0.038mg/L)、锌(0.041~0.19mg/L)等对人体有益的微量元素,富含锶(0.18~0.46mg/L);⑥LMSSK07 井水水温多为 25~27℃。

综上所述,在 25~27℃ 的情况下,LMSSK07 井水偏硅酸质量浓度为 63.7~71.2mg/L,锶质量浓度为 0.18~0.46mg/L,且多在 0.33~0.46 mg/L 之间,为富锶+偏硅酸复合型矿泉水。LMSSK07 井水源具有 TDS 含量低、偏硅酸含量适中、锶富集的特点,水质较好。

2.9.2 长征镇长征居饮水示范井

2.9.2.1 缺水情况

长征镇长征居辖区内,共有1037户2562名居民,饮用水水源主要为原农场20世纪七八十年代建设的5口老水井。由于天气干旱,水井极易干涸,造成场部片区(含机关、机运、机建、胶厂、医院、供电所、1队及镇墟)居民饮水困难,属于资源型缺水,居民安全饮水问题急需解决。

2.9.2.2 地质、地理背景概述

长征镇长征居辖区位于花岗岩建造区,主要出露地层为第四系风化残积土和中二叠世花岗岩。1∶50000区域地质图显示,辖区居民委员会周边断裂构造不发育,仅居民委员会南部存在不同期次的侵入岩体。长征镇长征居周围地势较为平坦,北高南低,在南部区域形成较大的汇水区和排泄区。区域地下水的补给、径流、排泄条件主要受到气象、水文、地形地貌、岩性、构造等各种因素控制。

2.9.2.3 地球物理探测

本次工作部署高密度电法950个点,可控源音频大地电磁测深105个点。其中,高密度电法道距为10m,可控源音频大地电磁测深点距为20m。

长征居一带区域地质构造不发育,地势为北高南低,地表汇水向南部,结合地质背景、地形地貌条件,以近南向两条沟系为重点,共部署7条正交物探剖面,先进行高密度电法测深,探测浅层岩体低电阻率异常处,并辅助开展可控源音频大地电磁测深探测深层岩体低阻异常区。综合两种方法的优缺点,结合高密度测量结果反映的高低电阻率梯度带和可控源深部存在低阻异常带,推测低阻区域可能为隐伏破碎带,最终圈定由浅至深的低阻异常带(图2-9-3)。最后结合钻探施工条件以及工程建设成本、难度,圈定CZZSK05饮水扶贫井的井位。

2.9.2.4 CZZSK05井水文地质钻探

长征镇长征居CZZSK05井地理位置为东经109°52′49.78″,北纬18°57′44.85″,海拔为340m。该井于2020年7月6日由海南地质综合勘察设计院施工完成,成井深度为220m,单井涌水量为480t/d。并建设完成长征镇饮水示范井,包括饮水井、深井泵、泵房和相应的配套净化设备、电缆等(图2-9-4)。

1. 岩芯概述

0~23.50m为$[Q_\gamma^{dd}]$第四系的砾质黏性土,灰黄色,以黏粒、粉粒、砾粒为主,粒径2~5mm,硬塑状,切面粗糙,韧性中等,干强度中等,无摇振反应,透水性差。

23.50~220.00m为中二叠世($P_2\gamma$)花岗岩,灰褐色、灰白色,中粗粒结构,块状构造,主要矿物成分为长石、石英、云母和角闪石等,岩体中等完整,局部完整,岩质坚硬,锤击声脆。

2. CZZSK05井结构

CZZSK05井开孔孔径为350mm。其中,0~9.20m钻孔孔径为350mm,9.20~27.20m为219mm孔

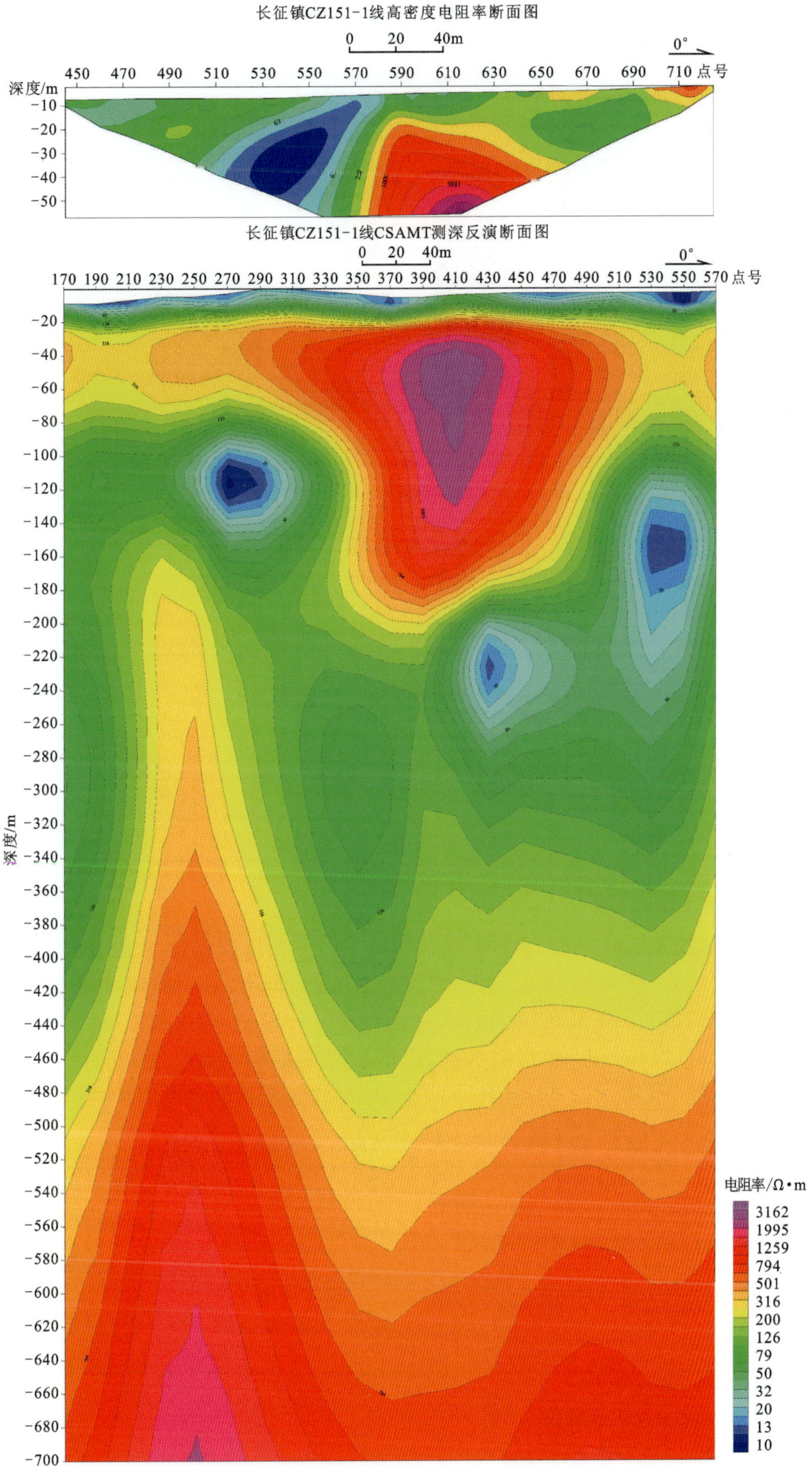

图2-9-3 CZZSK05井（长征镇CZ151-1线）综合物探测深图

图 2-9-4 长征镇长征居饮水示范井

径,27.20~220.00m 为 168mm 孔径。0~9.20m 为 Φ219mm 无缝钢管(套管),9.20~27.10m 为滤水管,其余为天然井壁。井管与井壁间由砾石、水泥充填,井管结构参数见表 2-9-3。

表 2-9-3　CZZSK05 井成井结构参数表

孔深/m	井径/mm	井管			
		类型	规格/mm	下入深度/m	管长/m
0~9.20	Φ219	套管	Φ219	0~9.20	9.20
9.20~27.20	Φ219	滤水管	Φ219	9.20~27.20	18.00
27.20~220.00	Φ168	天然井壁			

3. CZZSK05 井抽水试验

对 CZZSK05 井水文地质钻孔进行抽水试验,总共进行了 3 次降深试验,获取该水文孔含水层的水文地质参数(表 2-9-4)。总抽水延续时间为 51.27h,总稳定时间为 42h,抽水前静水位埋深为 4.68m。第 1 次降深为 31.82m,第 2 次降深为 19.69m,第 3 次降深为 6.99m。涌水量为:$Q_1=485.4\text{m}^3/\text{d}$,$Q_2=385.248\text{m}^3/\text{d}$,$Q_3=264.216\text{m}^3/\text{d}$。单位涌水量为:$q_1=0.177\text{L}/(\text{s}\cdot\text{m})$,$q_2=0.226\text{L}/(\text{s}\cdot\text{m})$,$q_3=0.437\text{L}/(\text{s}\cdot\text{m})$。影响半径为:$R_1=304\text{m}$,$R_2=202\text{m}$,$R_3=92\text{m}$,平均影响半径 $R=199\text{m}$。

表 2-9-4　CZZSK05 井 3 次降深水文地质参数结果表

参数	降深 S_w/m	涌水量 $Q/\text{m}^3\cdot\text{d}^{-1}$	抽水井半径 r_w/mm	影响半径 R/m	渗透系数 $K/\text{m}\cdot\text{d}^{-1}$
第 1 次	$S_1=31.82$	485.4	84	304	0.18
第 2 次	$S_2=19.69$	385.248	84	202	0.21
第 3 次	$S_3=6.99$	264.216	84	92	0.35
平均值				199	0.25

4. CZZSK05 井水化学及水质特征

(1)对照测试结果与《地下水质量标准》(GB/T 14848—2017),CZZSK05 井井水属于 Ⅱ 类地下水,适用于各种用途。水中阳离子以 Na^+、Ca^{2+} 为主,阴离子以 HCO_3^- 为主。CZZSK05 井井水的水化学类型属 HCO₃ - Na·Ca 型。

(2)水质特点：①pH 为 7.72，属弱碱性水；②溶解性总固体含量为 171mg/L，属淡水；③钙（Ca^{2+}）质量浓度为 23.7mg/L，钠（Na^+）质量浓度为 9.27mg/L；④氟（F^-）质量浓度为 0.32mg/L，含量未超过 1.5mg/L 的限量标准；⑤CZZSK05 井井水含锶（质量浓度 0.26mg/L）和偏硅酸（质量浓度 56.4mg/L），属于锶+偏硅酸复合型矿泉水。

综上所述，在 24～29℃ 的情况下，CZZSK05 井水偏硅酸质量浓度为 56.4mg/L，锶质量浓度为 0.26mg/L，达到《饮用天然矿泉水》(GB 8537—2018) 的界限指标要求；感官要求、限量指标、污染物指标、微生物指标均符合《饮用天然矿泉水》(GB 8537—2018) 的要求。CZZSK05 井井水水质具有 TDS 含量低、偏硅酸含量适中的特点，水质较好，可作为饮用天然矿泉水资源进行开发利用。

2.9.3 黎母山镇毛枞村探采结合井

2.9.3.1 缺水情况

黎母山镇毛枞村共有 60 余户 255 名居民，饮用水水源主要为外引山泉水。山泉水旱季经常断流而雨季水源混浊，且存在微生物超标的现象，村落本就建有大口井，因铁、锰元素超标，而且有异味，故而废弃。属于资源型和水质型缺水的类型，急需寻找优质水源解决村民饮水难题。

2.9.3.2 地质、地理背景概述

黎母山镇毛枞村位于白垩系红层分布区，主要出露地层为第四系红层残积土和白垩系砂岩、砂砾岩及中二叠世花岗岩。村落周边区域断裂构造不发育，1∶50 000 区域地质图显示，仅村落南部发育北东向断裂。黎母山镇毛枞村所属地貌为河流阶地地貌，周围地势较为平坦，东北侧距离约 700m 处为腰子河以及阳江农场，西南距离约 100m 处为万洋高速公路。村落水系发育，径流量较大，而且汇水面积大。地下水的补给、径流、排泄条件主要受气象、水文、地形地貌、岩性、构造等各种因素控制。

2.9.3.3 地球物理探测

本次工作部署高密度电法 500 个点，可控源音频大地电磁测深 250 个点。其中，高密度电法道距为 10m，可控源音频大地电磁测深点距为 20m。

毛枞村位于琼中县西侧，区域地质资料显示该处为花岗岩与白垩系鹿母湾组（K_1l）的接触带位置。该地区可能存在接触带型基岩裂隙水，结合高密度电法及可控源音频大地电磁测深处理结果进行了解释推断。毛枞村共部署 4 条高密度电法物探剖面和 2 条可控源音频大地电磁测深剖面。其中，根据高密度电法反演电阻率断面的推断有 4 处低阻异常区，为可能含水区域。依据低阻异常区的空间展布特征，优选 2 处低阻异常带状（图 2-9-5a、b），采用可控源音频大地电磁测深物探方法进行验证。结合可控源音频大地电磁测深物探解释结果（图 2-9-6），确定该地为鹿母湾组与花岗岩接触带。由于岩浆冷却导致接触带断裂破碎带裂隙呈张开的带状分布，透水性和储水性好，沿侵入接触带电性曲线呈层状和带状分布，推断为沉积岩与花岗岩接触带，最终圈定地表 LMSSK01 饮水扶贫井井位。

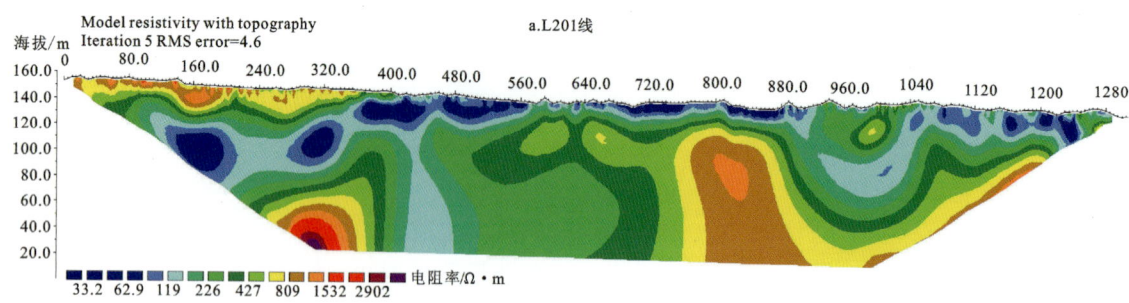

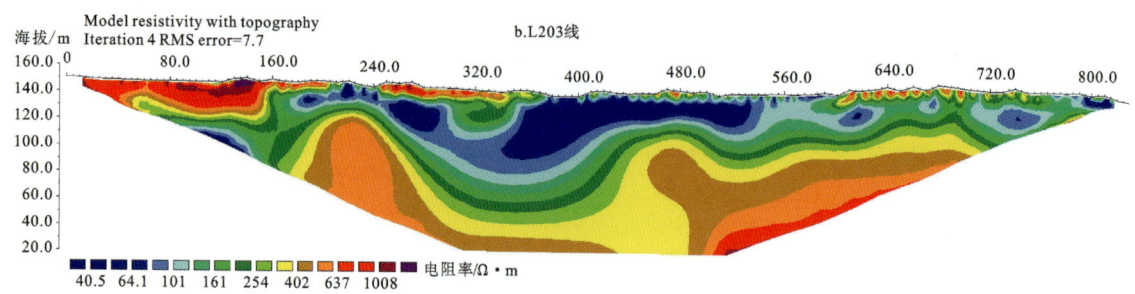

图 2-9-5　毛枞村高密度电法二维反演电阻率断面图

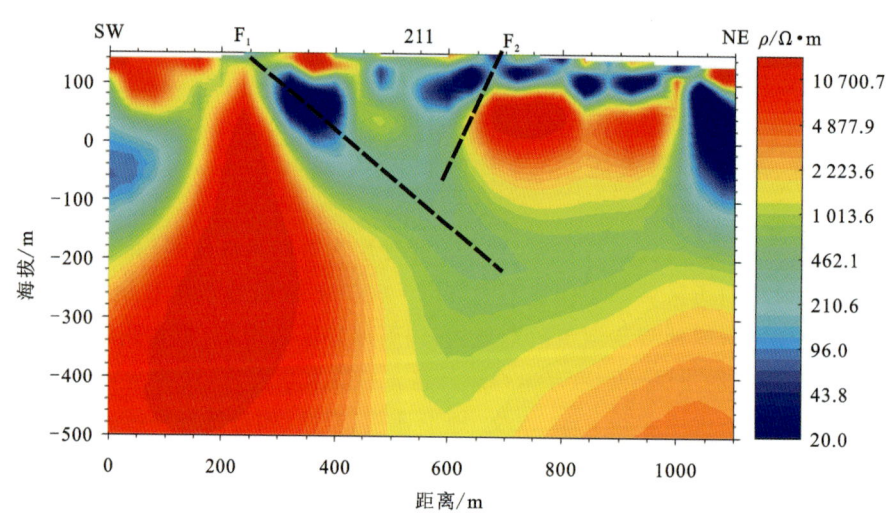

图 2-9-6　毛枞村 211 线可控源音频大地电磁测深物探剖面图

2.9.3.4　LMSSK01 井水文地质钻探

黎母山镇毛枞村 LMSSK01 井地理位置为东经 109°44′49.28″，北纬 19°17′19.92″，海拔为 161m。该井于 2019 年 9 月 8 日由海南地质综合勘察设计院施工完成，成井深度为 251.82m，单孔出水量为 720t/d。

1. 岩石与地层

在钻孔揭露深度范围内岩石地层，上覆地层是白垩系鹿母湾组（K_1l），下伏岩石为晚三叠世黎母岭侵入岩。鹿母湾组（K_1l）与下伏岩石呈不整合接触。岩性主要由红色复成分砾岩、砂砾岩、泥质粉砂岩、粉砂质泥岩组成。钻孔揭露厚度为 199.48m。黎母岭侵入岩岩性为中粗粒斑状角闪黑云二长花岗岩，钻孔揭露厚度约 52.34m。

钻孔揭露场地岩石地层及分层描述见表 2-9-5。

表 2-9-5 钻孔揭露场地岩石地层及分层描述

分层	埋深/m	厚度/m	岩性	地层代号	特征
第一层	0~0.90	0.90	红层残积土	Q^{el}	主要为砂质黏性土,黄色,稍湿,局部含砾石,可见少量植物根系
第二层	0.90~4.50	3.60	全风化砂岩	$K_1 l$	浅紫红色、紫红色,中粗粒结构,孔隙胶结,次圆—次棱角状,岩芯以破碎状为主
第三层	4.50~6.30	1.80	强风化砂岩	$K_1 l$	紫红色,中粗粒结构,孔隙胶结,次圆—次棱角状
第四层	6.30~8.10	1.80	粉砂质泥岩	$K_1 l$	紫红色,含粉砂泥质结构,块状构造,黏粒、粉粒含量高,为相对隔水层
第五层	8.10~13.80	5.70	砂岩	$K_1 l$	紫红色、浅灰白色,中粗粒结构,块状构造,孔隙胶结,次圆—次棱角状,节理裂隙发育,可见铁锰质浸染
第六层	13.80~58.50	44.70	砂岩	$K_1 l$	浅紫红色、紫红色、浅灰白色,中粗粒结构,块状构造,孔隙胶结,次圆—次棱角状,节理裂隙以发育—一般为主,岩体以破碎—完整性差为主,中等完整次之,RQD=0~58%,13.85~20.20m、25.20~26.20m 和 38.10~53.20m 段可见铁锰质浸染
第七层	58.50~67.10	8.60	砂砾岩	$K_1 l$	浅紫红色,中粗粒砾状结构,块状构造,孔隙胶结,岩体以中等完整为主,完整性差次之,RQD=46%~55%,节理裂隙发育一般,砾径 2~7mm,可见地下水活动迹象
第八层	67.10~71.32	4.22	砂岩	$K_1 l$	浅灰白色、浅紫红色,中细粒结构,块状构造,孔隙胶结,岩体以中等完整为主,节理裂隙发育,局部充填石膏
第九层	71.32~73.42	2.10	砂砾岩	$K_1 l$	浅紫红色,中粗粒砾状结构,块状构造,孔隙胶结,岩体以较完整为主,RQD=78%~79%,节理裂隙发育差—一般,砾径 2~10mm,局部裂隙面可见地下水活动迹象
第十层	73.42~97.52	24.10	砂岩	$K_1 l$	浅紫红色、浅灰白色,中粒结构,块状构造,孔隙胶结,次圆—次棱角状,岩体以破碎—完整性差为主,RQD=0~46%,95.7~96.2m 发育一处高约 0.5m 的溶蚀空洞,节理裂隙发育,为主要含水层
第十一层	97.52~107.10	9.58	砂岩	$K_1 l$	浅紫红色,中粒结构,块状构造,孔隙胶结,次圆—次棱角状,岩体以中等完整、完整为主,RQD=70%~92%,节理裂隙不发育—发育差,局部发育一般,富水性相对较差

续表 2-9-5

分层	埋深/m	厚度/m	岩性	地层代号	特征
第十二层	107.10~109.90	2.80	砂砾岩	K_1l	浅紫红色,中粗粒砾状结构,块状构造,孔隙胶结,岩体完整,理裂隙不发育—发育差,砾径2~5mm,富水性相对较差
第十三层	109.90~115.40	5.50	砂岩	K_1l	浅紫红色,中粗粒结构,块状构造,孔隙胶结,次圆—次棱角状,岩体完整,节理裂隙发育差,富水性相对较差
第十四层	115.40~121.60	6.20	砂砾岩	K_1l	浅紫红色,中粗粒砾状结构,块状构造,孔隙胶结,岩体完整,RQD=91%,节理裂隙发育差,富水性相对较差
第十五层	121.60~169.32	47.72	砂岩	K_1l	浅紫红色、紫红色,中细粒结构,块状构造,孔隙胶结,次圆—次棱角状,岩体以较完整—完整为主,局部破碎,RQD=20%~97%,理裂隙不发育—发育差,局部发育,144.5~157m段可见地下水活动迹象
第十六层	169.32~199.48	30.16	砂砾岩	K_1l	浅紫红色,中粗粒砾状结构,块状构造,孔隙胶结,岩体以较完整—完整为主,局部完整性差,RQD=30%~93%,节理裂隙发育差,局部裂隙发育,172.3~175.3m和188~199.48m段可见地下水活动迹象

2. 侵入岩

钻孔揭露场地侵入岩主要为花岗岩($T_3\gamma$),灰白色,中粗粒结构,块状构造,主要矿物成分为长石、石英、云母和角闪石。岩体以破碎—中等完整为主,局部较完整。RQD=0~78%,节理裂隙发育,199.48~247m段可见地下水活动迹象。埋深199.48~251.82m,厚约52.34m。

3. LMSSK01 井结构

LMSSK01 井开孔孔径为350mm。其中,钻孔0~41.80m孔径为350mm,41.80~100.00m孔径为168mm,100.00~251.82m孔径为130mm。0~41.80m为Φ219mm无缝钢管,41.80~251.82m为天然井壁。井管与井壁间由砾石、水泥充填,成井结构参数见表2-9-6。

表 2-9-6 LMSSK01 井成井结构参数表

钻孔		套管		滤管	
口径/mm	钻进深度/m	口径/mm	下入深度/m	口径/mm	下入深度/m
350	0~41.80	219	0~41.80		
168	41.80~100.00	天然孔壁			
130	100.00~251.82				

4. LMSSK01 井抽水试验

对 LMSSK01 井水文地质钻孔进行抽水试验,总共进行 3 次降深试验,获取该水文孔含水层的水文地质参数(表 2-9-7)。总抽水延续时间为 33.23h,总稳定时间为 24h,抽水前静水位埋深为 7.47m。第 1 次降深抽水动水位埋深为 43.98m($S_1=36.51$m),第 2 次降深抽水动水位埋深为 28.52m($S_2=21.05$m),第 3 次降深抽水动水位埋深为 19.57m($S_3=12.10$m)。涌水量为:$Q_1=720.0$m³/d,$Q_2=485.28$m³/d,$Q_3=357.12$m³/d。单位涌水量为:$q_1=0.228$L/(s·m),$q_2=0.267$L/(s·m),$q_3=0.342$L/(s·m)。$Q-S$ 关系曲线为直线型:$Q=0.067S-11.723$。

抽水试验取得相关参数具体为渗透系数:$K_1=0.228$m/d,$K_2=0.249$m/d,$K_3=0.298$m/d,平均渗透系数 $K=0.258$m/d。影响半径为:$R_1=175$m,$R_2=105$m,$R_3=66$m,平均影响半径 $R=115$m(表 2-9-7)。

表 2-9-7 LMSSK01 井 3 次降深水文地质参数结果表

降深 S_w/m	涌水量 Q/m³·d⁻¹	抽水井半径 r_w/m	影响半径 R/m	渗透系数 K/m·d⁻¹
$S_1=36.51$	720.00	0.084	175	0.228
$S_2=21.05$	485.28	0.084	105	0.249
$S_3=12.10$	357.12	0.084	66	0.298
平均值			115	0.258

5. LMSSK01 井水化学及水质特征

(1)对照测试结果与《地下水质量标准》(GB/T 14848—2017),LMSSK01 井井水属于Ⅱ类地下水,适用于各种用途。水中阳离子以 Na^+、Ca^{2+} 为主,阴离子以 HCO_3^- 为主。LMSSK01 井井水的水化学类型属 $HCO_3-Na·Ca$ 型。

(2)LMSSK01 井水质特点:①pH 为 6.53~7.4,属弱酸性至弱碱性水;②溶解性总固体含量为 172~264mg/L;③钙(Ca^{2+})质量浓度为 19.7~40.6mg/L,钠(Na^+)质量浓度为 9.7~17.2mg/L;④氟(F^-)质量浓度为 0.02~0.44mg/L,多在 0.2~0.4mg/L 之间,含量未超过 1.5mg/L 的限量标准;⑤LMSSK01 矿泉水还含有锂(质量浓度约 0.01mg/L)、锶(质量浓度 0.14~0.02mg/L)、锌(质量浓度 0.02~0.07mg/L)等对人体有益的微量元素。

综上所述,在 24~29℃ 的情况下,LMSSK01 井水偏硅酸质量浓度为 60.8~78.2mg/L,锌质量浓度 0.02~0.07mg/L,为偏硅酸型矿泉水。LMSSK01 井水源具有 TDS 含量低、偏硅酸含量适中的特点,水质较好。

2.10 花岗岩区找水建议

2019—2020 年琼中县脱贫攻坚地质调查项目在花岗岩建造区占比达 86% 的琼中县共部署 31 口饮水井,其中建成单口出水量大于 60t/d 的饮水扶贫井 29 口,初步探索形成了花岗岩建造区打井找水行之有效的地质调查技术方法和路径。

琼中县花岗岩区找水经验的主要启示为:首先结合地质背景明确了找水的类型,其次建立了"综合地质调查+地球物理勘探"的地下水勘探方法,形成"明确方向、远景分析、锁定靶区、精确定孔、科学成井"的"五步法"找水模式。针对花岗岩建造区水量较充沛的几种主要地下水类型特征和地球物理探测特征总结如下。

1. 断裂构造裂隙水

断裂构造裂隙水是花岗岩区最重要的地下水类型。断裂带内岩体整体呈碎块状,碎块之间的裂隙较大,为地下水富集提供了较好的存储空间,富水性总体较好,但亦受到断裂性质的影响,富水性存在差异性。一般张性或张扭性构造带中,地下水富集好,水量较大。张性或张扭断裂是在较低围压条件下产生的,裂隙张开度大、延伸性好。当后期没有岩脉或其他物质充填的情况下,裂隙的透水性和富水性都较好。在电阻率断面上,该类地下水含水层结构的异常带一般较直观,具有清晰的含水层边界,多呈现陡降低阻条带或漏斗状异常曲线。

2. 风化网状裂隙-孔隙水

风化网状裂隙-孔隙水主要赋存于花岗岩风化后形成的岩土体裂隙和孔隙中,是花岗岩区普遍存在的地下水类型。该类地下水主要受降雨补给,富水程度主要取决于花岗岩风化程度、风化壳厚度及地形地貌条件的组合,从而形成同一类型地下水不同富集程度的地段。一般认为,花岗岩风化程度越强烈,风化壳厚度越大,花岗岩风化壳土体颗粒越大,富水性会越好。在电阻率断面上,该类含水层与洼地地形地貌近似,呈现洼地状或凹槽状低阻电性特征曲线。

3. 接触带型基岩裂隙水

接触带型基岩裂隙水主要赋存于花岗岩与沉积岩或变质岩的接触带位置。一般来说,岩相差异越大,接触带裂隙、空隙越发育,地下水富集程度越好。在电阻率断面上,花岗岩与不同地层的接触带界面清晰,接触带型基岩裂隙含水层呈现层或带状低阻电性特征,低阻带边界与侵入接触带实际位置基本一致。

2.11 地下水开发利用建议

基础地质背景是制约水环境、水生态、水化学条件和水质的重要因素。琼中县域范围内约86%的区域为花岗岩建造区,一方面,花岗岩特有的致密结构成为制约琼中县地下水资源量的客观困难;另一方面,热带地区花岗岩建造区的化学风化和水-岩反应作用强烈,以致琼中县域范围内在排除人为干扰的情况下,大部分地下水的水化学类型相似,可能仅因岩石类型不同导致小部分地下水的水化学类型和水质等存在差别,但不是非常显著。琼中县大部分地区位于花岗岩建造区,地下水在花岗岩风化、淋滤过程中富集了锶、偏硅酸等有益元素,但同时会导致部分地表水或潜水重金属含量超标。

降雨是琼中县地下水的主要补给来源,且琼中县是整个海南岛降雨最为丰富的地区,但降雨主要集中在雨季,旱季地下水水源补给存在困难,而且花岗岩建造区地下水主要赋存于断裂破碎带中。不同区域的不同断裂破碎带差异大,若无区域性大断裂,一般性断裂延展性较差,导致储水空间有限,严重制约地下水资源储量。为合理开发利用琼中县的优质地下水资源,使有限的水资源得到合理的、可持续的利用,提出以下几点建议。

1. 合理适度开发利用地下水资源

在饮用水以大口井为主的季节性缺水地区,建议适度开发利用优质地下水资源,保障居民饮用水安全;在地下水背景值偏高、存在水质型缺水或者季节型与水质型缺水并存的地区,建议对地下水进行专业性和安全性的处理,达到饮用水标准后供居民饮用;对于规划开发优质矿泉水的地区,在大规模开采利用前必须要进行专门的水文地质勘查工作,不宜盲目开采,必须依据水文地质、地下水资源和开采技术条件,以地下水资源研究成果为依据,开展专业性评估,科学合理地确定地下水开发利用布局和开采方案。

2. 加强地下水开采的污染管控,确保水资源安全可持续利用

在地下水(包括日常饮用水和优质矿泉水)开发利用地区,要完善水源地三级保护区管理保护工作,设立区界标志。严禁在Ⅰ级保护区内进行一切活动,在Ⅱ级、Ⅲ级保护区范围内建设完善的居民用水、生活污水排放管道和污水处理设备;生活垃圾需建设专门的垃圾堆放地点;附近农作物或经济林需严格控制化肥、农药的喷洒。根据不同地下水资源区的具体情况,选择不同的地下水开采方式和合理的布井方式,应重视开采地下水引起水位下降后可能带来的一系列地质环境问题,并提前进行预防。

3. 完善优化地下水动态监测网络

健全地下动态水监测网络,为合理布局开采、防止水质污染提供科学依据;掌握琼中县地下水的水位、水量、水质等关键指标,及时分析地下水各项指标的发展和变化趋势,为地下水合理开发利用提供基础数据;加强地下水资源信息系统建设,实现地下水资源的动态管理。

3 地热资源勘探有效支撑清洁能源开发

3.1 上安乡(南流)地热田地质概况

3.1.1 地热田地层岩石

1. 地层

地热勘查区出露的地层主要为第四系全新统冲洪积层(Q^{al+pl})及残积层(Q^{el})。冲洪积层集中分布于南流河及支河流两岸,规模较小,岩性以砾砂、粗砂、含黏土粗砂等砂类土为主,厚度一般 1.0～6.0m;残积层为花岗岩风化残积土,岩性以砂质黏性土为主,厚度一般 4.30～15.10m。

2. 岩石

地热勘查区出露的岩石均为侵入岩,包括燕山期黑云母二长花岗岩($J_2^2\eta\gamma$)及黑云角闪闪长岩($J_2^1\delta$)两类。其中,黑云母二长花岗岩在区内大面积分布,矿物成分以黑云母、钠长石、钾长石为主,灰黑色、肉红色,粗中粒结构,块状构造;黑云角闪闪长岩集中分布在勘查区西南部,矿物成分以黑云母、角闪石等为主,浅灰色,中细粒结构,块状构造。区内岩浆岩因常年受风化剥蚀作用,表层多为厚度变化较大的全风化或强风化残积物。

3.1.2 地热田地质构造

琼中县境内分布两大区域控热构造,即位于南部的尖峰-吊罗东西向构造带和北部的昌江-琼海构造带,具有地热田形成的有利条件。本次地热钻探工作区位于琼中县西南侧的上安乡南流村(即南流地热田),热储呈带状分布,受构造断裂控制。

根据前人地质勘查资料,结合本次现场踏勘、钻探及地球物理勘探成果资料分析得出,对本地热田的形成起主要控制作用的断裂有 5 条(F_1'、F_2'、F_3'、F_4'、F_{13})。其中,F_1'断裂为北东东向断裂,F_2'为北西向断裂,F_3'和F_4'均为北北东向断裂,F_{13}为北东向南万断裂(图 3-1-1)。

1. F_1'断裂

F_1'断裂位于地热田东部,呈向北弯曲的弧形,走向北东东,倾向南,倾角 76°～90°。F_1'断裂向东在现有温泉出露点东侧附近尖灭,向西已出测区范围,继续延伸情况不详,推测断裂破碎带宽度约 8m。F_1'断裂地段电阻率均偏高,可能是地下基岩较为完整、破碎带规模较小而导致的。

2. F_2' 断裂

F_2' 断裂位于地热田中部,被第四系覆盖而没有出露地表。根据物探解译成果,该断裂走向北西西,倾向北东,倾角 70°~80°,为主要的控热构造。断裂北面为高阻区,南面为低阻区,是热矿水的储水与导水构造。

3. F_3'、F_4' 断裂

F_3'、F_4' 断裂位于南流地热田中部。据物探解译成果,该断裂平面上呈北北东向分布,倾向北西,为热矿水的导水构造。

4. F_{13} 断裂

F_{13} 断裂分布于南万村一带,长约 4.4km,宽约 2m,倾向 120°,倾角 83°,断裂表现为花岗岩质岩石的碎裂化及节理化。碎裂岩化花岗岩受脆性构造作用,各矿物发生不同程度的破裂或破碎,且有位移或错位现象,属于左旋压扭性断裂,推断该为导热导水通道;同时推测 F_1'、F_3'、F_4' 为区域断裂 F_{13} 的派生次级断裂,呈羽状排列,方位北东向,其与北西西向控热导水构造 F_2' 交会部位可能形成热储,F_1'、F_3'、F_4' 与 F_{13} 断裂应为同一组构造。F_{13} 断裂为地热水的入渗、运移、深循环等提供通道。

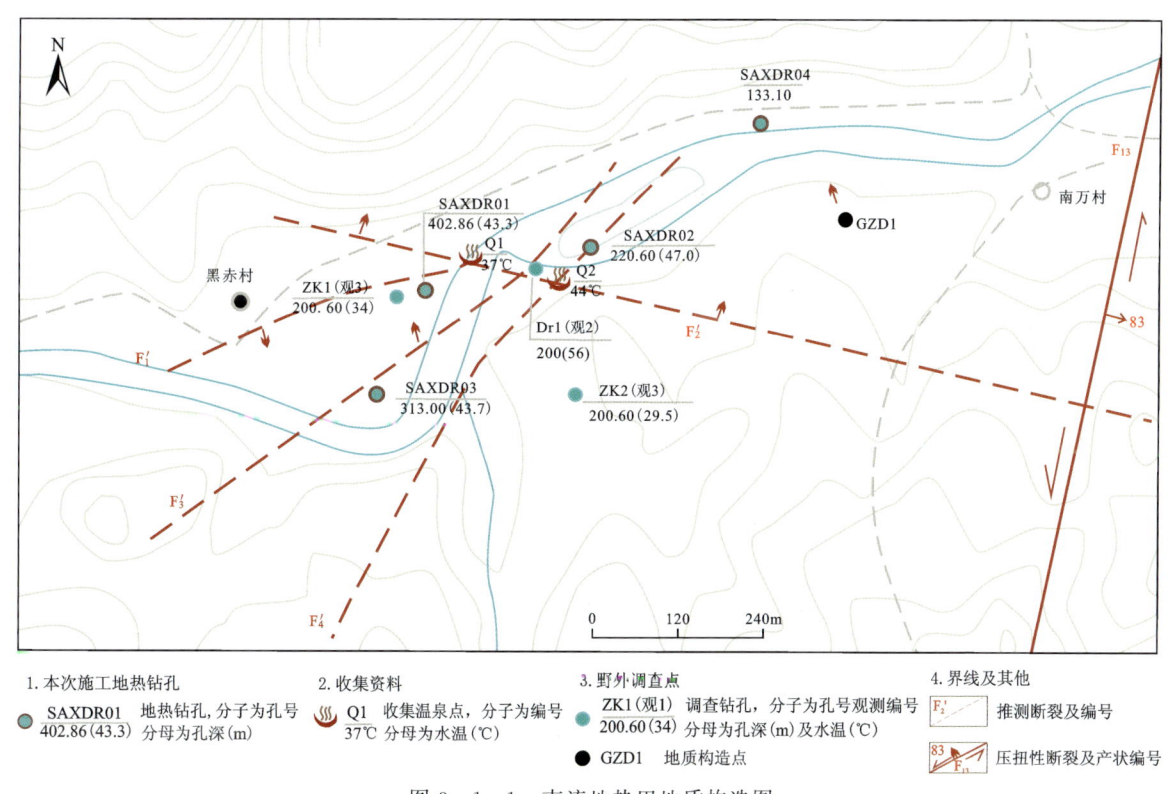

图 3-1-1　南流地热田地质构造图

3.1.3 地热田水文地质概况

勘查区地下水类型主要为松散岩类孔隙水和基岩裂隙水两大类,且以基岩裂隙水为主,富水性较好,水量多为中等—丰富,钻孔单井涌水量 155.52~3 690.23t/d,地下水水位埋深 0.84~4.03m,水质良好;松散岩类孔隙水仅沿南流河两岸小面积分布,富水性较差,水量多为贫乏,地下水水位埋深 0.45m。

南流地热田热矿水的补给来源主要是大气降水。大气降水通过裂隙密集的花岗岩和断裂破碎带入渗

形成地下水,地下水经过深部地下循环接受地温加热,通过基底花岗岩及其区域深部断裂补给南流地热田。热矿水受上部岩石相对隔水层的阻挡,只能沿断裂带赋存径流,在地势低洼处溢出地表形成温泉。热矿水经深大断裂带的运移后,一部分储存于断裂构造中,另一部分则以温泉的形式排泄于河谷低洼处。

3.2 地热田范围

南流地热田是受控于断裂构造的呈带状分布的地热田,其热储分布主要受控热、导水断裂 F_2' 控制。通过收集资料、调查测温、钻井测温及断裂带的走向等综合划定地热田分布范围与边界。

根据《地热资源地质勘查规范》(GB/T 11615—2010)的规定,当水温大于或等于25℃时,属地热资源,由于海南岛地处热带气候区,年平均气温为23.8℃,潜水水温与气温相差2~5℃,勘查区地下水水温一般为27.0~29.5℃。综合前人对琼中县地热的研究经验,以地下水水温32℃作为南流地热田的温度界限,统一以孔口水温32℃等值线为基准,根据地表热异常点分布范围、地面调查地质特征、物探解译断裂带产出状态、钻孔揭露热矿水的横向地温梯度(外推至热矿水32℃温度等值线)来综合圈定地热田的范围及边界(图3-2-1)。

南流地热田是受控于断裂构造的呈带状分布的地热田,热储分布主要受控热、导水断裂 F_2'、F_3'、F_4' 控制;以热矿水温度32℃等值线和40℃温度等值线圈定的地热田范围均是以控热断裂 F_2'、F_3'、F_4' 为长轴的不规则长椭圆形,地热田面积约 $0.206km^2$。按地热田的温度、热储形态、规模和断裂构造发育的复杂程度,将其划分为中低温带状地热田(Ⅱ-2),地热田规模分级为小型。

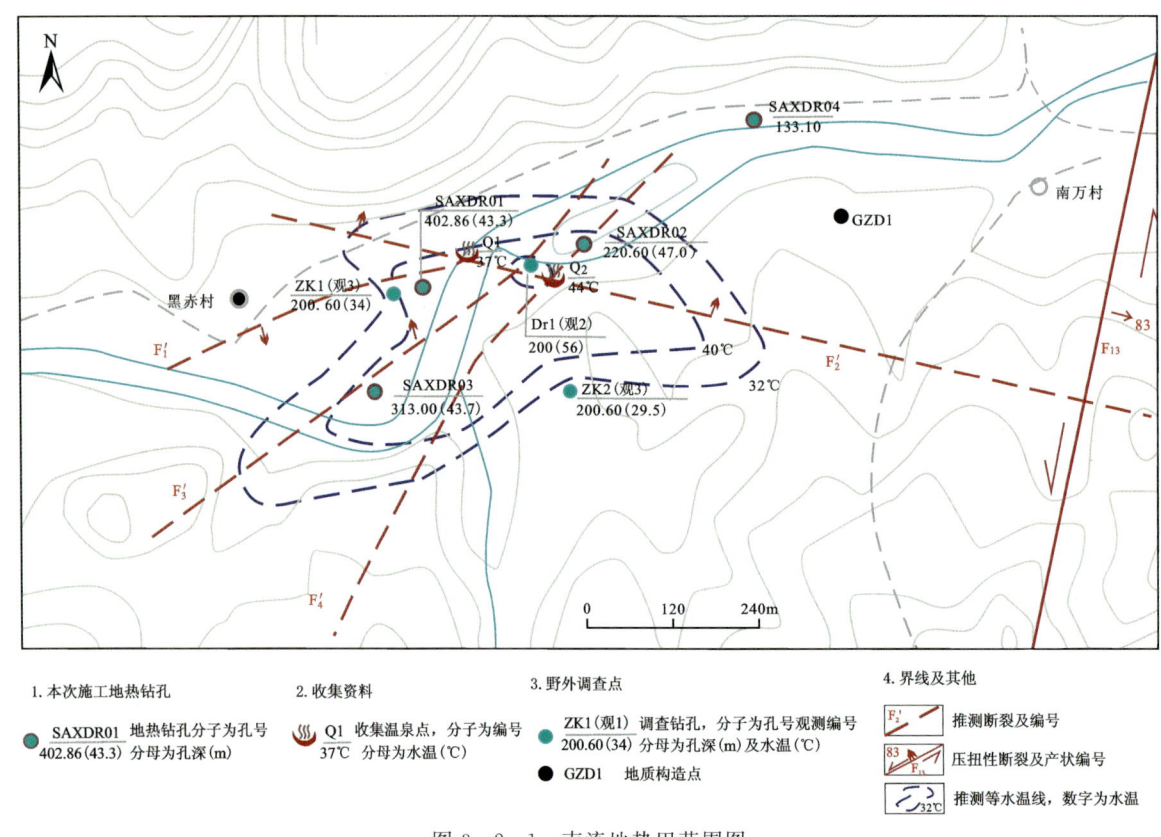

图3-2-1 南流地热田范围图

3.3 热储特征及埋藏条件

3.3.1 热储特征

热储是指埋藏于地下、具有有效孔隙和渗透性的地层、岩体或构造带,其中储存的地热流体可供开发利用。南流地热田的热储层主要由 F_2'、F_3'、F_4' 构造断裂带中的破碎带岩层组成,地热流体主要赋存于断裂破碎带和岩石裂隙中,地热流体沿构造裂隙运移,在合适的通道处上移至地表。南流地热田是以对流传热为主、平面上呈带状延伸的热储。地热勘查区出露的岩浆岩为黑云母二长花岗岩、黑云角闪闪长岩,结合勘探井岩芯采样分析,热储岩性主要为黑云母二长花岗岩,揭露热储层最大厚度约 378.91m。

3.3.2 热储埋藏条件

南流地热田热储隐伏于燕山期侏罗纪黑云母二长花岗岩中。根据收集历史资料分析,DR1 井附近 20~30m 有温泉出露,常年自流,自流泉水口相对较为固定。钻孔地温资料显示,南流地热异常区以地热井(DR1)为中心,与 F_1'、F_2'、F_3'、F_4' 断裂的走向有一定关联,即北西向及北东向地温相对异常。

根据收集物探、钻探资料及本次地热勘查资料,南流地热田热储埋藏于 F_1'、F_2'、F_3' 及 F_4' 断裂破碎带中,断裂带多为脆性岩石压扭性断裂,断层倾角较大;沿断裂构造部位,钻孔岩芯破碎,节理裂隙发育,热蚀变、热溶蚀现象明显,节理中见方解石填充,这些空隙通道为地下热水的形成提供了良好的储存和运移条件。

根据钻探揭露,南流地热田的热储盖层主要为第四系全新统河流冲洪积层和岩浆岩风化残积层,盖层岩性以含砂粉质黏土、砂质黏性土为主,热储盖层厚度为 8.35~23.95m,平均厚度为 16.93m。由于热储的主要部分被覆盖,同时主要的热矿水流通通道 DR1 位于河床中,地表河水常年径流不断,整体对热储有一定的散热和降温作用。

3.3.3 地热流体流场特征及动态

3.3.3.1 地热田热储温度与深度估算

1. 地热田热储温度估算

在热矿泉出露区,可以利用地球化学温标来估算得出基础温度。由于该地热田热水中的二氧化硅是由热水溶解石英形成的,这部分热水在达到取样点时没有蒸汽损失,参照《地热资源地质勘查规范》(GB/T 11615—2010)附录 A,选择二氧化硅地热温标法中的无蒸汽损失的石英温标估算热储温度。

无蒸汽损失的石英温标估算热储温度的公式:

$$t = \frac{1309}{5.19 - \ln C_1} - 273.15 \tag{3-1}$$

式中：t 为热储温度（℃）；C_1 为热水中溶解的 SiO_2 含量（mg/L）。

根据上述公式方法，结合本次所取地热流体分析资料及收集到的地热流体分析资料，估算南流地热田热储温度如表 3-3-1 所示。根据计算结果，SAXDR02 钻孔的石英温标计算结果为 126.78℃，将此作为热储的估算温度。

表 3-3-1 南流地热田热储温度估计成果表

钻孔情况	钻孔编号	水温/℃	SiO_2含量/mg·L^{-1}	估算热储温度/℃	估算方法
本次施工钻孔	SAXDR01	43.3	67.90	116.15	无蒸汽损失的石英温标法
	SAXDR02	46.9	82.6	126.78	
	SAXDR03	43.7	81.2	125.88	
收集钻孔*	DR1	56	82.3	126.59	
	ZK1	34	51.3	103.01	
	ZK2	29	32.5	82.74	

注：收集钻孔*来源为《海南省琼中县南流地热田预可行性勘查报告》。

2. 地热流体循环径流深度（热储埋深）估算

南流地热田热矿水来源于大气降水，其热储最高温度为 126.78℃，按地温背景值 25℃、地热梯度 3.5℃/100m 的大地热流背景值，根据《地热资源评价方法》(DZ 40—1985)，采用地温梯度推算法估算公式：$Z = G(T_z - T_0) + Z_0$，大致估算南流地热田地下水的循环径流深度（热储埋深）在 2242~2921m 之间（表 3-3-2），地热水循环径流最大深度可达 2.92km。

表 3-3-2 南流地热田循环深度计算结果表

钻孔编号	SAXDR01	SAXDR02	SAXDR03	DR1	ZK1
热储温度/℃	116.15	126.78	125.88	126.59	103.01
循环深度/m	2617	2921	2895	2908	2242

3.3.3.2 地热田的流场动态

1. 自流井（泉水）流量及温度动态特征

根据《海南省琼中县南流地热田预可行性勘查报告》，南流地热田 DR1 地热井附近有泉眼自流，流量虽然较小，但常年不断，水温也基本恒定在 50℃以上；2010 年勘探施工 DR1 地热井之前，附近有 2 个温泉出露（Q_1、Q_2）；施工 DR1 地热井后，地热水从地热井口冒出（自流），原温泉不再自流。2015 年 1 月 26 日至 2016 年 1 月 14 日，海南水文地质工程地质勘察院对 DR1 自流井进行了为期一年的动态监测，每月监测 3 次，监测成果如图 3-3-1 所示。多次测得自流量平均值为 2.019L/s（174.45m³/d），比 2010 年施工完成后测得的地热井自流量 2.798L/s（241.68m³/d）要小；监测水温多为 50.5~52.4℃，与刚成井时的 56℃相比略有降低。分析其主要原因是地热井出水管损坏，原从管口流出的地热水变为漫流，使测得的水量、水温均受影响。

2. 地热勘查孔的水温动态特征

海南水文地质工程地质勘察院于 2014 年先后施工完成的两口地热勘探井（ZK1、ZK2）均没有自流，并于 2015 年 1 月 26 日至 2016 年 1 月 16 日进行了为期一年的水温动态监测（每月监测 3 次），监测成果如图

3-3-2、图 3-3-3 所示。可以看出,随着孔深的增加水温越来越稳定,除井口水面温度受气温变化较大外,ZK1 孔 50m 处的温度在 32.5～36.7℃之间,100m 温度处的在 36.1～39.1℃之间,相对较为稳定。

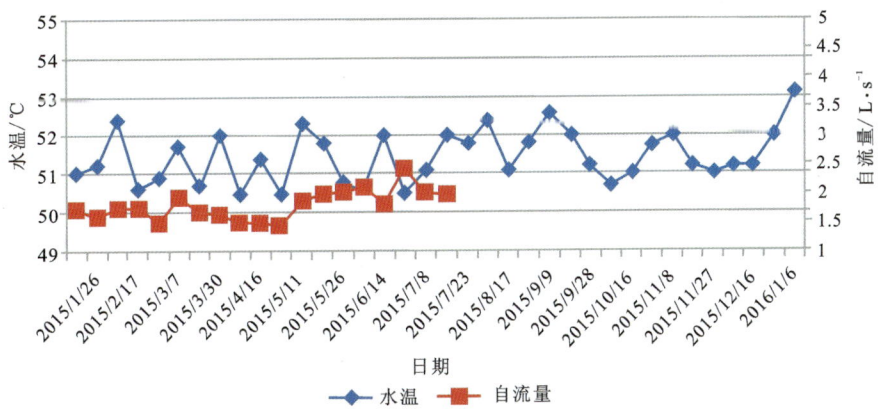

图 3-3-1　DR1 自流井水温、自流量监测动态变化图

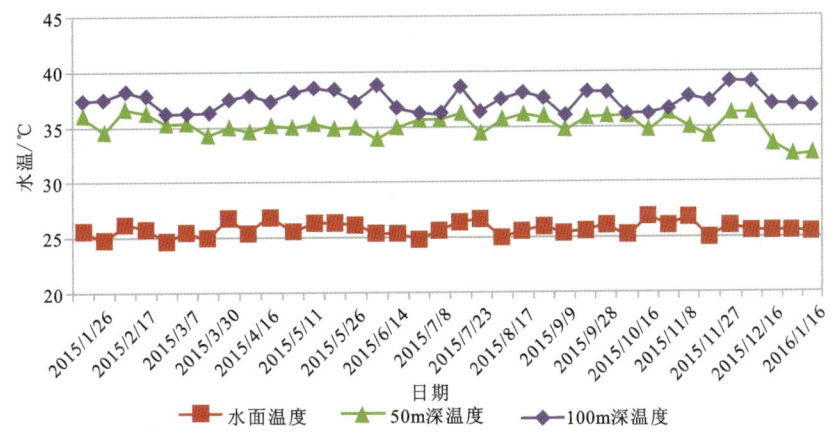

图 3-3-2　ZK1 孔(温矿水)不同深度水温动态变化图

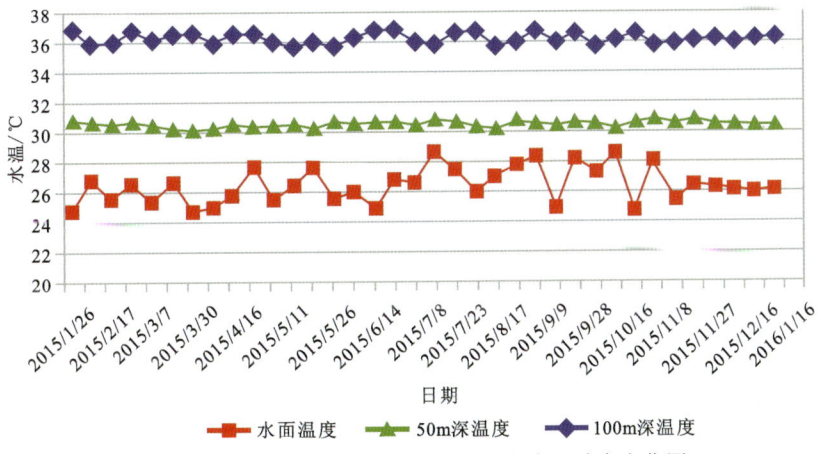

图 3-3-3　ZK2 孔(常温水)不同深度水温动态变化图

3. 地热流体的水位、水质动态特征

海南水文地质工程地质勘察院于 2015 年 1 月 26 日至 2016 年 1 月 26 日对 ZK1、ZK2 勘探井进行了为期一年的动态监测。由监测结果可知,ZK1 孔的水位埋深在 1.35～3.00m 之间,年变幅约 1.50m;ZK2 水位埋深在 1.20～1.85m 之间,年变幅约 0.50m(图 3-3-4)。

根据海南水文地质工程地质勘察院 2014 年 7 月和 2015 年 7 月对 DR1 自流井的地热流体取样测

试结果，DR1 井热矿水的 pH、TDS、Na^+、K^+、Cl^-、总硬度、偏硅酸等主要化学组分含量变化不明显，地热流体的水化学类型稳定，均为 $Cl·HCO_3-Na$ 型的水，DR1 井水质动态较稳定。

DR1、ZK1、ZK2 地热勘探井（泉）的动态监测结果表明，南流地热田地热流体的水位、温度及水质动态等总体较为稳定。建议在地热田内设立地热流体动态监测井，尽快建立地热流体动态监测制度，对地热田地热流体的动态变化进行长期监测，以进一步了解地热流体的水质、水量、水位及水温的变化规律。

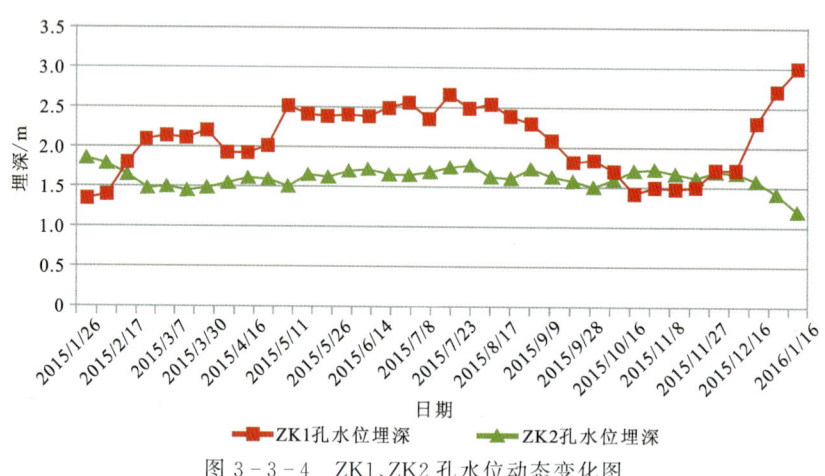

图 3-3-4　ZK1、ZK2 孔水位动态变化图

3.3.4　地球物理勘探特征

为探测地热异常区的地球物理特征，以黑赤村东 DR1 井为中心，开展了可控源音频大地电磁测深工作。

3.3.4.1　工作方法

为重点剖析已知地热井 DR1 和已施工钻井 ZK1、ZK2，在水文地质调查的基础上布设东西向和近南北向测线，整体测线呈"井"字形。其中，东西向测线 7 条，线号为奇数编号，点距 20m；近南北向测线（方位 170°）10 条，线号为偶数编号，点距 20m。

3.3.4.2　剖面分析

根据可控源音频大地电磁测深数据，可以得出 800m 以浅分布有多组线性异常，东西向与近南北向测线物性特征各向异性特征明显，推测 800m 以浅范围内构造活动较活跃。黑赤村一带构造规模、深度较南流村处要大，构造活跃。随着深度增加，高阻异常区域向南逐渐延伸，表明高阻与低阻梯度带为燕山期中侏罗世粗中粒斑状角闪黑云二长花岗岩侵入燕山期中侏罗世侵入岩细粒黑云角闪闪长岩侵入位置，侵入构造倾向南。

北部高阻区与南部低阻区梯度带（近南北向测线）解译为侏罗纪黑云二长花岗岩与中侏罗世黑云角闪闪长岩接触带，走向北东东，倾向南东；东西向测线则解译为断裂带（图 3-3-5）。

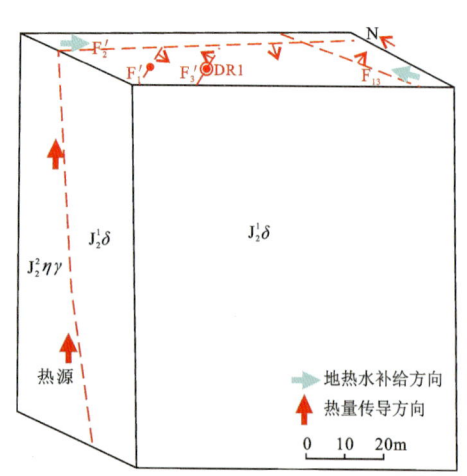

图 3-3-5　南流地热田形成模型图

3.3.4.3 物探解译初步结果及对地热田的认识

(1)地热井 DR1 深部热源为侏罗纪二长花岗岩,受控于北东东走向的 F_2' 断裂;断裂 F_2' 为主要的控热导水构造;DR1 井热矿水为深循环的基岩裂隙承压水。

(2)F_{13} 断裂构造活性较强,推断为导热导水通道;推测 F_1'、F_3'、F_4' 断裂为区域断裂 F_{13} 的派生次级断裂,呈羽状排列,方位北东向,其与近东西向控热导水构造 F_2' 断裂交会部位可能形成热储;F_1'、F_3'、F_4'、F_{13} 断裂应为同一组构造。

(3)由实测数据分析,区内出现局部地温异常,米地温分别为 27.5℃、27.3℃,活性较强,推测深部可能存在热储构造。

(4)从区域地形地貌上来看,地下热水主要补给区为南流河两侧及上游的中低山区,大气降水通过远源的 F_{13}、F_2' 断裂入渗补给,进行深部循环至基底花岗岩,形成热矿水;热矿水流经 F_2' 断裂,并赋存于 F_2' 断裂破碎带中,运移至与 F_1'、F_3'、F_4' 断裂构造的交会处时,断裂破碎带和节理裂隙等为热矿水向近地表运移提供了导水通道,流经地势低洼处出露地表成温泉。

(5)综合分析认为南流地热田热矿水的分布与赋存主要受 F_2'、F_{13} 断裂及 F_{13} 断裂的派生羽状断裂(F_1'、F_3'、F_4')的控制,热矿水主要分布于受不同方位断裂相互作用形成的破碎带和节理裂隙中。

3.4 地热流体热储特征

3.4.1 地热勘探井井内温度特征

南流地热田共施工地热勘探孔(井)4口,其中 3 口(SAXDR01、SAXDR02 和 SAXDR03)成功探获到地热水,成井后采用便携式智能数据测温仪进行井温测量。通过钻孔测温,揭露了南流地热田地热水温度与埋深的关系。SAXDR01、SAXDR02 和 SAXDR03 井的井内测温结果见图 3-4-1~图 3-4-3。

经分析 SAXDR01 井的测温情况,该井井内水温 26.9~49.2℃;井深 150~155m 段水温相对增温较快,推断该井深段有热矿水涌入。井内水温从浅到深,温度逐渐增加,地热增温率(地温梯度)约 5.55℃/100m,高于一般地热增温率 3℃/100m,地温增温异常,井内最高水温为 49.2℃,其出水口水温为 43.3℃。

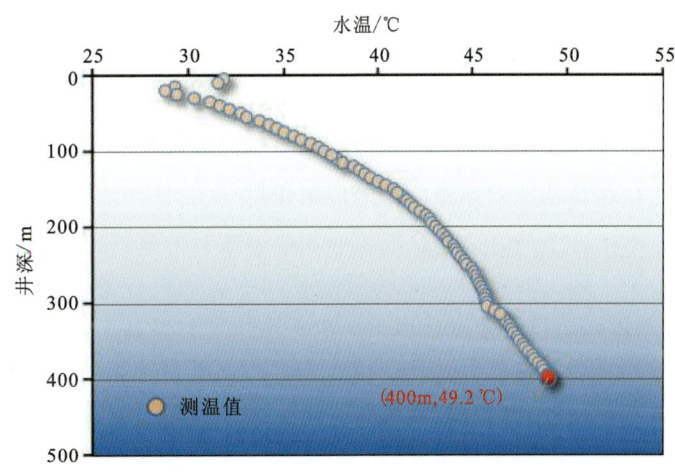

图 3-4-1 SAXDR01 地热井井深-水温图

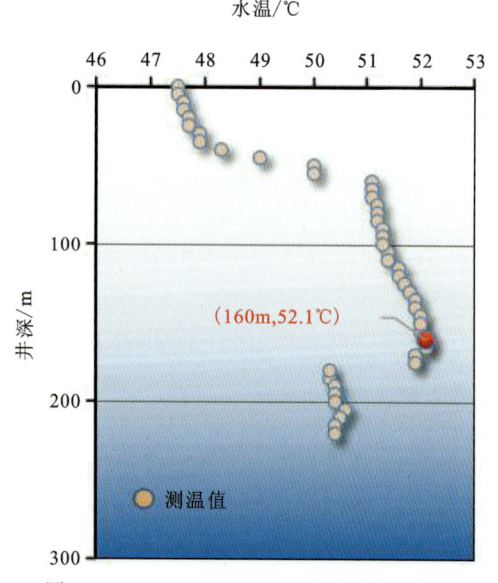

图 3-4-2 SAXDR02 地热井井深-水温图

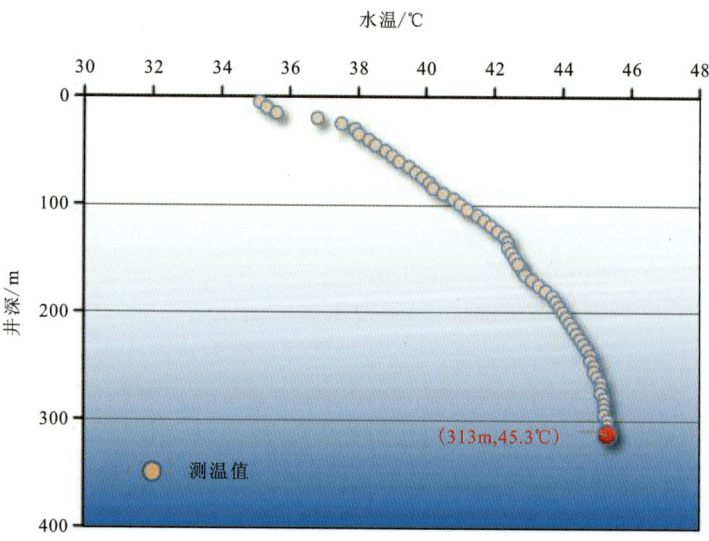

图 3-4-3 SAXDR03 地热井井深-水温图

SAXDR02 井进行了 2 次井内测温,水温分别为 46.3~50.7℃ 和 47.5~52.1℃,平均地温梯度约 10.64℃/100m,井内最高水温为 52.1℃,出水口水温为 47.0℃。

SAXDR03 井内水温为 34.6~45.3℃,平均地温梯度约 5.85℃/100m,井内最高水温 45.3℃,出水口水温为 43.7℃。

分析地热勘探井的测温数据、井位与断裂带的关系可以发现,DR1 井位于两条断裂带交会处且水温最高,ZK1 孔距 F_1' 断裂较近,水温比 ZK2 孔高,SAXDR01 井距 F_1' 断裂较近,水温比 ZK2 孔要高;SAXDR02 井距 F_3' 断裂较近,水温较 ZK2 孔要高,但均没有与 F_2' 断裂带交会。可见,地热异常区断裂带交会处水温最高,距断裂带越远水温越低。

3.4.2 地温场地热异常的影响因素

1. 断裂构造对地温异常的控制作用

本次施工的 3 个地热勘探井均位于断裂带附近,所揭露的岩石均有一定程度的破碎,为地热水的运移提供了较为有利的空间,断裂构造对本区地温异常的形成及分布起主导作用。根据区域地质资料分析,南流地热田主要受区域上压扭性错动断裂控制。结合钻探岩性和区域地质资料,断裂带具有陡倾和舒缓坡状的断裂面,在压性、扭性地应力作用下使得上、下盘岩体之间在不同地段沿断裂带走向和倾向都有差别,且张开程度较好,这些张裂隙发育的地段则形成了有利于热矿水传输运移的通道。

2. 表层松散堆积层及河水对地温异常的影响

南流地热田上覆盖层为第四系全新统冲洪积层及残积层,岩性以砂、粉质黏土及砂质黏性土为主;由于上覆盖层的厚薄不一、岩性组合的不同,其对地温异常的影响程度差异较大。位于河床中的砂、砾石层,孔隙率大,利于热的传导、散失及大气降水的入渗和热的对流,是浅部地温场显著异常的主要原因;河沟两侧的残积层因导热性能相对较差,对浅部地热的散失有一定的抑制作用,地温异常没有河床位置处明显。

3. 地下水对地温异常的影响

南流地热田浅部和深部地温场与地下水作用关系密切,而深部地下水与地热田分布区的浅层地温

3 地热资源勘探有效支撑清洁能源开发

异常也有一定的关联。深部地下水往浅部运移过程中将深部热量传递至浅层,使得浅层地温有所升高,且地下水的热对流作用较岩石的热传递作用更为强烈,热能传递要快,有利于本区浅层局部地热异常的形成;同时,浅层地下冷水的下渗导致上涌的热水温度降低,如 ZK1 热水井在 17～26m 段有常温水混入,水温明显降低。此外,浅层冷水的水体压力也在某种程度上限制了热水储存空间的扩展,对地表的浅层地温异常也起到了一定的制约作用。综上分析,浅层地温异常的形成主要是受断裂构造和水的连续压力作用的影响,南流地热田具有热水型地热田的特征。

3.5 地热流体化学特征

3.5.1 地热流体化学组分特征

地热流体分析样品包括本次地热勘查采集的样品(3 件)及收集的以往地热勘查样品(4 件)。除 SAXDR01 井样品送湖南省地质测试研究院测试外,其余均送往海南省地质测试研究中心测试。测试结果详见表 3-5-1。

表 3-5-1 南流地热田地热流体化学组分一览表

样品编号		本次地热勘查样品			以往地热勘查样品			
		SAXDR01	SAXDR02	SAXDR03	ZK1	ZK2(冷水)	DR1	DR1-1
采样日期		2020 年 7 月	2020 年 11 月	2020 年 12 月	2014 年 7 月	2015 年 1 月	2014 年 7 月	2015 年 7 月
水化学类型		HCO_3-Na	HCO_3-Na	HCO_3-Na	$HCO_3-Na \cdot Ca$	HCO_3-Ca	$Cl \cdot HCO_3-Na$	$Cl \cdot HCO_3-Na$
水温/℃		43.3	46.9	43.7	34	29	56	56
酸碱度(pH)		8.6	9.34	9.11	7.25	7.81	9.28	9.56
色度		0	<5	<5	<5	40	<5	<5
总碱度($CaCO_3$)	mg/L	118	99.34	89.6	105	156	78	80
总硬度($CaCO_3$)	mg/L	7	5.5	6.6	63.7	137	6.5	7.7
TDS	mg/L	273	279	269	263	296	248	282
游离 CO_2	mg/L	0	0	0	6.2	5.3	0	0
偏硅酸	mg/L	88.3	107	106	66.7	42.2	107	107
化学耗氧量	mg/L	0.73	0.64	0.64	0.769	1.15	0.789	0.800
可溶性 SiO_2	mg/L	67.90	82.6	81.2	51.3	32.5	82.1	82.3
固形物	mg/L	273	262	259	200	211	238	253
挥发酚(苯酚)	mg/L	<0.002	<0.002	<0.002	<0.002	<0.002	<0.002	<0.002
氰化物(CN^-)	mg/L	<0.001	<0.002	<0.002	<0.002	<0.002	<0.002	<0.002
硫化物(以 H_2S 计)	mg/L	—	0.15	0.59	未检出	未检出	未检出	0.179

· 51 ·

续表 3-5-1

样品编号			本次地热勘查样品			以往地热勘查样品			
			SAXDR01	SAXDR02	SAXDR03	ZK1	ZK2(冷水)	DR1	DR1-1
阳离子	K^+	mg/L	1.34	2.20	2.00	1.80	2.20	1.70	1.90
	Na^+	mg/L	70.5	69.8	68.9	32.6	10.1	60.0	63.2
	Ca^{2+}	mg/L	2.5	2.1	2.7	19.5	41.8	2.2	2.7
	Mg^{2+}	mg/L	0	0.1	<0.02	3.7	7.8	0.24	0.29
	Fe^{3+}	mg/L	<0.01	<0.02	<0.02	0.3	3.0	<0.02	<0.02
	Fe^{2+}	mg/L	<0.05	<0.02	<0.02	0.2	1.0	0	0
	Al^{3+}	mg/L	0.035	0.02	<0.02	0.83	<0.02	<0.02	<0.02
	NH_4^+	mg/L	0	<0.02	<0.02	<0.02	<0.02	<0.02	<0.02
阴离子	Cl^-	mg/L	10.1	14.3	14.3	12.9	8.9	14.0	17.5
	SO_4^{2-}	mg/L	20.4	28.5	29.4	9.4	4.2	24.3	30.6
	CO_3^{2-}	mg/L	33.10	39	44	0	9.8	37.0	19.0
	HCO_3^-	mg/L	77	34.5	20	127	169	21.0	59.2
	NO_3^-	mg/L	<0.016	<0.2	<0.2	1.9	1.1	<0.2	<0.2
	NO_2^-	mg/L	<0.016	<0.004	<0.004	<0.004	0.060	<0.004	<0.004
	F^-	mg/L	8.17	5.8	6.6	1.8	0.44	5.9	5.5
	PO_4^{3-}	mg/L	<0.051	0.07	<0.02	0.12	<0.02	0.02	<0.02
锂(Li)		mg/L	0.043	0.05	0.04	0.018	<0.01	0.039	0.042
锶(Sr)		mg/L	0.16	0.10	0.10	0.18	0.18	0.075	0.091
溴(Br)		mg/L	<0.016	<0.1	<0.1	<0.10	<0.10	<0.10	<0.10
碘(I)		mg/L	0.004	<0.01	<0.01	<0.01	<0.01	<0.01	<0.01
锌(Zn)		mg/L	0.0031	<0.01	0.01	0.010	0.013	0.016	<0.010
硒(Se)		mg/L	0	<0.0002	<0.0002	<0.0002	<0.0002	<0.0002	<0.0002
钼(Mo)		mg/L	—	0.006	0.007	0.003	0.0057	0.0071	<0.01
铜(Cu)		mg/L	<0.00008	<0.01	<0.01	<0.01	0.032	<0.01	<0.01
砷(As)		mg/L	0.0013	<0.005	<0.005	<0.005	<0.005	<0.005	<0.005
汞(Hg)		mg/L	0.00005	<0.0001	<0.0001	<0.0005	<0.0005	<0.0005	<0.0005
镉(Cd)		mg/L	0.00004	<0.002	<0.002	<0.002	<0.002	<0.002	<0.002
铬(总)		mg/L	0.0069	<0.004	<0.004	<0.004	<0.004	<0.004	<0.004
铬(六价)		mg/L	—	<0.004	<0.004	<0.004	<0.004	<0.004	<0.004
铅(Pb)		mg/L	<0.00009	<0.01	<0.01	<0.01	<0.01	<0.01	<0.01
钴(Co)		mg/L	<0.00003	<0.02	<0.02	<0.02	<0.02	<0.02	<0.02
镍(Ni)		mg/L	<0.00006	0.04	<0.02	<0.02	<0.02	<0.02	<0.02
锰(Mn)		mg/L	<0.0001	<0.01	<0.01	0.052	0.014	<0.01	<0.01

续表 3-5-1

样品编号		本次地热勘查样品			以往地热勘查样品			
		SAXDR01	SAXDR02	SAXDR03	ZK1	ZK2(冷水)	DR1	DR1-1
银(Ag)	mg/L	<0.00004	<0.005	<0.005	<0.005	<0.005	<0.005	<0.005
钡(Ba)	mg/L	<0.01	<0.05	<0.05	<0.05	<0.05	<0.05	<0.05
硼(B)	mg/L	0.032	<0.1	<0.1	<0.1	<0.1	<0.1	<0.1
总α放射性	Bq/L	—	—	0.020	—	—	—	<0.0005
总β放射性	Bq/L	—	—	0.17	—	—	—	0.021
氡气浓度	Bq/L	—	—	—	—	—	—	1.160
菌落总数	CFU/mL	—	330	—	—	—	—	—
总大肠菌群	MPN/100mL	—	未检出	—	—	—	—	—

从表 3-5-1 中可以看出,区内的地热流体均为无色、透明;pH 为 7.25～9.56,为弱碱水;TDS 为 248～282mg/L,Na^+ 为 10.1～70.5mg/L,K^+ 为 1.34～132.14mg/L,Cl^- 为 10.1～14.3mg/L,总硬度为 5.5～63.7mg/L,均为低钠低 TDS 软水;地下水水化学类型为 HCO_3-Na、HCO_3-Na·Ca、Cl·HCO_3-Na 型水。此外地热流体中还含有多种对人体有益的元素和化学物,其中偏硅酸为 66.7～107mg/L,氟为 1.80～8.17mg/L,锶为 0.10～0.18 mg/L。

3.5.2 地热流体化学组分动态变化

海南水文地质工程地质勘察院于 2014—2015 年对南流地热田的 DR1 井进行了一年的水质动态监测,分别于 2014 年 7 月、2015 年 7 月采集地热流体进行检测分析,测试结果见表 3-5-1。由表 3-5-1 可以看出,DR1 井地热流体的 pH 为 9.28～9.56,为弱碱水;TDS 为 248～282mg/L,Na^+ 为 60.0～63.2 mg/L,K^+ 为 1.7～1.9mg/L,Cl^- 为 14.0～17.5mg/L,总硬度为 6.5～7.7mg/L,均为低钠低 TDS 软水,偏硅酸为 107mg/L,地下水水化学类型均为 Cl·HCO_3-Na 型水。可见,南流地热田 DR1 井水化学组分变化不大,地热流体化学组分较为稳定。

3.5.3 同位素分析地热水的补给来源

通过分析研究地热流体的氢氧同位素及 ^{14}C 测年,可以推断地热流体的成因与补给来源。

2.5.3.1 同位素测试结果

为了研究南流地热田地热流体的成因与补给来源,2015 年海南水文地质工程地质勘察院对南流地热田的 ZK1 井、DR1 井及南流河水均进行 D(氘)和 ^{18}O(氧)取样测定工作;同时,对 ZK1 井、DR1 井进行了 ^3H(氚)及 ^{14}C(碳)取样测年工作,测试结果如表 3-5-2 所示。

表 3-5-2 南流地热田同位素测试结果表

测试项目	取样编号(点)		
	DR1 井	ZK1 井	南流河水
$\delta^{18}O/‰$	−8.01	−7.43	−7.71
$\delta D/‰$	−51.9	−51.0	−50.7
$^3H/TU$	<2	<2	—
$^{14}C/a$	11 940±80	1890±70	—

注：资料来源于《海南省琼中县南流地热田预可行性勘查报告》。

2.5.3.2 同位素分析地热水的补给来源

1. 氘、氧同位素分析

1961 年，Craig(1961)提出大气降水中的 D 和 ^{18}O 的含量呈线性关系，即全球大气降水线方程 $\delta D = 8\delta^{18}O + 10$。此后，分别得出了各地区的降水线方程，不同的学者所得的结果略有差异。1983 年，郑淑蕙等(1983)用最小二乘法求得我国的大气降水线方程为 $\delta D = 7.9\delta^{18}O + 8.2$；如果地热田地热流体中 δD 和 $\delta^{18}O$ 也符合这一关系，说明地热流体的补给来源是大气降水。

根据全球大气降水线方程($\delta D = 8\delta^{18}O + 10$)、我国的大气降水线方程($\delta D = 7.9\delta^{18}O + 8.2$)及南流地热田地热流体 δD 和 $\delta^{18}O$ 同位素的测试结果，做出南流地热田地热流体 $\delta D - \delta^{18}O$ 相关图(图 3-5-1)。

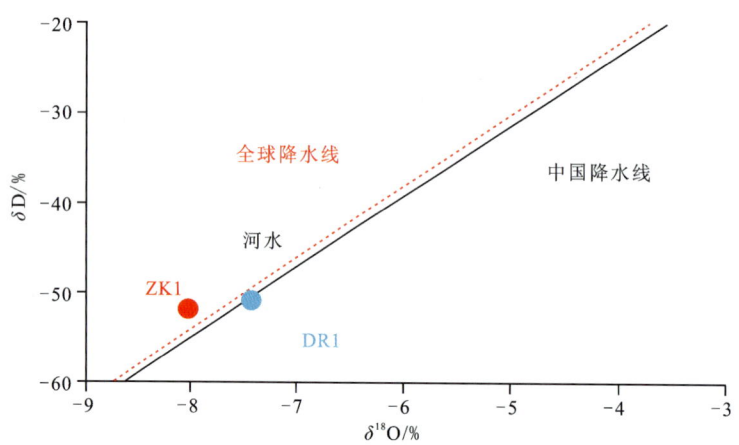

图 3-5-1 南流地热田地热流体 δD 和 $\delta^{18}O$ 相关性图
注：资料来源于《海南省琼中县南流地热田预可行性勘查报告》。

从图 3-5-1 可知，南流地热田同位素测试结果均落在大气降水线附近，表明大气降水是区内各类水体的补给水源，DR1 井同位素测试结果落在全球降水线和中国降水线的右下方，说明它们都经受过不同程度的蒸发浓缩作用；ZK1 井同位素测试结果落在全球降水线的左上方，说明浅层冷水混入地热水，对热液水有一定的稀释作用。地下热水的 $\delta^{18}O$ 值与河流的基本一致，说明地热水的入渗补给来源与河流是一致的，均为大气降水，但热水并非近现代的大气降水，为古大气降水，温度较低，降水中贫 O 和贫 D，所以造成补给的地热水贫 O 和 D。

2. 氚同位素及 ^{14}C 同位素分析

地下水 ^3H 浓度及变化主要取决于补给来源、含水层结构、埋藏条件及水交替强度等。一般潜水和浅层承压水属于现代循环水,都含有一定数量的^{3}H,而深层承压水属于古停滞水,^{3}H含量极少量。在同一地下水系统,地下水的^{3}H浓度一般随含水层埋藏深度增加而减小。地下水的^{3}H浓度还与径流和水交替程度有关;径流强、水交替迅速的含水层,地下水的^{3}H浓度往往高于径流弱、水交替缓慢的含水层。

通过^{3}H同位素测试结果分析地下水补给年龄主要采用经验估算法,对于地下水年龄为1953年以前大气降水补给的,^{3}H无法确定地下水具体补给年龄。具体估算标准如下:

(1)^{3}H浓度小于0.7TU,为1953年以前补给的,年龄大于48a。
(2)^{3}H浓度0.7~4TU,为1953年以前的补给水与近代补给水的混合。
(3)^{3}H浓度5~15TU,属现代水(2005—2010)。
(4)^{3}H浓度15~30 TU,小部分水为20世纪60—70年代补给。
(5)^{3}H浓度大于30TU,相当一部分水为20世纪60—70年代补给。
(6)^{3}H浓度大于50TU,主要为20世纪60—70年代补给。

同时,^{14}C测年是当前研究地下水年龄普遍采用的一种成熟方法。2015年海南水文地质工程地质勘察院对南流地热田的ZK1井、DR1井进行了^{3}H及^{14}C取样测年工作,测年分析结果如表3-5-3所示。

表3-5-3 南流地热田^{3}H、^{14}C同位素测试年龄分析结果表

编号	^{3}H浓度/TU	^{3}H测年分析(经验法)	^{14}C测年年龄/a
DR1	<2	1953年以前的补给水与近代补给水的混合	(11 940±80)
ZK1	<2	1953年以前的补给水与近代补给水的混合	(1890±70)

注:资料来源于《海南省琼中县南流地热田预可行性勘查报告》。

由表3-5-3中^{3}H的测年结果可知,DR1井与ZK1井地热水都为1953年以前的补给水与现代补给水的混合,说明地下热水经深部径流、水-岩相互作用后,在排泄区上升过程中混入了地下冷水。由^{14}C测年结果可知,DR1井补给水年龄远大于ZK1井,说明DR1井补给高程更高,地下热水径流途径更远,热储中储存的水应为冷水与热矿水混合后的水。

结合同位素测试结果和南流地热田的地质环境条件分析可知,大气降水是区内地热水的主要补给来源,地热水的补给高程为800~830m。大气降水通过裂隙密集的花岗岩和断裂破碎带入渗形成地下水,地下水经过深部地下循环,接受地温加热,是南流地热田地热水的主要来源。

2.5.3.3 同位素分析地热水的补给高程

利用大气降水的δD和$δ^{18}$O值的高程效应可以估算地热水补给区高程,高程的大小随不同地区的气候和地形条件而异,中国大气降水高程效应公式为δD=-0.03ALT-27(ALT为高程)。根据公式,计算得出南流地热田地热水补给高程如表3-5-4所示。可以看出,南流地热田地热水的补给高程为800~830m。

表3-5-4 南流地热田地热水补给高程计算结果表

孔号	DR1井	ZK1井	南流河水
δD/‰	-51.9	-51.0	-50.7
补给高程/m	830	800	790

2.5.3.4 地热流体的补给

结合同位素测试结果与南流地热田的地质环境条件进行分析,大气降水是区内地热水的主要补给来源。地热水的补给高程为800～830m。大气降水通过裂隙密集的花岗岩和断裂破碎带入渗形成地下水,地下水经过深部地下循环,接受地温加热,是南流地热田地热水的主要来源。

3.5.4 地热田成因分析

南流地热田属于断裂构造带状型地热田,地热水起源于大气降水,大气降水在地壳浅部经过循环过程吸收围岩中热量,沿断裂带及其附近裂隙向上运移,以温泉的形式出露于地表。根据收集的地热田地热水氢氧同位素测试及 ^{14}C 同位素测年结果,结合本次地质勘查成果,从补给来源、补给高程及年龄等方面进行分析研究,得出南流地热田的形成原因主要有以下几个方面的认识。

1. 南流地热田的形成受断裂构造控制

南流地热田在区域上处于4条构造断裂(F_1'、F_2'、F_3'、F_4')的交会处,主要的控热断裂(F_2')对地热田的形成和发展起到一定的作用,揭露的钻孔及出露的温泉位置关系充分说明了断裂对地热田的控制。

2. 地下水经深部地下循环加热,是本地热水的主要来源

根据前文对地热水的补给来源、补给高程分析,南流地热田两侧均为山区,地热水的补给高程为800～830m,大气降水在重力作用下沿岩石裂隙、节理及断裂带入渗和赋存,在深部地下循环过程中接受地温加热。热源主要来自自然梯度增温和浆活动带来的热能,地下水在深部循环径流的过程中将这些热能吸收富集于水中形成热矿水,远源补给南流地热田,其循环径流深度在2242～2921m之间。热传递形式有热对流和热传导两种,其中热对流主要为传热介质地下水在储热、导热断裂破碎带内传递热能,如DR1井因位于主控断裂带上,井深200m范围内的温度波动未受显著影响,井口水温较高,热传递形式为地热水的对流;热传导主要是通过岩石的导热性能来传递热能,其传递热能的能力受储热岩石及传热构造裂隙通道的影响,如ZK2井因远离了主控热断裂,虽然整体地温梯度存在异常,但由于没有热矿水的直接补给,仅为岩石热传递,故井口水温较低。

3. 径流区具有良好的隔热保护层

地下水在沿断裂带深部径流、运移并接受地温加热过程中,其径流区具有厚度较大的花岗岩及风化残积层形成的隔热保护层,地下水在径流过程中经深部加热而不散热。高温的地下水在径流到地质环境条件适宜的深度后,在长期侵蚀和热蚀水化学作用下,地热水的排泄通道得以拓展和贯通,从而形成一定规模的热水储存空间。

4. 地热田区具备赋存地热水的有利条件

南流地热田地势相对周边低洼,属于山间河谷地形,地热田热储埋藏于 F_1'、F_2'、F_3' 及 F_4' 断裂破碎带中,沿断裂构造部位,岩石破碎,节理裂隙发育。这些空隙通道为地下热水的形成提供了良好的储存和运移条件。南流河水不断侵蚀切割基底岩石,为温泉的产生和地热异常提供了有利的地形条件,当切割至断裂导水带时,地热水也在水头压力作用下流出地表。

综上分析,南流地热田地处丘陵地区,大气降水入渗补给深大断裂构造并向深部运移,在运移的过程中接受地温加热,形成热水,并在达到2242～2921m时,水温达到103.01～126.78℃,后经由 F_{13}、F_3' 及 F_4' 断裂运移至 F_2' 主控断裂中,并通过 F_2' 与 F_3' 断裂的交会破碎带向上运移形成温泉溢出地表。

3.6 地热资源计算与评价

地热资源计算与评价包括地热资源储量计算与评价、地热能计算与评价。其中,地热资源储量计算与评价主要是地热流体资源可开采储量的计算与评价,南流地热田地热计算与评价是在确定热储模型的基础上,综合抽水试验及热水井自流量计算确定的;地热能计算与评价则包括地热流体热量的计算与评价、可利用热能的计算与评价。

3.6.1 热储模型

1. 热储与通道

南流地热田热矿水主要赋存于断层破碎带和裂隙带的空隙中,属于带状热储裂隙型地热田,断裂破碎带和裂隙带的空隙是热矿水径流、汇集、排泄的主要通道。

根据收集钻孔及本次施工的热水井资料,结合物探解译的断裂带进行分析,地热田热矿水的富集带主要为断裂破碎带的交会处;主控断裂带 F_2' 的热矿水较为丰富,水温相对较高(如 DR1 井、SAXDR01 井);远离主控断裂带的地段的热矿水水量减少,水温降低(如 ZK2 井、SAXDR03 井)。可见,南流地热田的热储空间为断裂破碎带和裂隙发育带,且集中在 F_2' 断裂附近,F_2' 断裂带是南流地热田热矿水的主要通道。

2. 热源与控热、导热构造

大气降水在区域断裂带的径流、运移过程中,经深循环加热后,在南流河破碎带交会处富集储存,形成热矿水。热源主要来自自然梯度增温(地下水沿区域性构造断裂进行深循环获取的自然增温)及岩浆活动带来的热能。地下水在深部循环径流过程中不断吸收热能,并富集于水中形成热矿水。

南流地热田的热矿水的分布、储存、运移和排泄均受断裂构造带的控制。根据收集资料及本次勘查成果分析,南流地热田内的 F_2' 断裂带为主要控热断裂带,F_1'、F_3'、F_4' 及 F_{13} 断裂带为导水和导热断裂带。

综合上述热储、通道及热源的分析,南流地热田的形成主要为大气降水在地热田外围通过入渗补给地下水,经深循环后径流至地热田范围,汇集到破碎带交会处富集储存,形成热矿水,并沿导水断裂通道向上运移而涌出地表,形成温泉。

3.6.2 降压试验

本次在南流地热田施工地热勘查孔(井)4口,成井3口,3口热水井的统一编号分别为 SAXDR01、SAXDR02、SAXDR03,均进行了1~2个落程的降压试验。

2010—2015年,海南省地质勘查局资源环境调查院和海南水文地质工程地质勘察院先后在本地热田共施工热水井3个,编号分别为 DR1、ZK1、ZK2,均进行了1~3个落程的降压试验,试验成果见表3-6-1(图3-6-1~图3-6-6)。

表 3-6-1 南流地热田热水井降压试验成果表

勘查时间	孔号		试段深度/m	试验时间/h	稳定时间/h	静止水位埋深/m	水位降深 顺序/次	水位降深 降深/m	涌水量/L·s⁻¹	单位涌水量/L·s⁻¹·m⁻¹	水温/℃	成井深度/m
本次勘查	多孔试验	主孔 SAXDR01	151.00~402.86	120.5	56.5	4.03	1	121.63	3.058	0.025	43.3	402.86
				26.5	24.5		2	50.45	1.700	0.034	43.3	
		观测孔 ZK1	—	120.5		3.45	1	12.93	—	—		200.60
			—	26.5			2	0.03	—	—		
		观测孔 DR1	—	120.5		+0.30	1	5.22	—	—		200.00
			—	26.5			2	0.01	—	—		
		观测孔 ZK2	—	120.5		2.35	1	0.28	—	—		200.27
			—	26.5			2	0	—	—		
	多孔试验	主孔 SAXDR02	2.00~220.60	124	115	0.95		11.35	3.763	3.763	47.0	220.60
		观测 DR1	—	124		2.93		4.78	—	—	52.0	200.00
	多孔试验	主孔 SAXDR03	121.10~313.00	120	88	3.20		40.35	6.009	0.149	43.7	313.00
		观测 R1	—	120		4.25		0.13			43.3	402.86
※往次勘查	多孔试验	主孔 ZK1		52.58（52小时35分钟）		1.80	1	24.10	3.040	0.126	34.0	200.60
				31			2	14.12	2.010	0.142		
				30.5			3	7.85	1.200	0.153		
		观测孔 DR1				自流	1	自流	2.244	—	51.8	200.00
							2	自流	2.244	—	51.8	
							3	自流	2.244	—	51.8	
	多孔试验	主孔 ZK2		34		1.80	1	25.52	2.650	0.134	29.5	200.27
				51			2	15.12	1.900	0.126		
				24.5			3	8.90	1.150	0.129		
	多孔试验	观测孔 DR1				自流	1	自流	1.800	—	51.0	200.00
							2	自流	1.800	—	51.0	
							3	自流	1.800	—	51.0	
	单孔试验	DR1			8.5	自流		12.58	5.366	0.426	56.0	200.00

注：※往次勘查的资料来源于《海南省琼中县南流地热田预可行性勘查报告》。

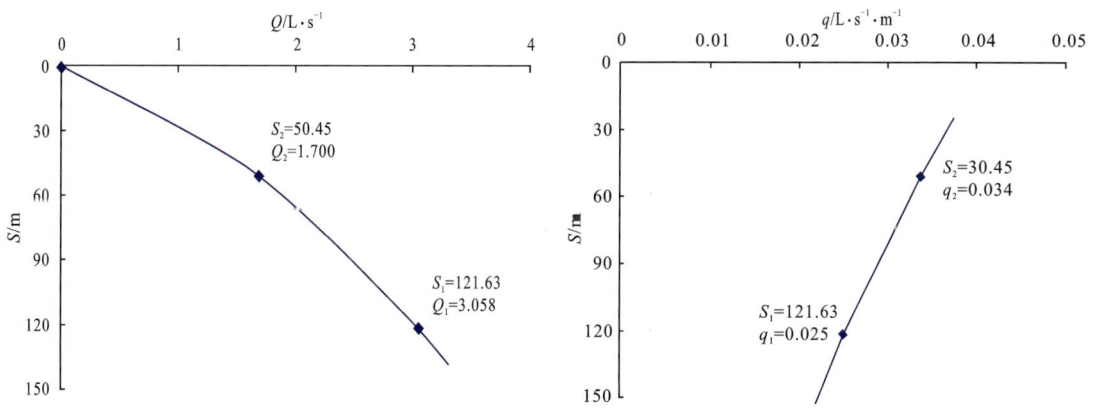

图 3-6-1　SAXDR01 井热水井降压试验 $Q=f(S)$ 曲线

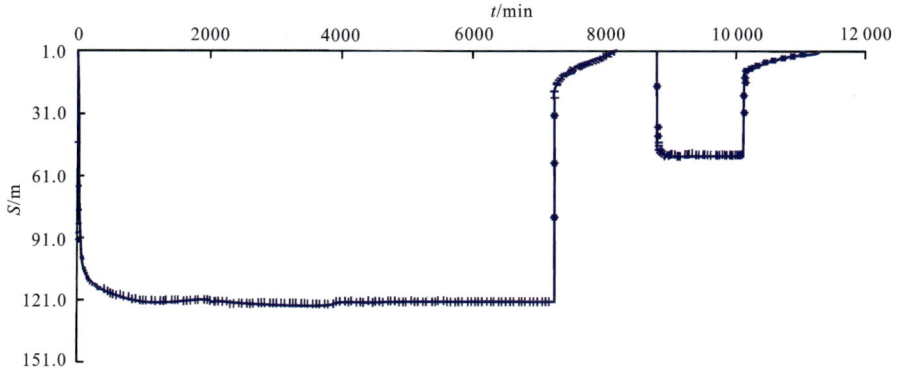

图 3-6-2　SAXDR01 井热水井降压试验 S-t 过程曲线

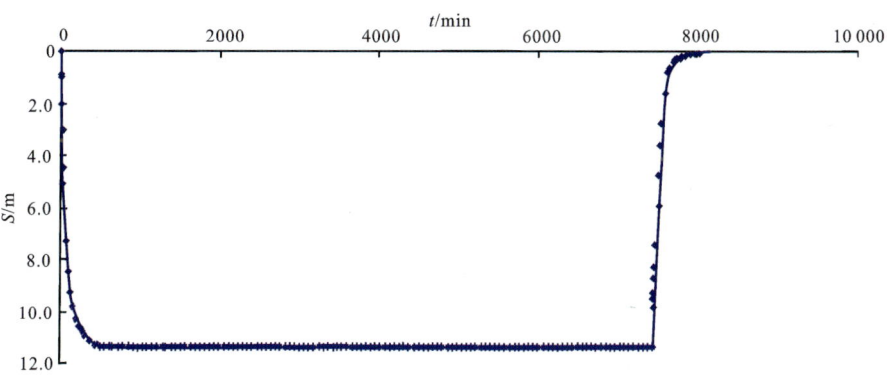

图 3-6-3　SAXDR02 井热水井降压试验 S-t 过程曲线

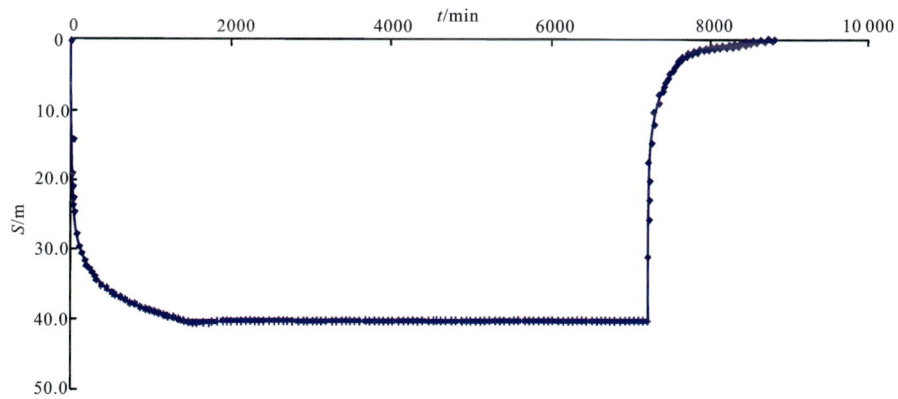

图 3-6-4　SAXDR03 井热水井降压试验 S-t 过程曲线

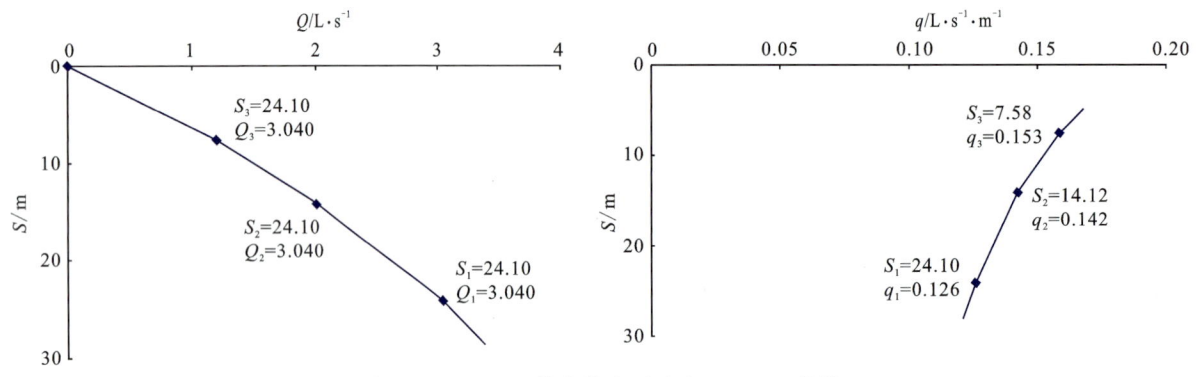

图 3-6-5　ZK1 热水井降压试验 $Q=f(S)$ 曲线

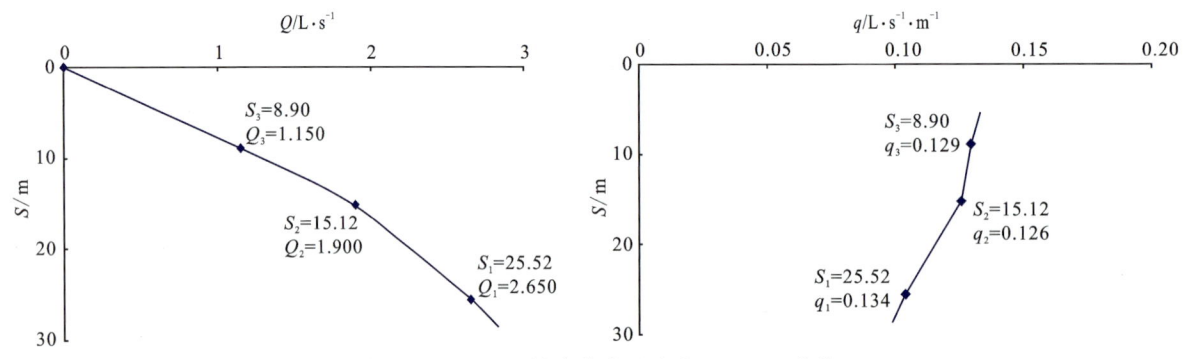

图 3-6-6　ZK2 热水井降压试验 $Q=f(S)$ 曲线

3.6.3　可开采量确定

南流地热田为带状热储裂隙型地热田，地热流体的分布直接受断裂构造的控制，钻孔涌水量的大小主要取决于断裂性质、裂隙发育及充填程度。因此，南流地热田地热资源可开采储量不宜采用均匀布井法计算，可结合南流地热田的实际情况，根据单井降压试验资料、钻孔（井）涌水量及地热流体动态观测等资料计算确定。

2.6.3.1　利用经验公式法推算可开采量

本次共施工 3 口热水井（SAXDR01、SAXDR02 和 SAXDR03），往次勘查共施工 3 口勘查井（其中 2 口为热水井），均进行了降压试验。本次试验前后及抽试验过程中，往次施工的 2 口热水井一直关闭没有抽水，故可以本次降压试验资料为基础，根据涌水量方程式（经验公式）推算南流地热田的可开采量。

为了确定各开采井设计（最大）降深和统一管径的可开采储量，本次根据降压试验资料及各试验曲线类型，采用相应的公式计算。其中，SAXDR02、SAXDR03 号热水井只做一个落程的降压试验，只能采用直线型公式推算设计（最大）降深的涌水量；SAXDR01 号热水井进行了 2 个落程的降压试验，根据抽水试验资料绘制的 $Q=f(x)$ 曲线及曲线类型判别式判别，其曲线类型为指数型，故可根据管井涌水量经验公式的指数型方程式推算设计（最大）降深的涌水量。

(1) 曲线类型判别式：
$$m = (\lg S_2 - \lg S_1)/(\lg Q_2 - \lg Q_1) \qquad (3-2)$$

(2) 钻孔（井）涌水量计算经验公式：

直线型方程 $Q = q \cdot S$ （3-3）

指数型方程 $Q = n \cdot S^{1/m}$ （3-4）

经验系数关系式 $\lg n = \lg Q_1 - \dfrac{1}{m}\lg S_1$ （3-5）

管径水量换算式 $\eta = (1 + r/r_1)/2$ （3-6）

式中：Q、Q_1、Q_2 分别为管井设计（最大）降深涌水量、降压试验第一和第二落程的涌水量（m³/d）；S、S_1、S_2 分别为管井设计（最大）降深、降压试验第一和第二落程降深（m）；n 为经验系数；m 为降深-水量关系系数；η 为管径-水量换算系数；r、r_1 分别为设计开采井内径和实际抽水井内径（直径）（mm）。

根据上述计算公式及相关参数，利用涌水量方程式（经验公式）推算的南流地热田地热流体可开采量为 6 462.76m³/d（表 3-6-2）。

表 3-6-2　经验公式法推算南流地热田地热流体可开采量一览表

勘查时间	孔号	计算参数									可开采量
		S_1	S_2	S	Q_1	Q_2	r_1	η	m	n	
		m			m³/d		mm				m³/d
2020 年	SAXDR01	121.63	50.45	50.00	264.211	146.88	170	1.097	1.499	10.74	160.03
	SAXDR02	11.35	—	17.03	3 690.23	—	198	1.012	—	—	5 603.41
	SAXDR03	40.35	—	50.00	519.18	—	173	1.087	—	—	699.32
合计											6 462.76

地热勘查井 SAXDR01、SAXDR02、SAXDR03 分别作为主孔试验的试验时间达 120~124h，稳定时间达 56~115h；试验过程中，周边各观测井的水位均变化不大，水温稳定。故以本次试验为基础，利用涌水量方程式推算的各井地热流体可开采量共 6 462.76m³/d 作为南流地热田地热流体的可开采储量是有充分地质依据的。根据《地热资源地质勘查规范》（GB/T 11615—2010）的规定，其地热资源储量类别为"推断的"。

2.6.3.2　利用钻孔（井）实际涌水量法确定可开采量

本次地热勘查施工的 3 口热水井均进行了带观测孔的降压试验，试验时间达 120~124h，稳定时间 56~115h；试验过程中，同时对周边的热水井进行水位、水温监测，各观测井的水位均变化不大，水温稳定（SAXDR01 井大降深试验时，距离较近的 ZK1 孔及 DR1 井水位下降较大，小降深试验时，ZK1 孔及 DR1 水位下降很小）。特别是在 SAXDR02 或 SAXDR03 分别作为主孔试验过程中，作为观测孔的 SAXDR01、SAXDR02 井的水位和水温均变化不大，说明按 SAXDR01、SAXDR02、SAXDR03 的井距及目前实际开采降深开采热矿水，各井相互之间影响不大（表 3-6-3）。因此，可根据本次地热勘查各热水井降压试验的实际涌水量确定地热田可开采量。

从表 3-6-3 可以看出，本次施工的 3 口热水井 SAXDR01、SAXDR02、SAXDR03 降压试验的实际涌水量分别为 146.88 m³/d、3 690.23 m³/d、519.18m³/d，共 4 356.29m³/d，据此确定的南流地热田可开采量为 4 356.29m³/d。根据《地热资源地质勘查规范》（GB/T 11615—2010）的规定，南流地热田的地热资源储量类别为"控制的"。

表 3-6-3　实际涌水量法确定地热流体可开采量一览表

井号	主孔				观测孔		可开采量/ m³·d⁻¹	评价
	试验时间/h	稳定时间/h	降深 S/m	涌水量 Q/m³·d⁻¹	孔号	降深 S_1/m		
SAXDR01	120.5	56	121.63	264.21	ZK1	12.93	—	试验压力降低值过大，观测孔降深较大，不宜用于确定可开采量
					DR1	5.22		
					ZK2	0.28		
	26.5	24.5	50.45	146.88	ZK1	0.03	146.88	试验过程中，观测孔降深很小，对附近的其他井影响不大，可作为可开采量
					DR1	0.01		
					ZK2	0.00		
SAXDR02	124	115	11.35	3 690.23	ZK2	0	3 690.23	试验过程中，观测孔水位变化很小，对 SAXDR01 井影响不大，可作为可开采量
					SAXDR01	0		
SAXDR03	120	88	40.35	519.18	SAXDR01	0.13	519.18	试验过程中，观测孔降深很小，对附近 SAXDR01、SAXDR02 井影响不大，可作为可开采量
					SAXDR02	0		
					ZK2	0		
合计							4 356.29	

3.6.4　可开采量评价

根据南流地热田的实际情况，地热资源可开采储量的计算评价主要以本次钻孔(井)降压试验为基础，采用了钻孔(井)实际涌水量统计法及经验公式推算法等。

(1)采用钻孔(井)降压实际涌水量统计法计算与评价的地热田可开采储量是根据本次勘查施工的 3 口热水井降压试验的实际涌水确定的，其试验时间达 120～124h，稳定时间达 56～115h。在试验过程中，同时对周边的热水井进行水位、水温监测，各观测井的水位均变化不大，水温稳定。其中，在 SAXDR02 主孔试验过程中，作为观测孔的 SAXDR01 水位和水温均无变化；在 SAXDR03 主孔试验过程中，作为观测孔 SAXDR01、SAXDR02 水位和水温均变化不大，说明按 SAXDR01、SAXDR02、SAXDR03 的井距及目前实际开采降深开采热矿水，各井相互之间影响不大。故根据本次地热勘查试验实际涌水量确定的南流地热田地热流体可开采储量(4 356.29m³/d)的地质可靠程度较高，4 356.29m³/d 作为南流地热田的可开采量是有保证的。南流地热田地热资源储量达到了《地热资源地质勘查规范》(GB/T 11615—2010)规定的"控制的"类别。

(2)根据本次地热勘查试验资料计算外推的地热田可开采量为 6 462.76m³/d。该可采量是根据本次降压试验资料及曲线类型，采用相应公式计算外推的各地热井统一口径及最大降深的可开采储量，其计算参数均为本次地热勘查试验获得，试验时间达 120～124h，稳定时间达 56～115h。在试验过程中，同时对周边热水井进行水位、水温监测，各观测井的水位均变化不大，水温稳定，据此计算外推的该地热田可开采储量的地质依据较充分。根据《地热资源地质勘查规范》(GB/T 11615—2010)有关规定,南流地热田可开采储量的类别为"推断的"。

综上所述,本地热田地热资源控制的可开采量为 4 356.29 m³/d,推断的可开采储量为 6 462.76 m³/d(表 3-6-4)。

表 3-6-4　南流地热田地热资源可开采量评价表

孔号	地热资源可采量			
	控制的可采量	控制的水温	推断的可采量	推断的水温
	m³/d	℃	m³/d	℃
SAXDR01	146.88	43.3	160.03	43.3
SAXDR02	3 690.23	47.0	5 603.41	47.0
SAXDR03	519.18	43.7	699.32	43.7
合计	4 356.29	46.48(加权平均水温)	6 462.76	46.55(加权平均水温)

3.6.5　地热能计算与评价

根据有关规范要求,结合南流地热田的实际情况,本次地热能计算主要包括地热田的产能和可利用的热能。

3.6.5.1　地热田的产能计算

依据地热流体可开采量所采出的热量,计算南流地热田的产能。

1. 计算公式及参数的确定

$$W_t = 4.186\,8 \times Q(t - t_0) \tag{3-7}$$

式中:W_t 为热功率(kW);Q 为地热流体可开采量(L/s),根据前面计算结果,南流地热田地热流体资源控制的可开采量为 4 356.29 m³/d(即 50.42 L/s),推断的可开采量为 6 462.76 m³/d(即 74.80 L/s);t 为地热流体温度(℃),根据 3 口热水井的井口水温,取其加权平均值分别为 46.48℃(控制的)和 46.55℃(推断的);t_0 为当地年平均气温(℃),取值为 22℃。

2. 计算结果

根据上述公式及参数,计算本地热田地热流体控制的可开采量的热功率为 5 167.69 kW,换算热量为 4 444 213.4 kcal/d(1cal=4.186J),推断的可开采量的热功率为 7 688.39 kW,换算热量为 6 612 015.4 kcal/d(表 3-6-5)。根据《地热资源地质勘查规范》(GB/T 11615—2010)有关地热田规模分级标准,南流地热田属小型规模地热田。

3.6.5.2　可利用的热能

根据有关规范要求,主要计算地热流体年开采累计可利用的热能量。

1. 计算公式及参数的确定

$$\sum W_t = 86.4 D W_t / K \tag{3-8}$$

式中:$\sum W_t$ 为开采一年可利用的热能(10^6J/a);D 为全年开采天数(按 24h 换算的总天数)(d);W_t 为热功率值(kW);K 为热效比(按燃煤锅炉的热效率 0.6 计算)。

2. 计算结果

根据上述公式及相关参数,计算得出南流地热田控制的地热流体年开采累计可利用的热能为 271 613 786.4×10^6J/a,推断的地热流体年开采累计可利用的热能为 404 101 778.4×10^6J/a(表 3-6-5)。

表 3-6-5 南流地热田地热能计算成果一览表

级别	地热流体可开采量 Q_k	地热流体温度(加权平均水温)t_r	当地年平均气温 t_0	地热田的产能		全年开采天数 D	热效比 K	可利用的热能 $\sum W_t$
				热功率 W_t	热量			
	L/s	℃	℃	kW	kcal/d	d		10^6J/a
控制的	50.42	46.48	22.00	5167.69	4 444 213.4	365	0.6	271 613 786.4
推断的	74.80	46.55		7 688.39	6 612 015.4			404 101 778.4

3.6.5.3 地热流体利用的节煤减排量

1. 计算公式及参数的确定

$$M = \sum W_t \div 4.186\ 8 \div 7 \qquad (3-9)$$

式中:M 为地热流体开采一年所获热量与之相当的节煤量(t/a);$\sum W_t$ 为开采一年可利用的热能(10^6J/a)。

2. 计算结果

根据式(3-9)及相关参数,计算得出南流地热田控制的地热流体开采一年所获热量与之相当的节煤量为 9 267.69t/a,推断的地热流体开采一年所获热量与之相当的节煤量为 13 788.29t/a。

3. 相当节煤量的减排量

根据实际情况,本次仅计算相当节煤量 CO_2 的减排量。CO_2 的减排量为 2.386×10^6t/a,据此计算出本地热田控制的地热流体开采一年相当节煤量 CO_2 的减排量为 22 112.71t/a,推断的地热流体开采一年相当节煤量 CO_2 的减排量为 32 898.86t/a。

3.7 地热流体质量评价

地热流体质量评价的水质样品包括本次地热勘查采集的样品(3件)及以往地热勘查的样品(3件)。地热流体质量评价包括地热流体不同用途评价、地热流体中有用矿物组分评价、地热流体腐蚀性评价及地热流体结构评价4个方面。

3.7.1 理疗热矿水评价

地热流体通常含有某些特有的矿物质(化学)成分,可作为理疗热矿水开发利用。根据南流地热田地热流体化验结果,对照《地热资源地质勘查规范》(GB 11615—2010)附录 E"理疗热矿水水质标准"的评价指标,南流地热田地热流体中偏硅酸和氟含量较高,均达到了"理疗热矿水水质标准"中命名矿水浓度标准,其中偏硅酸含量为 88.3~107mg/L,氟含量为 5.5~8.7mg/L,可命名为氟水-硅水。此外,水中还含有锶、锂等多种对人体有益的微量元素和组分,而对人体有害的重金属元素铅、汞、镉、砷等含量甚微,具有较高的理疗价值,可作为沐浴等理疗用水(表 3-7-1)。

3.7.2 地热流体中有益矿物组分评价

热矿水常含有一些含量较高、对人体有益的微量元素及矿物组分,通过淋浴等方法使人体吸收,起到医疗保健作用。南流地热田地热流体水温度适宜,矿物质含量较高,富含偏硅酸、氟、锂、锶等多种有利于人体健康的微量元素和矿物组分,有多项指标达到医疗热矿水水质标准(表 3-7-2)。

氟:氟是自然界最活泼卤族元素,是人体必需元素之一,可以通过水、食物、空气等多种途径进入人体。人体氟含量过低,易患龋齿;氟摄入量过高,又可致急、慢性氟中毒,易患牙斑釉和氟骨症。使用氟泉洗浴对慢性风湿关节炎、退行性代谢性关节炎及脊椎关节疾病有一定的疗效。南流地热田热水中氟的浓度为 5.5~8.17mg/L,达到了氟水的命名标准(ZK1 井氟的浓度为 1.8mg/L,达到矿水浓度标准),虽超过了饮用水标准,不宜直接饮用,却很适于沐浴,有一定的医疗保健作用。

偏硅酸:硅是人体必需的微量元素,它在骨骼化、关节软骨和结缔组织中有重要作用,还参与多糖代谢,是构成一些葡萄糖氨基多糖羟酸的主要成分。临床医学认为,人的关节炎、动脉硬化等心血管疾病与缺硅有关。在《饮用天然矿泉水标准》(GB 8538—2008)和《地热资源地质勘查规范》(GB 11615—2010)"理疗热矿水水质标准"中,同时将地下水中的偏硅酸浓度不低于 25 mg/L 作为界定是否为有医疗价值的临界标准。南流地热田的热矿水偏硅酸含量高达 66.7~107.0mg/L,为硅水,具有较高的医疗保健作用。

3.8 地热资源开发利用建议

3.8.1 地热资源开发可行性评价

1. 地热资源开发利用现状评价

地热资源是一种环保型能源,也是可以综合利用的自然资源,具有良好的开发利用前景。南流地热田热储埋藏较浅、厚度大,地热资源丰富,地热流体可开采量大,控制的地热流体可开采量达 4 356.29m³/d,可利用的热能达 271 613 786.4×10⁶J/a,具有较好的开发利用价值。南流地热田地热流体中偏硅酸和氟含量均较高,达到了"理疗热矿水水质标准"中矿水的命名浓度标准,属氟-偏硅酸型理疗热矿水。此外,水中还含有锶、锂等多种对人体有益的微量元素和组分,而对人体有害的重金属元素铅、汞、镉、砷等含量甚微,具有较高的理疗价值,可用于理疗洗浴等。

目前,南流地热田热矿水主要用于周边住户临时性洗浴,未进行大规模开采,用水量以 DR1 井自流量为主,用水规模较小,可开采量大,开采潜力大,可作为旅游资源加以开发利用。

表 3-7-1 理疗热矿水水质评价表

项目	单位	理疗热矿水水质标准			矿水名称	南流地热田地热矿水含量						评价
		有医疗价值浓度	矿水浓度	命名浓度		本次勘查				往次勘查		
						SAXDR01	SAXDR02	SAXDR03	ZK1	DR1	DR1-1	
二氧化碳	mg/L	250	250	1000	碳酸水	0	0	0	6.2	0	0	除ZK1井外，均达到"理疗热矿水水质标准"中命名浓度，为氟水
总硫化氢	mg/L	1	1	2	硫化氢水		0.15	0.59	未检出	未检出	0.179	
氟	mg/L	1	2	2	氟水	8.17	5.8	6.6	1.8	5.9	5.5	
溴	mg/L	5	5	25	溴水	<0.016	<0.1	<0.1	<0.10	<0.10	<0.10	
碘	mg/L	1	1	5	碘水	0.004	<0.01	<0.01	<0.01	<0.01	<0.01	
锶	mg/L	10	10	10	锶水	0.16	0.10	0.10	0.18	0.076	<0.01	
铁	mg/L	10	10	10	铁水	<0.01	<0.02	<0.02	0.5	<0.02	<0.02	
锂	mg/L	1	1	5	锂水	0.043	0.05	0.04	0.018	0.039	0.042	
钡	mg/L	5	5	5	钡水	<0.01	<0.05	<0.05	<0.05	<0.05	<0.05	
偏硼酸	mg/L	1.2	5	50	硼水		<0.1	<0.1	<0.1	<0.1	<0.1	
偏硅酸	mg/L	25	25	50	硅水	88.3	107	106	66.7	107	107	达到理疗热矿水命名浓度标准，为硅水
矿化度	mg/L	<1000			淡水	273	262	259	200	238	253	淡水
氡	Bq/L	37	47.14	129.5	氡水	—	—	—	—	—	—	
温度	℃	≥34			温水	43.3	47.0	43.7	34	56	56	温水、温热水

3 地热资源勘探有效支撑清洁能源开发

表 3-7-2 南流地热田地热矿水含量评价表

指标类别	项目	单位	限值*	本次勘查 SAXDR01	本次勘查 SAXDR02	本次勘查 SAXDR03	往次勘查 ZK1	往次勘查 DR1	往次勘查 DR1-1	评价
感官性指标和一般化学指标	色度	度	≤15	0	<5	<5	<5	<5	<5	感官性指标均符合要求
	浑浊度	NTU	≤1	0	<1	<1	2	<1	<1	
	肉眼可见物		无	无	无	无	无	无	无	
	嗅和味		无	无	无	无	无	无	无	
	pH		6.5~8.5	8.6	9.34	9.11	7.25	9.28	9.56	pH超标
	铝	mg/L	≤0.2	0.035	0.02	<0.02	0.83	<0.02	<0.02	除pH超标外，一般化学指标均符合要求
	铁	mg/L	≤0.3	<0.05	<0.02	<0.02	0.2	<0.02	<0.02	
	锰	mg/L	≤0.1	<0.001	<0.01	<0.01	0.052	<0.01	<0.01	
	铜	mg/L	≤1.0	<0.008	<0.01	<0.01	<0.01	<0.01	<0.01	
	锌	mg/L	≤1.0	0.0031	<0.01	0.01	0.01	0.016	<0.010	
	氯化物	mg/L	≤250	10.1	14.3	14.3	12.9	14.0	17.5	
	硫酸盐	mg/L	≤250	20.4	28.5	29.4	9.4	24.3	30.6	
	溶解性总固体	mg/L	≤1000	273	262	259	200	238	253	
	总硬度（以N计）	mg/L	≤450	7	5.5	6.6	63.7	6.5	7.7	
	耗氧量（以O$_2$计）	mg/L	≤3	0.73	0.64	0.64	0.769	0.789	0.800	
	挥发酚	mg/L	≤0.002	<0.002	<0.002	<0.002	<0.002	<0.002	<0.002	
	氨氮（以N计）	mg/L	≤0.5	0.00	<0.02	<0.02	<0.02	<0.02	<0.02	
	钠	mg/L	≤200	70.5	69.8	68.9	32.6	60.0	63.2	
毒理学指标	氟化物	mg/L	≤1	8.17	5.8	6.6	1.8	5.9	5.5	氟化物超标
常规指标	硝酸盐（N计）	mg/L	≤20	<0.016	<0.2	<0.2	1.9	<0.2	<0.2	毒理学指标中的常规指标除氟化物超标外，其余常规指标均符合要求
	汞	mg/L	≤0.01	0.00005	<0.0001	<0.0001	<0.0005	<0.0005	<0.0005	
	砷	mg/L	≤0.01	0.0013	<0.005	<0.005	<0.005	<0.005	<0.005	
	硒	mg/L	≤0.01	0	<0.0002	<0.0002	<0.0002	0.0071	<0.01	
	镉	mg/L	≤0.005	0.00004	<0.002	<0.002	<0.002	<0.002	<0.002	
	铬（六价）	mg/L	≤0.05	0.0069	<0.004	<0.004	<0.004	<0.004	<0.004	
	铅	mg/L	≤0.01	<0.0009	<0.01	<0.01	<0.01	<0.01	<0.01	
非常规指标	钡	mg/L	≤0.7	<0.01	<0.05	<0.05	<0.05	<0.05	<0.05	非常规指标均符合要求
	镍	mg/L	≤0.02	<0.0006	0.04	<0.02	<0.02	<0.02	<0.02	
	钼	mg/L	≤0.07	—	0.006	0.007	0.003	0.0071		
	亚硝酸盐	mg/L	≤1	<0.016	<0.004	<0.004	<0.004	<0.004	<0.004	

注：限值*引自《生活饮用水卫生标准》（GB 5749—2022）。

2. 地热资源开发可行性评价

南流地热田属于深大断裂引起的带状地热田,地热井孔口水温为 34.0~52.0℃,最高为 56.0℃;地热井的成井深度为 200~400m,成井深度小于 1000m,为最经济的地热井的成井深度;地热井地热流体单位产量大于 50m³/(d·m),为地热资源的适宜开采区;地热流体中偏硅酸和氟含量均较高,达到了理疗热矿水水质标准,可用于理疗洗浴等。

3. 地热资源开发利用前景评价

南流地热田位于美丽的五指山峰东侧,四面环山,山清水秀,环境优美;地热田热矿水开采条件适宜,单井涌水量较大,水温适中,地热流体中含有多种有益于人体的组分和微量元素,具有一定的医疗保健作用。在此兴建以温泉为主题的集医疗、健身、娱乐、旅游于一体的项目,必将带来较好的社会效益和经济效益,前景广阔。

3.8.2 地热资源开发利用对环境影响评价

热矿水的成因决定了其含有一定 TDS 和多组分的特点,地热流体的长期排放,可能会诱发一些环境问题。水样分析结果表明,南流地热田热矿水中 pH 多为 8.6~9.56,水温多为 43.3~56.0℃,氟化物含量多为 5.5~8.17mg/L,地热田在开发利用中可能产生高氟、土壤板结等环境问题。南流地热田地热流体中的氟含量远高于饮用水、灌溉水及渔业养殖的浓度,氟含量超标的鱼、蔬菜、水果等食物会危及人体健康;同时,高氟水的排放也会对地表土壤造成板结等破坏。此外,废地热流体的直接排放,可能会对周围环境造成热污染等。

可见,地热流体的不合理排放,可能对地热田周围环境产生一定的影响。因此,在地热田开发利用的过程中,务必做好地热流体的处理工作,严格执行国家和地方政府有关法规与污水排放标准,对超标组分进行处理,确保达标排放,以免对周围环境造成污染。

3.8.3 地热资源开发利用建议

地热资源是一种可再生的天然资源,但若开采不当,会破坏环境,使资源减少甚至枯竭。因此,开采地热资源过程中要本着探采结合、科学布井、综合利用、保护环境、持续发展的原则,合理规划,采用先进技术及设备适量开采,以达到资源环境的可持续发展。同时设立和采取相应的地热资源环境保护措施,建立地热资源环境保护区,对地热井水位、水量、水温、水质等动态进行定期监测,并接受地质矿产行政主管部门的监督管理,科学合理地开发利用和保护地热资源。

1. 建立地热资源环境保护区,保护好珍贵的地热资源

地热资源开采前,应根据地热流体的赋存条件,结合本次勘查施工钻孔及收集的钻孔资料、地热田地温场、热储范围、地形地貌特征等,建立地热资源三级环境保护区(图 3-8-1),做好地热资源的环境保护工作。

(1)一级保护区(开采区):以各开采井为中心、半径 15m 的范围。该保护区需采取适当的防渗措施,井口周边地面应做好排水设施,避免地面积水,排水沟底也应进行防渗处理;无关人员不得随意进入,禁止兴建与地热水取、引水工程无关的建(构)筑物,防止地热田的热储盖层遭到人为破坏,消除一切可能导致地热水污染的外部因素。

(2)二级保护区(内保护区):以推测的南流地热田分布范围为界,即 32℃温度等值线为边界,面积

约 0.206km²。该保护区内不得修建有污染性的工厂和设施,禁止设置可能导致地热水水质、水量、水温改变的引水工程;禁止设置厕所、垃圾池;禁止未经处理的各种生产、生活污水向区内排放。

(3)三级保护区(外保护区):将地热水资源的形成与径流区域划为三级保护区,三级保护区是关系到地热水资源的水量和水质是否长期稳定的重要地区。根据地热流体的补给、径流及排泄条件等,南流地热田三级保护区面积约 7.00km²。该范围内不允许开展对热矿水水源地有危害的经济工程活动。开发地热资源的单位应积极配合当地政府,在上述范围开展植树和环境绿化工作,一则可美化地热田周边环境,二则可涵养水分,增加地下水补给量。

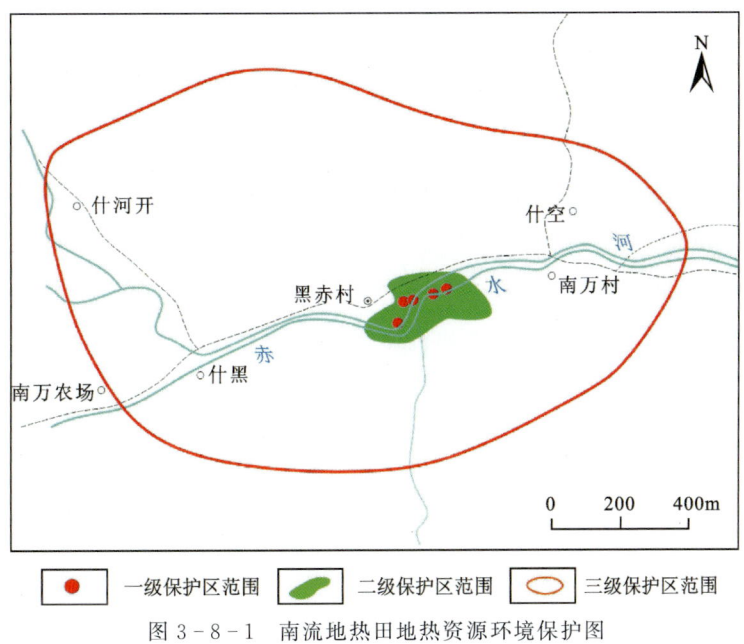

图 3-8-1　南流地热田地热资源环境保护图

2. 开展更高精度的地热资源勘查评价工作

为全面评价和准确掌握南流地热田地热资源的相关信息,需加大投资力度,对南流地热田开展精度更高的地热资源勘查评价工作,进行地热群井生产性测试,以了解井间干扰情况及地热流体动力场变化特征,为确定合理的生产井群布局提供可靠依据;对地热流体动态(开采量、水头压力、水温、水质)进行长期观测研究,掌握年内或多年动态变化特征;根据多个地热钻井(孔)测试资料、年动态监测及经验参数,采用多种方法详细计算地热田地热资源储量、地热流体可开采量,提出精度更高、更可靠的地热资源量,相关成果应满足地热资源开采设计的需要,为合理开发利用地热资源、减少开发风险提供地质资料。

3. 编制开发利用方案

为了充分有效地开发利用地热资源,在开发利用前,需要严格按照有关规范、规定要求,编制详细的南流地热田矿产资源(地热资源)开发利用方案。方案主要内容应包括地热水资源概况、地热水需求现状和预测、生产规模、矿山服务年限、主要建设方案的确定(开采方案、厂址选择与地热水输送方案等)、水源地保护与周围环境保护、水土保持方案、项目效益综合评价等。

4. 明确地热田的开采技术要求

南流地热田属于深大断裂引起的带状地热田。根据地热流体储存条件及探明的热储量,对南流地热田进行集中开发,取水设备选用潜水电泵,并结合成井资料和供水情况选择功率、出水量及扬程等均合适的潜水电泵。

根据南流地热田热储层埋藏条件及目前的开采技术手段,地热开采井设计深度可控制在 200~500m;上部 0~25m 为风化残积土,可下入直径 168~219mm 钢管并止水(目的是止住上部冷水);下部

25~500m 为花岗岩,裸孔直径不应小于150mm。施工成井过程中要特别注意掉块、卡钻等现象,同时应注意做好上部冷水的防水止水措施,保证地热井出水温度。

5. 合理开采地热资源,严格控制开采量

为了保证地热井供水的水温、水量稳定性,应合理开采地热水资源,严格控制开采量,建议在开采前进行地热水的抽水试验工作,并进行1年以上的地热流体动态监测,以获得精度更高、更可靠的地热水资源储量,储量的查明程度应达到"探明的"或"验证的"。设计地热资源开采量不能超过"探明的"或"验证的"储量,并严格按照有关部门批准的地热资源开采量进行合理开采,禁止超量开采,以免冷水入渗、水质恶化、资源枯竭。

此外,南流地热田上部有河溪穿过,河水终年不干,且有多口热水井位于河床或河两岸,河水对热水井有一定的影响。若地热水开采量过大,可能导致地下热水水位大幅下降,热水压力大幅降低,上层地表水(河水)就有可能在水头压力作用下渗透进入地下热储层造成水温下降。为了保证各热水井稳定的水温,确保各热水井的可持续开采,务必严格控制开采量,严格控制各开采井的水位降深及水头压力降低值,控制年水头压力降低速率。

6. 建立地热流体动态监测制度

设立地热流体动态监测井,尽快建立地热流体动态监测制度,对矿区地热流体的动态进行长期监测,以进一步了解地热流体的水质、水量、水位及水温的变化规律;建立地热流体动态监测数据库,为地热田热矿水的合理开发和依法管理提供科学依据,防止超量开采。

7. 做好废地热流体的排放处理工作

由上述对环境影响评价可知,南流地热田地热流体含有一些有害组分,若不合理排放,可能对地热田周围环境(河水、土壤等)产生一定的影响。因此,在地热田开发利用的过程中,需建立完善的地热流体排放处理措施,做好地热流体的排放处理工作,确保废地热流体达标排放,防止环境污染。

4 地质灾害调查服务防灾减灾及民生安全

4.1 琼中县地质灾害类型与分布规律

4.1.1 地质灾害类型

琼中县位于海南岛的中部地区,县境内地形为西南高,东北低,地势自南西向北东倾斜。在地形地貌、地层岩性、地质构造、降雨和人类工程活动等共同作用下,地质灾害较为发育,地质灾害类型以崩塌为主,其次为不稳定斜坡、滑坡。

根据野外实地调查,琼中县境内有各类地质灾害点(隐患点)132处,其中崩塌109处,占82.58%;滑坡3处,占比2.27%;不稳定斜坡19处,占比14.39%;泥石流1处,占比0.76%(表4-1-1,图4-1-1)。132处地质灾害点累计威胁人口2679人,威胁财产约9799万元。

表4-1-1 琼中县地质灾害统计表

地质灾害类型	崩塌	滑坡	不稳定斜坡	泥石流	合计
数目/处	109	3	19	1	132
占比/%	82.58	2.27	14.39	0.76	100.00

4.1.2 地质灾害发育特征

1. 崩塌

崩塌是琼中县境内最为发育的地质灾害类型。琼中县崩塌多发生于公路两侧、主要河流沿岸、矿山开采边坡和建房削坡形成的斜坡上,多为人为因素与自然因素共同引发的崩塌。琼中县境内的崩塌类型有岩质崩塌和土质崩塌,以土质崩塌为主,岩质崩塌零星分布。境内崩塌具有数量多、规模小、分布密集的特点。此外,境内崩塌多集中在强降雨期发生,据统计全县87.88%以上崩塌发生在雨季。据调查,目前全县共发育崩塌109处,按规模划分以小型为主,按物质组成划分以土质崩塌为主,按形成机理划分以滑移式崩塌为主。

2. 滑坡

琼中县共发育滑坡3处,分别为营根镇大朗村委会大朗一组滑坡、黎母山镇南吉村委会烂田村和乘

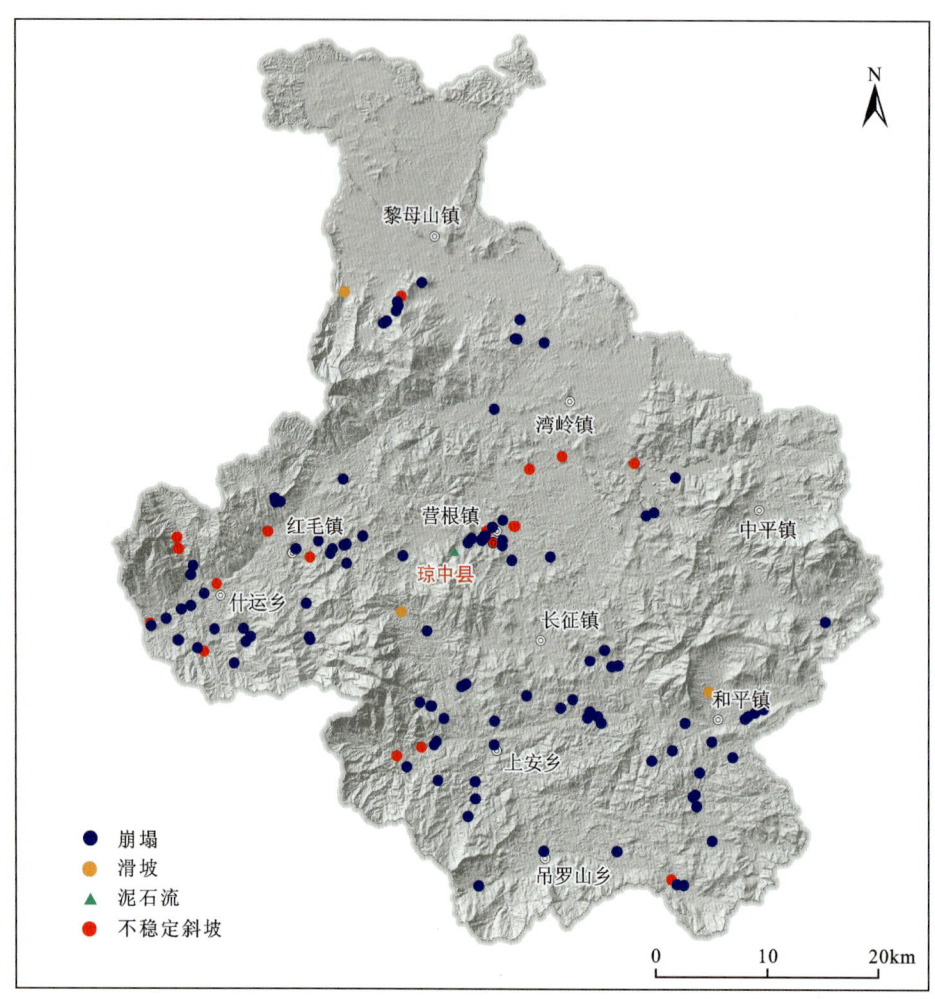

图 4-1-1 琼中县地质灾害分布图

注：图中地质灾害点存在重叠。

坡农场二十五队。滑坡规模均为小型，滑坡类型按物质组成划分均为堆积层（土质）滑坡，按滑体厚度划分均为浅层滑坡，按形成原因划分以工程滑坡为主。

3. 不稳定斜坡

琼中县共发育 19 处不稳定斜坡。按照斜坡的岩性划分，17 处不稳定斜坡为土质斜坡，占不稳定斜坡总数的 89.47%；2 处为岩质斜坡，占不稳定斜坡总数的 10.53%。

4. 泥石流

琼中县境内发育泥石流 1 处，为加钗农场四队泥石流。泥石流发生于 1973 年，造成 200 亩农田损毁，无人员伤亡。泥石流发生距今已有 50 年，野外调查未发现明显的复发迹象，处于基本稳定的状态。

4.1.3 地质灾害分布规律

1. 地质灾害空间分布规律

（1）地质灾害点在山区沿公路呈线状密集分布。调查结果表明，沿黎母山森林保护区公路、G224 国道、S310 省道以及近期完成的"村村通公路"的上边坡，崩塌灾害发育。据资料统计，琼中县因公路修建

开挖山体形成的灾害点共 38 处,规模以小型为主。公路沿线规模较小的崩塌点众多,大小地质灾害点往往彼此相连。

(2)地质灾害点在斜坡上的居民聚居区呈面状分布。位于居民聚居区的地质灾害点主要集中于什运乡三联村委会、红毛镇罗坎村委会、长征镇南什村委会等(建于斜坡地带之上)。以什运乡三联村委会为例,由于建村之处村民建房缺乏整体规划和专业技术支持,村民房屋从坡脚至坡腰呈梯级排列,且开挖切坡后缺乏边坡支护和截排水系统,该村多处出现崩塌和不稳定斜坡等地质灾害隐患(已治理)。

2. 地质灾害时间分布规律

地质灾害在发生时间上与雨季时间有很强的相关性,每年的 5—10 月为雨季,是地质灾害高发期;11 月至翌年 4 月为旱季,是地质灾害低发期。据统计,琼中县 132 处地质灾害点发生于雨季的达到 116 处,占灾害总数的 87.88%,台风和持续强降雨等极端天气是地质灾害主要引发因素。

4.2 琼中县地质灾害形成条件和影响因素

琼中县地质灾害的形成和发展主要受各种自然条件、人类活动以及受灾体类型的影响。不同类型地质灾害的形成条件和主要控制因素不同。琼中县境内与地质灾害形成相关的地质条件和诱发因素主要有地形地貌、地层岩性、地质构造、气象水文以及人类工程活动等,它们对地质灾害发育的类型与规模存在不同程度的影响。

4.2.1 地形地貌对地质灾害的影响分析

地形地貌是地质灾害发育的主要影响因素之一。斜坡地形则是滑坡、崩塌等地质灾害产生的先决条件。经过野外调查点统计分析,地质灾害的分布与地形地貌的关系十分密切,微地貌是产生地质灾害的背景条件,不同类型的地质灾害具有不同的地形地貌条件,相对高差、地形坡度的差异导致不同规模类型地质灾害的发生。构造剥蚀丘陵区为琼中县主要地貌类型,面积为 1 952.77 km^2,该区共分布地质灾害 122 处,占全县地质灾害总数的 94.42%,在该区分布密度为 6.24 处/100 km^2。下面主要介绍斜坡地形对地质灾害的影响分析。斜坡的坡度和斜坡结构类型是影响斜坡稳定性的主要因素,也与地质灾害类型、规模、分布区域等发育特征关系密切。

1. 斜坡坡度

对琼中县境内调查所发生的崩塌、滑坡、泥石流等灾害点的斜坡坡度进行统计分析,结果显示,全县 109 处崩塌的斜坡坡度大部分在 50°~75°之间。其中,斜坡坡度低于 45°的崩塌 6 处,斜坡坡度为 45°~50°的崩塌 21 处,斜坡坡度为 51°~55°的崩塌 17 处,斜坡坡度为 56°~60°的崩塌 27 处,斜坡坡度为 61°~65°的崩塌 27 处,斜坡坡度大于 65°的崩塌 11 处。全县不稳定斜坡共计 19 处。其中,不稳定斜坡坡度低于 45°的不稳定斜坡 1 处,斜坡坡度为 45°~50°的不稳定斜坡 2 处,斜坡坡度为 51°~55°的不稳定斜坡 4 处,斜坡坡度为 56°~60°的不稳定斜坡 7 处,斜坡坡度为 61°~65°的不稳定斜坡 3 处,斜坡坡度大于 65°的不稳定斜坡 2 处。斜坡的坡度越大,临空面越充分,岩土体内的应力就越容易集中于坡脚或软弱面部位,使斜坡的不稳定性增大,越容易发生变形破坏而引发崩塌等地质灾害。

2. 斜坡结构类型

通过对崩塌和滑坡发生的斜坡岩土体结构进行分析,斜坡岩土体中的主要层面、软弱面、节理面的组合方式及其与斜坡临空面的交切关系直接影响斜坡稳定性。其中,主要结构面与斜坡方向一致且结构面倾角小于临空面的坡度是发生地质灾害的有利结构类型;而没有明显切穿斜坡的结构面的块状岩体斜坡是不易发生崩塌、滑坡的结构类型。县域内崩塌、滑坡发育的斜坡结构类型主要为顺向坡,其中发育岩质崩塌的边坡均存在节理裂隙发育、风化作用较强烈等特征。

4.2.2 地层岩性对地质灾害的影响分析

地层岩性、岩土体类型及结构是形成地质灾害的重要内在条件之一,是决定地质灾害发育类型、规模和分布的重要因素。不同地层、岩性组合构成的斜坡稳定性不同,地质灾害类型也不同(表4-2-1)。

1. 沉积岩

沉积岩总面积约182.30km²,出露地层有下白垩统鹿母湾组砂砾岩、长石石英砂岩、粉砂岩等。该区内共发育地质灾害点7处,约占总地质灾害数量的5.30%,在该区分布灾害点分布密度为3.84处/100km²。

2. 岩浆岩

岩浆岩又分为侵入岩和喷出岩,侵入岩主要为白垩纪、二叠纪、三叠纪和侏罗纪花岗岩,喷出岩主要为白垩纪流纹岩,总面积约2 316.19km²。该区共发育地质灾害点120处,占总灾害点数量的90.91%,灾害点分布密度为5.18处/100km²。该区母岩风化较强烈,残坡积层厚3.0~35.0m。岩性多为含较多长石与石英粗颗粒的粉质黏土、砂质黏土和砾质黏土,含砂量大,黏结力差,土体质地松散,遇水易崩解。该区因建房和修路削坡而引发的崩塌地质灾害发育程度较高。

3. 变质岩

该区主要为志留系和长城系分布区,总面积约206.68km²,区内地层岩性以板岩为主,夹少量千枚岩。该区地质灾害发育程度较高,共发育地质灾害点5处,约占总地质灾害点数量的3.79%,灾害点密度为3.42处/100km²。岩体风化强烈,节理裂隙发育,岩石软硬不均。此种岩体的软弱夹层易形成山体滑坡、崩塌。

表4-2-1 不同地层岩性地段地质灾害发育情况

主要地层岩性划分			灾害点数	面积/km²	灾害点密度/处·100km⁻²
沉积岩		白垩纪砂岩、砂砾岩、长石砂岩等	7	182.30	3.84
岩浆岩	侵入岩	白垩纪花岗岩	26	365.78	7.12
		二叠纪花岗岩	63	1 053.64	5.98
		三叠纪花岗岩	12	550.61	2.18
		侏罗纪花岗岩	19	283.34	6.71
	喷出岩	白垩纪流纹岩	0	62.82	0
变质岩		志留纪板岩	0	75.04	0
		长城纪片岩、片麻岩	5	131.64	3.80
合计			132	2 705.17	4.88

4.2.3 地质构造对地质灾害的影响分析

地质构造对地质灾害的形成发育有着显著的影响作用,它不仅为崩塌、滑坡灾害的发生提供了滑移面和切割面,也是崩塌和滑坡灾害规模控制因素之一,其影响作用主要体现在断层以及特殊构造体系的区域控制作用上。断层及特殊构造体系部位的地质灾害分布密度较大。断裂构造不但使斜坡岩土体发育大量裂隙,甚至使斜坡变得支离破碎,同时还促进了斜坡岩土体的风化作用和地下水活动,从而降低了斜坡的稳定性,为崩塌、滑坡等地质灾害发育创造了良好条件。

区内较大断裂发育,构造复杂,主要有:①东西向尖峰-吊罗构造带和昌江-琼海构造带;②南北向南流断层、留山坡断层;③北东向红霞断层、大安水库断层和扎造岭断层;④北东向南发头岭断层、什运-黎母山林场断层。全县地质灾害点分布于地质构造1000m范围内的有29处。

断裂对地质灾害的影响主要表现在断裂带及其附近一定范围内的岩土体结构被破坏,降低了岩土体的完整性,同时形成重要的地下水通道,对斜坡的稳定性带来不利影响,易于引发地质灾害。

4.2.5 气象水文对地质灾害的影响分析

降雨是诱发地质灾害的重要因素之一,大部分地质灾害集中发生在雨季,特别是持续性降雨和暴雨对地质灾害的发生影响显著。据统计,琼中县132处地质灾害点中由于降雨引发的地质灾害点达116处,比例为87.88%。降雨对斜坡破坏程度较严重,主要体现在:一方面使岩土体软化,含水量增加,容重增大,抗剪强度降低;另一方面雨水渗入残坡积层,使得坡体达到饱水状态,进而形成静水压力并浸润滑动带(风化带),大大降低接触面的抗滑性能,从而导致崩塌、滑坡等地质灾害的发生。

4.2.6 人类工程对地质灾害的影响分析

近几年来,随着琼中县经济建设的力度加大,公路的改扩建频繁,村民修房筑屋切坡削坡现象普遍,坡地农垦耕作频繁,植被破坏严重,因切坡削坡时不规范,局部形成高陡边坡,进而改变了斜坡的原始状态,对滑坡、崩塌等地质灾害的发生产生了明显的诱发作用。据调查资料统计,由建房削坡引发的地质灾害点有90处,占地质灾害点总数的68.18%;由修路削坡引发的地质灾害点有38处,占地质灾害点总数的28.79%;由垦荒引发的地质灾害点有4处,占地质灾害点总数的3.03%(表4-2-2)。

表4-2-2 琼中县人类工程活动引发地质灾害统计表 单位:处

人类工程活动	滑坡	崩塌	泥石流	不稳定斜坡	合计
建房削坡	1	73	0	16	90
修路削坡	0	35	0	3	38
垦荒	2	1	1	0	4

4.3 什金钗村泥石流沟简介

4.3.1 泥石流沟位置

本次在琼中县选取典型灾害点,开展了地质灾害监测预警示范工作,这是脱贫攻坚地质调查中的一项重点工作内容之一。经过调查了解到,琼中县的地质灾害具有点多、面广、规模小、暴发突然等显著特点,是典型的突变型地质灾害类型,监测预警难度较大。琼中县岩性主要为花岗岩,风化强烈,风化壳厚度为5～15m,风化壳在降雨入渗作用下土体易于饱和,岩土体稳定性差,极易发生泥石流灾害。其中,什金钗村沟就是一条典型的花岗岩区泥石流沟(图4-3-1、图4-3-2)。

图4-3-1 泥石流沟内松散堆积物

图4-3-2 泥石流沟遥感影像全貌图

什金钗村泥石流沟位于营根镇G224国道什金钗村西南方向500m的乡村公路旁,是一条小型坡面泥石流沟,沟长约110m,宽7～20m。沟口坐标:东经109°48′39.06″,北纬19°01′44.79″。该沟在2019年以前没有发生过泥石流灾害事件。受超强台风"玲玲"的影响,2019年9月的连续强降雨导致该沟发生2次泥石流灾害。灾害发生后,沟内滑坡和沟道松散堆积体丰富,在强降雨作用下具有再次发生泥石流的可能性,严重威胁沟口公路及过往行人生命财产安全(图4-3-3)。因此,选择该沟开展地质灾害监测预警示范工作。

4 地质灾害调查服务防灾减灾及民生安全

图 4-3-3 泥石流冲出物堆积道路、堵塞河道

4.3.2 泥石流灾害暴发成因分析

2019年9月1—6日,受超强台风"玲玲"的影响,琼中全县暴发持续性强降雨,导致什金钗村沟于9月5日发生泥石流灾害,泥石流堆积体冲出沟口淤埋公路,堵塞沟口河道,给公路过往行人和河道下游居民造成直接及潜在的生命财产损失。

什金钗村泥石流沟是一条小型坡面泥石流沟,发生地质灾害的可能性较小。经过调查分析,该沟发生灾害是在"自然因素＋人类活动"双重作用下诱发形成的。

经过调查发现,该沟后缘上方为一个采石场,采石场大面积开挖形成一个较大的汇水区。雨水直接排泄到该沟,流水冲刷造成该沟周边斜坡土体垮塌。滑坡土体堆积在沟道内,堵塞沟道形成堰塞坝,堰塞坝土体松散,在水体作用下堰塞坝溃决形成泥石流灾害(图4-3-4、图4-3-5)。因此,该沟发生泥石流灾害具有灾害链效应,过程可以概括为"强降雨＋采石场集水区排水"复合作用→沟内滑坡→堰塞壅水→溃决型泥石流。

4.4 什金钗村泥石流监测方案

4.4.1 总体监测方案

通过对什金钗村泥石流灾害特征的分析,根据水文条件、运动特征、固体物质3个要素特征,确定监测系统由四部分组成:一是降雨监测;二是泥石流冲击断线监测;三是土壤含水量监测;四是野外视频监测。这种监测方法实现了地表与地下、野外与室内、自动化与人工、数据与视频、直接与间接等相结合,可在此基础上建立系统化立体监测网,进行全天候监测。

图 4-3-4 采石场汇流区

图 4-3-5 泥石流沟全貌

4.4.2 布设原则

1. 同步性原则

泥石流各要素监测必须保证在时间和空间上同步进行,即在同一时间内和一定范围内量测泥石流的各个要素值。

2. 连续性原则

泥石流监测要求保证各项监测内容在时间和空间上的连续性,即一次泥石流过程包括在形成源地起动,渠道化后运动在沟床内,出山口后进入在堆积扇上。

3. 稳定性原则

监测仪器设备应具备耐久性、稳定性、适用性、适应性。监测仪器设备类型应精炼,提供简洁接口和可靠连接,有利于观测、管理和维护工作。监测仪器的部署要考虑到电力、通信和环境稳定,以便实现全天候监测,尤其是在夜晚和降雨等恶劣条件下的实时监测及无线直接报警,以达到及时和安全有效的目的。

4. 安全性原则

监测仪器设备的安装埋设部位应注意安全,在避免人为破坏的同时,兼顾监测和维护时的便利。另外,还需对监测仪器设备、电缆和终端采取保护措施。

4.4.3 布设方案

在结合泥石流成灾形式、风险分析的基础上,综合考虑目前的治理工程布局、监测要素的优化及互为印证,同时根据地质环境特点对仪器设备的功能要求来制作布设方案。基于上述原因,泥石流监测网络部署总体情况为雨量监测点1处,土壤含水量监测2处,泥石流冲击断线1处,高清视频影像监测点1处。

4.4.4 监测内容

1. 雨量监测

降雨是地质灾害的重要诱发因素。进行降雨量监测可实时准确地掌握地质灾害隐患点处的雨情,可在确定致灾阈值和预警等级指标设置的基础上,进行地质灾害气象风险预警。

雨量监测选择一体化雨量监测站,可以对地质灾害监测系统中的降雨量进行自动监测,具有雨量数据智能采集、长期固态存储和远距离传输功能。监测数据可通过4G无线通信方式传输到监测预警平台。一体化雨量监测站由太阳能电池板、内置电池、采集单元、4G无线路由器、雨量计及一体化安装支架组成(图4-4-1)。

2. 土壤含水量监测

土壤含水量是土壤重要的物理性质因子,土壤含水量较高时,土壤的物理性质将发生变化,如黏度下降、密度增大,因而有发生地质灾害的风险。一体化土壤含水量监测站是把土壤水分度传感器埋入监测地点内部,通过遥测终端机采集土壤水分传感器的输出信号,实现对土壤含水率的监测,可实时监测水分在土壤中的分布状态和变化,具有密封、高精度等优点。

一体化土壤含水量监测站由土壤水分传感器、遥测终端机、4G无线路由器、太阳能供电系统、一体化安装支架及其他配件组成(图4-4-2)。采集内容包括坐标值、体积含水率、原始采集值、电池电压、传感器温度、环境温度、信号强度等。通过4G路由器等将采集到的数据传输到监控中心的数据服务器,从而实时记录土壤含水量等数据,通过监测软件来实现对土壤水分和温度的监测。

图 4-4-1　一体化雨量监测站安装效果图

图 4-4-2　一体化土壤含水率监测站安装效果图

3. 泥石流断线监测

泥石流断线监测选择一体化断线监测站对泥石流地质灾害进行监测预警。监测数据可通过4G无线路由器传输到监测预警平台。

一体化断线监测站由固定钢缆、断线传感器、无线传输装置组成(图4-4-3)。当泥石流发生时会冲断钢缆,触发断线传感器,无线传输装置立即通过4G无线路由器将监测数据传输到监控中心的数据服务器,并随即发出警报信息。

4. 视频监测

视频监测主要是记录地质灾害变化过程的影像和照片,选择一体化视频监测站,具有自动拍摄、存储和回放的功能。

一体化视频监测站由红外半球型等组成。为能够在夜间、阴雨天等恶劣天气情况下获取清晰流畅的视频影像和照片,要求摄像机具有红外、夜视及远程遥控功能,必要时配备远程探照灯,并可以远程控制开关。

一体化视频监测站解决方案主要由前端云台(云台自带SD卡存储)、后端硬盘录像机和网络控制键盘组成。前端是拥有200万像素、支持23倍光学变焦的云台摄像机,后端是4盘位可接入16路视频的网络硬盘录像机,完全符合监控场景需求(图4-4-4)。

图4-4-3 一体化断线监测站安装效果图

图4-4-4 视频监测截图

4.5 什金钗村泥石流灾害监测系统与预警平台

监测预警信息系统是将上述的降雨监测、土壤含水量监测、泥石流断线监测、视频监测整合为一个信息管理系统,实现各类监测数据的浏览、查询、统计、分析,并可根据各类监测预先设定的阈值进行自动报警。当有报警时启动专家决策功能,通过分析各类监测数据得到综合的预警结果,达到预警级别时提交管理指挥部门,按相应的预警级别在互联网平台通知责任人,并向公众发布警报等。

1. 系统软件功能

地质灾害监测预警平台分为实时监测、站点目录、数据分析、信息管理、用户管理、系统设置、预警设置7个功能模块。图4-5-1为平台主界面。

图 4-5-1 地质灾害监测预警平台功能界面

2. 用户权限管理

地质灾害监测预警平台用户管理分三级管理系统，即系统管理员、组织管理员、普通用户（图4-5-2）。通过平台可对用户进行增、删、改操作，同时可添加多个组织结构。

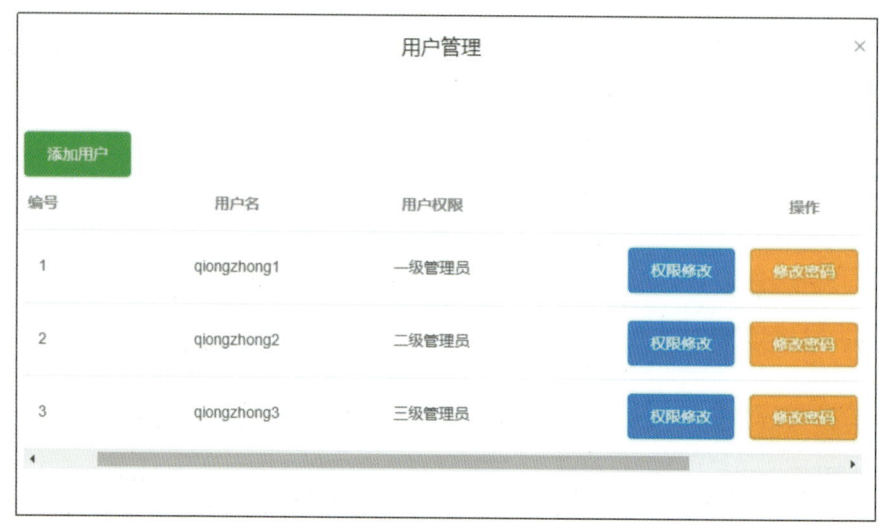

图 4-5-2 地质灾害监测预警平台用户管理界面

3. 数据管理（图 4-5-3）

地质灾害监测预警平台数据管理包括：①可管理当前系统中的项目，进行增、删、改操作；②采用树形组织，以方便查看项目情况及子目录情况；③可设定开始时间和结束时间，服务器只有在开始时间和结束时间范围内接收发送的数据，其他时间服务器不接收发送的数据；④可设定该现场是否启用报警，且能设置报警回数；⑤可设定现场地图左上角和右下角的经纬度，⑥采样周期必须与设备真实的采样周期一致；⑦数据发送可给数据接收用户发送邮件数据；⑧数据接收用户可接收到原格式的邮件数据；⑨实时显示监测列表和监测数；⑩可选择单个或者多个数据查询；⑪可选择时间段进行查询；⑫在设定该监测量在数据查询中，数据可以用折线图显示或以柱状图显示；⑬具备校正管理，可建立校正公式；⑭可进行邮件设定。

4 地质灾害调查服务防灾减灾及民生安全

图 4-5-3 地质灾害监测预警平台数据管理界面

4. 预警管理

泥石流监测阶段主要针对地质灾害隐患点的诱发因素和发育特征,采用雨量监测、泥位监测、次声监测、断线仪监测和视频监测。根据泥石流形成运动各个阶段的特点,泥石流应急监测预警系统采用蓝色(Ⅰ级,注意级,技术、管理和监测人员)、黄色级(Ⅱ级,警示级,告知公众)、橙色级(Ⅲ级,警戒级,采取措施)、红色级(Ⅳ级,警报级,应急响应)4级预警模式(表4-5-1)。

表 4-5-1 泥石流监测预警等级划分

预警级别	预警方式	告知方式	预警色	雨量	泥水位	视频
Ⅰ级	注意级	技术、管理、监测人员		前72h累计雨量超过50mm; $17mm \leqslant H_{1p} < 22mm$; $52mm \leqslant H_{24p} < 59mm$	泥水位上涨	出现泥石流
Ⅱ级	警示级	告知公众		前72h累计雨量超过100mm; $22mm \leqslant H_{1p} < 30mm$; $59mm \leqslant H_{24p} < 66mm$	泥水位上涨	出现泥石流
Ⅲ级	警戒级	采取措施		前72h累计雨量超过200mm; $30mm \leqslant H_{1p} < 40mm$; $66mm \leqslant H_{24p} < 82mm$	泥水位上涨	出现泥石流
Ⅳ级	警报级	应急响应		前72h累计雨量超过300mm; $H_{1p} \geqslant 40mm$; $H_{24p} \geqslant 82mm$	泥水位上涨	出现泥石流

注:H_{1p}代表1小时降雨量,H_{24p}代表24小时降雨量。

4.6 琼中县地质灾害治理措施及建议

地质灾害防治措施较多,一般包括避让措施、生物措施、工程措施、行政措施、法律措施等。这些措施在琼中县均较为适宜,此处不再阐述,本节仅针对调查区地质环境条件和地形地貌特征,结合地质灾害发育特征和分布规律,提出适宜琼中县的地质灾害防治对策。在实际的工程治理中,应充分结合工程实际,综合考虑各种因素,采取经济可靠的综合治理方法。

4.6.1 边坡治理措施

目前,一般性的边坡治理工程可采用的措施较多,有削坡减载、锚固、混凝土抗剪结构、支挡、压坡以及植物框格构坡、护面、截排水等,在边坡治理工程中强调多种措施综合治理的原则,以加强边坡的稳定性。根据琼中县地质灾害发育、分布特征和诱发因素,将琼中县边坡工程治理中几种常用的加固方法总结如下,同时分析各种措施的优缺点及使用条件,提出相关的优化措施。

4.6.1.1 削坡减载

削坡减载是指通过削去边坡上部的部分岩土体,减小边坡上部坡度与坡体自重,以达到提高边坡稳定性、消除安全隐患的目的。坡体上部挖除的土体可堆填于坡脚或场地低洼处,用作建房场地平整用土。它的优点是施工简单、经济、安全可靠。边坡失稳破坏通常是因边坡过高、坡度太陡所致。通过削坡,削掉一部分边坡不稳定岩土体,使边坡坡度放缓、稳定性提高。常用的工程方法为坡率法和减重设计。

坡率法是通过控制边坡的高度和坡度,使边坡对所有潜在滑动面的下滑力和阻滑力处于安全的平衡状态。它是一种比较经济、施工方便的边坡处理方法,在公路路堑边坡、填方路堤边坡中广泛使用,适用于塑性黏土和良好的砂性土中,并要求地下水水位较低,放坡开挖时有足够的场地。坡率法可分别与沙袋堆码、锚钉边坡、锚板支护等方法联合应用,形成组合边坡。

减重设计是通过削减滑坡致滑段的滑体超重部分,减小滑体的下滑力,使滑坡趋于稳定。减重是在滑坡后缘挖除一定数量的滑体而使滑坡稳定下来,因而它适用于推移式滑坡或由塌落形成的滑坡,并且滑床上陡下缓,滑坡后缘及两侧的地层稳定,不致因削坡而引起滑坡向后或向两侧发展。在滑坡治理技术中,与减重相对应的另一种技术是堆载阻滑技术,它是通过在滑坡的阻滑段堆载来提高滑坡的阻滑力以使滑坡处于稳定的方法。堆载阻滑技术则主要适用于牵引式滑坡,同时应注意堆载不要引发次一级的滑面。一般情况下,滑坡减重和堆载阻滑都只能减小滑体的下滑力或增大阻滑力,不能非常有效地改变滑坡的下滑趋势,因此它们常与其他整治措施联合使用。

4.6.1.2 支挡

对于不稳定的土质边坡,使用支挡结构对其进行支挡,是一种较为可靠的治理手段。它的优点是可从根本上解决边坡的稳定性问题,达到根治的目的。支挡类型包括挡墙和抗滑桩。

对于小型滑坡,可直接在滑坡下部或前缘修建抗滑挡土墙。如果滑坡为多级滑坡,总推力太大,在坡脚一级支挡工作量太大时,可分级支挡。对于中、大型滑坡,抗滑挡土墙常与排水工程、削土减重工程等整治措施联合使用。抗滑挡土墙优点是山体破坏小,稳定滑坡收效快。尤其对于由于斜坡体因前缘崩塌而引起大规模滑坡,抗滑挡土墙会起到良好的整治效果。但是在修建抗滑挡土墙时,应尽量避免或减少对滑坡体前缘的开挖。原则上抗滑挡土墙应设置在滑坡体前缘稳定基础上,防止由于滑坡体前缘地基过大的变形使抗滑挡土墙体变形而失效。对于滑坡地段上的构筑物,为使其在地基上有一定程度变形的情况下也能保持其功能,最好采用柔性结构。对于深层滑坡体和正在滑移的滑动体,可能因修建挡土墙进行基础开挖时加剧滑坡体的滑动,因此对于这类滑坡不宜采用抗滑挡土墙,而宜采用其他抗滑整治措施。

4.6.1.3 加固

加固是通过改变加固对象的物理力学性质,使加固对象满足工程建设和边坡稳定的需要。常用的加固方法可划分为以下几种。

1. 锚杆加固

当边坡坡体破碎或边坡地层软弱时,可打入一定数量的锚杆,对边坡进行加固。锚杆加固边坡的机理相当于螺栓的作用。锚杆加固是一种中浅层边坡加固手段,优点是效果好、安全可靠、工程造价较低,缺点是施工过程较复杂、技术要求较高。锚杆加固对岩质滑坡和崩塌灾害防治效果明显。

2. 预应力锚索加固

当边坡较高、坡体可能的潜在破裂面位置较深时,预应力锚索是一种较好的深层加固手段。在高边坡加固工程中,预应力锚索具有的优点为:受力可靠;作用力可均匀分布于需加固的边坡上,对地形、地质条件适应力强,施工条件易满足;无需放坡开挖,对坡体不产生扰动和破坏,能维持坡体本身的力学性能不变;施工速度快等。

3. 格构加固

格构加固技术是利用浆砌块石、现浇钢筋混凝土或预制预应力混凝土进行边坡坡面的防护,并利用锚杆或锚索加以固定的一种边坡加固技术。一般与工程环境美化相结合,利用框格护坡,同时在框格之内种植花草可以达到极其美观的效果。格构的主要作用是将边坡坡体的剩余下滑力或土压力、岩石压力分配给格构结点处的锚杆或锚索,然后通过锚索传递给稳定地层,从而使边坡坡体在由锚杆或锚索提供锚固力的作用下处于稳定状态。因此,就格构本身来讲仅仅是一种传力结构,而加固的抗滑力主要由格构结点处的锚杆或锚索提供。边坡的格构加固技术具有布置灵活、格构形式多样、截面调整方便、与坡面密贴、可随坡就势等优点。并且框格内视情况可通过挂网(钢筋网、铁丝网或土工网)、植草、喷射混凝土进行防护,也可用现浇混凝土板进行加固。但应注意,对于不同稳定性的边坡应采用不同的格构形式和锚固形式的组合进行加固或坡面防护。当坡面稳定性较好但因前缘表层开挖失稳出现崩滑时,可采用浆砌块石格构护坡,并用锚杆锚固;如果边坡稳定性较差,可用现浇混凝土格构加锚杆(索)进行加固;对于稳定性差、下滑力大的滑坡,可用现浇混凝土格构加预应力锚杆(索)进行加固。锚杆(索)都必须穿过滑动面并使锚固段位于稳定可靠的地层中才能起到阻滑的作用。

4.6.1.4 防护

边坡防护包括植物防护和工程防护。植物防护是在坡面上栽种树木、植被、草皮等植物,通过植物根系发育,起到固土、防止水土流失的一种防护措施。这种措施一般适用于边坡不高、坡脚不大的稳定边坡。该措施与自然环境协调,具有美化环境的功效。工程防护可分为以下几种类型。

1. 砌体封闭防护

当边坡坡度较陡、坡面土体松散、稳定性差时,可采用圬工结构砌体封闭防护措施。砌体封闭防护包括浆砌片石、浆砌块石、浆砌预制块、浆砌混凝土空心砖等。

2. 喷射素混凝土防护

对于稳定性好的岩质边坡,可在其表面喷射一层素混凝土,防止岩石继续风化、剥落,达到稳定边坡的目的。但是这种防治措施在表面美观上不是很理想,但是此技术简单且安全可靠,耐久性时间长。

3. 挂网锚喷防护

对于软质岩石边坡或石质坚硬但稳定性较差的岩质边坡,可在边坡坡面上铺设钢筋网或土工塑料网等,向坡体内打入锚杆(或锚钉)将网钩牢,向网上喷射一定厚度的素混凝土,对边坡进行封闭防护。

4.6.1.5　排水

水是诱发滑坡、崩塌的主要因素,排水工程对崩滑体稳定性起到十分重要的作用。排水工程包括治理地表水和地下水。对于地表水,可在滑体周围做截水沟,使地表水不能进入滑坡体范围内;在滑坡范围内修筑排水沟,使地表水排出滑坡体范围以外,施工时应注意沟渠的防渗;填塞斜坡表面裂缝,夯实松动地面,减少地表水下渗并使其尽快汇入排水沟内。对于地下水,针对出露的泉水、湿地等,做排水沟或渗沟,将水引出滑坡体外;在滑坡体前缘,常因坡体内的地下水活动而松软、潮湿,引发坡体坍塌滑动,为此可做边坡渗沟疏干,或做小盲沟,兼顾支撑和疏干的作用;整个坡面植树,加大蒸发量,保证坡面干燥。

4.6.2　削坡建议及方案

4.6.2.1　削坡建议

1. 土质边坡

对于土质边坡,可依据边坡土体类别、边坡岩土性状和边坡高度的不同情况,参照表4-6-1中的边坡容许坡度值(高宽比)进行合理放坡。

表4-6-1　土质边坡容许坡度值

边坡土体类别	边坡岩土性状	边坡容许坡度值(高宽比)	
		边坡高度小于5 m	边坡高度5~10 m
黏性土	土质疏松、黏性差	1:1.00~1:1.25	1:1.25~1:1.50
	土质较硬、黏性好	1:0.75~1:1.00	1:1.00~1:1.25
碎石土、砂土	稍密	1:0.75~1:1.00	1:1.00~1:1.25
	中密	1:0.50~1:0.75	1:0.75~1:1.00
	密实	1:0.35~1:0.50	1:0.50~1:0.75

注:此表根据《建筑边坡工程技术规范》(GB 50330—2013)略有改动,不适用于人工堆土边坡。

2. 岩质边坡

对于岩质边坡,可依据边坡岩体类型、岩体风化程度和边坡高度的不同情况,参照表4-6-2中的边坡容许坡度值(高宽比)进行合理放坡。

3. 削坡注意事项

(1)削坡前,根据待建房屋的尺寸和房屋到坡脚的安全距离,估算所需场地面积,推算削坡的高度、长度和宽度以及开挖的土方量,并将削坡范围标记出来。

(2)岩质和土质边坡的预计切削高度分别大于15m和30m时,建议更换建房场址,否则应对切削后的边坡进行护坡处理。

表 4-6-2 岩质边坡容许坡度值

边坡岩体类型	风化程度	边坡容许坡度值(高宽比)		
		边坡高度小于 8 m	边坡高度 8~15 m	边坡高度 15~25 m
Ⅰ类	未(微)风化	1:0.00~1:0.10	1:0.10~1:0.15	1:0.15~1:0.25
	中等风化	1:0.10~1:0.15	1:0.15~1:0.25	1:0.25~1:0.35
Ⅱ类	未(微)风化	1:0.10~1:0.15	1:0.15~1:0.25	1:0.25~1:0.35
	中等风化	1:0.15~1:0.25	1:0.25~1:0.35	1:0.35~1:0.50
Ⅲ类	未(微)风化	1:0.25~1:0.35	1:0.35~1:0.50	—
	中等风化	1:0.35~1:0.50	1:0.50~1:0.75	—
Ⅳ类	中等风化	1:0.50~1:0.75	1:0.75~1:1.00	—
	强风化	1:0.75~1:1.00	—	—

注:①根据《建筑边坡工程技术规范》(GB 50330—2013)略有改动;②Ⅳ类强风化岩体包括各类风化程度的极软岩,全风化岩体可按土质边坡处理;③有外倾软弱结构面的岩质边坡容许坡度值应通过稳定性计算分析确定。

(3)削坡时,建议采用分级削坡方式,每一级切削高度为 3m 时,岩质和土质边坡每一阶平台(马道)宽度分别不小于 1.2m、1.5m;分级削坡施工应严格按照自上而下的顺序,切勿由下至上削坡,或者四处开挖,影响施工安全。

(4)房屋到切削后边坡坡脚的安全距离宜分别设置为 5~7m(岩质)和 3~5m(土质);坡脚需设置砌石或者混凝土挡墙。

(5)岩质边坡存在倾向坡外的软弱结构面时,应当沿着软弱结构面削坡直至坡顶;尽量避免切断软弱结构面,否则应设置支护结构。

(6)松散砂卵石(碎石)土、含碎石黏性土和花岗岩全风化土(风化砂)分布厚度大于 5m 的斜坡,削坡坡角不宜大于 25°。

(7)削坡得到的土石方可用于填筑坡脚处的低洼地,平整以后作为建筑场地的一部分,以减少削坡量和土石方搬运量。

(8)切勿在雨季进行削坡活动,遇到强降雨应立即暂停作业,待到雨停 5~7d 后,重新勘查边坡,确定边坡稳定安全后方可恢复施工。

(9)削坡完成后,坡顶处应设置截水沟,平台(马道)内侧和坡脚处应设置排水沟。

(10)削坡后的边坡宜进行坡面防护,根据实际情况可采用植物固土护坡,也可采用喷混凝土或砂浆护坡。

4.6.2.2 典型削坡方案

针对琼中县山区建房削坡可能引发的典型地质灾害隐患,结合实际的工程地质条件,提出 4 种建房削坡防护方案的具体建议。

4.6.2.2.1 情形一:顶部天然坡度较缓(<15°)的斜坡

采取"分级削坡成 45°(1:1 放坡)+排水措施"方案(图 4-6-1)。

1. 适用条件

本方案适用于顶部天然坡度小于 15°的土质斜坡或者全强风化的花岗岩、变质岩或碎屑岩斜坡。对于这样的边坡,按照 1:1 的坡率削坡时不会向上延伸太高和太远,不会导致削坡高度和削坡工程量过大。

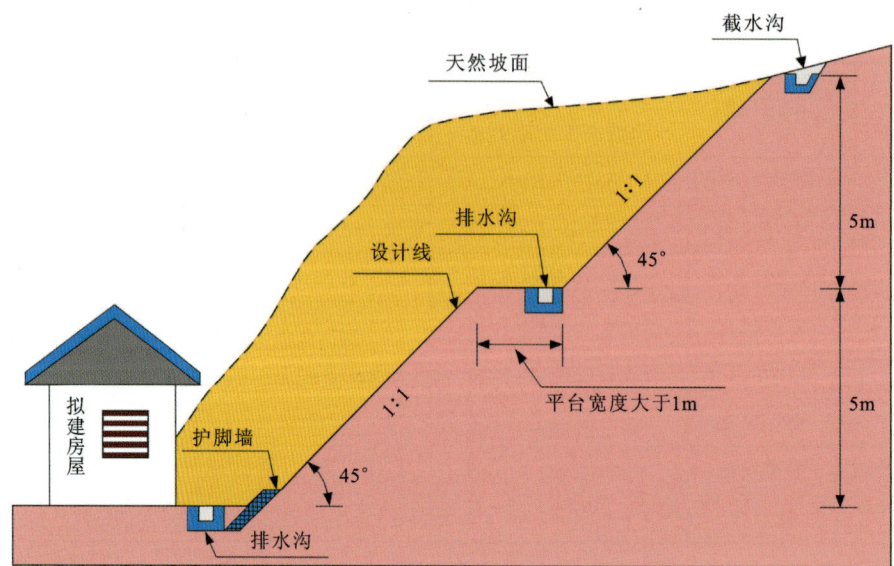

图 4-6-1　琼中县地区建房削坡防护工程建议方案一

2. 工程方案

削坡：当人工边坡高度达到 5～15m 时，建议按照 1∶1 的坡率进行分级削坡，每级高度不大于 5m，各级坡面间的平台宽度大于 1m，削坡后还应对坡面进行修整。

排水：削坡完成后在边坡顶部设置截水沟，在坡脚及各级平台内侧设置排水沟。

3. 施工顺序

由上至下逐级削坡 → 修筑坡脚护脚墙 → 设置截、排水沟。

4.6.2.2.2　情形二：顶部天然坡度相对较缓(15°～30°)的斜坡

采取"分级削坡削成 50°(1∶0.83 放坡)＋排水措施"方案(图 4-6-2)。

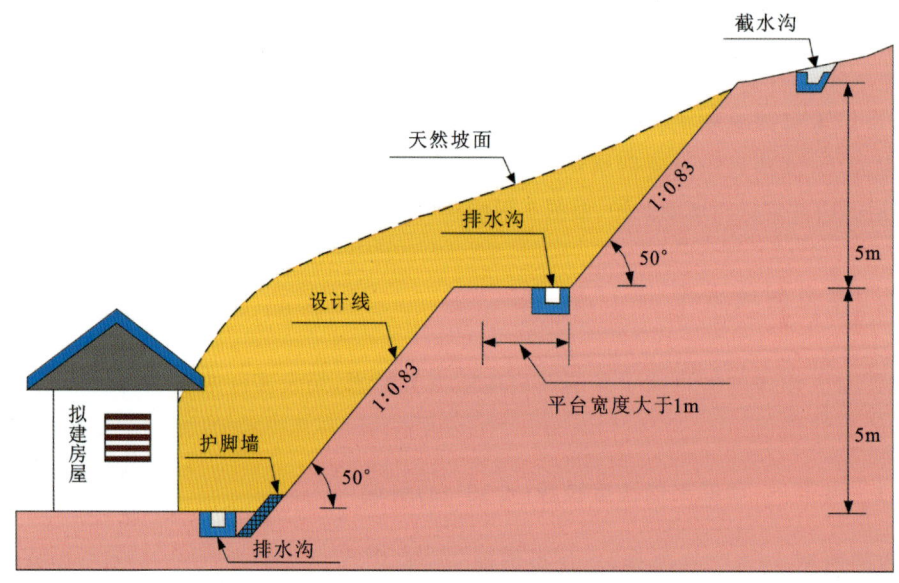

图 4-6-2　琼中县地区建房削坡防护工程建议方案二

1. 适用条件

本方案仅适用于顶部天然坡面较平缓、坡度为15°～30°的土质斜坡,或者全强风化的花岗岩、碎屑岩斜坡。针对这样的边坡,按照1∶0.83的坡率削坡时,边坡不会向上延伸太高和太远,不会导致削坡高度和削坡工程量过大。

2. 工程方案

削坡:当人工边坡高度达到5～15m时,建议按照1∶0.83的坡率(即坡度为50°)进行分级削坡,每级高度不超过为5m,各级坡面间的平台宽度大于1m,削坡后还应对坡面进行修整。

排水:削坡完成后在边坡顶部设置截水沟,在坡脚及各级平台内侧设置排水沟。

3. 施工顺序

由上至下逐级削坡 → 修筑护脚墙 → 设置截、排水沟。

4.6.2.2.3 情形三:顶部天然坡度相对较缓(>30°)的斜坡

采取"分级削坡+锚固+排水措施"方案(图4-6-3)。

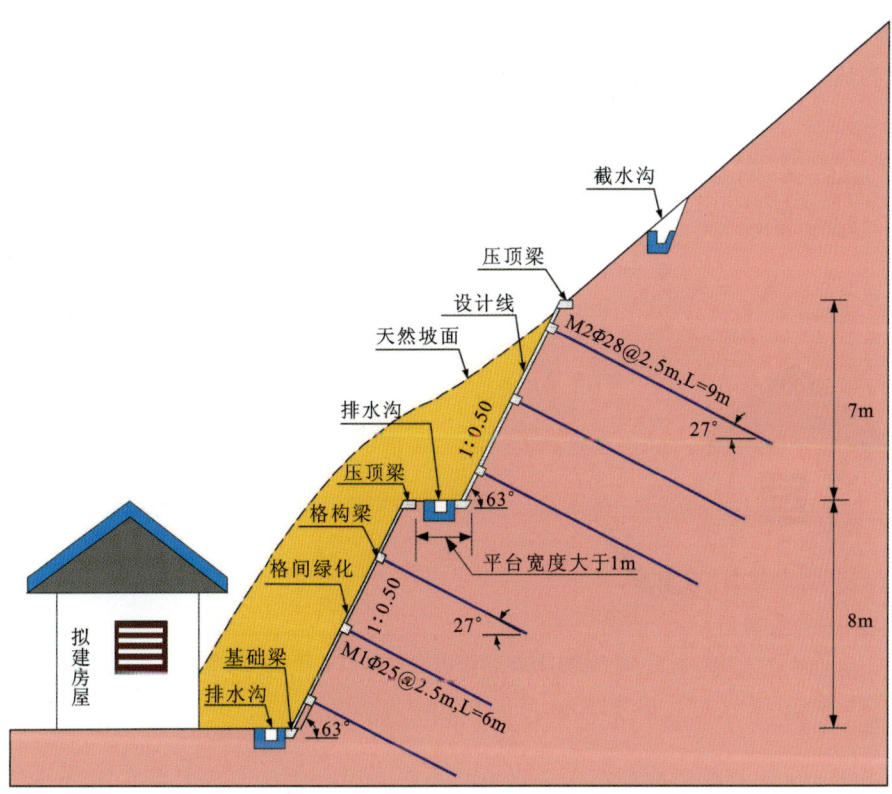

图4-6-3 琼中县地区建房削坡防护工程建议方案三

1. 适用条件

本方案适用于顶部天然坡度大于30°,坡体材料为强风化花岗岩、碎屑岩、松散的第四系碎石土或含砾粉质黏土的斜坡。针对这样的边坡,按照1∶0.5的坡率削坡时,边坡不会向上延伸太高和太远,不会导致削坡高度和削坡工程量过大,但该坡率还不能满足边坡的稳定安全要求,还需对开挖边坡采取锚固和排水措施,以确保开挖边坡的稳定安全。

2. 工程方案

削坡:对开挖坡高小于10m的边坡,可将坡面修整后直接进行锚固;对于开挖高度大于10m的边坡,可先按照1∶0.50坡率进行分级削坡,每级高度为7~8m,平台宽度大于1m,每级削坡完成后随即进行锚固。

锚固:根据边坡岩土体锚孔可采用潜孔钻机成孔,锚杆型号可采用Φ25~Φ28,长度可采用6~9m,锚杆纵横间距均可采用2.5m。

格构梁护坡:压顶梁和基础梁截面尺寸为350mm×400mm,顶部配4根Φ14纵筋,底部配4根Φ18纵筋箍筋为Φ8@200;格构梁截面尺寸为300mm×300mm,顶部和底部各配3根Φ16纵筋,箍筋为Φ8@200;连接锚杆型号采用Φ28和Φ25,长度分别为9m和6m,锚杆水平和垂直间距为2.5m。

排水:削坡完成后在边坡顶部设置截水沟,在坡脚及各级平台内侧设置排水沟。

3. 施工顺序

上部台阶坡面削坡 → 搭脚手架 → 锚杆成孔注浆 → 开挖格构梁基槽 → 格构梁钢筋安置 → 支格构梁模板 → 浇筑格构梁混凝土 → 拆模养护 → 进入下部台阶坡面削坡锚固(重复上部坡面的工序)→ 设置截、排水沟。

4.6.2.2.4 情形四:临时应急处置方案

采取"坡顶'3m去头'削成30°坡形+排水措施"方案(图4-6-4),整治后可暂时减轻岩质高陡边坡发生地质灾害的风险。

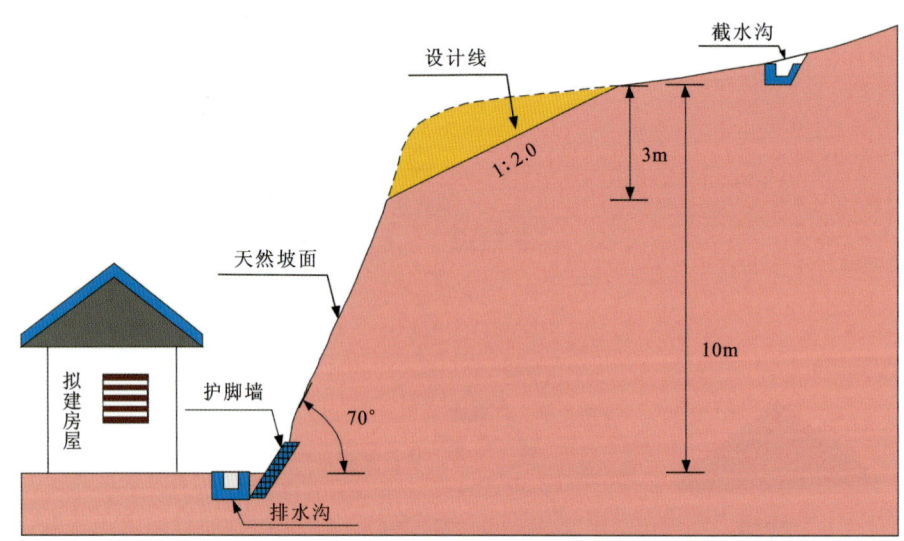

图4-6-4 琼中县地区建房削坡防护工程建议方案四

1. 适用条件

本方案仅适用于人工开挖边坡存在安全隐患但开展工程治理在经济上存在困难的情形,采用临时处置措施后,可临时缓解边坡发生地质灾害的风险。

2. 工程方案

削坡与清理:对于人工土质或岩土混合边坡,当坡高达到5~15m时,可对边坡顶部3~5m范围按1∶2.0的坡率进行削坡至坡顶;对于高陡岩质边坡,当坡顶和坡面有风化松动块石时可将风化松动块石与坡顶松散土体清除;削坡与清理时需注意防护,防止下落岩土体损坏房屋。

排水:对削坡或清理后的人工边坡,在坡顶设截水沟,坡脚处设置排水沟。

3. 施工顺序

坡顶削坡→修筑护脚墙→设置截、排水沟。

5 农业生态地质调查高效支撑生态农业发展

5.1 主要地质建造及物质垂向演化

经地质调查发现,琼中县有13类主要地质建造(成壤母岩),具体为中元古界戈枕村组片麻岩建造,下志留统陀烈组变质细砂岩、板岩建造,下白垩统鹿母湾组陆源碎屑建造,中二叠世二长花岗岩建造,中二叠世正长花岗岩建造,中三叠世二长花岗岩建造,中三叠世正长花岗岩建造,晚侏罗世闪长岩建造,晚侏罗世正长花岗岩建造,早白垩世花岗闪长岩建造,早白垩世二长花岗岩建造,晚白垩世花岗斑岩建造,晚白垩世正长花岗岩建造。其中,晚侏罗世正长花岗岩建造面积为198km²,分布最广(表5-1-1)。

调查结果表明,在成壤母岩风化成壤过程中,常量组分二氧化硅(SiO_2)含量总体上呈现降低的趋势,三氧化二铝(Al_2O_3)含量总体上呈现增高的趋势。常量组分控制着农作物营养元素整体含量水平及其在土壤垂向剖面上的分布状况。值得关注的是,琼中土壤中的有益元素硒、碘在近地表的土壤腐殖层、淋积层中的含量较成壤母岩明显增高,铅、锌、铜、铬、镍等重金属元素含量明显降低,具备开发绿色农产品的地质基础。

表5-1-1 琼中县主要地质建造分布特征表

序号	分类	分布	面积/km²
1	中元古界戈枕村组片麻岩建造	县中部偏南	120
2	下志留统陀烈组变质细砂岩、板岩建造	县北部,少量在东部	40
3	下白垩统鹿母湾组陆源碎屑建造	县北部、北西部	80
4	中二叠世二长花岗岩建造	县中南部	840
5	中二叠世正长花岗岩建造	县中部	40
6	中三叠世二长花岗岩建造	县中北部	145
7	中三叠世正长花岗岩建造	县中北部	15
8	晚侏罗世闪长岩建造	县中部偏西南方向	30
9	晚侏罗世正长花岗岩建造	县北部、北西部	198
10	早白垩世花岗闪长岩建造	县中北部	60
11	早白垩世二长花岗岩建造	县东部	60
12	晚白垩世花岗斑岩建造	县中部偏西,少量在西部、东南部	30
13	晚白垩世正长花岗岩建造	县南部、中南部	66.8

5.1.1 中元古界戈枕村组片麻岩建造

中元古界戈枕村组片麻岩建造(Chg)主要分布于琼中县中部偏南,面积约120km²(图5-1-1),主要由片麻岩组成。上覆土壤类型为砖红壤和赤红壤,土地利用类型包括林地和园地。在该建造上共采集了5件贯穿A、B、C层的垂向剖面样品(QZ-M01、QZ-M02、QZ-M03、QZ-M04、QZ-M05)。

图5-1-1 琼中县中元古界戈枕村组片麻岩建造(Chg)产出位置

土壤剖面化学组成方面,二氧化硅(SiO_2)和三氧化二铝(Al_2O_3)占样品总质量的80%以上,两者为负相关关系,共同控制着其他元素的含量变化趋势。SiO_2平均值为63.53%~72.28%(表5-1-2),A层和成壤母岩中含量相对较高,展示出"凹"字形特征,Al_2O_3则与SiO_2含量变化趋势相反,呈现"凸"字形特征(图5-1-2)。氧化钾(K_2O)在成壤母岩中平均值最高,为4.44%;全碳(TC)、有机碳(C_{org})、氮(N)在A层中最高,向下逐渐降低;磷(P)在成壤母岩及B层中含量较高。重金属元素砷(As)、镉(Cd)、汞(Hg)、铜(Cu)、铅(Pb)、锌(Zn)、铬(Cr)、镍(Ni)等在土壤中含量远低于土壤环境风险管控值,其中镉(Cd)、铅(Pb)、锌(Zn)在成壤母岩中含量最高,而汞(Hg)与有机碳(C_{org})、氮(N)的变化规律相似,在A层中含量最高。人体健康元素硒(Se)、碘(I)垂向变化趋势一致,在A、B层中富集,含量达到富硒、富碘土壤标准。

5 农业生态地质调查高效支撑生态农业发展

表 5－1－2 琼中县中元古界戈枕村组片麻岩建造垂向剖面元素平均值统计表

层位	SiO₂	Al₂O₃	TFe₂O₃	MgO	CaO	Na₂O	K₂O	LOI	TC	Corg	N	P	As	Cd	Hg	Cu	Pb	Zn	Cr	Ni	Se	I	Ge
单位	%	%	%	%	%	%	%	%	%	%	10⁻⁶	10⁻⁶	10⁻⁶	10⁻⁹	10⁻⁹	10⁻⁶	10⁻⁶	10⁻⁶	10⁻⁶	10⁻⁶	10⁻⁶	10⁻⁶	10⁻⁶
A	72.28	12.65	3.36	0.26	0.17	0.46	2.68	7.09	1.23	1.04	1061	274	4.3	32	33	7.0	33	45	26	7.2	0.53	6.2	1.2
B	63.53	17.26	6.21	0.55	0.09	0.35	2.17	8.27	0.42	0.41	320	333	2.5	39	27	13.8	44	74	45	12.8	0.54	7.1	1.5
C	65.82	17.90	3.78	0.51	0.13	0.89	3.44	6.42	0.23	0.21	129	243	1.3	31	17	12.9	48	72	29	10.5	0.30	3.5	1.5
成壤母岩	68.49	14.25	3.83	1.11	3.00	1.78	4.44	2.05	0.22	0.14	60	356	11.3	1706	7	17.5	464	451	28	12.4	0.21	0.6	1.4

层位	B	S	F	Cl	Br	Ag	Au	Ba	Be	Bi	Li	Mn	Mo	W	Rb	Sb	Sc	Sn	Sr	Nb	Ta	Zr	Ga
单位	10⁻⁶	10⁻⁶	10⁻⁶	10⁻⁶	10⁻⁶	10⁻⁹	10⁻⁹	10⁻⁶	10⁻⁶	10⁻⁶	10⁻⁶	10⁻⁶	10⁻⁶	10⁻⁹	10⁻⁶	10⁻⁶	10⁻⁶	10⁻⁶	10⁻⁶	10⁻⁶	10⁻⁶	10⁻⁶	10⁻⁶
A	5.1	184	294	71	6.1	32	0.7	291	1.4	0.42	15	167	0.70	1.0	119	0.18	6.6	3.8	82	12	1.18	325	15
B	5.0	135	476	65	4.1	35	1.5	255	2.9	0.46	23	242	1.14	1.3	135	0.12	12.9	4.1	59	18	1.53	229	22
C	13.2	101	538	62	0.9	26	0.7	360	3.1	0.45	32	199	0.85	1.2	202	0.11	8.2	5.8	124	17	2.12	185	22
成壤母岩	5.5	614	448	103	3.4	595	3.3	410	2.2	0.44	25	364	1.00	0.9	186	1.04	7.8	5.3	319	15	1.17	174	21

层位	Ti	Co	V	Tl	U	Th	La	Ce	Pr	Nd	Sm	Eu	Gd	Tb	Dy	Ho	Er	Tm	Yb	Lu	Y	∑REE	pH
单位	10⁻⁶	10⁻⁶	10⁻⁶	10⁻⁶	10⁻⁶	10⁻⁶	10⁻⁶	10⁻⁶	10⁻⁶	10⁻⁶	10⁻⁶	10⁻⁶	10⁻⁶	10⁻⁶	10⁻⁶	10⁻⁶	10⁻⁶	10⁻⁶	10⁻⁶	10⁻⁶	10⁻⁶	10⁻⁶	
A	3629	3.1	46	0.86	5.8	33	44	112	9.3	37	6.5	0.57	4.4	0.66	2.6	0.41	1.0	0.16	1.1	0.17	12	231	5.3
B	6059	6.0	107	1.13	8.0	26	57	150	12.8	53	9.3	1.59	7.2	1.17	5.6	0.97	2.6	0.43	2.7	0.42	28	333	5.2
C	3283	6.3	58	1.31	7.5	25	57	117	12.8	48	7.7	1.20	5.3	0.82	3.7	0.66	1.8	0.30	1.9	0.30	20	278	5.6
成壤母岩	2767	6.0	51	1.13	7.3	27	45	93	9.5	39	6.6	1.13	4.8	0.76	3.5	0.62	1.7	0.27	1.9	0.30	19	227	7.3

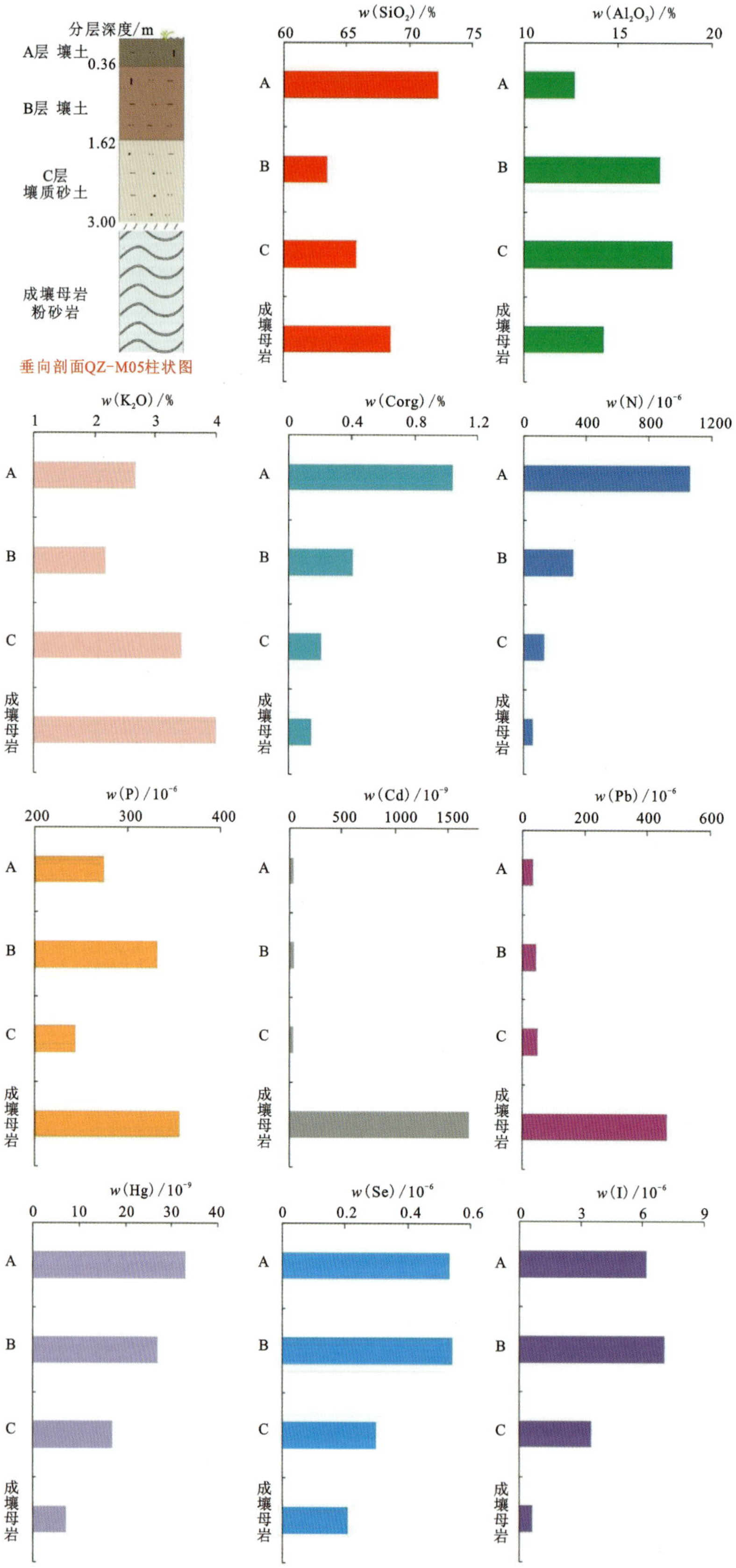

图 5-1-2 琼中县中元古界戈枕村组片麻岩建造部分元素平均值分布图

5.1.2　下志留统陀烈组变质细砂岩、板岩建造

下志留统陀烈组变质细砂岩、板岩建造（S_1t）主要分布于琼中县北部，少量分布在东部，面积约 $40km^2$（图5-1-3），主要由变质细砂岩、板岩等组成。上覆土壤类型主体为砖红壤，土地利用类型以林地和园地为主，园地多种植橡胶、槟榔等。在该建造上共采集了2件贯穿A、B、C层的垂向剖面样品（QZ-S01、QZ-S02）。

图5-1-3　琼中县下志留统陀烈组变质细砂岩、板岩建造（S_1t）产出位置

土壤剖面化学组成方面，二氧化硅（SiO_2）和三氧化二铝（Al_2O_3）占样品总质量的80%～90%，两者为负相关关系，共同控制着其他元素的含量变化趋势。SiO_2平均值为64.77%～76.12%（表5-1-3），A层和成壤母岩中含量相对较高，展示出"凹"字形特征，Al_2O_3则与SiO_2含量变化趋势相反，呈现"凸"字形特征（图5-1-4）。氧化钾（K_2O）在成壤母岩中平均值为4.90%，向上快速降低；全碳（TC）、有机碳（Corg）、氮（N）在A层中最高；磷（P）在土壤中含量相对较高。重金属元素砷（As）、镉（Cd）、汞（Hg）、铜（Cu）、铅（Pb）、锌（Zn）、铬（Cr）、镍（Ni）等含量远低于土壤环境风险管控值，其中镉（Cd）、铅（Pb）在B、C层中含量较高，而汞（Hg）在A、B层中含量较高。人体健康元素硒（Se）、碘（I）垂向变化趋势一致，在A、B层中富集，含量达到富硒、富碘土壤标准。

表 5-1-3 琼中县下志留统陀烈组变质细砂岩、板岩建造垂向剖面元素平均值统计表

层位	SiO₂	Al₂O₃	TFe₂O₃	MgO	CaO	Na₂O	K₂O	LOI	TC	Corg	N	P	As	Cd	Hg	Cu	Pb	Zn	Cr	Ni	Se	I	Ge
单位	%	%	%	%	%	%	%	%	%	%	10^{-6}	10^{-6}	10^{-6}	10^{-9}	10^{-9}	10^{-6}	10^{-6}	10^{-6}	10^{-6}	10^{-6}	10^{-6}	10^{-6}	10^{-6}
A	70.43	14.14	4.80	0.35	0.05	0.04	1.09	7.60	1.21	1.13	1137	301	18.4	48	37.8	22.9	20	42	78.7	15.8	0.76	12.1	1.3
B	64.77	18.27	5.95	0.40	0.05	0.04	1.14	7.49	0.53	0.50	628	287	20.1	82	38.9	34.0	38	54	92.1	28.2	0.76	12.8	1.6
C	70.32	16.22	4.60	0.48	0.05	0.05	1.52	5.55	0.14	0.12	302	282	11.8	96	10.7	25.7	44	36	58.7	20.2	0.24	3.4	1.7
成壤母岩	76.12	11.87	2.48	0.43	0.61	1.14	4.90	2.19	0.15	0.09	377	196	16.7	39	10.2	20.6	29	20	35.4	4.9	0.56	1.2	1.5

层位	B	S	F	Cl	Br	Ag	Au	Ba	Be	Bi	Li	Mn	Mo	W	Rb	Sb	Sn	Sr	Nb	Ta	Zr	Ga
单位	10^{-6}	10^{-6}	10^{-6}	10^{-6}	10^{-6}	10^{-9}	10^{-9}	10^{-6}	10^{-6}	10^{-6}	10^{-6}	10^{-6}	10^{-6}	10^{-6}	10^{-6}	10^{-6}	10^{-6}	10^{-6}	10^{-6}	10^{-6}	10^{-6}	10^{-6}
A	236	310	85	3.8	72	1.02	196	1.17	0.32	8.4	105	1.85	1.12	60	1.29	2.7	14	14	0.87	305	14.0	
B	200	339	61	4.7	66	1.22	208	1.58	0.39	10.2	212	2.13	1.29	63	1.54	3.8	15	15	1.01	270	17.4	
C	120	331	66	6.7	48	1.29	247	2.04	0.52	8.3	157	1.38	1.51	70	0.97	4.2	12	16	1.26	247	17.1	
成壤母岩	162	355	13	0.9	67	1.82	365	2.42	0.24	6.6	44	1.11	0.90	175	1.23	2.4	57	10	1.05	171	15.4	

层位	Ti	Co	V	Tl	U	Th	La	Ce	Pr	Nd	Sm	Eu	Gd	Tb	Dy	Ho	Er	Tm	Yb	Y	Lu	ΣREE	pH
单位	10^{-6}	10^{-6}	10^{-6}	10^{-6}	10^{-6}	10^{-6}	10^{-6}	10^{-6}	10^{-6}	10^{-6}	10^{-6}	10^{-6}	10^{-6}	10^{-6}	10^{-6}	10^{-6}	10^{-6}	10^{-6}	10^{-6}	10^{-6}	10^{-6}	10^{-6}	
A	4283	4.4	95.1	0.48	3.7	15.7	35.5	79	7.9	32	6.0	1.15	4.72	0.70	3.80	0.72	2.12	0.30	2.08	19.0	0.29	195	4.5
B	4319	10.5	116.0	0.57	4.7	20.3	74.8	129	16.8	67	12.4	2.37	9.78	1.38	7.32	1.38	4.00	0.57	3.83	39.0	0.54	370	4.8
C	3617	4.3	77.9	0.49	4.8	19.6	137.6	88	29.2	113	21.4	4.18	18.66	2.69	14.89	2.78	8.03	1.11	7.24	84.5	1.02	534	5.1
成壤母岩	1823	1.5	46.0	0.99	4.2	17.8	29.3	49	6.6	26	5.0	0.87	4.46	0.76	4.77	0.96	3.01	0.44	2.91	28.6	0.42	163	7.4

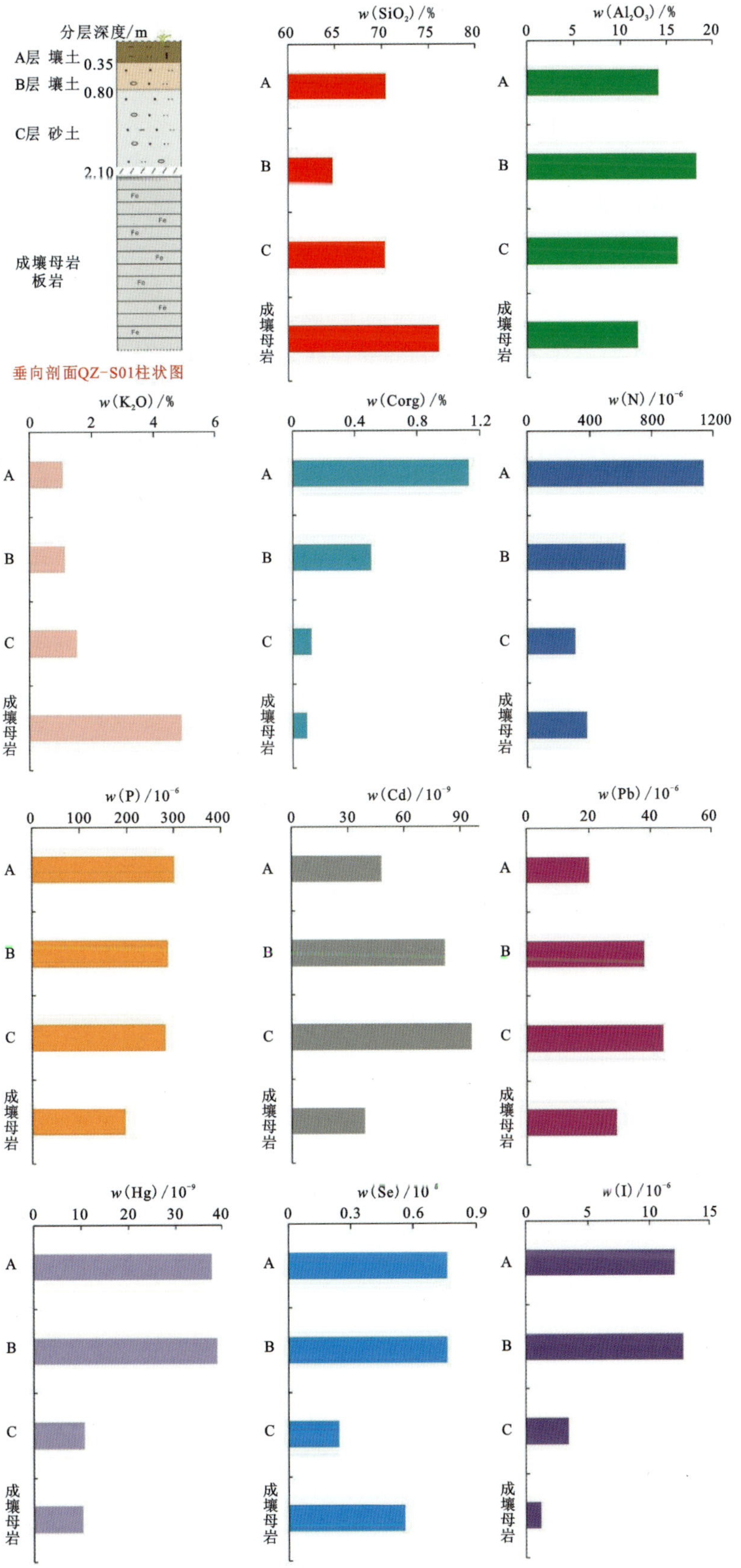

图 5-1-4 琼中县下志留统陀烈组变质细砂岩、板岩建造（S_1t）部分元素平均值分布图

5.1.3 下白垩统鹿母湾组陆源碎屑建造

下白垩统鹿母湾组陆源碎屑建造(K_1l)主要分布于琼中县北部、北西部,面积约80km²(图5-1-5),主要由砂砾岩、砂岩、粉砂岩、泥岩及少量中酸性火山岩组成。上覆土壤类型主体为砖红壤,土地利用类型以林地和园地为主,园地多种植橡胶、槟榔等。在该建造上共采集了5件贯穿A、B、C层的垂向剖面样品(QZ-S03、QZ-S04、QZ-S05、QZ-S06、QZ-S07)。剖面显示,A层为壤质黏土、砂质壤土,厚0.1~0.5m,多呈黑色,有机质含量高;B层为壤质砂土、砂质壤土,厚0.4~2.6m,多呈灰褐色;C层主要为壤质砂土,厚0.3~1.1m,多呈浅灰褐色,有机质含量低。

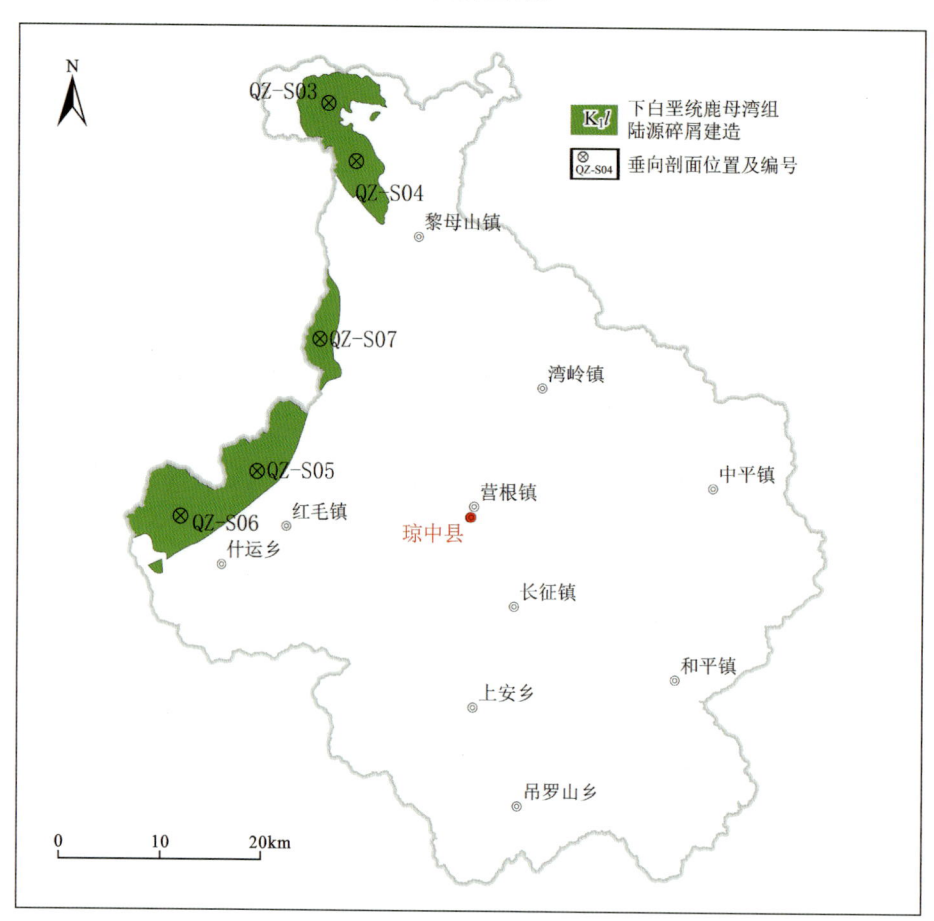

图5-1-5 琼中县下白垩统鹿母湾组陆源碎屑建造(K_1l)产出位置

土壤剖面化学组成方面,二氧化硅(SiO_2)和三氧化二铝(Al_2O_3)占样品总质量的80%~90%,两者为负相关关系,共同控制着其他元素的含量变化趋势。SiO_2平均值为71.72%~78.19%(表5-1-4),A层和成壤母岩中含量相对较高,展示出"凹"字形特征,Al_2O_3则与SiO_2含量变化趋势相反,呈"凸"字形特征(图5-1-6)。氧化钾(K_2O)在成壤母岩中平均为4.13%,向上逐渐降低;全碳(TC)、有机碳(Corg)、氮(N)在A层中最高,向下逐渐降低;磷(P)与SiO_2变化趋势一致,在A层和成壤母岩中,含量相对较高。重金属元素砷(As)、镉(Cd)、汞(Hg)、铜(Cu)、铅(Pb)、锌(Zn)、铬(Cr)、镍(Ni)等含量远低于土壤环境风险管控值,其中镉(Cd)、铅(Pb)、锌(Zn)在成壤母岩中含量最高,而汞(Hg)与有机碳(Corg)、氮(N)的变化规律相似,在A层中含量最高。人体健康元素硒(Se)、碘(I)垂向变化趋势一致,在A、B层中富集,含量达到富硒、富碘土壤标准。

5 农业生态地质调查高效支撑生态农业发展

表 5-1-4 琼中县下白垩统鹿母湾组陆源碎屑建造垂向剖面元素平均值统计表

层位	SiO$_2$	Al$_2$O$_3$	TFe$_2$O$_3$	MgO	CaO	Na$_2$O	K$_2$O	LOI	TC	Corg	N	P	As	Cd	Hg	Cu	Pb	Zn	Cr	Ni	Se	I	Ge
单位	%	%	%	%	%	%	%	%	%	%	10^{-6}	10^{-6}	10^{-6}	10^{-9}	10^{-9}	10^{-6}	10^{-6}	10^{-6}	10^{-6}	10^{-6}	10^{-6}	10^{-6}	10^{-6}
A	78.19	9.89	2.79	0.35	0.11	0.09	1.49	6.20	1.23	1.09	1126	241	2.5	43	37	6.5	19	31	20	5.8	0.40	5.1	1.2
B	71.72	15.70	3.33	0.49	0.08	0.06	2.01	6.07	0.30	0.29	342	142	9.6	32	27	6.8	28	34	21	6.9	0.49	6.4	1.2
C	73.52	15.09	2.88	0.44	0.07	0.05	2.13	5.52	0.14	0.11	140	152	2.9	27	22	7.3	28	31	17	6.7	0.24	2.2	1.2
成壤母岩	76.83	11.50	3.53	0.54	0.48	0.89	4.13	1.60	0.07	0.05	69	217	6.8	98	9	8.1	58	49	15	3.9	0.17	1.0	1.5

层位	B	S	F	Cl	Br	Ag	Au	Ba	Be	Bi	Li	Mn	Mo	W	Rb	Sb	Sc	Sn	Sr	Nb	Ta	Zr	Ga
单位	10^{-6}	10^{-6}	10^{-6}	10^{-6}	10^{-6}	10^{-9}	10^{-9}	10^{-6}	10^{-6}	10^{-6}	10^{-6}	10^{-6}	10^{-6}	10^{-6}	10^{-6}	10^{-6}	10^{-6}	10^{-6}	10^{-6}	10^{-6}	10^{-6}	10^{-6}	10^{-6}
A	10	171	318	59	5.2	57	5.7	264	1.0	0.24	12	123	1.2	2.0	82	0.32	5.2	3.0	24	13	1.0	254	12
B	10	116	400	46	3.0	30	2.8	362	1.5	0.23	13	114	1.8	1.7	102	0.41	7.1	3.1	22	11	1.0	208	16
C	10	101	414	47	1.9	32	2.8	286	1.5	0.24	12	60	1.3	2.2	111	0.22	6.6	3.1	19	14	1.1	228	16
成壤母岩	7.9	114	1005	44	1.8	160	1.6	480	3.2	0.67	45	445	0.61	4.3	229	0.34	5.1	4.5	65	12	1.1	160	17

层位	Ti	Co	V	Tl	U	Th	La	Ce	Pr	Nd	Sm	Eu	Gd	Tb	Dy	Ho	Er	Tm	Yb	Lu	Y	ΣREE	pH
单位	10^{-6}	10^{-6}	10^{-6}	10^{-6}	10^{-6}	10^{-6}	10^{-6}	10^{-6}	10^{-6}	10^{-6}	10^{-6}	10^{-6}	10^{-6}	10^{-6}	10^{-6}	10^{-6}	10^{-6}	10^{-6}	10^{-6}	10^{-6}	10^{-6}	10^{-6}	
A	2653	2.8	46	0.54	2.6	15	33	56	6.2	22	3.5	0.68	2.8	0.47	2.4	0.47	1.4	0.22	1.4	0.23	13	144	5.3
B	2461	3.9	55	0.70	4.1	20	39	84	7.5	28	4.4	0.80	3.3	0.53	2.7	0.52	1.6	0.25	1.7	0.27	15	189	5.4
C	2695	3.0	43	0.70	3.7	23	45	117	9.1	32	5.5	1.0	4.2	0.64	3.2	0.60	1.8	0.27	1.8	0.27	17	241	5.2
成壤母岩	1887	3.5	33	1.5	4.2	18	40	110	8.3	30	5.0	0.91	3.8	0.58	2.8	0.49	1.4	0.22	1.5	0.23	15	221	7.4

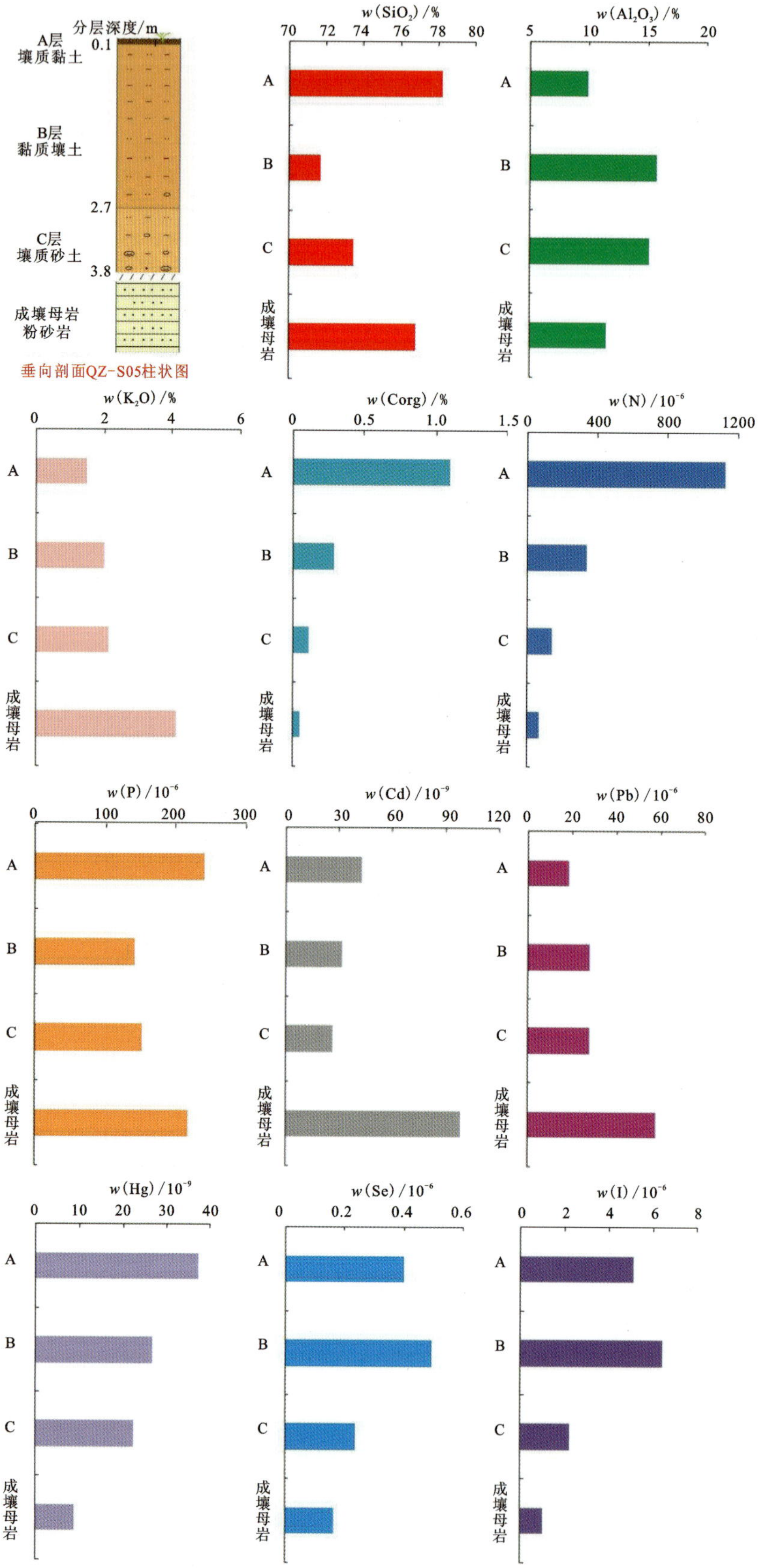

图 5-1-6 琼中县下白垩统鹿母湾组陆源碎屑建造(K_1l)部分元素平均值分布图

5.1.4 中二叠世二长花岗岩建造

中二叠世二长花岗岩建造（$P_2\eta\gamma$）主要分布于琼中县中南部，面积约 840km²（图 5-1-7），主要由二长花岗岩组成。上覆土壤类型为砖红壤、赤红壤、黄壤及水稻土，土地利用类型包括林地、园地及建设用地，园地多种植橡胶、槟榔等。在该建造上共采集了 33 件贯穿 A、B、C 层的垂向剖面样品（如QZ-I19）。

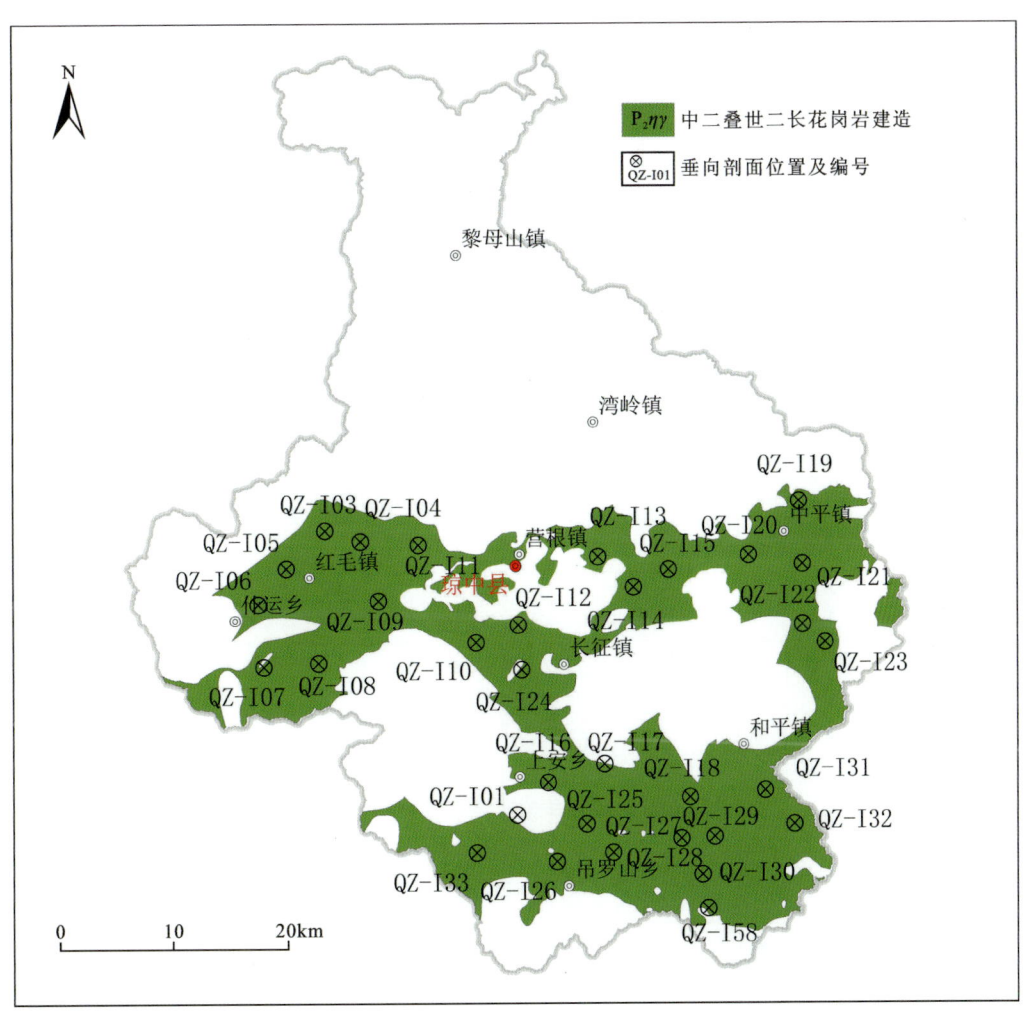

图 5-1-7 琼中县中二叠世二长花岗岩建造（$P_2\eta\gamma$）产出位置

土壤剖面化学组成方面，二氧化硅（SiO_2）和三氧化二铝（Al_2O_3）占样品总质量的 76% 以上，两者为负相关关系，共同控制着其他元素的含量变化趋势。SiO_2 平均为 60.35%～70.85%（表 5-1-5），A 层和成壤母岩中含量相对较高，展示出"凹"字形特征，Al_2O_3 则与 SiO_2 含量变化趋势相反，呈现"凸"字形特征（图 5-1-8）。氧化钾（K_2O）在成壤母岩中平均值为 4.78%，向上逐渐降低；全碳（TC）、有机碳（Corg）、氮（N）在 A 层中最高，向下逐渐降低；磷（P）与 SiO_2 变化趋势一致，在 A 层和成壤母岩中，含量相对较高。重金属元素砷（As）、镉（Cd）、汞（Hg）、铜（Cu）、铅（Pb）、锌（Zn）、铬（Cr）、镍（Ni）等含量远低于土壤环境风险管控值，其中镉（Cd）、铅（Pb）、锌（Zn）在成壤母岩中含量最高，而汞（Hg）与有机碳（Corg）、氮（N）的变化规律相似，在 A 层中含量最高。人体健康元素硒（Se）、碘（I）垂向变化趋势一致，在 A、B 层中富集，含量达到富硒、富碘土壤标准。

表 5-1-5 琼中县中二叠世二长花岗岩建造垂向剖面元素平均含量统计表

层位	单位	SiO₂	Al₂O₃	TFe₂O₃	MgO	CaO	Na₂O	K₂O	LOI	TC	Corg	N	P	As	Cd	Hg	Cu	Pb	Zn	Cr	Ni	Se	I	Ge
	单位	%	%	%	%	%	%	%	%	%	%	10⁻⁶	10⁻⁶	10⁻⁶	10⁻⁹	10⁻⁹	10⁻⁶	10⁻⁶	10⁻⁶	10⁻⁶	10⁻⁶	10⁻⁶	10⁻⁶	10⁻⁶	10⁻⁶
A		70.85	12.86	3.74	0.56	0.30	0.33	3.02	7.06	1.12	1.01	968	378	2.8	52	32.7	9.0	30	55	38.3	10.1	0.45	6.0	1.2
B		60.75	18.94	5.82	0.87	0.30	0.38	3.03	8.52	0.43	0.40	400	317	3.2	42	31.7	16.6	37	81	55.4	17.8	0.47	7.6	1.5
C		60.35	16.59	4.76	0.85	0.57	0.71	3.33	6.52	0.42	0.37	373	361	4.3	147	22.2	12.8	56	87	40.7	12.6	0.32	4.2	1.4
成壤母岩		69.02	14.36	3.80	0.85	1.53	2.06	4.78	2.45	0.10	0.07	72	472	6.0	304	6.7	9.5	109	114	21.0	5.8	0.09	0.8	1.3

层位	单位	B	S	F	V	Cl	Br	Ag	Au	Ba	Be	Bi	Li	Mo	W	Rb	Sb	Sc	Sn	Sr	Nb	Ta	Zr	Ga
	单位	10⁻⁶	10⁻⁶	10⁻⁶	10⁻⁶	10⁻⁶	10⁻⁶	10⁻⁹	10⁻⁹	10⁻⁶	10⁻⁶	10⁻⁶	10⁻⁶	10⁻⁶	10⁻⁶	10⁻⁶	10⁻⁶	10⁻⁶	10⁻⁶	10⁻⁶	10⁻⁶	10⁻⁶	10⁻⁶	10⁻⁶
A		6.1	166	332	55.2	90	6.6	47	1.23	429	1.63	0.30	12.1	1.34	1.18	118	0.20	8.1	3.6	85	14	1.35	368	15.6
B		6.8	148	489	87.1	87	5.2	35	1.32	420	2.78	0.41	21.3	1.42	1.40	141	0.17	13.4	4.9	82	17	1.41	272	22.5
C		8.8	148	500	66.4	91	3.8	77	1.62	464	2.57	0.32	20.0	1.15	1.44	148	0.28	9.8	4.4	116	16	1.28	262	20.1
成壤母岩		4.5	161	462	33.3	134	3.2	152	3.10	596	2.27	0.27	21.6	1.01	0.81	177	0.37	6.5	3.8	260	15	1.08	307	19.8

层位	单位	Ti	Co	La	Th	U	Tl	Ce	Pr	Nd	Sm	Eu	Gd	Tb	Dy	Ho	Er	Tm	Yb	Lu	Y	ΣREE	pH
	单位	10⁻⁶	10⁻⁶	10⁻⁶	10⁻⁶	10⁻⁶	10⁻⁶	10⁻⁶	10⁻⁶	10⁻⁶	10⁻⁶	10⁻⁶	10⁻⁶	10⁻⁶	10⁻⁶	10⁻⁶	10⁻⁶	10⁻⁶	10⁻⁶	10⁻⁶	10⁻⁶	10⁻⁶	
A		4236	7.5	50.2	28.1	3.8	0.77	108	11.0	40	6.4	1.03	4.55	0.70	2.93	0.52	1.44	0.23	1.49	0.24	15.1	243	5.5
B		5264	13.9	72.1	31.8	5.4	1.01	157	15.8	61	10.1	1.76	7.29	1.12	4.88	0.88	2.37	0.37	2.39	0.38	25.3	363	5.5
C		4210	10.2	68.4	25.8	4.6	0.96	120	14.5	56	9.3	1.68	6.93	1.06	4.84	0.87	2.36	0.36	2.37	0.37	25.3	314	5.9
成壤母岩		3032	5.6	52.2	22.9	4.6	1.04	91	11.9	47	8.2	1.49	6.13	0.94	4.17	0.70	1.82	0.29	1.94	0.30	20.2	248	7.4

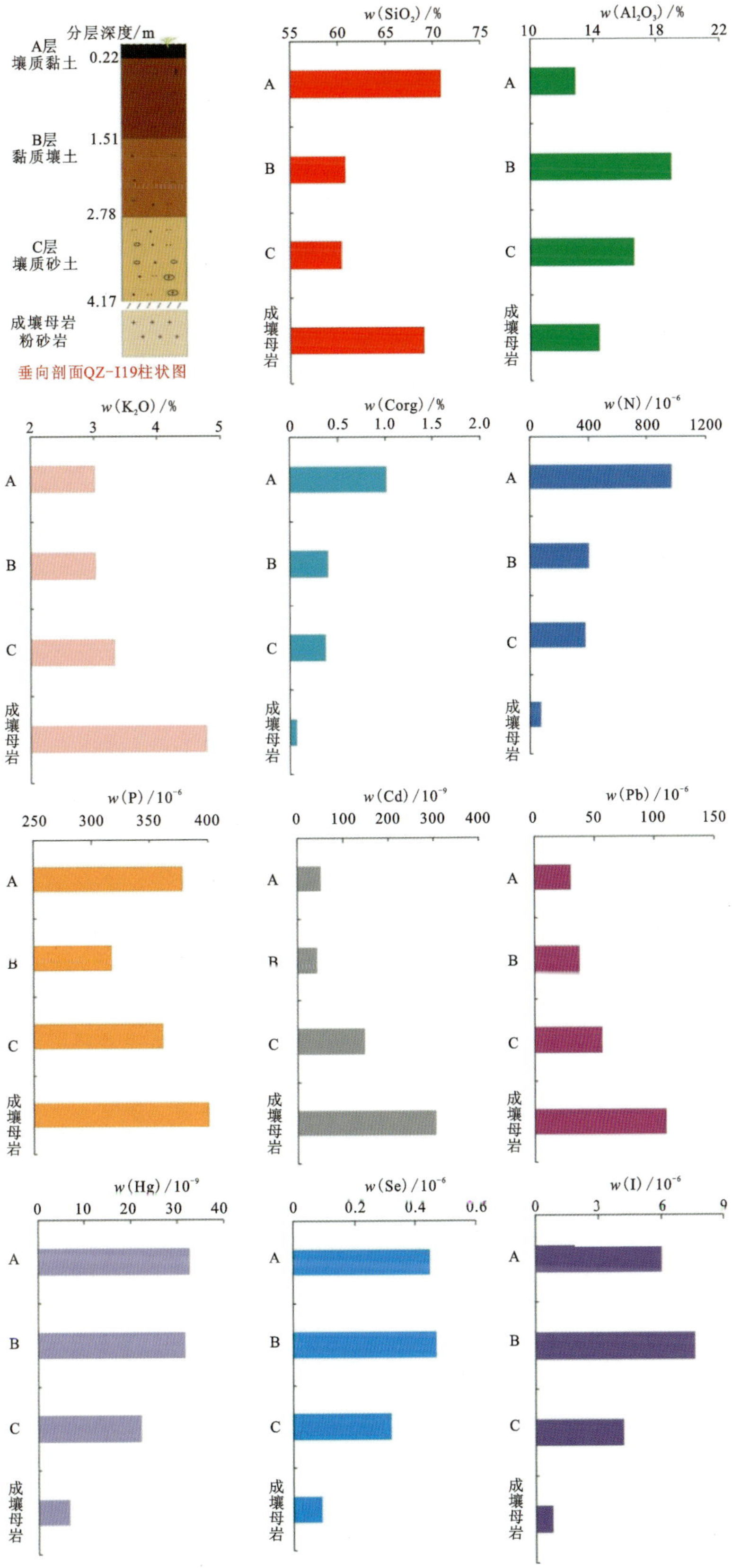

5 农业生态地质调查高效支撑生态农业发展

图 5-1-8 琼中县中二叠世二长花岗岩建造（$P_2\eta\gamma$）部分元素平均值分布图

5.1.5 中二叠世正长花岗岩建造

中二叠世正长花岗岩建造（$P_2\xi\gamma$）主要分布于琼中县中部，面积约40km²（图5-1-9），主要由正长花岗岩组成。上覆土壤类型主体为砖红壤及赤红壤，土地利用类型以林地和园地为主，园地多种植橡胶、槟榔等。在该建造上共采集了3件贯穿A、B、C层的垂向剖面样品（QZ-I34、QZ-I35、QZ-I36）。

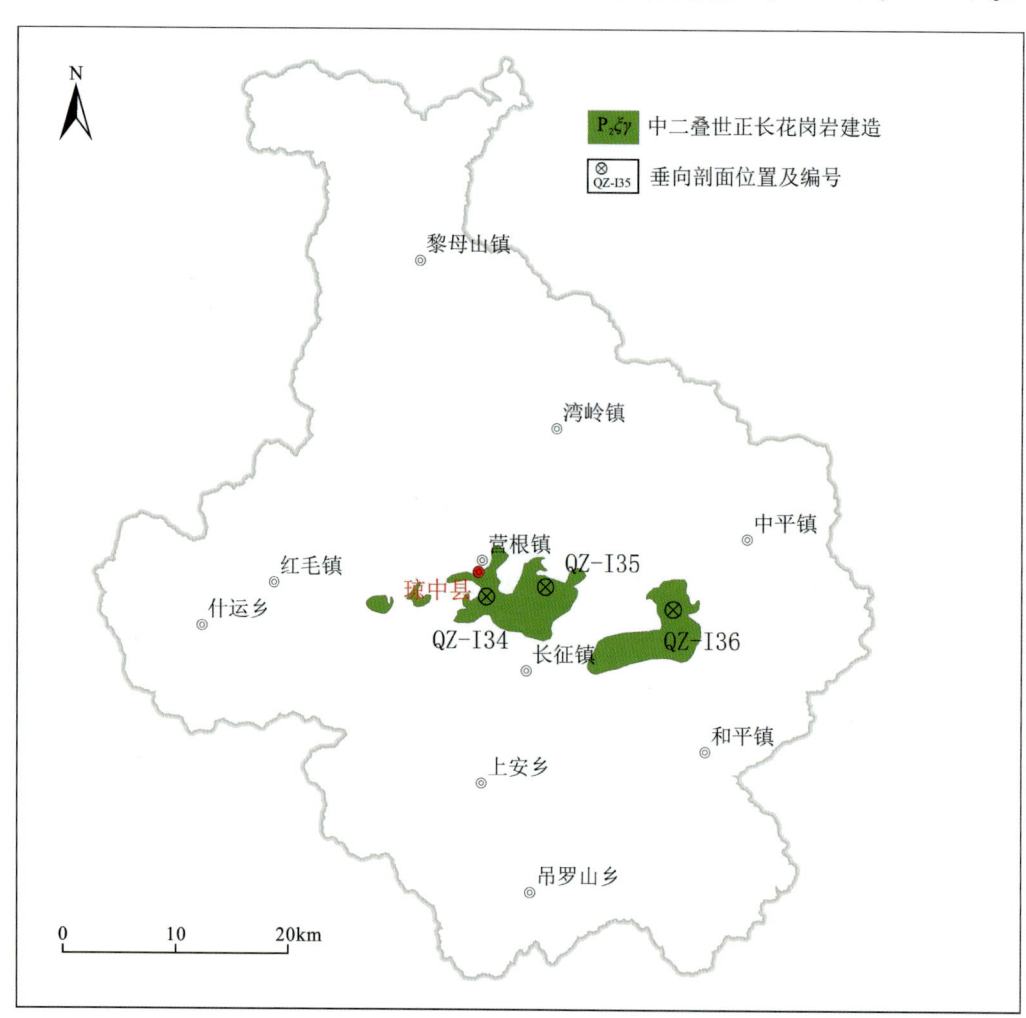

图5-1-9 琼中县中二叠世正长花岗岩建造（$P_2\xi\gamma$）产出位置

土壤剖面化学组成方面，二氧化硅（SiO_2）和三氧化二铝（Al_2O_3）占样品总质量的75%～86%，两者为负相关关系，共同控制着其他元素的含量变化趋势。SiO_2平均值为53.48%～73.85%（表5-1-6），A层和成壤母岩中含量相对较高，展示出"凹"字形特征，Al_2O_3则与SiO_2含量变化趋势相反，呈现"凸"字形特征（图5-1-10）。氧化钾（K_2O）在成壤母岩中平均值为5.85%，向上逐渐降低；全碳（TC）、有机碳（Corg）、氮（N）在A层中最高，向下逐渐降低；磷（P）与SiO_2变化趋势一致，在A层和成壤母岩中，含量相对较高。重金属元素砷（As）、镉（Cd）、汞（Hg）、铜（Cu）、铅（Pb）、锌（Zn）、镍（Ni）等含量远低于土壤环境风险管控值，其中镉（Cd）、铅（Pb）在成壤母岩中含量最高，铬（Cr）在B、C层高于土壤环境风险管控值，而汞（Hg）与有机碳（Corg）、氮（N）的变化规律相似，在A层中含量最高。人体健康元素硒（Se）、碘（I）垂向变化趋势一致，在A、B层中富集，含量达到富硒、富碘土壤标准。

5 农业生态地质调查高效支撑生态农业发展

表 5-1-6 琼中县中二叠世正长花岗岩建造垂直剖面元素平均值统计表

层位单位	SiO₂ %	Al₂O₃ %	TFe₂O₃ %	MgO %	CaO %	Na₂O %	K₂O %	LOI %	TC %	Corg %	N 10⁻⁶	P 10⁻⁶	As 10⁻⁶	Cd 10⁻⁹	Hg 10⁻⁹	Cu 10⁻⁶	Pb 10⁻⁶	Zn 10⁻⁶	Cr 10⁻⁶	Ni 10⁻⁶	Se 10⁻⁶	I 10⁻⁶	Ge 10⁻⁶
A	73.85	11.90	3.53	0.36	0.06	0.13	2.30	6.87	1.10	0.91	839	219	4.3	34	30.3	7.9	38	50	39.4	10.0	0.46	6.7	1.2
B	55.26	21.08	8.09	1.49	0.04	0.09	2.38	9.96	0.23	0.21	229	289	1.3	60	26.2	24.0	30	102	170.9	65.6	0.29	4.5	1.6
C	53.48	21.66	8.39	1.93	0.05	0.09	2.83	9.62	0.07	0.06	57	432	1.0	121	11.6	24.9	26	113	175.3	63.0	0.09	1.6	1.7
成壤母岩	69.48	14.64	3.38	0.45	0.66	-.71	5.85	2.60	0.16	0.13	96	342	3.9	116	10.5	6.8	74	69	8.9	3.9	0.14	1.4	1.5

层位单位	B 10⁻⁶	S 10⁻⁶	F 10⁻⁶	Cl 10⁻⁶	Br 10⁻⁶	Ag 10⁻⁹	Au 10⁻⁹	Ba 10⁻⁶	Be 10⁻⁶	Bi 10⁻⁶	Li 10⁻⁶	Mn 10⁻⁶	Mo 10⁻⁶	W 10⁻⁶	Rb 10⁻⁶	Sb 10⁻⁶	Sc 10⁻⁶	Sn 10⁻⁶	Sr 10⁻⁶	Nb 10⁻⁶	Ta 10⁻⁶	Zr 10⁻⁶	Ga 10⁻⁶
A	3.9	154	279	91	8.5	49	3.73	285	1.18	0.11	9.9	167	0.66	0.95	102	0.24	7.3	2.5	56	18	1.39	336	15.2
B	4.0	137	472	109	5.1	33	1.69	354	3.58	0.07	25.7	504	0.73	0.69	130	0.12	22.0	2.2	49	18	1.11	225	24.7
C	4.2	70	666	168	2.8	51	1.12	427	4.33	0.05	28.3	901	0.58	0.72	160	0.12	24.1	1.8	73	17	1.05	185	24.8
成壤母岩	2.9	126	434	170	3.7	80	0.95	639	1.96	0.10	15.9	281	1.12	0.80	231	0.28	5.0	3.0	179	17	1.18	236	19.9

层位单位	Ti 10⁻⁶	Co 10⁻⁶	V 10⁻⁶	Tl 10⁻⁶	U 10⁻⁶	Th 10⁻⁶	La 10⁻⁶	Ce 10⁻⁶	Pr 10⁻⁶	Nd 10⁻⁶	Sm 10⁻⁶	Eu 10⁻⁶	Gd 10⁻⁶	Tb 10⁻⁶	Dy 10⁻⁶	Ho 10⁻⁶	Er 10⁻⁶	Tm 10⁻⁶	Yb 10⁻⁶	Y 10⁻⁶	Lu 10⁻⁶	ΣREE 10⁻⁶	pH
A	3814	3.6	40.7	0.71	4.2	37.0	62.9	130	12.4	50	8.2	0.98	5.54	0.78	2.82	0.45	1.14	0.17	1.16	12.2	0.18	289	5.4
B	6866	34.5	106.0	1.06	3.4	18.9	81.5	129	20.2	75	13.5	2.88	10.50	1.65	7.07	1.22	3.36	0.49	2.99	35.4	0.49	385	5.5
C	7797	53.9	107.1	1.25	2.8	15.7	64.8	99	16.2	65	12.5	2.86	9.96	1.56	6.96	1.20	3.18	0.47	2.98	34.3	0.48	322	5.4
成壤母岩	2574	3.2	23.5	1.19	5.0	42.5	101.8	161	26.6	88	13.8	2.00	8.88	1.28	4.72	0.73	1.83	0.29	2.01	20.6	0.31	435	7.3

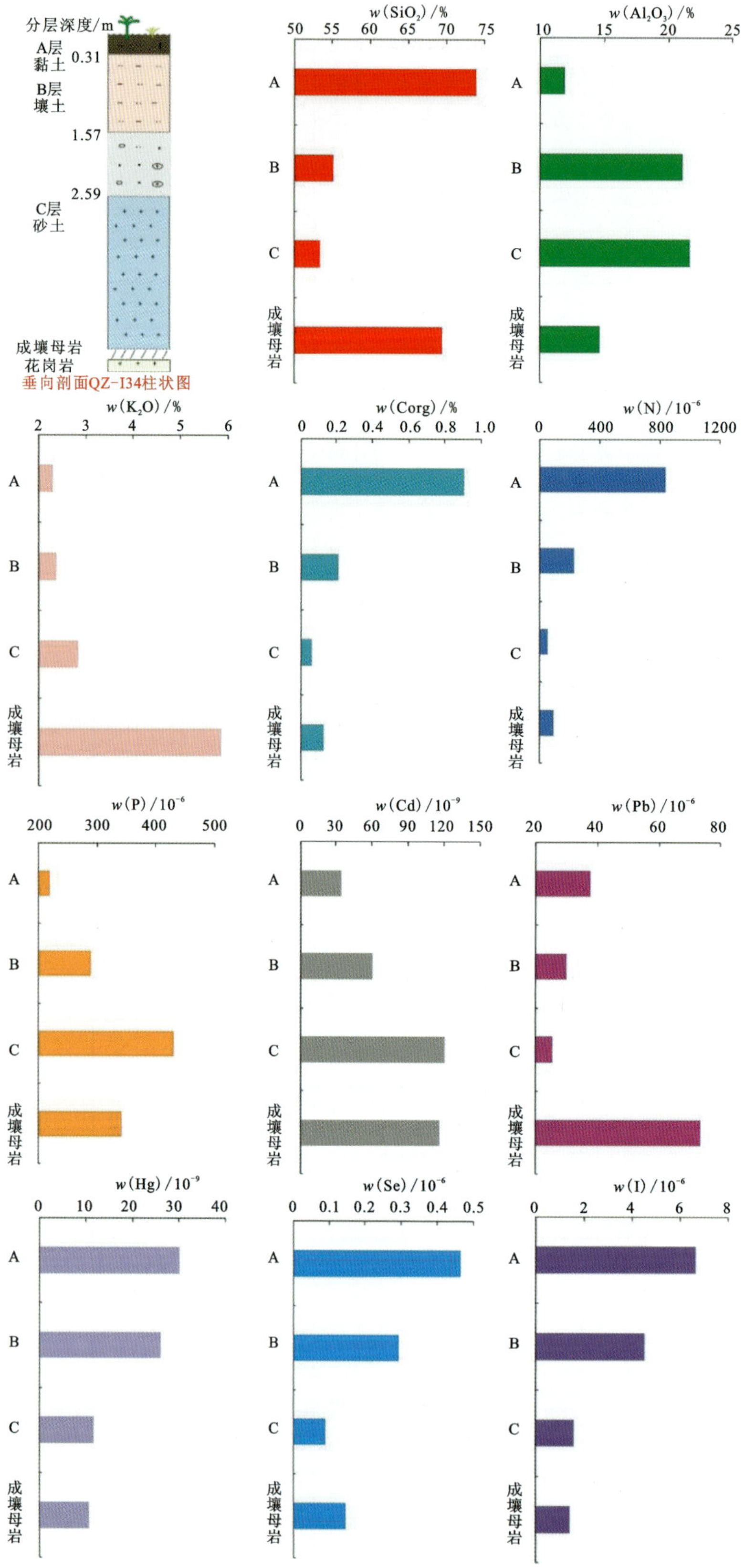

图 5-1-10 琼中县中二叠世正长花岗岩建造($P_2\xi\gamma$)部分元素平均值分布图

5.1.6 中三叠世二长花岗岩建造

中三叠世二长花岗岩建造（$T_2\eta\gamma$）主要分布于琼中县中北部，面积约 145 km²（图 5-1-11），主要由二长花岗岩组成。上覆土壤类型为砖红壤及少量赤红壤，土地利用类型包括园地、林地及建设用地。在该建造上共采集了 21 件贯穿 A、B、C 层的垂向剖面样品（如 QZ-I51）。

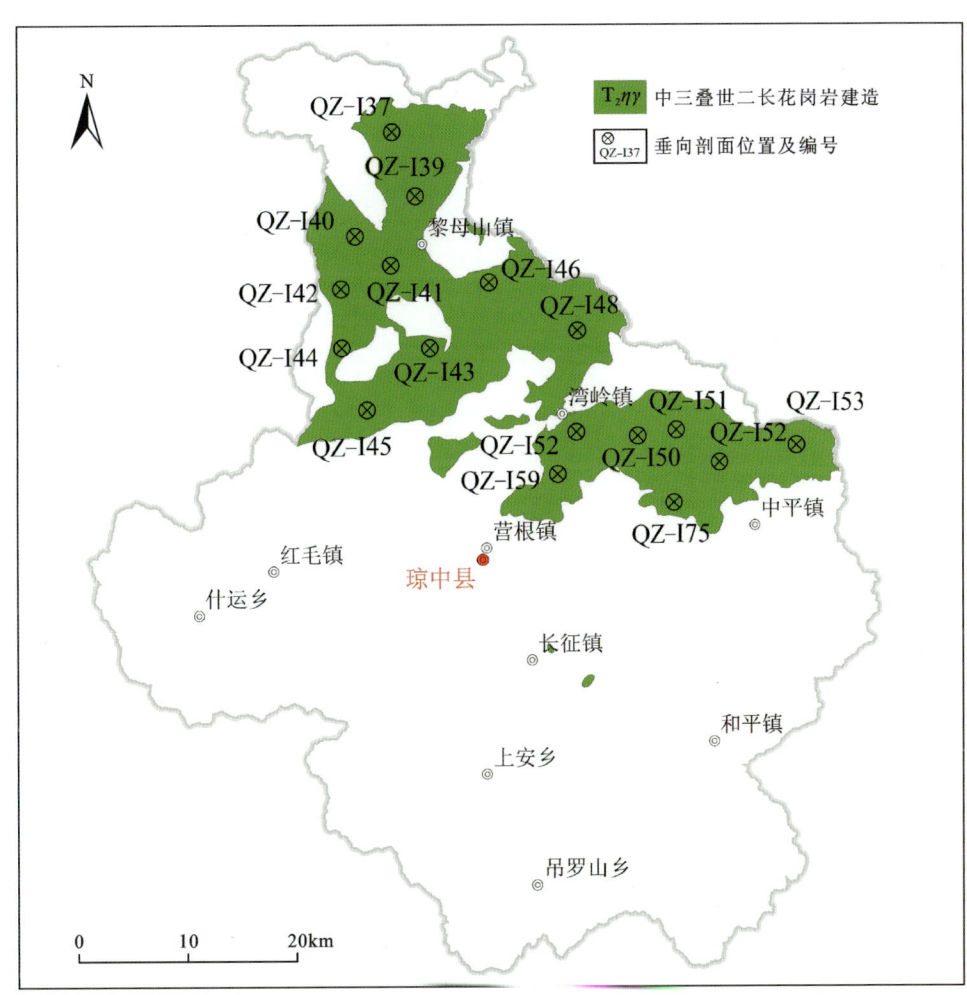

图 5-1-11　琼中县中三叠世二长花岗岩建造（$T_2\eta\gamma$）产出位置

土壤剖面化学组成方面，二氧化硅（SiO_2）和三氧化二铝（Al_2O_3）占样品总质量的 79%~85%，两者为负相关关系，共同控制着其他元素的含量变化趋势。SiO_2 平均值为 59.35%~70.75%（表 5-1-7），A 层和成壤母岩中含量相对较高，展示出"凹"字形特征，Al_2O_3 则与 SiO_2 含量变化趋势相反，呈现"凸"字形特征（图 5-1-12）。氧化钾（K_2O）在成壤母岩中平均值为 4.53%，向上逐渐降低；全碳（TC）、有机碳（Corg）、氮（N）在 A 层中最高，向下逐渐降低；磷（P）在成壤母岩中含量相对较高。重金属元素砷（As）、镉（Cd）、汞（Hg）、铜（Cu）、铅（Pb）、锌（Zn）、铬（Cr）、镍（Ni）等含量远低于土壤环境风险管控值，其中镉（Cd）、铅（Pb）、锌（Zn）在成壤母岩中含量最高，而汞（Hg）与有机碳（Corg）、氮（N）的变化规律相似，在 A 层中含量最高。人体健康元素硒（Se）、碘（I）垂向变化趋势一致，在 A 层中最为富集，含量达到富硒、富碘土壤标准。

表 5-1-7 琼中县中三叠世二长花岗岩建造垂向剖面元素平均值统计表

层位	SiO₂	Al₂O₃	TFe₂O₃	MgO	CaO	Na₂O	K₂O	LOI	TC	Corg	N	P	As	Cd	Hg	Cu	Pb	Zn	Cr	Ni	Se	I	Ge
单位	%	%	%	%	%	%	%	%	%	%	10^{-6}	10^{-6}	10^{-6}	10^{-9}	10^{-9}	10^{-6}	10^{-6}	10^{-6}	10^{-6}	10^{-6}	10^{-6}	10^{-6}	10^{-6}
A	70.75	13.43	3.82	0.58	0.30	0.23	2.64	7.05	1.02	0.89	904	313	2.3	48	31.3	7.7	36	55	44.1	13.8	0.45	6.4	1.3
B	59.35	19.86	6.09	1.16	0.44	0.30	2.69	8.73	0.26	0.24	250	387	2.6	41	23.8	12.6	47	89	85.5	24.2	0.39	6.2	1.7
C	62.01	19.91	4.63	0.88	0.26	0.17	3.44	7.60	0.19	0.17	174	328	1.9	53	14.9	8.9	53	87	32.4	15.0	0.24	3.1	1.6
成壤母岩	69.90	14.38	3.37	0.75	1.25	2.08	4.53	2.66	0.10	0.07	83	467	2.7	1146	7.1	8.6	268	271	12.9	5.9	0.12	0.9	1.4

层位	B	S	F	Cl	Br	Ag	Au	Ba	Be	Bi	Li	Mn	Mo	W	Rb	Sb	Sc	Sn	Sr	Nb	Ta	Zr	Ga
单位	10^{-6}	10^{-6}	10^{-6}	10^{-6}	10^{-6}	10^{-9}	10^{-9}	10^{-6}	10^{-6}	10^{-6}	10^{-6}	10^{-6}	10^{-6}	10^{-6}	10^{-6}	10^{-6}	10^{-6}	10^{-6}	10^{-6}	10^{-6}	10^{-6}	10^{-6}	10^{-6}
A	6.8	164	315	70	6.4	37	0.95	342	1.54	0.30	14.1	358	0.78	0.93	119	0.26	8.1	4.6	72	13	1.31	363	15.9
B	6.7	133	482	77	3.6	37	1.07	466	2.76	0.38	24.1	456	0.98	1.22	146	0.20	14.1	5.8	110	18	1.49	249	23.4
C	7.4	92	482	64	1.7	32	0.83	507	2.92	0.55	22.8	416	0.76	1.64	172	0.16	10.1	5.4	98	16	1.47	204	22.4
成壤母岩	6.1	315	479	86	2.6	304	2.43	474	2.28	0.32	34.1	359	0.87	0.62	168	0.57	5.9	5.2	215	13	1.24	166	19.4

层位	Ti	Co	V	Tl	U	Th	La	Ce	Pr	Nd	Sm	Eu	Gd	Tb	Dy	Ho	Er	Tm	Yb	Y	Lu	ΣREE	pH
单位	10^{-6}	10^{-6}	10^{-6}	10^{-6}	10^{-6}	10^{-6}	10^{-6}	10^{-6}	10^{-6}	10^{-6}	10^{-6}	10^{-6}	10^{-6}	10^{-6}	10^{-6}	10^{-6}	10^{-6}	10^{-6}	10^{-6}	10^{-6}	10^{-6}	10^{-6}	
A	4172	9.0	50.7	0.80	5.0	20.6	44.8	97	10.1	37	6.2	1.07	4.46	0.65	3.02	0.54	1.50	0.23	1.51	15.3	0.23	224	5.5
B	5571	14.1	84.3	1.02	7.0	24.3	85.3	164	19.5	77	13.0	2.48	9.93	1.49	6.92	1.24	3.40	0.51	3.27	37.4	0.51	426	5.5
C	4399	14.0	56.0	1.10	7.1	22.1	76.4	117	17.2	70	12.1	2.28	9.32	1.45	6.86	1.24	3.44	0.52	3.37	38.5	0.52	360	5.5
成壤母岩	2524	4.8	29.3	1.01	5.9	21.3	44.8	73	10.0	40	7.5	1.23	6.05	1.00	4.96	0.87	2.41	0.39	2.76	26.5	0.43	223	7.2

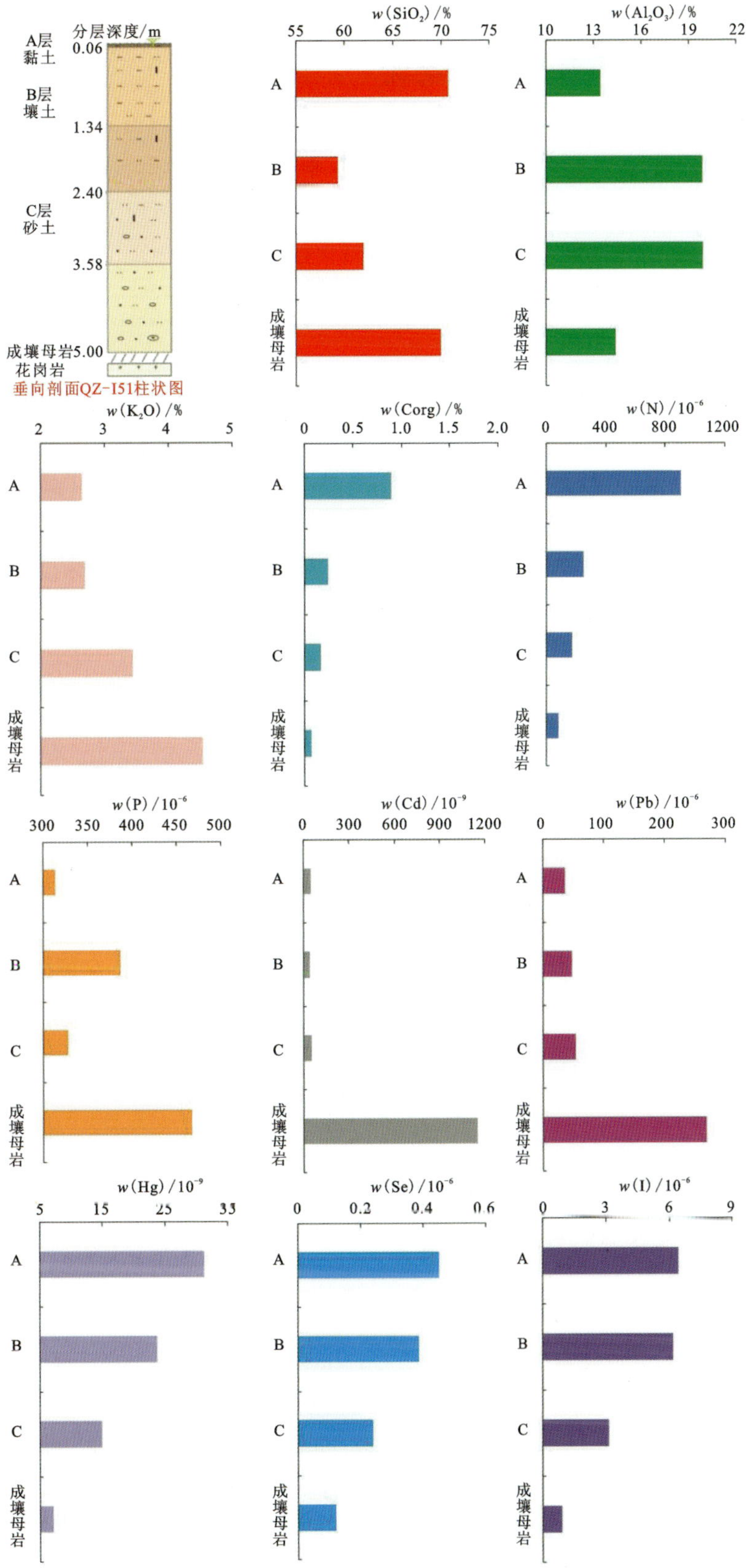

图 5-1-12 琼中县中三叠世二长花岗岩建造($T_2\eta\gamma$)部分元素平均值分布图

5.1.7 中三叠世正长花岗岩建造

中三叠世正长花岗岩建造（$T_2\xi\gamma$）主要分布于琼中县中北部，面积约 15km^2（图 5-1-13），主要由正长花岗岩组成。上覆土壤类型主体为砖红壤，土地利用类型以林地和园地为主，园地多种植橡胶、槟榔等。在该建造上共采集了 1 件贯穿 A、B、C 层的垂向剖面样品（QZ-I49）。

图 5-1-13 琼中县中三叠世正长花岗岩建造（$T_2\xi\gamma$）产出位置

土壤剖面化学组成方面，二氧化硅（SiO_2）和三氧化二铝（Al_2O_3）占样品总质量的 76%~87%，两者为负相关关系，共同控制着其他元素的含量变化趋势。SiO_2 平均值为 58.20%~73.02%（表 5-1-8），成壤母岩中含量最高，展示出"凹"字形特征，Al_2O_3 则与 SiO_2 含量变化趋势相反，呈现"凸"字形特征（图 5-1-14）。氧化钾（K_2O）在成壤母岩中平均值为 6.98%；全碳（TC）、有机碳（Corg）、氮（N）在 A 层中最高，向下逐渐降低；磷（P）与 SiO_2 变化趋势一致，在 A 层和成壤母岩中，含量相对较高。重金属元素砷（As）、镉（Cd）、汞（Hg）、铜（Cu）、铅（Pb）、锌（Zn）、铬（Cr）、镍（Ni）等含量远低于土壤环境风险管控值（表 5-1-8），其中镉（Cd）、铅（Pb）在成壤母岩中含量最高，而汞（Hg）与有机碳（Corg）、氮（N）的变化规律相似，在 A 层中含量最高。人体健康元素硒（Se）、碘（I）垂向变化趋势一致，在 A、B 层中富集。

5 农业生态地质调查高效支撑生态农业发展

表 5-1-8 琼中县中三叠世正长花岗岩建造垂向剖面元素平均值统计表

层位	SiO₂	Al₂O₃	TFe₂O₃	MgO	CaO	Na₂O	K₂O	LOI	TC	Corg	N	P	As	Cd	Hg	Cu	Pb	Zn	Cr	Ni	Se	I	Ge
单位	%	%	%	%	%	%	%	%	%	%	10⁻⁶	10⁻⁶	10⁻⁶	10⁻⁹	10⁻⁹	10⁻⁶	10⁻⁶	10⁻⁶	10⁻⁶	10⁻⁶	10⁻⁶	10⁻⁶	10⁻⁶
A	59.84	16.54	5.32	1.68	0.84	0.99	4.39	8.72	1.40	1.18	1161	1190	1.3	70	25.0	16.4	32	92	45.5	19.3	0.30	5.5	1.3
B	58.20	17.88	6.08	2.04	1.12	1.26	4.12	7.58	0.59	0.58	619	1310	1.0	69	14.7	19.6	32	111	57.8	25.3	0.19	3.8	1.3
C	59.89	16.93	5.64	2.10	2.32	2.63	4.07	4.31	0.08	0.07	74	2330	0.8	68	4.8	12.8	29	96	43.2	22.4	0.02	0.5	1.3
成壤母岩	73.02	13.26	2.52	0.16	0.49	1.92	6.98	0.72	0.07	0.05	55	313	2.6	76	5.6	20.4	62	36	9.8	4.1	0.08	0.4	1.4

层位	B	S	F	Cl	Br	Ag	Au	Ba	Be	Bi	Li	Mn	Mo	W	Rb	Sb	Sc	Sn	Sr	Nb	Ta	Zr	Ga
单位	10⁻⁶	10⁻⁶	10⁻⁶	10⁻⁶	10⁻⁶	10⁻⁹	10⁻⁹	10⁻⁶	10⁻⁶	10⁻⁶	10⁻⁶	10⁻⁶	10⁻⁶	10⁻⁶	10⁻⁶	10⁻⁶	10⁻⁶	10⁻⁶	10⁻⁶	10⁻⁶	10⁻⁶	10⁻⁶	10⁻⁶
A	3.6	153	772	310	15.4	51	0.66	1414	3.48	0.15	16.8	609	0.47	0.84	158	0.14	8.7	5.9	446	21	1.55	376	21.4
B	3.7	94	1022	348	11.7	79	0.58	1275	4.30	0.14	18.0	605	0.37	0.81	154	0.11	9.8	6.5	487	22	1.57	316	23.1
C	3.7	47	1278	358	5.1	35	0.43	1184	4.03	0.13	15.8	509	0.34	0.69	163	0.10	9.4	6.7	779	23	1.92	304	23.3
成壤母岩	7.0	51	192	101	2.4	100	1.58	220	2.54	0.10	5.2	119	1.11	0.74	271	0.26	2.8	2.7	157	13	0.85	159	18.8

层位	Ti	Co	V	Tl	U	Th	La	Ce	Pr	Nd	Sm	Eu	Gd	Tb	Dy	Ho	Er	Tm	Yb	Lu	Y	ΣREE	pH
单位	10⁻⁶	10⁻⁶	10⁻⁶	10⁻⁶	10⁻⁶	10⁻⁶	10⁻⁶	10⁻⁶	10⁻⁶	10⁻⁶	10⁻⁶	10⁻⁶	10⁻⁶	10⁻⁶	10⁻⁶	10⁻⁶	10⁻⁶	10⁻⁶	10⁻⁶	10⁻⁶	10⁻⁶	10⁻⁶	
A	6889	13.3	79.9	1.07	3.0	17.5	79.5	150	20.5	71	12.1	2.32	8.29	1.30	4.89	0.79	2.24	0.31	1.91	0.30	23.2	379	5.8
B	7684	14.9	92.2	1.15	3.3	22.0	114.0	203	25.0	92	15.2	2.67	10.80	1.64	6.02	0.98	2.74	0.37	2.33	0.36	27.5	505	5.8
C	7214	13.3	86.7	1.14	3.6	29.3	124.5	228	24.4	96	15.3	2.48	10.52	1.64	6.04	0.97	2.70	0.37	2.24	0.36	27.3	542	6.6
成壤母岩	1275	1.6	10.8	1.29	8.1	55.6	64.8	132	14.6	56	9.1	0.82	6.23	0.94	3.71	0.60	1.50	0.23	1.52	0.24	18.2	310	7.2

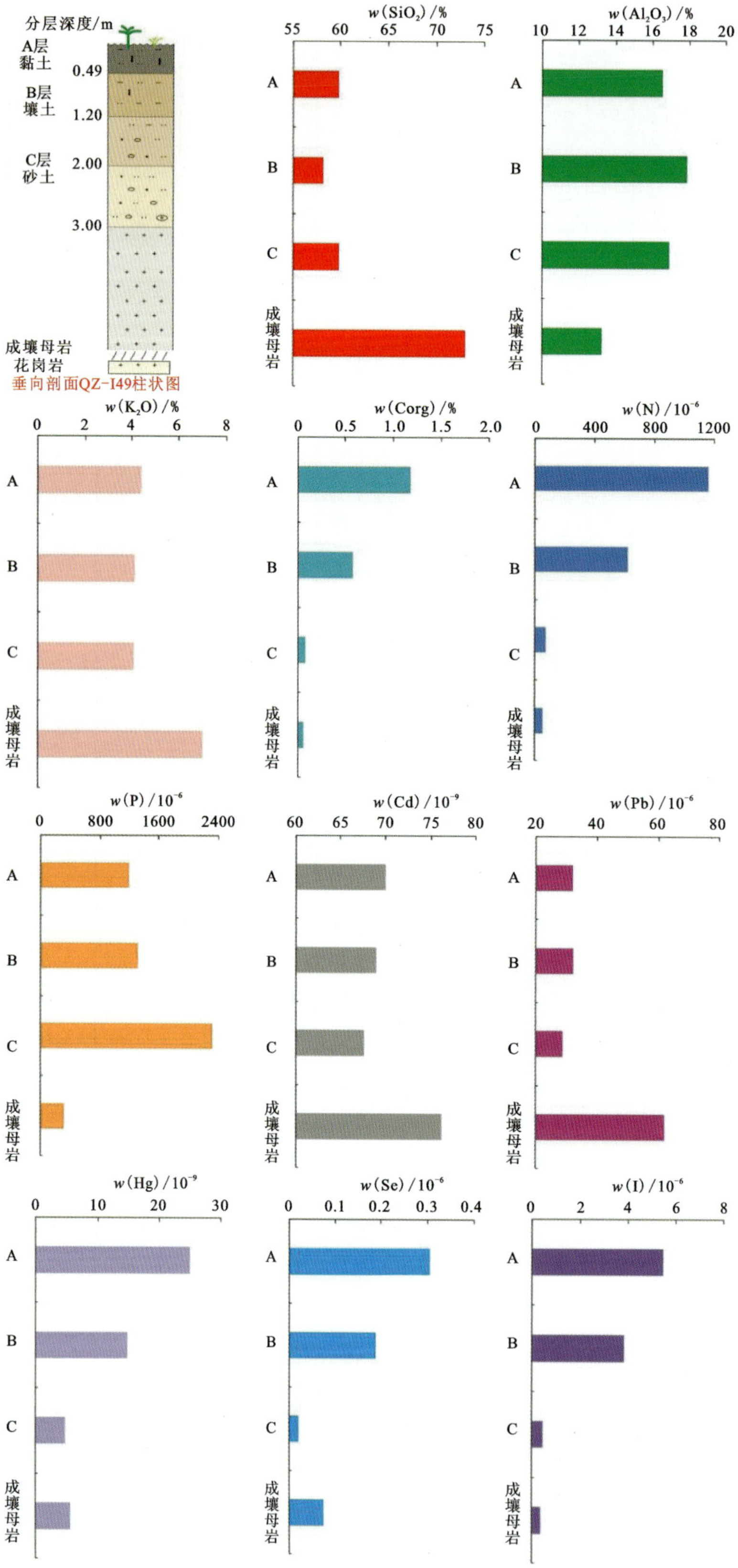

图 5-1-14 琼中县中三叠世正长花岗岩建造（$T_2\xi\gamma$）部分元素含量分布图

5.1.8 晚侏罗世闪长岩建造

晚侏罗世闪长岩建造($J_3\delta$)主要分布于琼中县中部偏西南方向,面积约$30km^2$(图5-1-15),主要由闪长岩、硅质岩组成。上覆土壤类型主体为砖红壤、赤红壤,土地利用类型以林地和园地为主,园地多种植橡胶、槟榔等。在该建造上共采集了1件贯穿A、B、C层的垂向剖面样品(QZ-I60)。

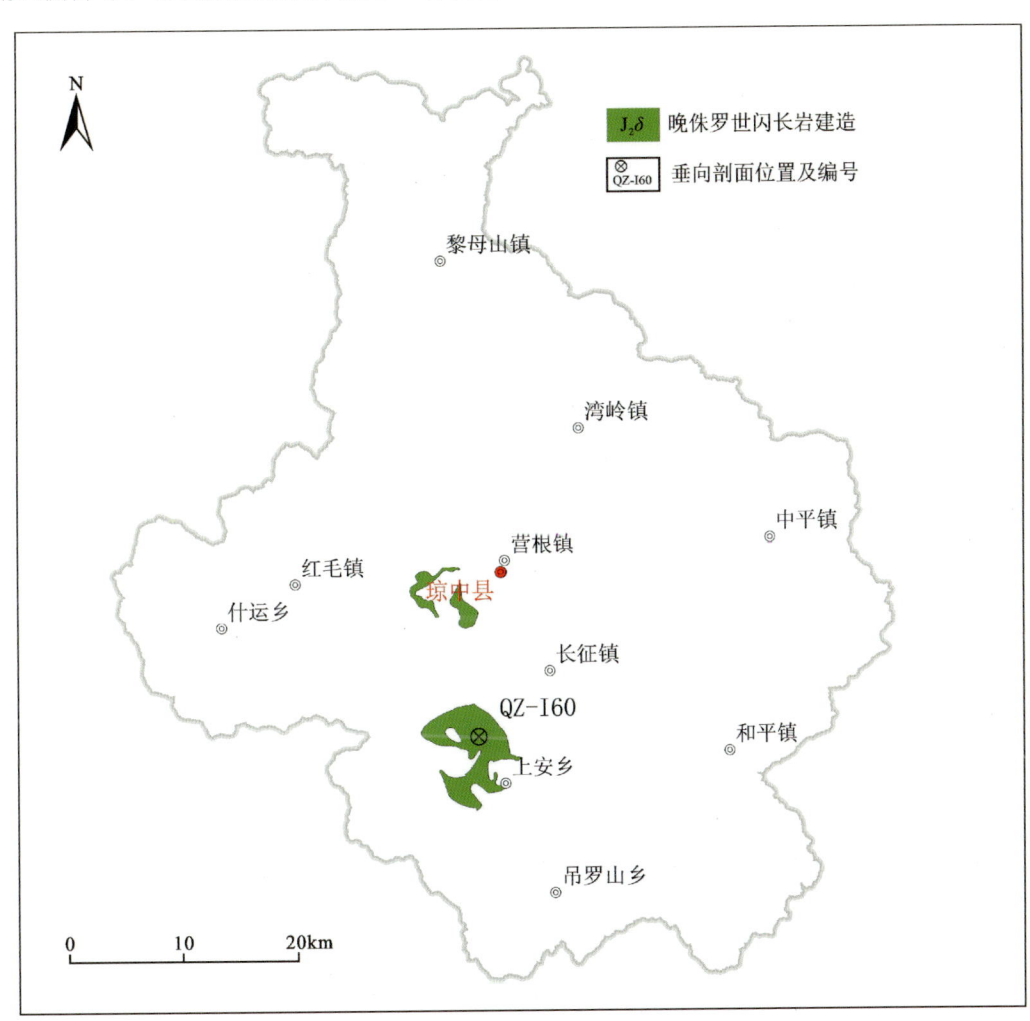

图5-1-15 琼中县晚侏罗世闪长岩建造($J_3\delta$)产出位置

土壤剖面化学组成方面,二氧化硅(SiO_2)和三氧化二铝(Al_2O_3)占样品总质量的78%以上,两者为负相关关系,共同控制着其他元素的含量变化趋势。SiO_2平均值为51.59%~93.56%(表5-1-9),A层和成壤母岩中含量相对较高,展示出"凹"字形特征,Al_2O_3则与SiO_2含量变化趋势相反,呈现"凸"字形特征(图5-1-16)。氧化钾(K_2O)在土壤中含量较高,其中C层最高,平均值达2.86%;全碳(TC)、有机碳(Corg)、氮(N)、磷(P)在A层中最高,向下逐渐降低。重金属元素砷(As)、镉(Cd)、汞(Hg)、铜(Cu)、铅(Pb)、锌(Zn)、铬(Cr)、镍(Ni)等含量远低于土壤环境风险管控值,其中镉(Cd)、铅(Pb)、锌(Zn)在成壤母岩中含量最高,而汞(Hg)与有机碳(Corg)、氮(N)的变化规律相似,在A层中含量最高。人体健康元素硒(Se)、碘(I)垂向变化趋势一致,在B层中最高,含量达到富硒、富碘土壤标准。

表 5-1-9 琼中县晚侏罗世闪长岩建造垂向剖面元素平均值统计表

层位	SiO₂	Al₂O₃	TFe₂O₃	MgO	CaO	Na₂O	K₂O	LOI	TC	Corg	N	P	As	Cd	Hg	Cu	Pb	Zn	Cr	Ni	Se	I	Ge
单位	%	%	%	%	%	%	%	%	%	%	10⁻⁶	10⁻⁶	10⁻⁶	10⁻⁹	10⁻⁹	10⁻⁶	10⁻⁶	10⁻⁶	10⁻⁶	10⁻⁶	10⁻⁶	10⁻⁶	10⁻⁶
A	67.96	14.49	3.56	0.23	0.10	0.08	1.23	11.60	2.42	2.19	1937	292	5.3	34	56.2	3.0	13	36	28.8	4.8	0.70	5.4	1.3
B	51.59	26.59	6.63	0.31	0.04	0.07	1.76	12.20	0.47	0.44	429	242	9.2	24	54.1	3.2	17	50	28.5	6.2	1.04	8.1	2.0
C	52.45	27.65	4.39	0.31	0.03	0.14	2.86	11.40	0.12	0.08	134	145	4.7	20	12.8	2.5	20	46	19.5	5.2	0.53	5.1	1.8
成壤母岩	93.56	2.16	2.61	0.05	0.07	0.08	0.50	0.17	0.06	0.05	40	23	5.8	177	4.3	5.4	38	66	9.3	2.1	0.05	0.4	8.1

层位	B	S	F	Cl	Br	Ag	Au	Ba	Be	Bi	Li	Mn	Mo	W	Rb	Sb	Sc	Sn	Sr	Nb	Ta	Zr	Ga
单位	10⁻⁶	10⁻⁶	10⁻⁶	10⁻⁶	10⁻⁶	10⁻⁹	10⁻⁹	10⁻⁶	10⁻⁶	10⁻⁶	10⁻⁶	10⁻⁶	10⁻⁶	10⁻⁶	10⁻⁶	10⁻⁶	10⁻⁶	10⁻⁶	10⁻⁶	10⁻⁶	10⁻⁶	10⁻⁶	10⁻⁶
A	8.0	234	325	72	7.2	58	2.03	141	1.44	0.09	6.2	85	1.13	1.05	76	0.28	4.2	2.6	29	18	1.21	431	14.6
B	12.3	157	548	48	3.8	50	1.79	147	2.57	0.08	7.3	86	1.81	1.34	122	0.34	7.1	2.9	22	24	1.67	240	26.7
C	8.2	133	385	51	0.5	23	0.77	311	2.48	0.06	5.6	99	1.40	0.74	130	0.22	6.5	2.9	68	24	1.65	228	26.5
成壤母岩	5.2	87	147	43	1.4	300	0.70	22	0.73	0.07	49.8	97	0.55	0.34	28	0.58	0.4	2.7	6	2	0.20	31	6.1

层位	Ti	Co	V	Tl	Th	U	La	Ce	Pr	Nd	Sm	Eu	Gd	Tb	Dy	Ho	Er	Tm	Yb	Y	Lu	∑REE	pH
单位	10⁻⁶	10⁻⁶	10⁻⁶	10⁻⁶	10⁻⁶	10⁻⁶	10⁻⁶	10⁻⁶	10⁻⁶	10⁻⁶	10⁻⁶	10⁻⁶	10⁻⁶	10⁻⁶	10⁻⁶	10⁻⁶	10⁻⁶	10⁻⁶	10⁻⁶	10⁻⁶	10⁻⁶	10⁻⁶	
A	2579	2.4	36.2	0.49	16.1	1.8	27.6	49	4.2	15	2.2	0.43	1.59	0.26	1.20	0.23	0.62	0.11	0.76	6.8	0.12	109	5.2
B	3521	3.5	59.0	0.85	27.9	2.9	46.8	117	7.1	24	3.1	0.64	2.18	0.35	1.58	0.31	0.85	0.14	0.97	9.2	0.16	214	5.1
C	3323	3.3	48.2	0.78	25.9	3.5	70.1	169	12.8	43	5.8	1.26	3.72	0.55	2.36	0.44	1.21	0.20	1.38	12.5	0.22	324	5.7
成壤母岩	294	1.0	6.1	0.23	2.0	0.2	6.4	11	0.9	3	0.4	0.11	0.30	0.05	0.26	0.05	0.14	0.06	0.15	1.7	0.05	25	7.3

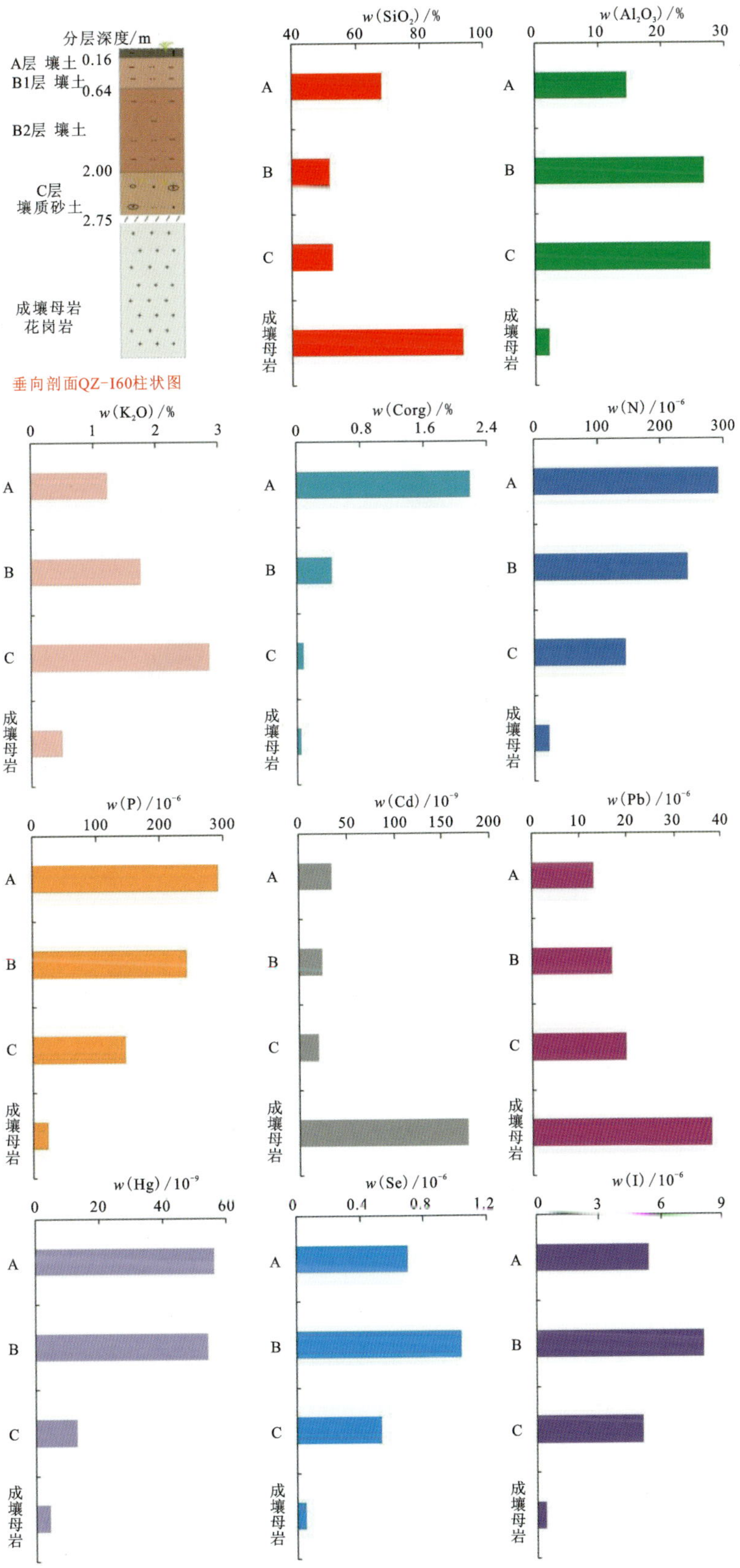

5 农业生态地质调查高效支撑生态农业发展

图 5-1-16 琼中县晚侏罗世闪长岩建造($J_3\delta$)部分元素平均值分布图

5.1.9 晚侏罗世正长花岗岩建造

晚侏罗世正长花岗岩建造（$J_3\xi\gamma$）主要分布于琼中县北部、北西部，面积约 198km²（图 5-1-17），主要由正长花岗岩组成。上覆土壤类型主体为砖红壤和赤红壤，土地利用类型以林地和园地为主，园地多种植橡胶、槟榔等。在该建造上共采集了 10 件贯穿 A、B、C 层的垂向剖面样品。

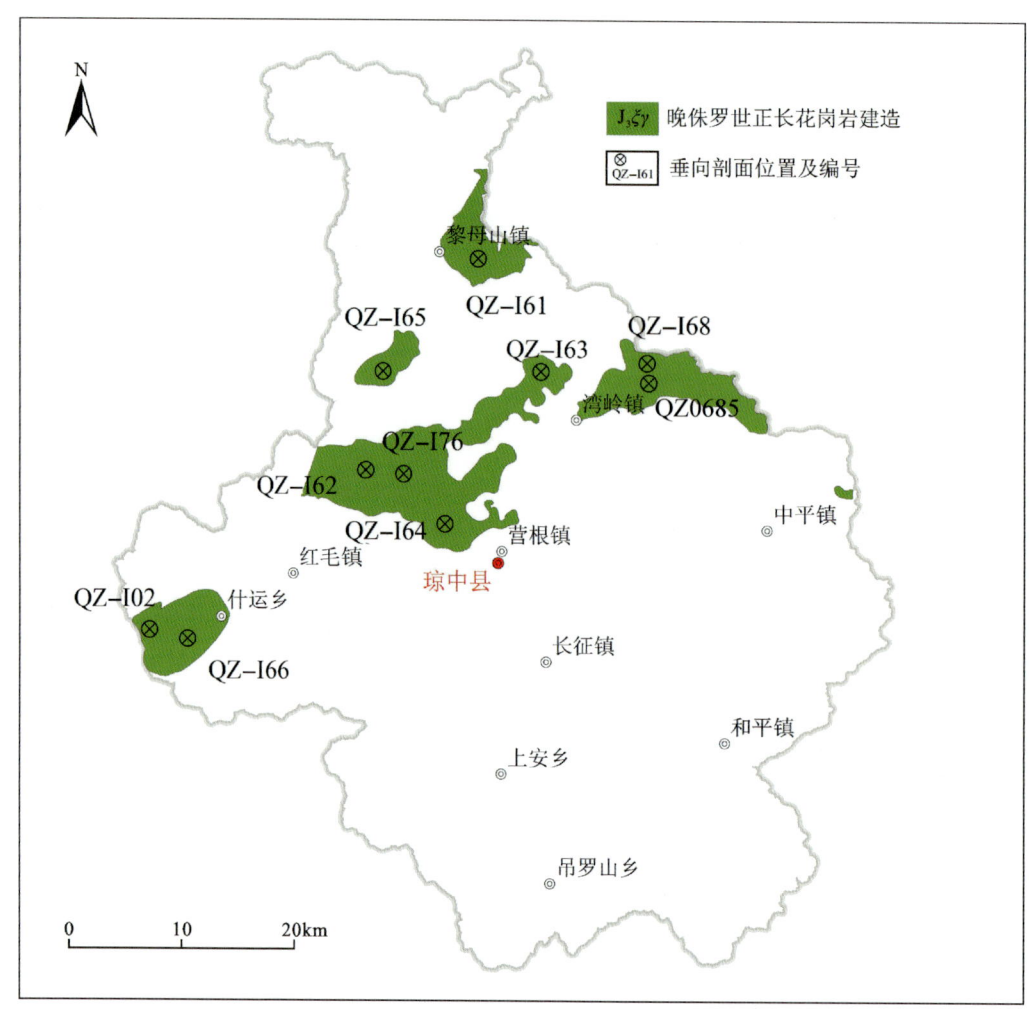

图 5-1-17 琼中县晚侏罗世正长花岗岩建造（$J_3\xi\gamma$）产出位置

土壤剖面化学组成方面，二氧化硅（SiO_2）和三氧化二铝（Al_2O_3）质量占样品总质量的 73%～88%，共同控制着其他元素的含量变化趋势。SiO_2 平均值为 60.53%～74.90%（表 5-1-10），A 层含量相对较高，向下逐渐减小，Al_2O_3 呈现"凸"字形特征（图 5-1-18）。全碳（TC）在成壤母岩中含量最高，有机碳（Corg）、氮（N）在 A 层中最高，向下逐渐降低；磷（P）与 Al_2O_3 含量变化正好相反，在成壤母岩中含量相对较高。重金属元素砷（As）、镉（Cd）、汞（Hg）、铜（Cu）、铅（Pb）、锌（Zn）、铬（Cr）、镍（Ni）等含量远低于土壤环境风险管控值，其中镉（Cd）、铅（Pb）、锌（Zn）在成壤母岩中含量最高，而汞（Hg）与硒（Se）的变化规律相似，在 A、B 层中富集。人体健康元素硒（Se）、碘（I）垂向变化趋势一致，在 A、B 层中富集，其含量达到富硒土壤标准。

5 农业生态地质调查高效支撑生态农业发展

表 5-1-10 琼中县晚侏罗世正长花岗岩建造垂向剖面元素平均值统计表

层位	SiO₂	Al₂O₃	TFe₂O₃	MgO	CaO	Na₂O	K₂O	LOI	TC	Corg	N	P	As	Cd	Hg	Cu	Pb	Zn	Cr	Ni	Se	I	Ge
单位	%	%	%	%	%	%	%	%	%	%	10⁻⁶	10⁻⁶	10⁻⁶	10⁻⁹	10⁻⁹	10⁻⁶	10⁻⁶	10⁻⁶	10⁻⁶	10⁻⁶	10⁻⁶	10⁻⁶	10⁻⁶
A	74.90	12.24	2.13	0.23	0.10	0.29	3.77	4.73	0.85	0.80	731	195	2.1	42	30.0	4.1	26	32	13.9	3.8	0.39	3.8	1.1
B	66.55	17.00	4.13	0.45	0.07	0.24	3.86	6.34	0.29	0.28	295	174	2.8	35	29.9	6.9	33	54	20.1	6.1	0.41	5.3	1.4
C	62.93	19.13	4.81	0.59	0.10	0.67	4.07	6.58	0.14	0.12	149	218	1.8	36	22.3	10.1	34	64	35.3	10.1	0.22	3.0	1.5
成壤母岩	60.53	12.74	3.54	0.76	1.95	1.63	3.62	8.45	1.64	0.07	87	341	4.8	316	19.9	7.7	98	113	21.9	7.6	0.15	0.7	1.3

层位	B	S	F	Cl	Br	Ag	Au	Ba	Be	Bi	Li	Mn	Mo	W	Rb	Sb	Sc	Sn	Sr	Nb	Ta	Zr	Ga
单位	10⁻⁶	10⁻⁶	10⁻⁶	10⁻⁶	10⁻⁶	10⁻⁹	10⁻⁹	10⁻⁶	10⁻⁶	10⁻⁶	10⁻⁶	10⁻⁶	10⁻⁶	10⁻⁶	10⁻⁶	10⁻⁶	10⁻⁶	10⁻⁶	10⁻⁶	10⁻⁶	10⁻⁶	10⁻⁶	10⁻⁶
A	5.7	130	262	69	4.3	42	0.86	427	1.14	0.41	13.2	274	1.30	1.29	159	0.20	3.5	3.1	72	16	1.48	422	13.1
B	7.1	132	453	72	3.8	40	0.94	529	2.28	0.48	21.7	307	2.46	2.68	186	0.21	7.5	4.0	75	20	1.70	348	21.0
C	6.5	117	468	68	2.1	41	0.86	475	3.31	0.60	20.9	336	1.91	1.93	191	0.16	11.0	3.6	68	20	1.52	238	21.1
成壤母岩	8.5	190	493	61	2.0	311	2.23	336	2.47	0.32	13.9	354	1.49	0.92	172	0.48	7.3	7.7	179	14	1.22	138	18.0

层位	Ti	Co	V	Tl	U	Th	La	Ce	Pr	Nd	Sm	Eu	Gd	Tb	Dy	Ho	Er	Tm	Yb	Y	Lu	ΣREE	pH
单位	10⁻⁶	10⁻⁶	10⁻⁶	10⁻⁶	10⁻⁶	10⁻⁶	10⁻⁶	10⁻⁶	10⁻⁶	10⁻⁶	10⁻⁶	10⁻⁶	10⁻⁶	10⁻⁶	10⁻⁶	10⁻⁶	10⁻⁶	10⁻⁶	10⁻⁶	10⁻⁶	10⁻⁶	10⁻⁶	pH
A	2567	3.1	28.9	0.93	2.8	13.8	24.4	43	4.8	17	2.9	0.61	2.40	0.38	2.14	0.41	1.23	0.19	1.27	11.3	0.20	113	5.7
B	3711	5.2	52.0	1.18	5.5	25.6	66.7	141	13.1	46	7.2	1.26	5.66	0.85	4.12	0.75	2.14	0.31	2.04	21.0	0.32	312	5.6
C	3636	10.5	69.9	1.12	5.7	24.6	93.5	130	18.8	70	11.7	2.21	9.49	1.45	7.22	1.32	3.73	0.54	3.57	37.4	0.54	391	5.4
成壤母岩	2296	6.6	36.3	0.95	4.4	19.8	44.0	61	9.0	34	5.7	1.01	4.56	0.72	3.88	0.72	2.09	0.32	2.15	21.2	0.32	191	7.2

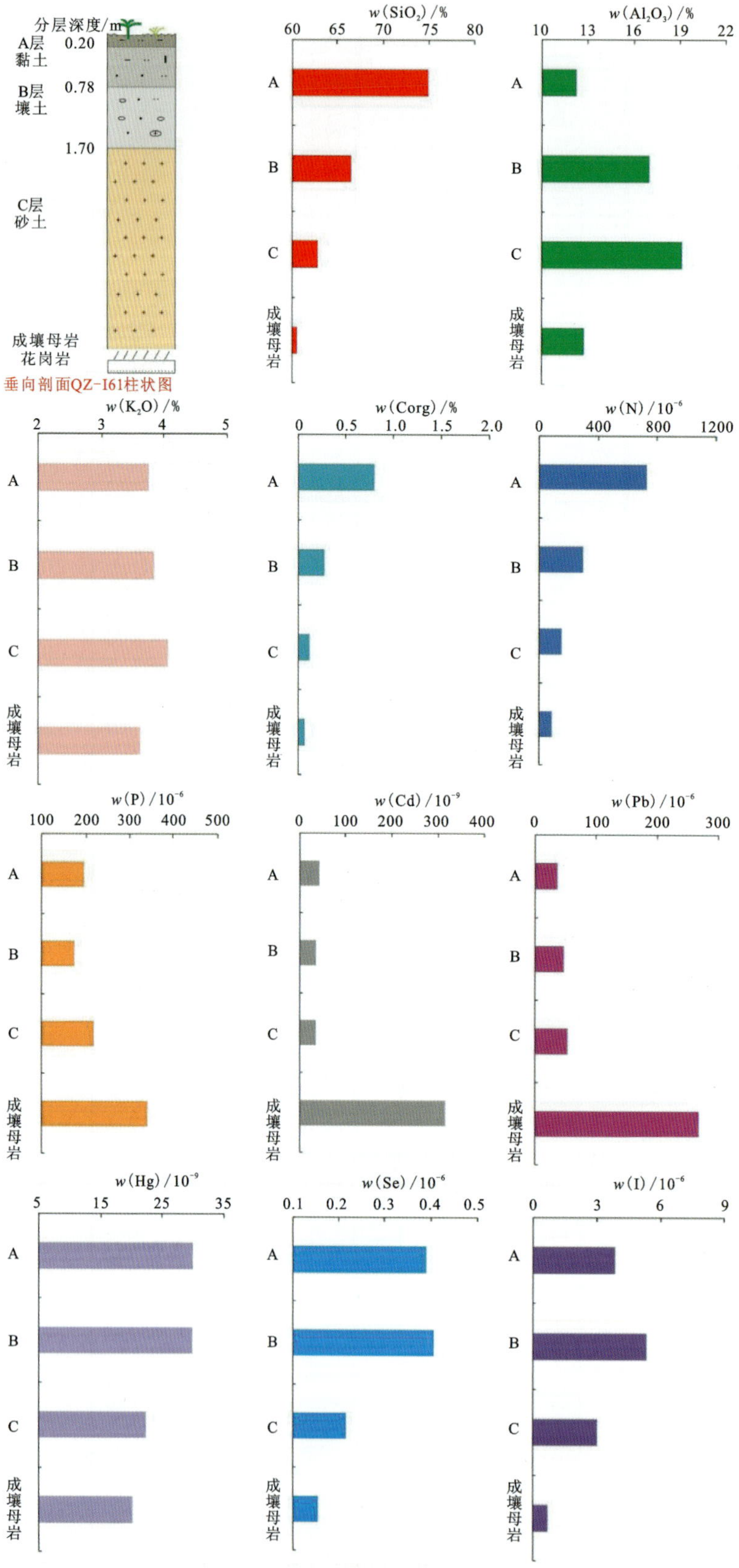

图 5-1-18 琼中县晚侏罗世正长花岗岩建造($J_3\xi\gamma$)部分元素平均值分布图示

5.1.10 早白垩世花岗闪长岩建造

早白垩世花岗闪长岩建造（$K_1\gamma\delta$）主要分布于琼中县中北部，面积约60km^2（图5-1-19），主要由花岗闪长岩组成。上覆土壤类型主体为砖红壤、赤红壤，土地利用类型以林地和园地为主，园地多种植橡胶、槟榔等。在该建造上共采集了1件贯穿A、B、C层的垂向剖面样品（QZ-I67）。

图5-1-19 琼中县早白垩世花岗闪长岩建造（$K_1\gamma\delta$）产出位置

土壤剖面化学组成方面，二氧化硅（SiO_2）和三氧化二铝（Al_2O_3）占样品总质量的72%～81.41%，两者为负相关关系，共同控制着其他元素的含量变化趋势。SiO_2平均值为55.56%～63.17%（表5-1-11），A层和成壤母岩中含量相对较高，展示出"凹"字形特征，Al_2O_3则与SiO_2含量变化趋势相反，呈现"凸"字形特征（图5-1-20）。氧化钾（K_2O）在土壤中含量较高，其中C层最高，平均值达3.98%；全碳（TC）、有机碳（Corg）、氮（N）在A层中含量最高，向下逐渐降低；磷（P）在成壤母岩中含量最高。重金属元素砷（As）、镉（Cd）、汞（Hg）、铜（Cu）、铅（Pb）、锌（Zn）、铬（Cr）、镍（Ni）等含量远低于土壤环境风险管控值，其中汞（Hg）与有机碳（Corg）、氮（N）的变化规律相似，在A层中含量最高。人体健康元素硒（Se）、碘（I）垂向变化趋势一致，在A层中最为富集，含量达到富硒、富碘土壤标准。

表 5-1-11 琼中县早白垩世花岗闪长岩岩建造垂向剖面元素平均值统计表

层位	SiO₂	Al₂O₃	TFe₂O₃	MgO	CaO	Na₂O	K₂O	LOI	TC	Corg	N	P	As	Cd	Hg	Cu	Pb	Zn	Cr	Ni	Se	I	Ge
单位	%	%	%	%	%	%	%	%	%	%	10⁻⁶	10⁻⁶	10⁻⁶	10⁻⁹	10⁻⁹	10⁻⁶	10⁻⁶	10⁻⁶	10⁻⁶	10⁻⁶	10⁻⁶	10⁻⁶	10⁻⁶
A	63.17	15.35	3.62	0.96	1.33	1.25	3.17	9.99	2.05	1.71	1642	381	1.5	197	35.5	5.6	29	84	23.1	8.2	0.44	5.2	1.2
B	62.24	19.17	4.04	1.13	0.81	1.45	3.73	6.46	2.26	0.25	250	193	0.7	58	8.0	4.8	24	87	18.5	4.7	0.14	2.3	1.3
C	61.01	19.14	4.05	1.14	1.14	1.94	3.98	6.50	2.06	0.04	50	131	0.7	99	3.5	5.0	24	91	18.1	4.3	0.04	0.7	1.4
成壤母岩	55.56	16.33	7.23	5.23	5.83	3.00	2.80	2.37	0.08	0.06	71	1800	4.9	157	6.5	10.6	34	89	186.0	47.1	0.05	0.4	1.4

层位	B	S	F	Cl	Br	Ag	Au	Ba	Be	Bi	Li	Mn	Mo	W	Rb	Sb	Sc	Sn	Sr	Nb	Ta	Zr	Ga
单位	10⁻⁶	10⁻⁶	10⁻⁶	10⁻⁶	10⁻⁶	10⁻⁹	10⁻⁹	10⁻⁶	10⁻⁶	10⁻⁶	10⁻⁶	10⁻⁶	10⁻⁶	10⁻⁶	10⁻⁶	10⁻⁶	10⁻⁶	10⁻⁶	10⁻⁶	10⁻⁶	10⁻⁶	10⁻⁶	10⁻⁶
A	3.6	233	460	100	9.7	60	1.15	583	1.99	0.26	15.9	452	0.35	0.32	86	0.24	6.3	2.3	175	9	0.88	166	17.3
B	2.8	77	609	78	3.9	30	0.46	677	2.88	0.17	15.9	514	0.31	0.32	98	0.06	7.0	2.6	160	12	1.23	153	21.4
C	2.2	44	626	75	0.7	38	0.55	582	3.61	0.13	15.3	541	0.31	0.32	110	0.08	7.3	2.4	194	12	1.22	154	21.8
成壤母岩	11.4	94	929	123	6.1	57	0.68	923	1.73	0.08	16.1	819	0.48	0.46	73	0.37	18.5	3.1	742	17	0.87	215	21.5

层位	Ti	Co	V	Tl	U	Th	La	Ce	Pr	Nd	Sm	Eu	Gd	Tb	Dy	Ho	Er	Tm	Yb	Y	Lu	ΣREE	pH
单位	10⁻⁶	10⁻⁶	10⁻⁶	10⁻⁶	10⁻⁶	10⁻⁶	10⁻⁶	10⁻⁶	10⁻⁶	10⁻⁶	10⁻⁶	10⁻⁶	10⁻⁶	10⁻⁶	10⁻⁶	10⁻⁶	10⁻⁶	10⁻⁶	10⁻⁶	10⁻⁶	10⁻⁶	10⁻⁶	
A	2814	6.9	40.2	0.47	2.6	12.9	37.0	66	7.0	28	4.6	1.18	3.21	0.50	2.20	0.41	1.08	0.17	1.20	12.5	0.20	165	6.9
B	3321	7.4	40.0	0.55	3.9	15.2	44.9	83	8.1	37	5.6	1.44	3.90	0.60	2.75	0.51	1.40	0.23	1.55	15.7	0.25	206	5.7
C	3190	7.0	38.6	0.55	4.0	14.7	39.0	78	7.5	30	4.9	1.26	3.61	0.57	2.67	0.50	1.34	0.22	1.49	15.8	0.24	186	5.8
成壤母岩	6011	20.9	136.0	0.38	1.6	9.5	50.9	106	12.3	52	8.2	2.09	6.35	0.95	4.23	0.73	1.94	0.30	1.97	20.1	0.31	268	7.4

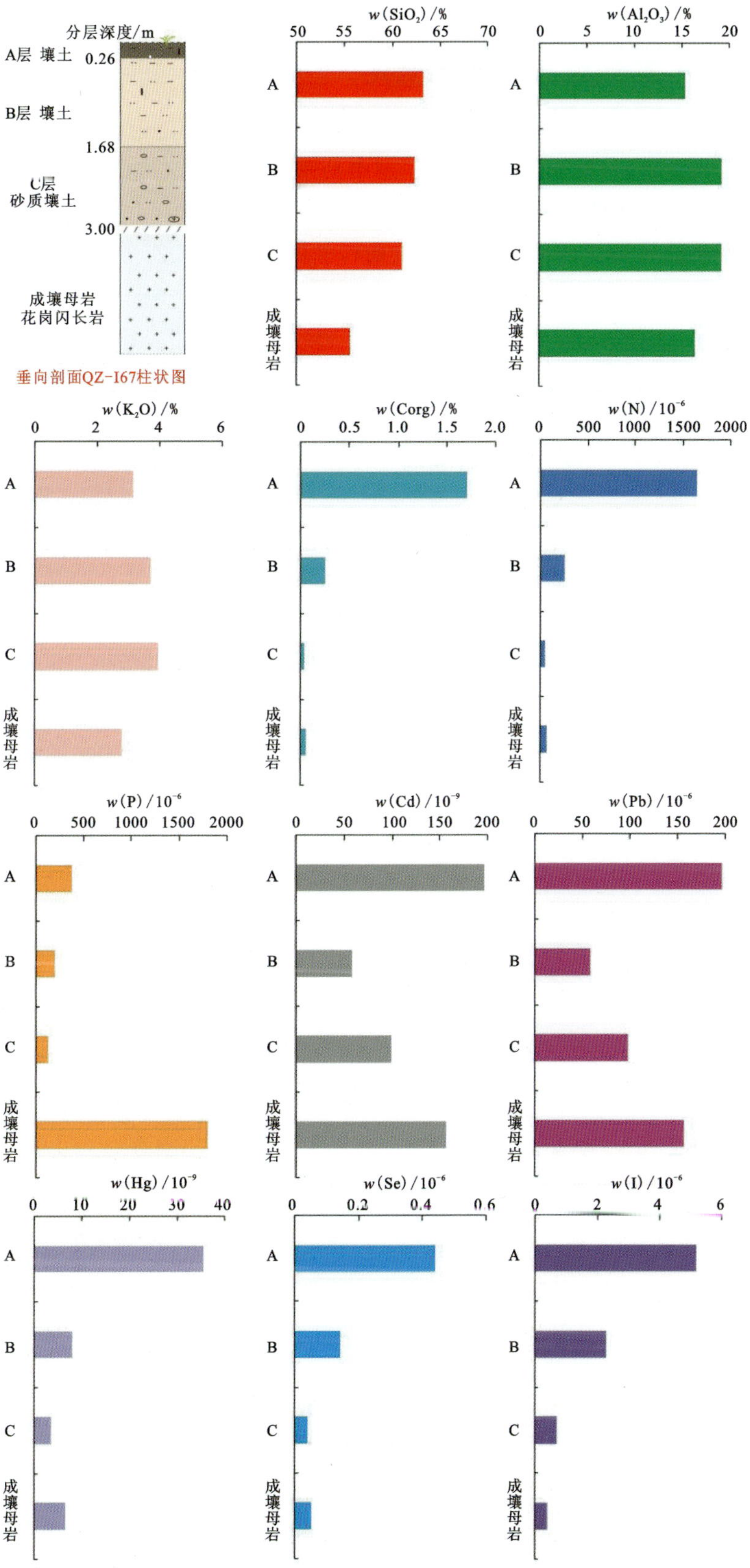

5 农业生态地质调查高效支撑生态农业发展

图 5-1-20 琼中县早白垩世花岗闪长岩建造（$K_1\gamma\delta$）部分元素平均值分布图

5.1.11 早白垩世二长花岗岩建造

早白垩世二长花岗岩建造($K_1\eta\gamma$)主要分布于琼中县东部,面积约 60km²(图 5-1-21),主要由二长花岗岩组成。上覆土壤类型主体为砖红壤,土地利用类型以园地、林地为主,园地多种植橡胶、槟榔等。在该建造上共采集了 2 件贯穿 A、B、C 层的垂向剖面样品(QZ-I69、QZ-I70)。

图 5-1-21 琼中县早白垩世二长花岗岩建造($K_1\eta\gamma$)产出位置

土壤剖面化学组成方面,二氧化硅(SiO_2)和三氧化二铝(Al_2O_3)占样品总质量的 81%～87%,两者为负相关关系,共同控制着其他元素的含量变化趋势。SiO_2 平均值为 58.79%～76.13%(表 5-1-12),A 层和成壤母岩中含量相对较高,展示出"凹"字形特征,Al_2O_3 则与 SiO_2 含量变化趋势相反,呈现"凸"字形特征(图 5-1-22)。氧化钾(K_2O)在成壤母岩中平均值为 4.78%,向上逐渐降低;全碳(TC)、有机碳(Corg)、氮(N)、磷(P)在 A 层中最高,向下逐渐降低。重金属元素砷(As)、镉(Cd)、汞(Hg)、铜(Cu)、铅(Pb)、锌(Zn)、铬(Cr)、镍(Ni)在土壤中含量远低于土壤环境风险管控值,其中镉(Cd)、铅(Pb)、锌(Zn)在成壤母岩中含量最高,而汞(Hg)与在 A、B 层中含量较高。人体健康元素硒(Se)、碘(I)垂向变化趋势一致,在 A、B 层中富集,含量达到富硒、富碘土壤标准。

5 农业生态地质调查高效支撑生态农业发展

表 5-1-12 琼中县早白垩世二长花岗岩建造垂向剖面元素平均值统计表

层位	单位	SiO₂	Al₂O₃	TFe₂O₃	MgO	CaO	Na₂O	K₂O	LOI	TC	Corg	N	P	As	Cd	Hg	Cu	Pb	Zn	Cr	Ni	Se	I	Ge
		%	%	%	%	%	%	%	%	%	%	10^{-6}	10^{-6}	10^{-6}	10^{-9}	10^{-9}	10^{-6}	10^{-6}	10^{-6}	10^{-6}	10^{-6}	10^{-6}	10^{-6}	10^{-6}
A		76.13	10.89	2.70	0.19	0.06	0.18	1.73	7.25	1.16	1.03	1011	146	10.2	26	48.2	2.4	19	29	9.8	2.3	0.77	8.3	0.9
B		60.34	21.49	4.10	0.45	0.04	0.19	2.35	10.25	0.45	0.43	446	171	2.2	22	63.4	2.8	43	51	13.3	4.4	0.39	12.6	1.4
C		58.79	22.70	3.86	0.76	0.04	0.24	3.86	8.88	0.15	0.12	118	134	0.8	27	22.6	2.9	41	59	8.6	3.1	0.35	3.3	1.6
成壤母岩		66.14	16.41	3.51	0.75	0.58	1.80	4.78	4.94	0.18	0.13	89	267	1.5	1938	12.2	8.4	355	455	8.6	3.5	0.24	3.8	1.3

层位	单位	B	S	F	Cl	Br	Ag	Au	Ba	Be	Bi	Li	Mn	Mo	W	Rb	Sb	Sc	Sn	Sr	Nb	Ta	Zr	Ga
		10^{-6}	10^{-6}	10^{-6}	10^{-6}	10^{-6}	10^{-9}	10^{-9}	10^{-6}	10^{-6}	10^{-6}	10^{-6}	10^{-6}	10^{-6}	10^{-6}	10^{-6}	10^{-6}	10^{-6}	10^{-6}	10^{-6}	10^{-6}	10^{-6}	10^{-6}	10^{-6}
A		6.9	169	246	53	4.4	43	0.86	237	0.85	0.45	13.7	88	0.77	1.20	68	0.23	3.5	6.0	43	11	1.17	296	13.5
B		4.2	238	485	43	4.3	28	0.80	325	1.89	0.43	24.8	125	1.00	1.43	107	0.16	7.0	9.4	50	13	1.34	199	24.3
C		2.5	116	636	47	1.2	21	0.48	516	2.49	0.18	28.9	206	0.69	1.34	167	0.10	7.4	8.1	88	14	1.24	185	24.7
成壤母岩		2.3	602	568	49	5.1	510	2.69	587	2.20	0.51	32.8	271	0.87	3.66	183	0.83	5.5	8.3	228	14	1.32	185	23.3

层位	单位	Ti	Co	V	Tl	U	Th	La	Ce	Pr	Nd	Sm	Eu	Gd	Tb	Dy	Ho	Er	Tm	Yb	Lu	Y	ΣREE	pH
		10^{-6}	10^{-6}	10^{-6}	10^{-6}	10^{-6}	10^{-6}	10^{-6}	10^{-6}	10^{-6}	10^{-6}	10^{-6}	10^{-6}	10^{-6}	10^{-6}	10^{-6}	10^{-6}	10^{-6}	10^{-6}	10^{-6}	10^{-6}	10^{-6}	10^{-6}	
A		2513	2.1	31.9	0.42	3.0	17.7	17.6	43	3.6	12	1.9	0.34	1.21	0.20	0.92	0.17	0.46	0.09	0.54	0.09	4.3	87	5.1
B		3547	4.6	52.1	0.70	4.0	34.2	52.7	180	10.2	32	4.6	0.72	2.87	0.45	1.92	0.34	0.88	0.14	0.97	0.16	9.3	297	5.0
C		3810	5.5	47.4	0.89	3.6	26.2	66.6	188	14.8	54	8.4	1.61	5.79	0.86	3.75	0.67	1.80	0.29	1.89	0.30	20.3	370	5.4
成壤母岩		3064	4.0	34.8	1.04	5.9	20.6	35.7	55	8.0	31	5.2	0.89	3.49	0.56	2.60	0.43	1.12	0.18	1.28	0.19	11.7	157	6.9

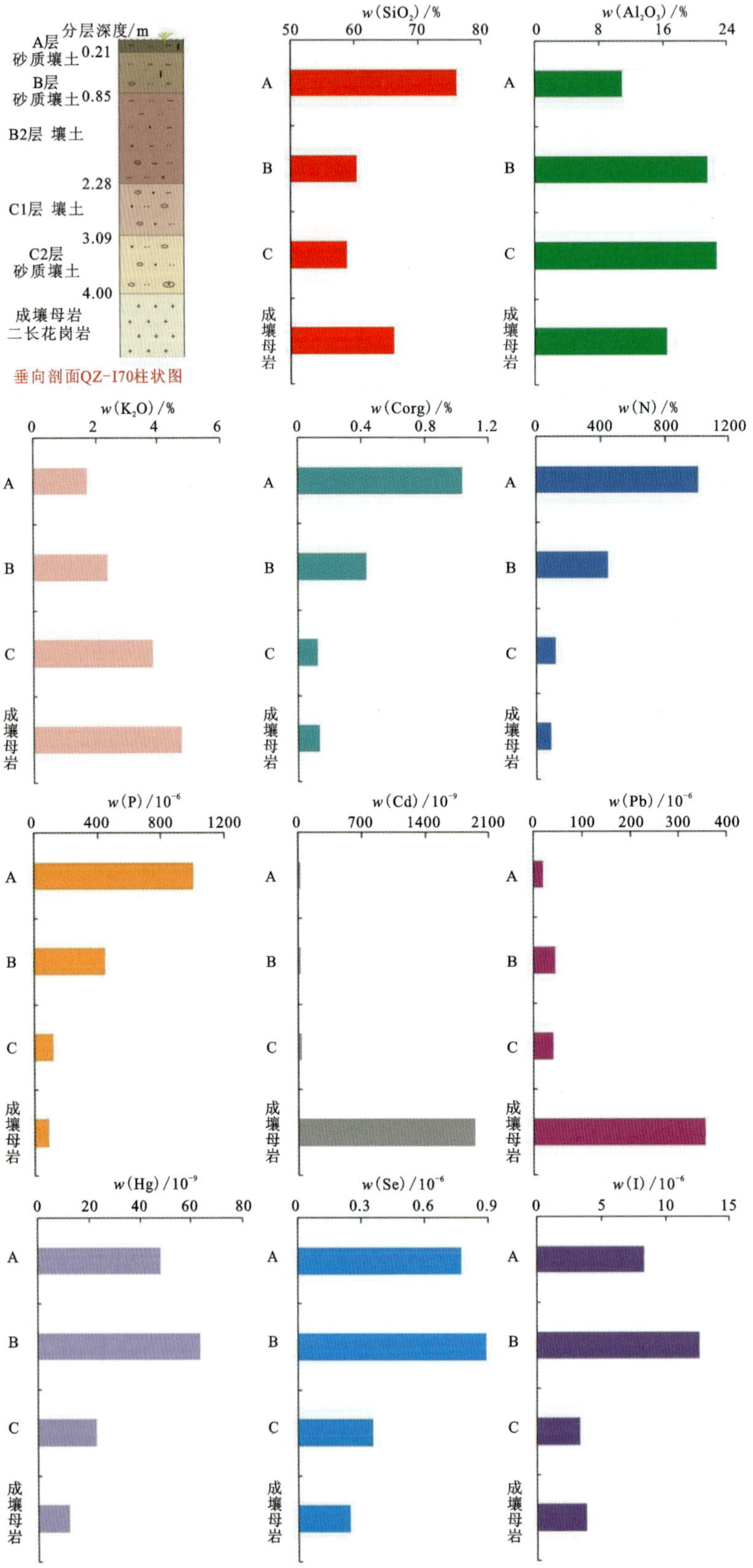

图 5-1-22 琼中县早白垩世二长花岗岩建造（$K_1\eta\gamma$）部分元素平均值分布图

5.1.12 晚白垩世花岗斑岩建造

晚白垩世花岗斑岩建造（$K_2\gamma\pi$）主要分布于琼中县中部偏西，少量分布在西部、东南部，面积约 30 km²（图5-1-23），主要由花岗斑岩组成。上覆土壤类型主体为砖红壤、赤红壤，土地利用类型以林地和园地为主，园地多种植橡胶、槟榔等。在该建造上共采集了1件贯穿A、C层的垂向剖面样品（QZ-I74）。

图5-1-23 琼中县晚白垩世花岗斑岩建造（$K_2\gamma\pi$）产出位置

土壤剖面化学组成方面，二氧化硅（SiO_2）和三氧化二铝（Al_2O_3）占样品总质量的84%～87%，两者为负相关关系，共同控制着其他元素的含量变化趋势。SiO_2平均值为67.70%～75.14%（表5-1-13），A层和成壤母岩中含量相对较高，展示出"凹"字形特征，Al_2O_3则与SiO_2含量变化趋势相反，呈现"凸"字形特征（图5-1-24）。氧化钾（K_2O）在成壤母岩中平均值为4.87%；全碳（TC）、有机碳（Corg）、氮（N）、磷（P）在A层中最高，向下逐渐降低。重金属元素砷（As）、镉（Cd）、汞（Hg）、铜（Cu）、铅（Pb）、锌（Zn）、铬（Cr）、镍（Ni）的含量远低于土壤环境风险管控值，其中镉（Cd）、铅（Pb）、锌（Zn）在成壤母岩中含量最高，而汞（Hg）与有机碳（Corg）、氮（N）的变化规律相似，在A层中含量最高。人体健康元素硒（Se）、碘（I）垂向变化趋势一致，在A层中最为富集，含量达到富硒、富碘土壤标准。

表 5-1-13 琼中县晚白垩世花岗斑岩建造垂向剖面元素平均值统计表

层位	SiO2	Al2O3	TFe2O3	MgO	CaO	Na2O	K2O	LOI	TC	Corg	N	P	As	Cd	Hg	Cu	Pb	Zn	Cr	Ni	Se	I	Ge
单位	%	%	%	%	%	%	%	%	%	%	10⁻⁶	10⁻⁶	10⁻⁶	10⁻⁹	10⁻⁹	10⁻⁶	10⁻⁶	10⁻⁶	10⁻⁶	10⁻⁶	10⁻⁶	10⁻⁶	10⁻⁶
A	72.15	13.83	2.70	0.41	0.05	0.17	3.61	6.42	1.07	0.92	971	219	2.4	34	44.1	3.5	43	46	16.0	4.5	0.53	4.5	1.4
C	67.70	16.95	2.98	0.53	0.05	0.52	5.21	5.17	0.21	0.19	225	212	3.7	31	17.4	3.0	51	55	15.3	5.9	0.35	3.3	1.4
成壤母岩	75.14	11.87	2.78	0.25	0.18	2.58	4.87	1.33	0.12	0.10	115	136	3.7	325	5.8	5.2	97	122	5.3	2.2	0.08	0.4	1.2

层位	B	S	F	Cl	Br	Au	Ag	Th	U	Bi	Li	Mn	Mo	W	Rb	Sb	Sc	Sn	Sr	Nb	Ta	Zr	Ga
单位	10⁻⁶	10⁻⁶	10⁻⁶	10⁻⁶	10⁻⁶	10⁻⁹	10⁻⁹	10⁻⁶	10⁻⁶	10⁻⁶	10⁻⁶	10⁻⁶	10⁻⁶	10⁻⁶	10⁻⁶	10⁻⁶	10⁻⁶	10⁻⁶	10⁻⁶	10⁻⁶	10⁻⁶	10⁻⁶	10⁻⁶
A	26.8	145	686	59	4.2	1.25	45	22.0	4.1	0.46	15.8	283	0.78	1.39	180	0.26	4.6	4.3	53	15	1.22	192	15.4
C	28.0	75	747	72	2.0	4.30	25	25.5	5.9	0.28	17.6	253	0.57	1.43	244	0.18	5.2	5.1	91	16	1.24	202	20.5
成壤母岩	7.6	147	579	97	1.5	0.65	210	43.2	5.9	0.54	11.7	191	1.16	1.20	255	0.47	2.3	10.0	81	20	1.60	175	18.2

层位	Ti	Co	V	Tl	U	Th	La	Ce	Pr	Nd	Sm	Eu	Gd	Tb	Dy	Ho	Er	Tm	Yb	Y	Lu	ΣREE	pH
单位	10⁻⁶	10⁻⁶	10⁻⁶	10⁻⁶	10⁻⁶	10⁻⁶	10⁻⁶	10⁻⁶	10⁻⁶	10⁻⁶	10⁻⁶	10⁻⁶	10⁻⁶	10⁻⁶	10⁻⁶	10⁻⁶	10⁻⁶	10⁻⁶	10⁻⁶	10⁻⁶	10⁻⁶	10⁻⁶	
A	2148	3.7	30.4	1.31	4.1	22.0	55.3	100	10.6	39	5.8	1.06	3.90	0.62	2.52	0.42	1.18	0.20	1.26	12.8	0.21	235	5.3
C	2320	6.9	31.4	1.63	5.9	25.5	78.3	138	15.9	61	8.8	1.53	5.89	0.86	3.53	0.58	1.47	0.23	1.37	18.0	0.22	336	5.3
成壤母岩	1284	1.9	12.9	1.56	5.9	43.2	9.3	67	2.5	11	2.1	0.43	2.09	0.50	3.23	0.66	2.03	0.38	2.62	20.9	0.43	126	7.5

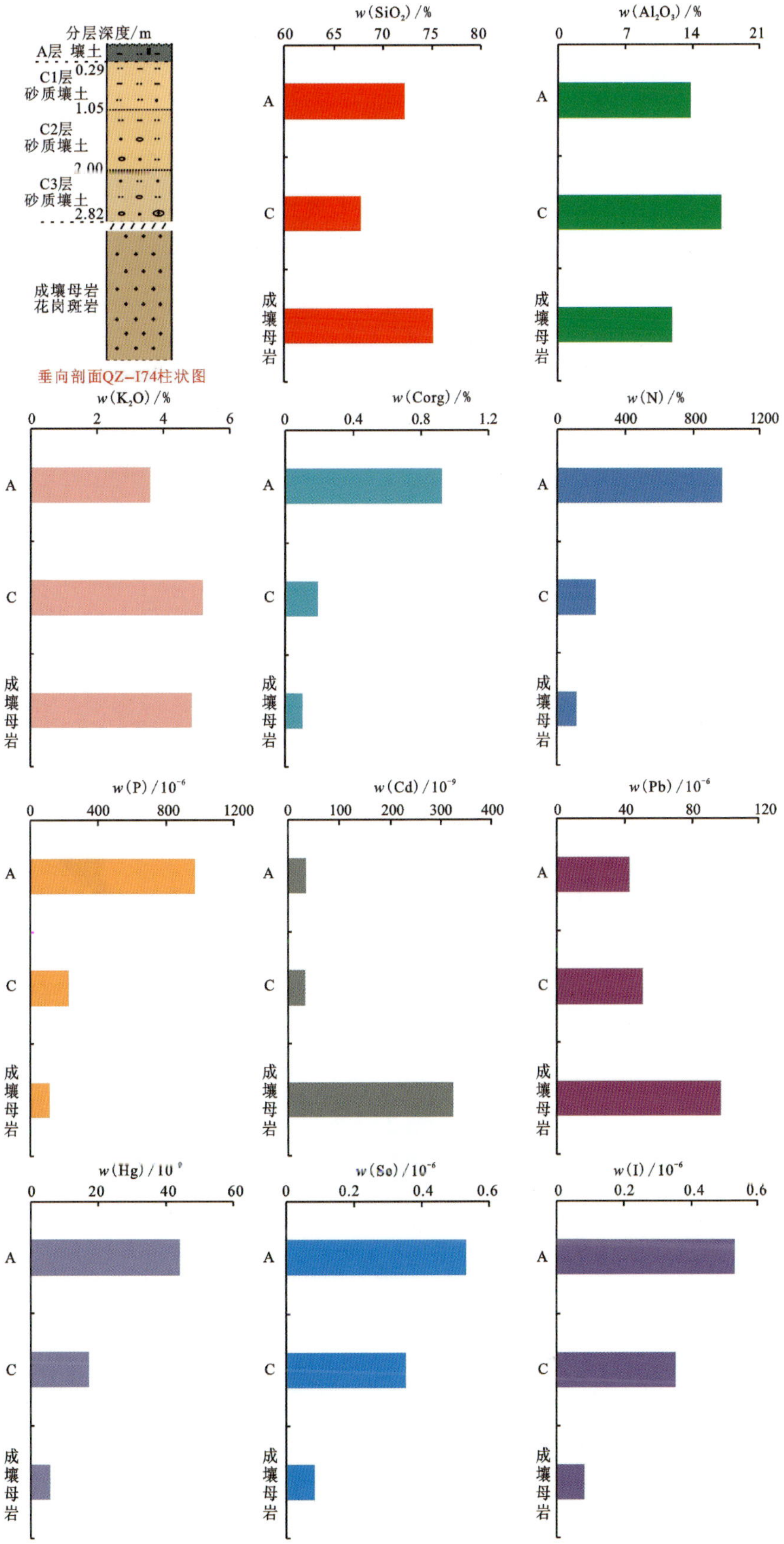

图 5-1-24 琼中县晚白垩世花岗斑岩建造（$K_2\gamma\pi$）部分元素平均值分布图

5.1.13 晚白垩世正长花岗岩建造

晚白垩世正长花岗岩建造（$K_2\xi\gamma$）主要分布于琼中县南部、中南部，面积约 66.8km²（图 5-1-25），主要由正长花岗岩组成。上覆土壤类型主体为砖红壤，土地利用类型以林地为主。在该建造上共采集了 5 件贯穿 A、B、C 层的垂向剖面样品（QZ-I71、QZ-I72、QZ-I73、QZ-I55、QZ-I56）。

图 5-1-25 琼中县晚白垩世正长花岗岩建造（$K_2\xi\gamma$）产出位置

土壤剖面化学组成方面，二氧化硅（SiO_2）和三氧化二铝（Al_2O_3）占样品总质量的 80%～85%，两者为负相关关系，共同控制着其他元素的含量变化趋势。SiO_2 平均值为 58.91%～71.15%（表 5-1-14），A 层和成壤母岩中含量相对较高，展示出"凹"字形特征，Al_2O_3 则与 SiO_2 含量变化趋势相反，呈现"凸"字形特征（图 5-1-26）。氧化钾（K_2O）在成壤母岩中平均值为 5.05%，向上逐渐降低；全碳（TC）、有机碳（Corg）、氮（N）在 A 层中最高，向下逐渐降低；磷（P）与 SiO_2 变化趋势一致，在 A 层和成壤母岩中，含量相对较高。重金属元素砷（As）、镉（Cd）、汞（Hg）、铜（Cu）、铅（Pb）、锌（Zn）、铬（Cr）、镍（Ni）等含量远低于土壤环境风险管控值，其中镉（Cd）、铅（Pb）、锌（Zn）在成壤母岩中含量最高，而汞（Hg）与有机碳（Corg）、氮（N）的变化规律相似，在 A 层中含量最高。人体健康元素硒（Se）、碘（I）垂向变化趋势一致，在 A、B 层中富集，含量达到富硒、富碘土壤标准。

5 农业生态地质调查高效支撑生态农业发展

表 5-1-14 琼中县晚白垩世正长花岗岩建造垂向剖面元素平均值统计表

层位单位	SiO₂ %	Al₂O₃ %	TFe₂O₃ %	MgO %	CaO %	Na₂O %	K₂O %	LOI %	TC %	Corg %	N 10⁻⁶	P 10⁻⁶	As 10⁻⁶	Cd 10⁻⁹	Hg 10⁻⁹	Cu 10⁻⁶	Pb 10⁻⁶	Zn 10⁻⁶	Cr 10⁻⁶	Ni 10⁻⁶	Se 10⁻⁶	I 10⁻⁶	Ge 10⁻⁶
A	67.49	15.81	3.14	0.22	0.13	0.15	2.08	8.84	1.62	1.47	1380	311	2.2	36	63.4	3.9	17	37	16.5	4.6	0.63	8.6	1.2
B	58.96	22.83	4.49	0.26	0.07	0.12	2.18	9.60	0.46	0.43	439	250	3.0	26	54.8	4.1	23	50	20.1	7.0	0.83	10.4	1.4
C	58.91	22.70	4.41	0.35	0.07	0.25	4.32	8.08	0.15	0.13	145	235	1.9	24	29.2	3.9	23	45	11.0	5.4	0.41	4.5	1.5
成壤母岩	71.15	13.69	2.78	0.35	0.66	2.64	5.05	2.68	0.09	0.07	62	277	43.3	1424	7.3	7.1	400	365	6.1	2.6	0.18	1.6	1.3

层位单位	B 10⁻⁶	S 10⁻⁶	F 10⁻⁶	Cl 10⁻⁶	Br 10⁻⁶	Ag 10⁻⁹	Au 10⁻⁹	Ba 10⁻⁶	Be 10⁻⁶	Bi 10⁻⁶	Li 10⁻⁶	Mn 10⁻⁶	Mo 10⁻⁶	W 10⁻⁶	Rb 10⁻⁶	Sb 10⁻⁶	Sc 10⁻⁶	Sn 10⁻⁶	Sr 10⁻⁶	Nb 10⁻⁶	Ta 10⁻⁶	Zr 10⁻⁶	Ga 10⁻⁶
A	7.3	222	249	71	8.7	40	1.38	223	1.20	0.14	15.6	282	1.11	1.03	83	0.23	4.1	3.4	64	23	2.23	511	15.3
B	8.0	209	317	46	4.7	28	1.27	212	1.79	0.16	15.9	219	1.66	1.00	96	0.21	5.9	2.8	52	24	2.16	245	20.3
C	7.0	113	390	60	2.0	23	0.96	380	3.04	0.10	13.4	169	1.36	1.03	172	0.14	6.8	2.7	67	23	2.17	167	21.9
成壤母岩	5.1	429	199	78	2.3	585	2.29	341	3.10	0.37	11.3	355	0.83	1.92	174	2.70	2.4	2.7	155	20	2.33	156	18.6

层位单位	Ti 10⁻⁶	Co 10⁻⁶	V 10⁻⁶	Tl 10⁻⁶	U 10⁻⁶	Th 10⁻⁶	La 10⁻⁶	Ce 10⁻⁶	Pr 10⁻⁶	Nd 10⁻⁶	Sm 10⁻⁶	Eu 10⁻⁶	Gd 10⁻⁶	Tb 10⁻⁶	Dy 10⁻⁶	Ho 10⁻⁶	Er 10⁻⁶	Tm 10⁻⁶	Yb 10⁻⁶	Lu 10⁻⁶	Y 10⁻⁶	∑REE 10⁻⁶	pH
A	3456	3.4	42.7	0.51	3.3	20.4	20.7	42	3.7	13	2.1	0.41	1.59	0.26	1.37	0.26	0.79	0.15	0.95	0.16	7.5	95	5.5
B	3419	4.4	54.9	0.66	3.8	29.2	25.9	82	4.6	15	2.2	0.47	1.68	0.27	1.36	0.26	0.76	0.14	0.92	0.16	6.8	142	5.2
C	3001	6.8	55.5	0.83	4.4	28.2	43.1	125	7.7	28	4.4	1.06	3.25	0.53	2.58	0.48	1.37	0.25	1.64	0.27	13.1	232	5.3
成壤母岩	1406	3.1	14.8	0.74	5.2	27.7	76.9	79	10.6	33	4.5	0.87	3.12	0.51	2.44	0.44	1.30	0.22	1.68	0.26	13.7	228	7.3

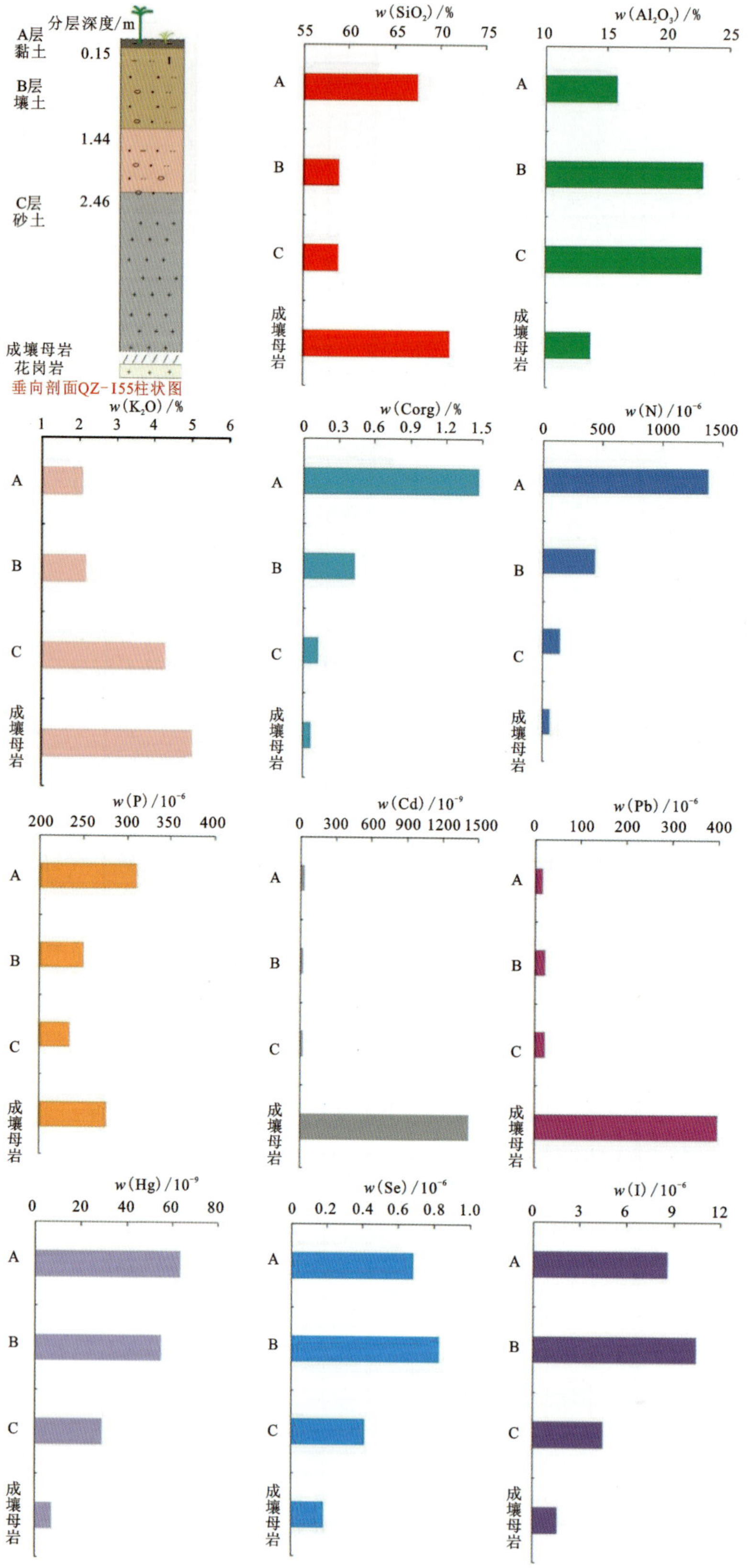

图 5-1-26 琼中县晚白垩世正长花岗岩建造($K_2\xi\gamma$)部分元素平均值分布图

5.2 土壤发生类型与土地质量状况

5.2.1 土壤发生类型

琼中县属热带海洋性季风气候,夏长无酷暑,冬短无严寒,年平均气温22.5℃,雨水丰沛,年平均降雨量为2444mm。琼中县地形西南高、东北低,地势自西南向东北倾斜。地貌呈穹隆形,由高山、低山、丘陵、台地河道、阶地等构成层圈关地貌。境内有大小河溪共241条。海南岛三大河流南渡江、昌化江和万泉河发源于该县境内。境内山峦重叠,海拔1000m以上的山峰有52座。西南部与通什镇交界处的五指山山顶海拔1867m,是全岛的最高点。境内最低点为东北部的白马岭采伐场旧址,海拔为25m。

琼中县土壤类型多样,土层深厚肥沃。按成土母质的不同,琼中县土壤发生类型分为黄壤、赤红壤、砖红壤、紫色土和水稻土5种类型(图5-2-1)。黄壤土类分布于海拔750～1600m山地,成土母质为花岗岩或砂质岩的风化物,面积占自然土壤面积的7.2%,土层厚度为24～85cm;赤红壤土类分布于海拔400～750m的山地,成土母质为花岗岩及砂质岩风化物,面积占自然土壤面积的28.7%,土层厚110cm;砖红壤土类分布于海拔400m以下的低矮山丘和台地缓坡,面积占自然土壤面积的60.4%,土层厚约100cm;紫色土土类分布于北部黎母山镇的松涛村至大保村一带的低矮山丘,成土母质为紫色砂岩风化物,面积占自然土壤面积的1.3%,土层厚度为62cm;水稻土土类零星分布在各乡镇的丘陵、台地,

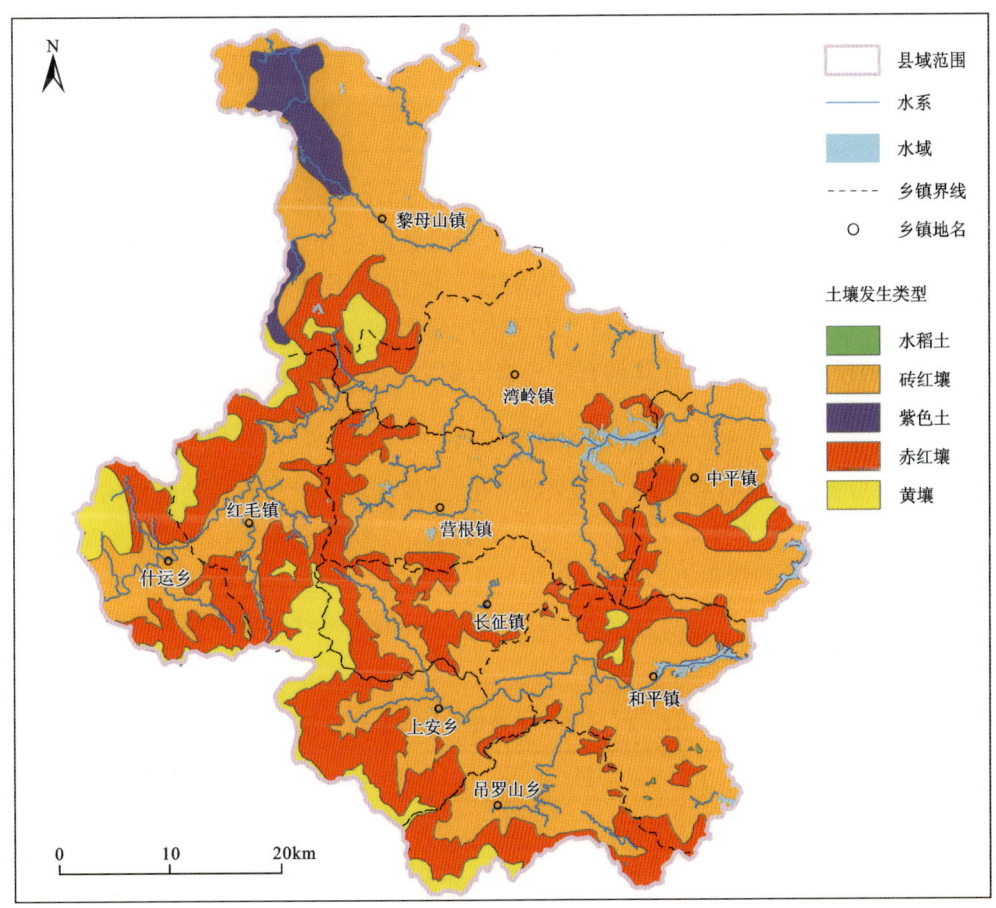

图5-2-1 琼中县土壤发生类型

成土母质为山地或丘陵峡谷的洪积物,面积 80 545 亩(1 亩 ≈ 666.67m²),面积占自然土壤面积的 2.4%,约占全县总面积的 2%,约占耕地面积的 57.4%,土层厚度为 66cm。

5.2.2 土地质量状况

利用土壤养分地球化学综合等级、土壤环境地球化学综合等级、土壤质量地球化学综合等级指标,总体评估琼中县土壤养分地球化学状况、土壤环境地球化学状况和土壤质量地球化学状况。本次县域土地质量评价数据来源为 2004—2007 年海南省地质调查院承担完成的"海南岛 1∶25 万多目标区域地球化学调查"项目,评价方法和技术标准介绍如下。

一是依据《土地质量地球化学评价规范》(DZ/T 0295—2016)中土壤养分地球化学综合等级划分要求,在 N、P、K 土壤单指标养分地球化学等级划分的基础上,按照式(5-1)计算土壤养分地球化学综合得分 $f_{养综}$。

$$f_{养综} = \sum_{i=1}^{n} k_i f_i \quad (5-1)$$

式中: $f_{养综}$ 为土壤 N、P、K 评价总得分,$1 \leq f_{养综} \leq 5$;k_i 为 N、P、K 权重系数,分别为 0.4、0.4 和 0.2;f_i 分别为土壤 N、P、K 的单元素等级得分。单指标评价结果 5 级、4 级、3 级、2 级、1 级所对应的 f_i 得分分别为 1、2、3、4、5。

土壤养分地球化学综合评价等级划分见表 5-2-1。

表 5-2-1 土壤养分地球化学等级划分表

等级	一	二	三	四	五
$f_{养综}$	≥4.5	4.5~3.5	3.5~2.5	2.5~1.5	<1.5

二是依据《土地质量地球化学评价规范》(DZ/T 0295—2016)中土壤环境地球化学综合等级划分要求,先对土壤中 As、Cd、Cr、Pb、Hg、Ni、Cu、Zn 进行单项污染指数计算,将单指标土壤环境地球化学等级划分为五等,其中污染物指标参考《土壤环境质量 农用地土壤污染风险管控标准(试行)》(GB 15618—2018)中农用地土壤污染风险筛选值。由于本次编图并未按照单元划分土地利用类型,所以取最严格的风险筛选值按照式(5-2),计算调查区土壤污染物 i 的单项污染指数 P_i。

$$P_i = \frac{C_i}{S_i} \quad (5-2)$$

式中:C_i 为土壤中污染物 i 的实测浓度;S_i 为污染物 i 在《土壤环境质量 农用地土壤污染风险管控标准(试行)》(GB 15618—2018)中农用地土壤污染风险筛选值。然后按照表 5-2-2 所示的土壤单项污染指数环境地球化学等级划分界限值,分别进行单指标土壤环境地球化学等级划分。在单指标划分的基础上,对土壤环境地球化学综合等级进行划分,每个评价单元的土壤环境地球化学综合等级等同于单指标划分出的环境等级最差的等级。

表 5-2-2 土壤环境地球化学等级划分界限

等级	一级	二级	三级	四级	五级
土壤环境	$P_i \leq 1$	$1 < P_i \leq 2$	$2 < P_i \leq 3$	$3 < P_i \leq 5$	$P_i > 5$
	清洁	轻微污染	轻度污染	中度污染	重度污染

三是依据《土地质量地球化学评价规范》(DZ/T 0295—2016),土壤质量地球化学综合等级由评价

单元的土壤养分地球化学综合等级与土壤环境地球化学综合等级叠加产生,将土壤质量地球化学综合等级划分为五等,划分标准如表5-2-3所示,其中一等为优质,二等为良好,三等为中等,四等为差等,五等为劣等。

表5-2-3 土壤质量地球化学综合等级划分

土壤质量		土壤环境地球化学综合等级				
		清洁	轻微污染	轻度污染	中度污染	重度污染
土壤养分地球化学综合等级	丰富	一等	三等	四等	五等	五等
	较丰富	一等	三等	四等	五等	五等
	中等	二等	三等	四等	五等	五等
	较缺乏	三等	三等	四等	五等	五等
	缺乏	四等	四等	四等	五等	五等

琼中县总面积为2 704.67km²。土壤养分地球化学综合等级以中等、较缺乏为主,两者面积之和为2 181.15km²,占琼中县总面积的80.64%。土壤养分综合等级较丰富面积为406.83km²,占琼中县总面积的15.04%。养分综合等级为缺乏的面积有64.32km²,零星分布于琼中县北部和东北地区,占琼中县总面积的2.38%。养分综合等级为丰富的面积有52.37km²,仅占琼中县总面积的1.94%(图5-2-2)。

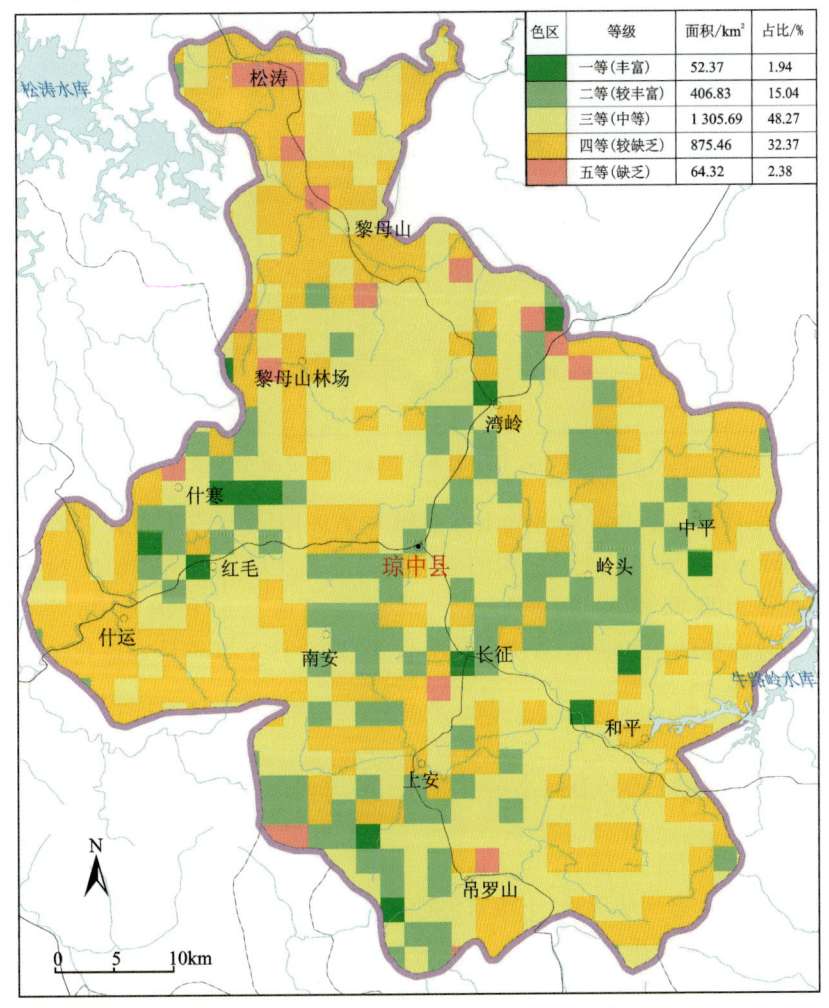

图5-2-2 琼中县土壤养分地球化学综合等级图

琼中县土壤环境综合地球化学等级以一等（清洁）为主，面积为 2 458.21km²，占琼中县总面积的 90.89%，说明琼中县土壤十分清洁，适合开发高水平生态农业；二等（轻微污染）面积为 179.68km²，占琼中县总面积的 6.64%；三等（轻度污染）、四等（中度污染）、五等（中度污染）面积占琼中县总面积的 2.47%（图 5-2-3）。

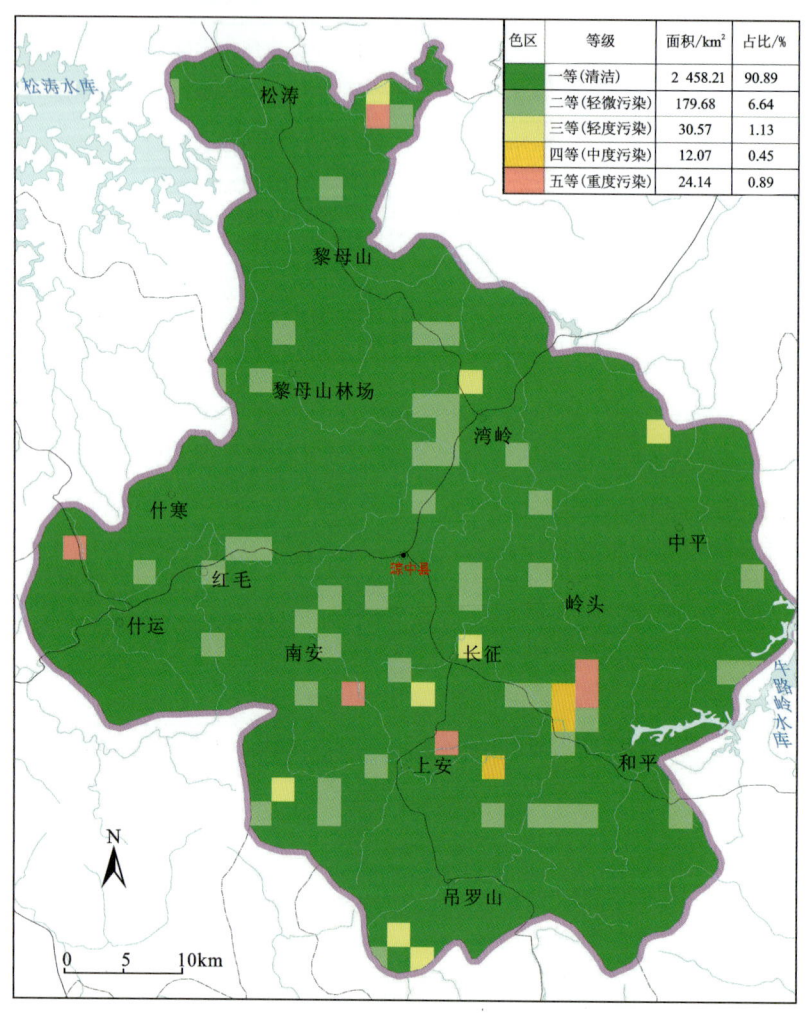

图 5-2-3　琼中县土壤环境地球化学综合等级图

琼中县土壤质量地球化学综合等级一等土壤面积为 379.81km²，占琼中县总面积的 14.04%；二等土壤面积为 1 182.55km²，占琼中县土地面积的 43.72%；三等土壤面积为 1 015.24km²，占琼中县土地面积的 37.54%；四等土壤面积为 90.86km²，占琼中县土地总面积的 3.36%；五等土壤面积为 36.21km²，占琼中县总面积的 1.34%。从统计情况来看，琼中县土壤质量地球化学综合等级主要处于二等、三等之间（图 5-2-4）。

5.3　农用地适宜性调查内容及方法

农业适宜性调查包括生态地质背景、土壤自然性状、土壤物质组成、土地利用现状、农业生产条件以及人类活动影响等，其中土壤物质组成调查是以野外样品采集，再通过分析测试矿物组成、化学组成及有机质含量等指标获取数据，其余调查内容均是通过野外实地调查手段实现。

5 农业生态地质调查高效支撑生态农业发展

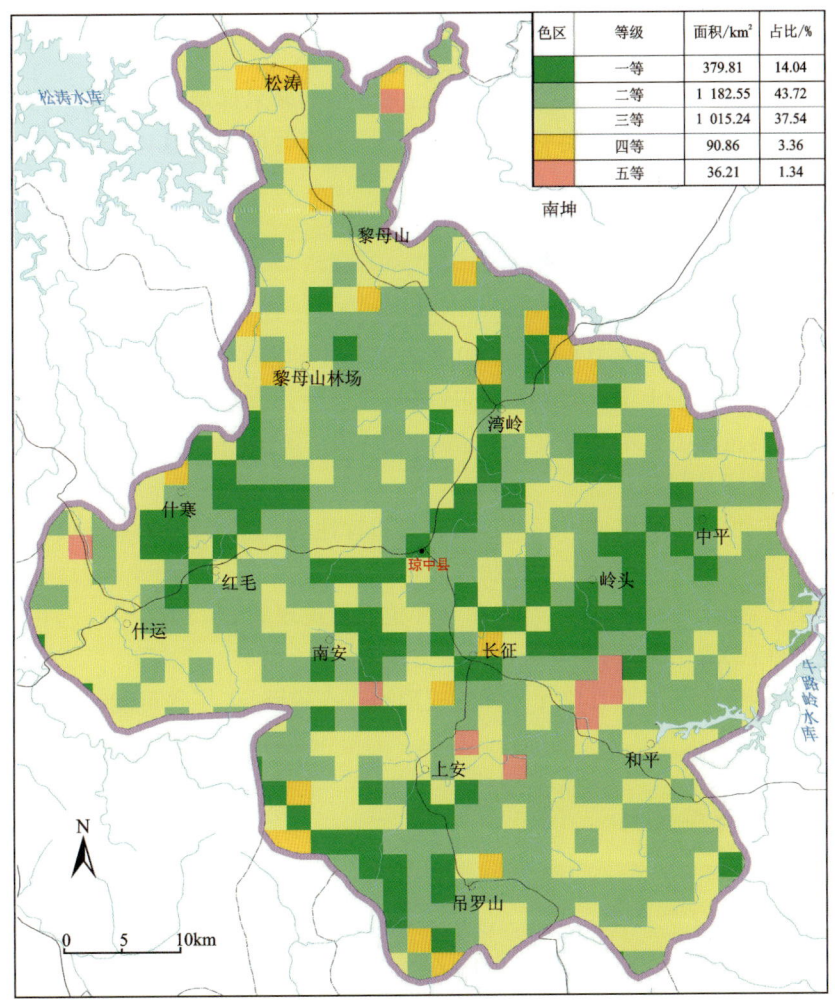

图 5-2-4 琼中县土壤质量地球化学综合等级图

5.3.1 工作布置原则

野外实地调查与样品采集均是在基本调查单元的基础上开展的,因此调查的首要任务就是进行基本调查单元划分。基本调查单元是由一个或多个图斑组成的土地利用类型相同、地质背景相同、水系流域归属相同的区域。同一基本调查单元不可跨越不同地质背景区、水系流域归属区。基本调查单元大小依据土地利用类型分别确定。此外,在地形地貌复杂、山地丘陵、土地利用方式多样、人为污染强烈、元素及污染物含量空间变异性大的地区,以调查目的为导向可适当减小基本调查单元面积,增大调查及采样密度。具体部署方法如下。

(1)合并:对直接相连的面积较小的图斑进行合并,使合并后的图斑面积处于目标范围内。①耕地,如果周围存在直接相连的面积小于 $0.05km^2 / 0.02km^2$ 且地质背景相同、归属流域相同的耕地图斑,可与周围耕地图斑进行合并,使之面积处于 $(0.05\sim0.1)km^2 / (0.02\sim0.04)km^2$ 区间内;②园地,如果周围存在直接相连的面积小于 $0.1km^2$ 且地质背景相同、归属流域相同的园地图斑,可与周围园地图斑进行合并,使之面积处于 $(0.1\sim0.2)km^2 / (0.1\sim0.15)km^2$ 区间内;③林地,如果周围存在直接相连的面积小于 $0.2km^2$ 且地质背景相同、归属流域相同的林地图斑,可与周围林地图斑进行合并,使之面积处于 $0.2\sim0.25km^2$ 区间内;④其他用地,不进行合并。

(2)挑选:依据图斑面积或前期调研结果,针对不同土地利用类型图斑挑选不同数量图斑,图斑数量要求能够满足调查精度、解决目标问题。

(3)部署:将挑选出的图斑划分为基本调查单元,并分别部署采样点。

(4)统计:统计部署的各土地利用类型的面积及数量、未部署的各土地利用类型的面积。

5.3.2 野外实地调查内容

野外实地调查包括以下6个大类15个小项。

(1)生态地质背景:包括①土壤成因类型;②成壤母质岩性。

(2)土壤自然性状:包括①土壤层厚度;②土壤发育程度;③土壤侵蚀程度;④土壤发生类型;⑤土壤质地;⑥地形地貌;⑦坡度及朝向。

(3)土壤物质组成:包括矿物组成、化学组成、有机质特性等,主要通过采集土壤样品,分析相关指标(营养元素、人体有益元素、重金属元素、污染物等)获得。

(4)土地利用现状:①土地利用现状;②农作物种植或植被现状。

(5)农业生产条件:①农田类型;②灌溉能力与方式。

(6)人类活动影响:是指基本调查单元范围内或周边存在道路、工厂等可能产生的人为影响。

5.3.3 样品采集

1. 土壤样品采集

通过采集多点子样,组合成一件样品的方法,在农田、园地、林地等区域,等量采集3件子样,表层土样的子样均在采样点周围(大于50m范围内)。每个采样基本调查单元内的子样需要具有相同的土壤类型,能够代表所采集基本调查单元内的主体土壤。土样采集时,去除地表植物及岩石碎块,用专用取样器采集一个20cm深的圆柱状土样,去除其中的草根、石块、虫体等杂物,选取500g样品作为一件子样,若土柱中发现大量碎砖块、肥料残块等非原生物质,则需要更换采样点。在每个采样基本调查单元的子样采集完毕后,取等量样品,经充分混合、缩分后作为一件样品装入样品盒/袋中。对于含水量较高的样品,要注意防止样品间相互沾污。

2. 灌溉水样品采集

按照不同小流域布设样点,于农作物灌溉高峰期在灌溉口处采集样品。存水容器在装入水样前,先用该采样点水样冲洗3次。灌溉水为自来水或有抽水设备的井水时,先放水5min,然后将水样收集于瓶中。地表灌溉水采用瞬时采样法采样,尽量不扰动水流与底部沉积物,每瓶装水体积90%,空气10%。分析有机污染物的水样,样瓶必须装满。装入水样后,根据不同的分析指标,加入相应的保护剂,之后摇匀,并填写水样标签。重复样与基本样的采集方法一致。根据测试指标不同,添加不同的保护剂,具体如下。

用于测定酸碱度(pH)、六价铬、总砷、总硒、总磷的水样是原水样。水样采集后不添加任何保护剂。原水样保存于玻璃瓶或聚乙烯塑料瓶中。

用于测定总镉、总铅、总铜、总锌的水样是酸化水样。水样采集后,每1000mL加入10mL盐酸或硝酸溶液进行酸化。酸化水样保存于玻璃瓶或聚乙烯塑料瓶中。

用于全磷测定的水样必须用玻璃瓶装,每500mL加1mL硫酸,pH等于0.1或小于0.1即可。

用于测定总汞的水样必须预先在盛水样的塑料瓶中加入 50mL 浓硝酸（HNO_3）和 10mL 5％重铬酸钾（$K_2Cr_2O_7$）溶液,再注入 1000mL 水样,摇匀,用石蜡密封瓶口。

用于测定有机污染物的水样需取水样 3～5L 于硬质玻璃瓶中,酸化使 pH 小于或等于 2,摇匀,低温保存。

用于测定 pH 值、亚硝酸根的水样,需要用聚乙烯塑料壶采集 1000mL 水样,密封、记录、粘贴标签并于阴凉处存放,24h 内送到实验室,并在 24h 内分析完毕。水样运输过程中做到防震、防晒、防污染,根据特殊分析项目按有关要求执行。

3. 农作物及根系土样品采集

采集种植量较大的农产品,如水稻、地瓜类、白菜类、绿叶蔬菜类、槟榔、玉米和花生等,协同布设根系土样点。

水稻、小麦类样品采集：每个采样点根据采样地块的面积、地形及生长状况进行布设。通常在 5 亩范围内,长势整齐的水稻、小麦田中,选取 50cm×50cm 的样方 4～5 个,样点距田埂边 1m 以上。将采集样品切割、混合、称重并装入样品盒中。

地瓜、花生类样品采集：选取采样基地块内长势较好的植物 4～5 株,用不锈钢剪刀去除其茎、叶部分,选取果实,经过水洗晾干后装入样品盒中。

果树类样品采集：在采样地块中,选取 4～5 棵果树,每棵果树取两件成熟果实,将果实样品混合为一件样品装入样品保存箱中。

蔬菜类样品采集：在采样基本调查单元内,选取 10～15 棵长势成熟的植株,用不锈钢剪刀整株去根后采集;大型植株的叶菜类可用辐射型切割法采样,即从每株表层叶至心叶切成八小瓣为该植株分样。

根系土样品采集：根系土样品与农作物样品点位对应。

5.3.4 样品分析

根据《多目标区域地球化学调查规范（1∶250 000）》（DZ/T 0258—2014）、《土地质量地球化学评价规范》（DZ/T 0295—2016）和《生态地球化学评价样品分析技术要求》（DD 2005-03）等相关技术规范要求,选择确定地球化学调查土壤样品分析测试方法。在选择分析方法配套方案时,根据分析测试指标的不同分析方法质量参数水平,选择质量参数好的分析方法作为首选方法。针对项目相关要求,制定了以电感耦合等离子体质谱法为主,原子荧光法、发射光谱法辅助的多元素配套分析方法。该方案经过类似项目验证,方法适用性较好,能够满足该项目样品分析测试质量要求（表 5-3-1,表 5-3-2）。

5.3.5 数据处理与图件编制

地球化学特征参数包括算术平均值（$\overline{X}$）、算术标准偏差（S）、变异系数（CV）、中位值（X_{me}）、最大值（X_{max}）、最小值（X_{min}）等。

算术平均值（$\overline{X}$）：

$$\overline{X} = \frac{1}{n}\sum_{i=1}^{n} X_i \qquad (5-3)$$

式中：X_i 为某样品元素/指标含量；$\overline{X}$ 为算术平均值,下同。

表 5-3-1 土壤样品元素分析配套方法

序号	处理方法	测定方法	测试元素/指标
1	0.100 0g 样品四酸溶样	定容 25mL 后直接测定	电感耦合等离子体光谱法(ICP-AES)	Ba、Cr、Mn、Nb、P、Rb、Sr、Th、Ti、V、Zn、CaO、TFe$_2$O$_3$、K$_2$O、MgO、Na$_2$O(Co、Ni、Sc、Y、Ce、Al$_2$O$_3$)
2	0.100 0g 样品四酸溶样	定容 25mL 后稀释测定	电感耦合等离子体质谱法(ICP-MS)	Be、Bi、Cd、Co、Cu、Ge、Li、Mo、Pb、Ni、Ta、Tl、U、W、Sc、Y、La、Ce、Pr、Nd、Sm、Eu、Gd、Tb、Dy、Ho、Er、Tm、Yb、Lu(Ba、Cr、Ga、Mn、Rb、Th、Nb、Sr、Ti、V、Zn)
3	0.250 0g 样品王水(硝酸、盐酸)溶样	KBH$_4$ 还原、氢化法	原子荧光光谱法(AFS)	As、Sb、Hg
4	0.500 0g 样品硝酸、氢氟酸处理溶样	KBH$_4$ 还原、氢化法	原子荧光光谱法(AFS)	Se
5	样品和缓冲剂 1:1 混合	垂直对电极摄谱法	发射光谱法(ES)	B、Ag、Sn(Mo)
6	0.100 0g 样品	加入重铬酸钾、硫酸	容量法(VOL)	有机碳
7	0.100 0g 样品	钨粒助熔	红外吸收法	全碳
8	0.500 0g 样品	硫酸分解加浓碱蒸馏	容量法(VOL)	N
9	0.500 0g 样品碱熔分解、水浸取	pH(6.8~7.2)、柠檬酸三乙醇胺	离子选择性电极法(ISE)	F
10	10.0g 样品，水浸取	直接测定	离子选择性电极法(ISE)	pH
11	0.500 0g 样品碱熔分解水提取	放置澄清，吸液比色	催化比色法(COL)	I
12	10.0g 样品王水溶解	泡沫吸附，硫脲解脱	电感耦合等离子体质谱法(ICP-MS)	Au
13	0.250 0g 样品王水(硝酸、盐酸)溶样	放置澄清	电感耦合等离子体光谱法(ICP-AES)	S
14	1.00 0g 试样	1075℃高温加热,冷却称量	重量法(GR)	烧失量
15	4.0g 样品	粉末压片法	X 射线荧光光谱法(XRF)	Br、Cl、Zr、Hf、Ga(Ba、Ti、TFe$_2$O$_3$、K$_2$O、CaO、Na$_2$O、MgO)
16	0.650 0g 样品	熔片法	X 射线荧光光谱法(XRF)	SiO$_2$、Al$_2$O$_3$(K$_2$O、CaO、Na$_2$O、MgO、TFe$_2$O$_3$)

表 5－3－2　土壤元素全量测试方法及检出限要求

序号	元素/指标	单位	分析方法	规范要求检出限	配套方法检出限
1	Ag	mg/kg	ES	0.02	0.02
2	As	mg/kg	AFS	1	0.5
3	Au	mg/kg	ICP－MS	0.000 3	0.000 3
4	B	mg/kg	ES	1	1
5	Ba	mg/kg	ICP－AES	10	10
6	Be	mg/kg	ICP－MS	0.5	0.5
7	Bi	mg/kg	ICP－MS	0.05	0.03
8	Br	mg/kg	XRF	1	0.5
9	Cd	mg/kg	ICP－MS	0.03	0.02
10	Cl	mg/kg	XRF	20	20
11	Co	mg/kg	ICP－MS	1	1
12	Cr	mg/kg	ICP－AES	5	3
13	Cu	mg/kg	ICP－MS	1	1
14	F	mg/kg	ISE	100	70
15	Ga	mg/kg	XRF	2	2
16	Ge	mg/kg	ICP－MS	0.1	0.1
17	Hf	mg/kg	XRF	0.5	0.5
18	Hg	mg/kg	AFS	0.000 5	0.000 5
19	I	mg/kg	COL	0.5	0.35
20	Li	mg/kg	ICP－MS	1	1
21	Mn	mg/kg	ICP－AES	10	10
22	Mo	mg/kg	ICP－MS	0.3	0.3
23	N	mg/kg	VOL	20	20
24	Nb	mg/kg	ICP－AES	2	2
25	Ni	mg/kg	ICP－MS	2	1
26	P	mg/kg	ICP－AES	10	10
27	Pb	mg/kg	ICP－MS	2	1.5
28	Rb	mg/kg	ICP－AES	10	2
29	S	mg/kg	ICP－AES	30	30
30	Sb	mg/kg	AFS	0.05	0.05
31	Se	mg/kg	AFS	0.01	0.01
32	Sn	mg/kg	ES	1	0.8
33	Sr	mg/kg	ICP－AES	5	5
34	Ta	mg/kg	ICP－MS	0.2	0.2

续表 5-3-2

序号	元素/指标	单位	分析方法	规范要求检出限	配套方法检出限
35	Th	mg/kg	ICP-AES	2	2
36	Ti	mg/kg	ICP-AES	10	10
37	Tl	mg/kg	ICP-MS	0.1	0.1
38	U	mg/kg	ICP-MS	0.1	0.1
39	V	mg/kg	ICP-AES	5	5
40	W	mg/kg	ICP-MS	0.4	0.3
41	Zn	mg/kg	ICP-AES	4	2
42	Zr	mg/kg	XRF	2	2
43	Sc	mg/kg	ICP-MS	1	1
44	Y	mg/kg	ICP-MS	1	1
45	La	mg/kg	ICP-MS	5	3
46	Ce	mg/kg	ICP-MS	1	1
47	Pr	mg/kg	ICP-MS	0.1	0.1
48	Nd	mg/kg	ICP-MS	0.1	0.1
49	Sm	mg/kg	ICP-MS	0.1	0.1
50	Eu	mg/kg	ICP-MS	0.1	0.05
51	Gd	mg/kg	ICP-MS	0.1	0.1
52	Tb	mg/kg	ICP-MS	0.1	0.05
53	Dy	mg/kg	ICP-MS	0.1	0.1
54	Ho	mg/kg	ICP-MS	0.1	0.05
55	Er	mg/kg	ICP-MS	0.1	0.1
56	Tm	mg/kg	ICP-MS	0.1	0.05
57	Yb	mg/kg	ICP-MS	0.1	0.1
58	Lu	mg/kg	ICP-MS	0.1	0.05
59	Al_2O_3	%	XRF	0.05	0.05
60	CaO	%	ICP-AES	0.05	0.03
61	TFe_2O_3	%	ICP-AES	0.05	0.05
62	K_2O	%	ICP-AES	0.05	0.04
63	MgO	%	ICP-AES	0.05	0.04
64	Na_2O	%	ICP-AES	0.1	0.035
65	SiO_2	%	XRF	0.1	0.1
66	烧失量	%	GR	0.1	0.1
67	有机碳	%	VOL	0.1	0.03
68	全碳	%	红外吸收法	0.1	0.03
69	pH		ISE	0.1	0.1

算术标准偏差(S):是反映数据离散程度的参数,其值越大说明样点间的含量水平差异越大。

$$S = \sqrt{\frac{\sum_{i=1}^{n}(X_i - \overline{X})^2}{n}} \qquad (5-4)$$

变异系数(CV):标准差与平均值的比值。

$$CV = \frac{S}{\overline{X}} \times 100\% \qquad (5-5)$$

中位值(X_{me}):将数据排序后,位置在最中间的数值。

离群值:将($\overline{X} \pm 3S$)作为正常值范围,此区间之外的值视为离群值。进行反复迭代后用,中位值作为调查区元素背景值。

土地农用适宜性图件主要包括实际采样点位分布图、调查成果图、地球化学图和地球化学等级图等。实际采样点位分布图主要展示实际土壤采样点位、灌溉水采样点位、农作物采样点位等。调查成果图主要为生态地质调查过程中调查的土壤发生类型、土壤成因类型、调查单元坡度和坡向等图件。地球化学图为表层土壤样品分析得出的元素值,赋值给调查单元后,依据地球化学等量线间隔绘制的调查单元地球化学色块图。地球化学等级图为依据相应的元素分级标准绘制的调查单元地球化学色块图。

将获取的地球化学数据赋值给调查单元,根据地球化学数据给调查单元赋对应的色系,形成调查单元地球化学图。使用几何间隔法划分色区,几何间隔的原理是使每个类的元素数值的平方和最小。这可确保每个类的范围与每个类所拥有的值的数量大致相同,且间隔之间的变化非常一致。

5.4　农用地适宜性评价

5.4.1　土地农用立地条件

调查区位于琼中县湾岭镇—黎母山镇—营根镇—和平镇一带(图5-4-1),调查区面积为760 km²(约114万亩)。地理坐标:琼中县黎母山镇、湾岭镇,东经109°40′—110°03′,北纬19°00′—19°25′;琼中县和平镇,东经109°57′—110°02′,北纬18°50′—18°55′。

1. 地质、地貌和土壤条件

1)地质建造类型

调查区地质建造类型主要有黎母山粗中粒巨斑状角闪黑云二长花岗岩、加茂中细粒角闪黑云花岗闪长岩、琼中县中粒斑状黑云二长花岗岩、架水粗中粒斑状角闪黑云二长花岗岩、长塘岭中细粒斑状黑云二长花岗岩、南通岭中细粒黑云母正常花岗岩等。

2)土壤成因类型

土壤成因类型以山地-丘陵间残坡积、坡积、残积为主,少量河流山口平原为冲洪积,极少量为湖积以及人工堆积。

3)土壤发生类型

土壤发生类型以砖红壤为主,少量黄壤、赤红壤、紫色土,水稻种植区及部分草地发育水稻土。

4)土壤质地

土壤质地类型以壤土为主,约占调查区面积的80.5%。

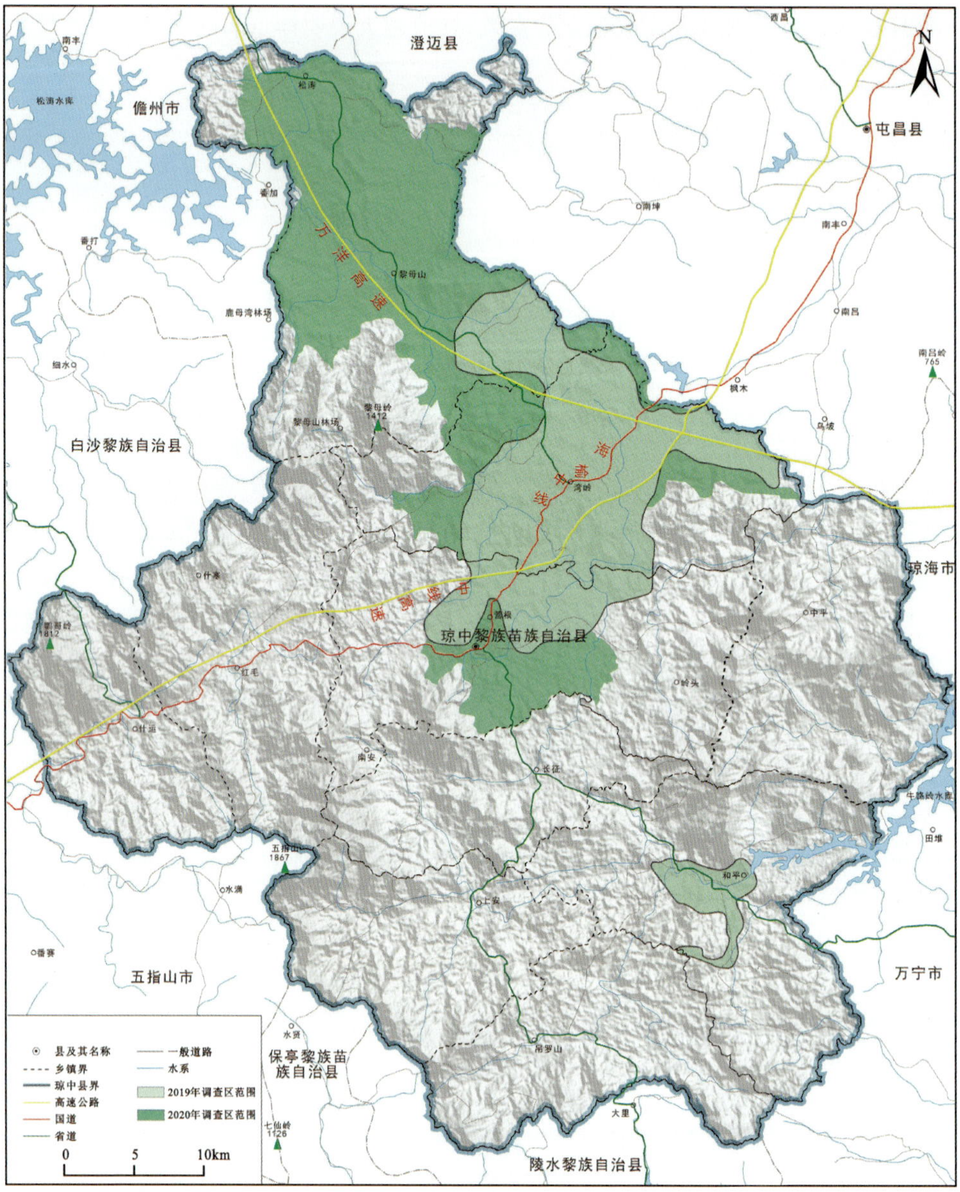

图 5-4-1 琼中县调查区位置示意图

5）土壤厚度

调查区土壤厚度较厚，绝大部分土壤厚度大于 1.5m，且无明显侵蚀。较厚的土壤层利于水分保持、肥力积累，不会对果树生长造成影响，利于各类农业生产活动的开展。

6）调查单元坡向和坡度

琼中县调查区调查单元坡向分布比较均匀，无坡向调查单元占地面积 179.5km²，占比 23.62%（图 5-4-2）。琼中县调查区调查单元坡度以小于 6°为主，占比达到 54.30%；大于 25°的陡坡占比 6.81%，这部分土地用于农业生产时需注意水土保持（图 5-4-3）。

2. 土地农用现状

琼中县调查区土地利用类型划分为农田、园地、林地、草地、水域滩涂等（图 5-4-4）。其中，园地面积最大，为 348 124.5 亩，占调查面积的 83.40%；耕地次之，占地 54 796.5 亩，占调查面积的 13.13%；林地共 7953 亩，占调查面积的 1.90%；草地共 4128 亩，占调查面积的 0.99%；建设、交通、水域、滩涂等用地 2415 亩，占调查面积的 0.58%。

5 农业生态地质调查高效支撑生态农业发展

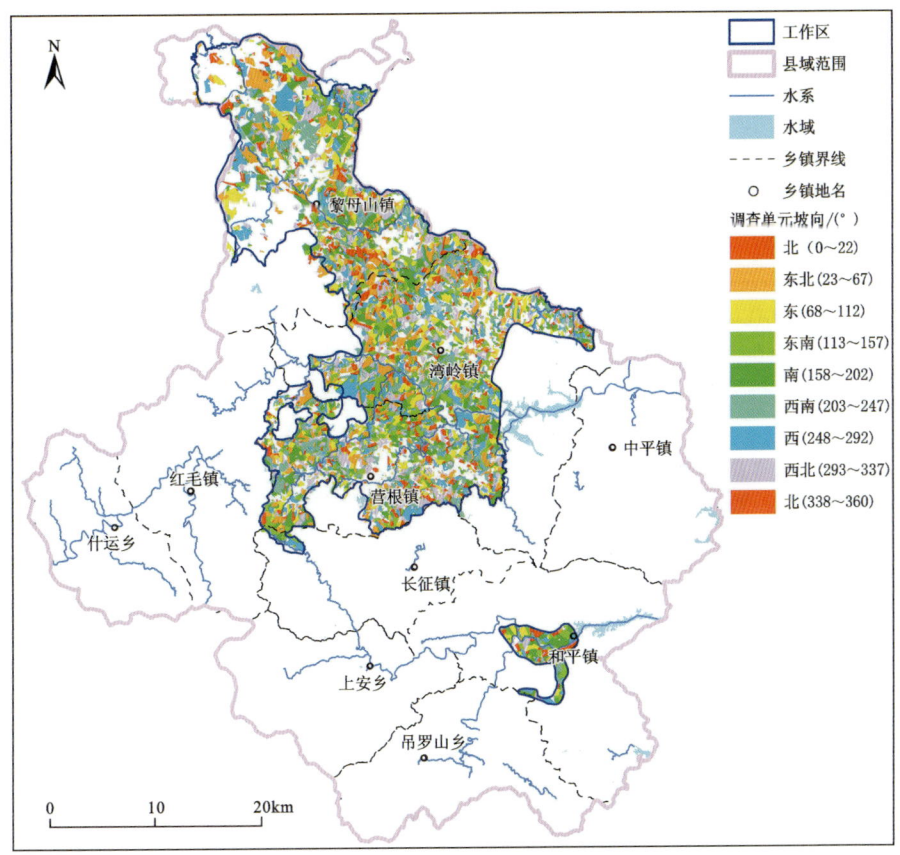

图 5-4-2 琼中县调查区调查单元坡向图

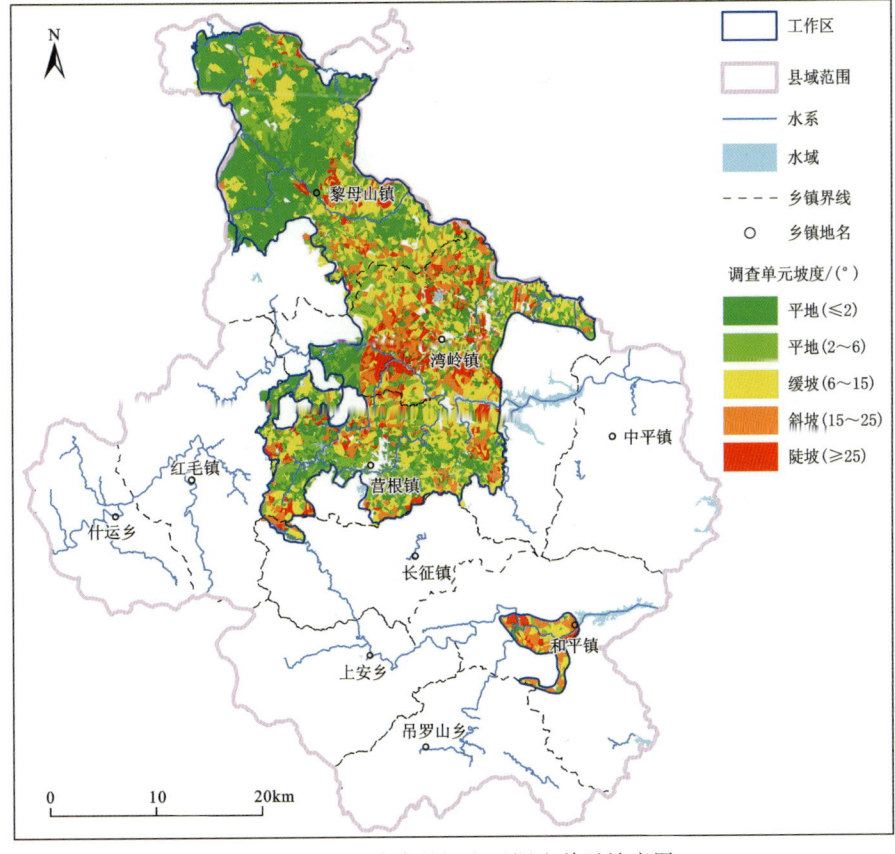

图 5-4-3 琼中县调查区调查单元坡度图

琼中县调查区种植/植被类型较为丰富(图5-4-5),调查区主要植被为橡胶,种植面积达249 434.32亩,占调查面积的59.76%;其次为槟榔,种植面积71 772.68亩,占调查面积的17.19%;水稻种植面积19 727.85亩,占调查面积的4.73%;绿橙种植面积6 660.40亩,占调查面积的1.60%;此外,现阶段植被覆盖类型为杂草未被利用的土地面积为29 020.10亩,占调查面积的6.95%;其他种植/植被类型包含香蕉、荔枝、百香果、菠萝蜜、椰子、火龙果、柠檬等水果,桉树、茶园、木薯等经济作物,以及建设交通用地、水域滩涂等共计40 801.65亩,共占调查面积的9.77%。

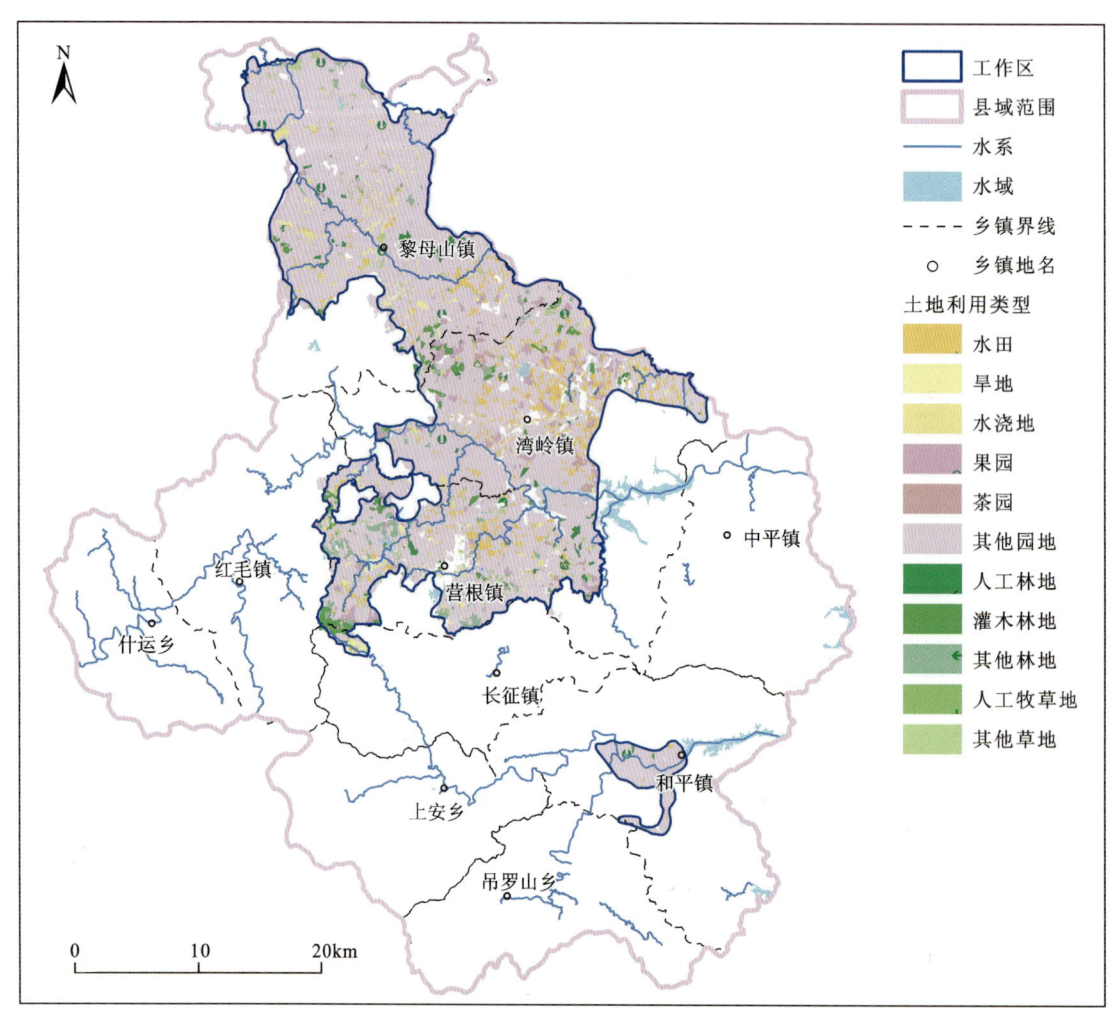

图5-4-4 琼中县调查区土地利用类型

5.4.2 土壤元素地球化学特征

5.4.2.1 调查区元素含量特征

琼中县调查区土壤元素地球化学含量特征值统计见表5-4-1,其中算术平均值($\overline{X}$)、中位数($\overline{X}_{me}$)、最大值(X_{max})、最小值(X_{min})、算术标准偏差(S)、变异系数(CV)为原始数据计算求得,中位数*(X_{me}^*)、变异系数*(CV^*)为由原始数据经过算术平均值加减3倍算术标准偏差进行反复迭代剔除

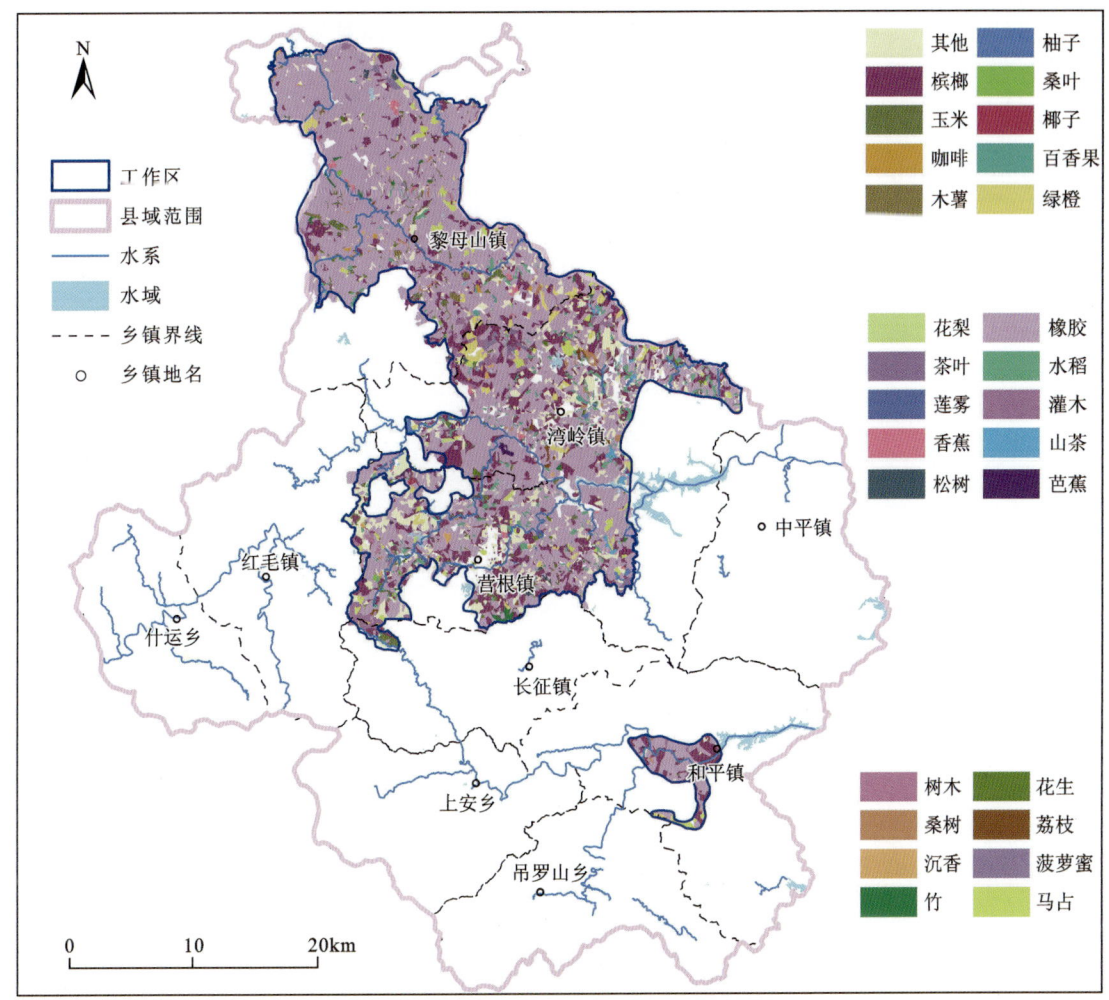

图 5-4-5 琼中县调查区种植/植被类型

后的剩余数据求得,并用 X_{me}^* 作为调查区元素背景值。剔除数据数为迭代剔除数据的总数。由表 5-4-1可见,与海南岛土壤背景值(简称海南岛背景值)和中国土壤背景值(简称中国背景值)相比,除 Pb 外,琼中县调查区土壤其他 7 种重金属元素 As、Cd、Cr、Cu、Hg、Ni、Zn 背景值均低于海南岛背景值和中国背景值。尤其是 As、Cd、Cr、Cu 背景值远低于海南岛背景值和中国背景值。而琼中县调查区 Pb 背景值略高于海南岛背景值和中国背景值。土壤养分元素 B、Cl、Mo、Mn 背景值均低于海南岛背景值和中国背景值,其中琼中县调查区 B 元素背景值仅为 6.41mg/kg,而海南岛背景值和中国背景值分别为 36.7mg/kg、47.8mg/kg,差异非常显著。琼中县调查区 N、P 元素背景值与海南岛背景值相当,差异不大;而 K 背景值高于海南岛背景值,与中国背景值差异不大。琼中县调查区 MgO 背景值与海南岛背景值相差不大,但远低于中国背景值;CaO 远低于海南岛背景值和中国背景值;琼中县调查区 Na_2O 背景值为 0.160%,低于海南岛背景值(0.406%),远低于中国土壤背景值(1.37%);琼中县调查区 Se 背景值高于海南岛背景值和中国背景值;而 I 背景值低于海南岛背景值,但高于中国背景值。从酸碱度分析,琼中县调查区土壤整体呈酸性(pH 背景值为 5.39),这与海南岛土壤酸碱程度一致(pH 背景值为 5.5),与中国土壤整体呈中酸性的特征存在一定的差异。

表 5-4-1 琼中县调查区土壤元素地球化学含量特征值统计表

元素	$\overline{X}$	X_{me}	X_{max}	X_{min}	S	CV	X_{me}^*/背景值	CV^*	剔除数据数	海南岛背景值	中国背景值
As	3.72	1.70	654	0.500	13.0	3.49	1.43	0.395	1647	5.29	11.2
B	11.5	7.20	380	1.72	15.5	1.35	6.41	0.525	877	36.7	47.8
Cd	0.056	0.042	15.2	0.020	0.183	3.25	0.040	0.492	441	0.081	0.097
Cl	72.2	59.7	1028	10.6	47.0	0.650	56.2	0.346	864	141	—
Co	7.68	5.54	156	1.00	7.48	0.975	5.02	0.606	688	11.9	12.7
Cr	36.8	24.1	2110	2.96	60.6	1.64	21.7	0.714	653	60.8	61
Cu	8.88	6.47	128	1.00	7.55	0.850	6.02	0.615	504	17.2	22.6
F	353	313	2681	48.8	174	0.493	303	0.373	435	277	178
Ge	1.24	1.21	2.93	0.529	0.212	0.172	1.21	0.158	133	1.33	1.7
Hg	0.035	0.032	0.395	0.002	0.017	0.482	0.031	0.343	267	0.043	0.065
I	5.53	5.00	32.0	0.350	3.89	0.704	4.91	0.649	172	6.09	3.76
Mn	311	237	6292	10.1	266	0.856	218	0.601	595	477	583
Mo	0.740	0.590	15.9	0.290	0.619	0.836	0.555	0.392	681	1.14	2
N	0.928	0.859	6.61	0.057	0.427	0.460	0.837	0.348	336	0.896	—
Ni	10.4	7.03	488	1.00	13.1	1.26	6.25	0.656	712	25.2	26.9
P	0.340	0.256	8.49	0.019	0.302	0.890	0.234	0.499	826	0.488	—
Pb	31.8	29.8	463	2.00	16.8	0.527	29.2	0.314	408	26.2	26
S	174	163	1504	26.0	76.2	0.438	160	0.323	322	220	—
Se	0.456	0.421	3.36	0.028	0.212	0.465	0.414	0.383	231	0.345	0.29
V	52.8	42.2	606	4.36	40.5	0.767	40.0	0.596	383	75.2	82.4
Zn	53.8	50.2	500	4.02	25.6	0.475	49.3	0.420	193	51.2	74.2
SiO_2	67.8	67.5	97.3	30.4	8.21	0.121	67.3	0.112	164	68.7	—
Al_2O_3	13.8	14.1	28.3	0.300	3.72	0.270	14.1	0.257	77	12.9	12.5
TFe_2O_3	3.81	3.32	23.7	0.070	2.13	0.560	3.22	0.457	391	4.60	4.2
MgO	0.517	0.350	12.2	0.031	0.585	1.13	0.320	0.552	963	0.382	1.3
CaO	0.283	0.100	8.16	0.039	0.478	1.69	0.064	0.528	2271	0.371	2.16
Na_2O	0.371	0.216	8.39	0.030	0.416	1.12	0.160	0.604	1722	0.406	1.37
K	27.6	27.6	70.3	0.457	11.9	0.432	27.5	0.427	27	20.1	26.98
SOM	19.0	17.7	136	1.09	8.52	0.448	17.4	0.359	225	18.6	31
pH	5.45	5.40	7.52	3.98	0.449	0.083	5.39	0.073	213	5.5	6.7

注：As、B、Cd、Cl、Co、Cr、Cu、F、Ge、Hg、I、Mn、Mo、N、Ni、P、Pb、S、Se、V、Zn、K 单位为 mg/kg；SiO_2、Al_2O_3、TFe_2O_3、MgO、CaO、Na_2O 单位为%；SOM 单位为 g/kg；pH 为无量纲；CV 原本为百分数表示，此处为方便表示简化为小数。

5 农业生态地质调查高效支撑生态农业发展

部分元素原始数据变异系数较高,特别是 As、Cd、Cr、Ni 和 CaO 具有较高的变异系数,其中 As、Cd 变异系数分别达到了 3.49、3.25。经过算术平均值加减 3 倍算术标准差进行反复迭代剔除后,变异系数显著降低,元素/指标的变异系数均变小。全部元素变异系数小于 1,大部分元素变异系数小于 0.6。原始数据中 As、Cd、Cr 和 Ni 有较高的变异系数主要是由存在单点的异常值造成的。

5.4.2.2 土壤元素含量分类统计

1. 成土母岩

将土壤采样点位与地质建造类型图空间叠加后,获取采样点的成土母岩类型属性,再统计各主要成土母岩的基本统计参数。将成土母岩按时代和岩性大类进行分类,主要包括有中生代酸性侵入岩,古生代变质岩,中生代沉积岩,中生代中性侵入岩、酸性岩脉,古生代酸性侵入岩,中元古代变质岩。调查区不同成土母岩元素含量中位数对比情况如表 5-4-2 所示。

中生代酸性侵入岩是调查区最主要的成土母岩类型,分布的采样点位总数为 4904 个,占全部采样点位的比例高达 67.5%。中生代酸性侵入岩上覆土壤元素含量相较于其他成土母岩多处于"中间档",既不过高,也不过低。中生代中性侵入岩分布的采样点位数为 173 个,其上覆土壤元素 As、B 显著高于中生代酸性侵入岩,其余元素则较为相近。中生代沉积岩分布的采样点位数为 527 个,其上覆土壤部分元素含量比其他成土母岩低,如 As、B、Cu、F、Hg、I、Mo、Ni、Pb、Se、Al_2O_3、TFe_2O_3 和 SOM(有机质)等,而 K、Na_2O、SiO_2 则高于其他成土母岩。古生代变质岩分布的采样点位数为 98 个,其上覆土壤元素含量总体与中生代酸性侵入岩相近。中元古代变质岩分布的采样点位数为 67 个,其部分元素含量显著区别于其他成土母岩,例如 As 显著高于其他成土母岩,此外 Se、I、Ni 和 SOM 也高于其他成土母岩。

上述结果显示,不同成土母岩类型土壤元素含量普遍存在差异。不同成土母岩对其上覆土壤元素含量的影响方式也不一样,例如中生代沉积岩岩性主要为长石石英砂岩,岩石中长英质矿物比例较高,因此土壤中砂质成分较高,进而导致部分微量元素含量相对较低。而中元古代变质岩主要岩性为碳质板岩、碳质页岩,相较于侵入岩、砂岩,碳质板岩、碳质页岩风化形成的土壤粒度更小,更易于吸附微量元素,导致中元古代变质岩形成的土壤中 Se、I 和 As 等元素含量较高。

2. 土地利用类型

以调查过程中获取的调查点土地利用类型信息为依据,统计各土地利用类型土壤的基本统计参数。调查区不同土壤发生类型元素含量中位数对比情况如表 5-4-3 所示。

调查区内主要用地类型包括水田、水浇地、旱地、果园、茶园、其他园地(主要种植槟榔、橡胶)、草地和其他用地(城镇用地、交通用地等)。茶园土壤重金属元素 As、Cd、Cr、Cu、Hg、Ni 和 Zn 中位数均高于其他土地利用类型,其次为其他用地。在其他土地利用类型中,8 种重金属元素中位数差异不大。B 中位数在其他用地中最高。Cl、Co、F、Mn、Mo、P、V、Al_2O_3、TFe_2O_3、K、MgO 和 Na_2O 中位数在果园中较低,在其他土地利用类型中差异不大。Se 中位数在茶园中最高,在草地中最低,但总体各土地利用类型差异不大。I 中位数在水浇地中最高,在旱地中最低。SOM 中位数在水浇地中最高,在其他用地中最低。各土地利用类型中土壤 pH 中位数差异不大。总体而言,除部分元素外,土地利用类型对土壤元素含量的影响不大。

3. 土壤发生类型

以调查过程中获取的调查点土壤发生类型信息为依据,统计各土地利用类型土壤的基本统计参数。同时分别对水稻土、砖红壤原始数据进行算术平均值加减 3 倍算术标准差反复迭代剔除后的剩余数据求得中位数。调查区不同土壤发生类型元素含量中位数对比情况如表 5-4-4 所示,其中"砖红壤*"和"水稻土*"表示经过离群值剔除后的中位数。结果显示,As 和 B 中位数在砖红壤中明显低于水稻土,其余大部分元素在砖红壤和水稻土中差异不大。

表 5-4-2 琼中县调查区不同成土母岩土壤元素中位数统计表

元素	中生代酸性侵入岩(4904)	中生代中性侵入岩(173)	中生代沉积岩(527)	古生代酸性侵入岩(1470)	古生代变质岩(98)	中元古代变质岩(67)	中生代酸性岩脉(14)
As	1.51	2.28	0.910	3.76	0.800	25.6	1.47
B	6.90	9.75	4.84	10.3	4.49	8.58	6.84
Cd	0.042	0.045	0.048	0.041	0.053	0.046	0.032
Cl	60.6	63.5	57.1	58.2	50.8	57.8	63.5
Co	5.58	5.48	5.82	5.21	6.44	5.40	5.67
Cr	24.6	22.7	25.3	22.0	28.9	27.1	13.8
Cu	6.41	6.47	5.85	6.86	6.40	8.61	4.23
F	307	334	291	344	301	390	315
Ge	1.21	1.27	1.13	1.26	1.10	1.32	1.20
Hg	0.032	0.035	0.027	0.034	0.026	0.035	0.038
I	4.97	5.24	2.64	5.62	2.53	6.57	5.37
Mn	239	232	231	231	210	256	203
Mo	0.581	0.660	0.493	0.635	0.526	0.700	0.962
N	0.873	0.884	0.845	0.834	0.892	0.933	0.775
Ni	7.13	7.43	6.97	6.71	8.08	9.03	4.96
P	0.257	0.243	0.257	0.255	0.258	0.244	0.182
Pb	29.6	31.6	27.6	30.7	28.9	30.5	24.6
S	164	165	158	162	157	165	156
Se	0.420	0.460	0.310	0.470	0.295	0.540	0.495
V	42.4	40.2	41.4	41.5	45.8	53.4	38.8
Zn	50.1	50.6	47.4	51.2	51.5	52.3	43.0
SOM	17.9	17.2	16.8	17.2	17.3	18.8	16.1
Al_2O_3	14.1	14.6	13.5	14.0	14.0	14.8	13.7
CaO	0.102	0.090	0.170	0.080	0.261	0.070	0.060
TFe_2O_3	3.35	3.37	2.92	3.40	3.08	3.72	2.96
K	27.7	28.4	28.5	26.4	27.2	28.0	25.7
MgO	0.350	0.330	0.400	0.330	0.440	0.398	0.276
Na_2O	0.216	0.190	0.400	0.180	0.455	0.240	0.130
SiO_2	67.2	66.2	68.7	67.9	67.8	65.9	66.4
pH	5.42	5.34	5.51	5.33	5.58	5.25	5.35

注：As、B、Cd、Cl、Co、Cr、Cu、F、Ge、Hg、I、Mn、Mo、N、Ni、P、Pb、S、Se、V、Zn、K 单位为 mg/kg；SiO_2、Al_2O_3、TFe_2O_3、MgO、CaO、Na_2O 单位为％；SOM 单位为 g/kg；pH 为无量纲。

表 5-4-3 琼中县调查区不同土地利用类型土壤元素中位数统计表

元素	水田	水浇地	旱地	果园	茶园	其他园地	林地	草地	其他用地
As	1.85	1.48	1.47	1.83	3.08	1.64	1.96	1.71	2.15
B	7.68	6.78	6.98	7.69	8.10	7.11	7.60	6.81	8.80
Cd	0.042	0.037	0.047	0.037	0.053	0.042	0.039	0.046	0.041
Cl	62.3	59.3	61.2	55.7	63.4	59.6	58.8	57.7	59.6
Co	5.30	5.17	5.75	5.05	6.00	5.58	5.68	5.43	5.88
Cr	24.2	24.8	22.1	23.7	31.1	24.2	24.1	22.0	26.0
Cu	6.74	6.00	6.69	6.18	7.87	6.42	6.58	6.39	7.80
F	317	303	316	308	336	311	324	312	371
Ge	1.22	1.22	1.21	1.20	1.26	1.21	1.22	1.20	1.26
Hg	0.032	0.034	0.032	0.032	0.037	0.032	0.033	0.033	0.034
I	5.18	5.74	4.34	4.90	4.71	5.00	5.36	4.58	5.13
Mn	239	219	237	221	239	237	240	239	260
Mo	0.600	0.620	0.600	0.565	0.610	0.589	0.626	0.561	0.649
N	0.874	0.914	0.834	0.837	0.873	0.859	0.874	0.837	0.828
Ni	6.88	7.31	7.04	6.95	9.70	7.06	7.35	6.54	7.56
P	0.253	0.242	0.262	0.242	0.312	0.257	0.254	0.260	0.257
Pb	30.2	29.9	29.7	29.3	30.9	29.6	30.3	30.1	29.6
S	165	175	157	164	189	163	164	165	163
Se	0.440	0.460	0.430	0.440	0.470	0.420	0.430	0.410	0.425
V	41.2	39.6	43.4	40.4	54.5	42.2	45.5	40.4	53.0
Zn	50.9	47.7	50.9	49.4	56.3	50.0	50.0	49.3	56.0
SOM	17.9	19.0	18.1	18.1	18.4	17.5	17.9	17.9	16.1
Al_2O_3	14.0	13.9	13.7	13.3	14.0	14.1	14.2	14.3	14.6
CaO	0.099	0.090	0.120	0.080	0.100	0.100	0.090	0.120	0.085
TFe_2O_3	3.37	3.35	3.20	3.22	3.98	3.32	3.38	3.33	4.00
K	27.2	28.2	27.0	25.6	25.5	27.7	27.0	28.3	26.6
MgO	0.348	0.330	0.350	0.320	0.380	0.350	0.350	0.355	0.400
Na_2O	0.200	0.189	0.230	0.175	0.180	0.220	0.180	0.258	0.220
SiO_2	67.5	67.1	67.8	68.3	67.5	67.4	67.3	67.4	66.9
pH	5.40	5.38	5.45	5.35	5.31	5.41	5.37	5.42	5.39

注：As、B、Cd、Cl、Co、Cr、Cu、F、Ge、Hg、I、Mn、Mo、N、Ni、P、Pb、S、Se、V、Zn、K 单位为 mg/kg；SiO_2、Al_2O_3、TFe_2O_3、MgO、CaO、Na_2O 单位为%；SOM 单位为 g/kg；pH 为无量纲。

表 5-4-4 琼中县调查区不同土壤发生类型土壤元素中位数统计表

元素	砖红壤	水稻土	砖红壤*	水稻土*	元素	砖红壤	水稻土	砖红壤*	水稻土*
As	1.68	1.84	1.45	1.70	P	0.257	0.250	0.243	0.222
B	7.13	7.91	6.51	7.15	Pb	29.7	30.3	29.4	29.6
Cd	0.042	0.043	0.040	0.040	S	163	162	161	157
Cl	59.4	61.6	57.1	59.1	Se	0.420	0.430	0.416	0.430
Co	5.55	5.43	5.17	5.05	V	42.2	42.1	40.5	41.2
Cr	23.9	25.9	22.0	23.4	Zn	50.1	50.9	49.6	49.4
Cu	6.45	6.79	6.11	6.37	SOM	17.6	18.0	17.4	17.8
F	313	317	306	311	Al_2O_3	14.1	14.0	14.1	14.0
Ge	1.21	1.21	1.21	1.21	CaO	0.100	0.110	0.070	0.069
Hg	0.032	0.033	0.032	0.032	TFe_2O_3	3.32	3.33	3.26	3.26
I	5.00	5.00	4.93	4.91	K	27.6	27.5	27.6	27.4
Mn	237	230	223	206	MgO	0.350	0.360	0.320	0.330
Mo	0.590	0.590	0.561	0.561	Na_2O	0.216	0.216	0.190	0.189
N	0.859	0.887	0.848	0.859	SiO_2	67.5	67.5	67.4	67.4
Ni	7.02	7.22	6.48	6.73	pH	5.40	5.40	5.40	5.38

注：As、B、Cd、Cl、Co、Cr、Cu、F、Ge、Hg、I、Mn、Mo、N、Ni、P、Pb、S、Se、V、Zn、K 单位为 mg/kg；SiO_2、Al_2O_3、TFe_2O_3、MgO、CaO、Na_2O 单位为%；SOM 单位为 g/kg；pH 为无量纲。

5.4.3 土壤元素分级评价

5.4.3.1 土壤养分状况

1. N、P、K 丰缺特征

琼中县调查区表层土壤植物必需元素中 K 相对丰富，N、P 呈缺乏状态，而 P 含量缺乏最为严重（图 5-4-6，表 5-4-5）。N、P、K 较缺乏及缺乏等级面积分别为 494.28km²（741 421 亩）、667.39km²（1 001 082 亩）、128.84km²（193 262 亩），分别占调查区面积的 66.88%、90.31%、17.43%，表明调查区内钾含量丰富，P、N 为造成养分缺乏的主要因素。

琼中县调查区表层土壤中植物必需中量元素含量均呈现严重缺乏水平，其中 CaO、MgO 缺乏尤为突出，二者达到较丰富—丰富级土壤面积分别仅为调查区面积的 0.14%、5.31%，缺乏级土壤面积占比分别为 82.13%、63.51%。S 缺乏级土壤面积占比为 58.11%，中等以上土壤面积占比共计 16.41%。

根据土壤中 N、P、K 指标的丰缺程度划分出的养分地球化学综合等级结果，调查区内土壤养分丰富（一等）、较丰富（二等）、中等（三等）、较缺乏（四等）、缺乏（五等）的面积分别为 1.68km²（2526 亩）、27.1km²（40 630 亩）、195km²（291 812 亩）、433km²（649 853 亩）、82.5km²（123 720）亩，分别占实际调查面积的 0.23%、3.67%、26.32%、58.62%、11.16%（图 5-4-6）。缺乏等级主要分布在调查区北部，该地区成土母岩为鹿母湾组砂砾岩，其形成的土壤中长英质矿物比例较高，导致土壤养分等级较低。丰富、较丰富等级主要分布在湾岭镇附近,该地区水田分布广泛,农业生产活动导致水田中养分元素相对富集。因此调查区养分元素的分布受控于特殊的地质背景以及农业生产活动。

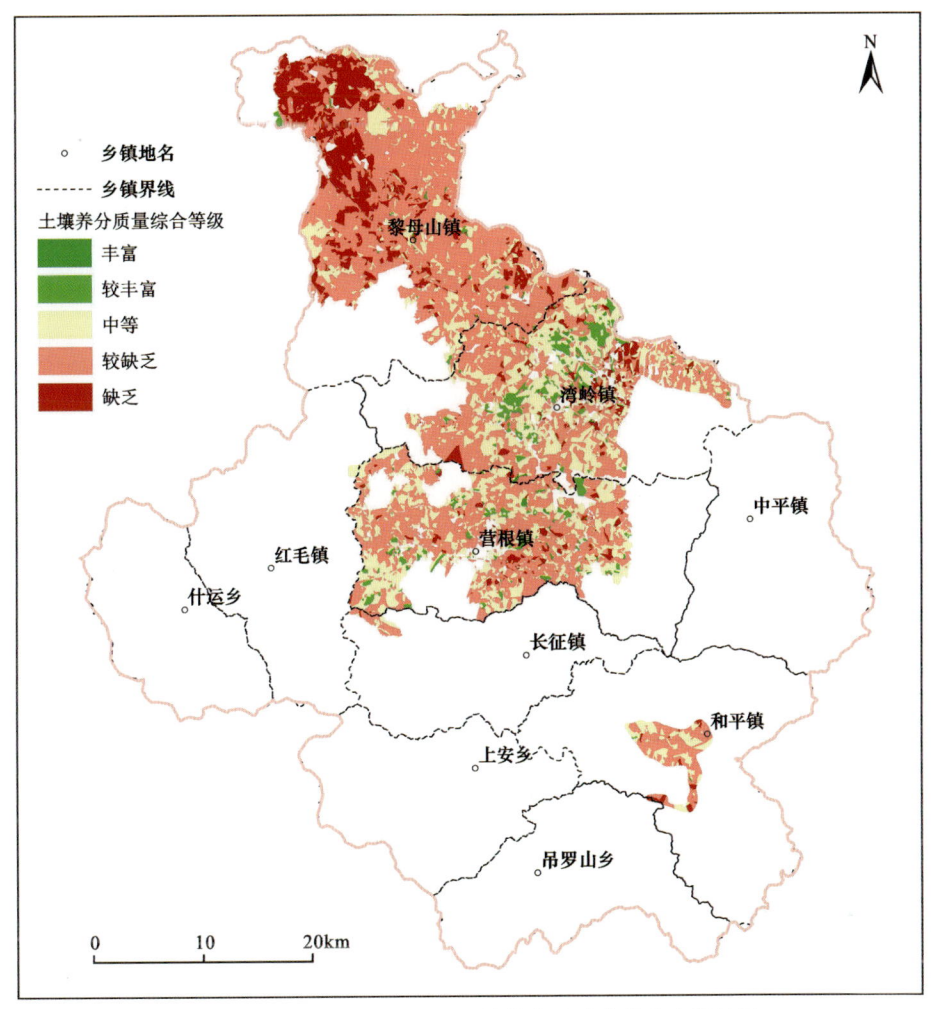

图 5-4-6　琼中县调查区土壤养分地球化学综合等级图

2. Fe、Mn 等元素丰缺特征

琼中县调查区表层土壤中植物必需微量元素 Fe、Mn、Zn、Cu、B 以缺乏为主。其中,B 缺乏最为严重,缺乏级土壤面积占比达到 92.71%,丰富级土壤面积占比仅 1.59%。Cu 缺乏程度次之,Cu 缺乏级土壤面积占比达 88.10%。再次为 Mn、Zn,缺乏级土壤面积占比分别为 73.58%、53.79%。Fe 缺乏级土壤面积占比为 53.47%,丰富级土壤面积占比为 18.26%。Mo 在各个级别中的占比差别不大,丰富级土壤面积占比为 26.93%,缺乏级土壤面积占比为 25.85%。Cl 丰富级土壤面积占比为 29.20%,缺乏级土壤面积占比为 3.75%,超限级土壤面积占比为 0.03%。

3. Na、Si 等元素丰缺特征

琼中县调查区表层土壤中植物有益元素 Na 以缺乏为主,缺乏级土壤面积占比为 85.91%,丰富级、较丰富级土壤面积占比仅分别为 0.35%、0.57%。Si 在各个级别中分布均匀,丰富级土壤面积占比为 34.56%,缺乏级土壤面积占比为 11.01%。

4. 土壤有机质丰缺特征

土壤有机质以较缺乏级为主(土壤面积占比 52.45%),其次为中等级(土壤面积占比 31.67%),缺乏级土壤面积占调查区总面积的 7.96%。

表 5-4-5 琼中县土壤植物养分指标分级统计及其调查区面积占比 单位:%

元素/指标		超限	丰富	较丰富	中等	较缺乏	缺乏
植物必需大中量元素	N		1.25	4.05	27.82	30.98	35.90
	P		2.72	2.32	4.65	11.21	79.10
	K		59.57	13.05	9.95	10.10	7.33
	CaO		0.14	1.24	4.94	11.55	82.13
	MgO		5.31	3.18	7.61	20.39	63.51
	S		1.95	3.78	10.68	25.48	58.11
植物必需微量元素	TFe$_2$O$_3$		18.26	8.03	6.23	14.01	53.47
	Mn	0.55	6.99	3.27	4.79	10.82	73.58
	Zn	0.05	10.37	8.85	9.30	17.64	53.79
	Cu	0.26	1.55	2.18	1.79	6.12	88.10
	B	0	1.59	0.39	1.02	4.29	92.71
	Mo	0.76	26.93	20.06	12.05	14.35	25.85
	Cl	0.03	29.20	23.95	26.45	16.62	3.75
植物有益元素	Na		0.35	0.57	1.17	12.00	85.91
	Si		34.56	18.59	19.54	16.30	11.01
有机质	有机质		2.57	5.35	31.67	52.45	7.96

5.4.3.2 土壤环境质量

1. 重金属元素分级统计

按上述分级标准,琼中县调查区表层土壤中 8 项重金属元素环境指标以一级、二级为主,均达 95% 以上(表 5-4-6)。Cu、Hg 没有调查点位于四级水平。Ni 共有 4 个调查点位于四级水平,合计 817 亩,土壤面积占比 0.07%。Cr 共有 8 个调查点位于四级水平,合计 1556 亩,土壤面积占比 0.14%。Pb 共有 1 个调查点位于四级水平,合计 211 亩,土壤面积占比 0.05%。Cd 共有 1 个调查点位于四级水平,合计 312 亩,土壤面积占比 0.07%。Zn 共有 1 个调查点位于四级水平,合计 312 亩,土壤面积占比 0.07%。As 共有 3 个调查点位于四级水平,合计 323 亩,土壤面积占比 0.03%。

表 5-4-6 琼中县调查区土壤重金属元素分级统计表 单位:%

分级等级	Cu	Zn	Ni	Cr	Pb	Cd	Hg	As
一级	98.99	95.71	98.14	93.57	68.95	98.83	99.92	95.30
二级	0.75	4.24	1.25	4.39	28.93	0.87	0.08	1.89
三级	0.26	0.02	0.54	1.91	2.10	0.27	0	2.78
四级	0	0.03	0.07	0.13	0.02	0.03	0	0.03

根据《土壤环境质量 农用地土壤污染风险管控标准(试行)》(GB 15618—2018),当土壤中所有重金属元素含量均小于筛选值时,划定为一等(无污染风险);任意一重金属元素含量大于筛选值,且所有重金属元素含量均小于或等于管控值,划定为二等(风险可控);任意一重金属元素含量大于管控值时,划定为三等(风险较高)。分级结果显示,调查区内无污染风险的土地面积为 1 055 613 亩,污染风险可

控的土地面积为 51 154 亩,污染风险较高的土地面积为 1774 亩,分别占总调查区面积的 95.23%、4.61%、0.16%。无污染风险土地覆盖绝大部分调查区域,风险可控土地主要分布于湾岭镇以南 G224 国道两侧、G9811 高速公路以西乌石与新平村之间,风险较高区域非常零散,不存在大面积污染土壤。

调查区土壤主要污染元素为 As、Cr、Cd,三者污染风险较高的土地面积分别为 $0.072 km^2$(108 亩)、$0.759 km^2$(1138 亩)、$0.208 km^2$(312 亩)。Cr 污染风险较高的土地主要分布于乌石农场鲤鱼岭队北鲤鱼岭附近、湾岭镇福山村北。As、Cd 污染风险较高的土地分布非常零散,可能主要受人类活动影响。

地累积系数法和 Hakanson 指数法评价土壤重金属污染程度和生态风险均依赖于土壤背景值。而海南岛由于其特殊的地理气候条件,土壤背景值与中国背景值存在较大差异,因此同时选择海南岛背景值和中国背景值进行 I_{geo}、EI、RI 等参数的计算。

调查区土壤重金属地累积系数(I_{geo})结果见图 5-4-7a。由于 8 种重金属元素的中国背景值均高于海南岛背景值,因此以中国背景值计算的 I_{geo} 值均低于海南岛背景值。但无论以何种背景值计算,各重金属元素 I_{geo} 值中位数均小于 0,显示调查区总体土壤污染程度不高。但存在部分样本 I_{geo} 值较高,表明存在个别地段污染程度较高。

潜在生态风险结果见图 5-4-7b,以中国背景值计算的各重金属元素 I_{geo} 和 EI 总体表现为低生态风险。但以海南岛背景值计算,As、Cd 和 Hg 分别有 5.5%、7.4%、27.9% 的样本处于高水平生态风险。综合生态风险指数超过 300、达到强风险等级的样本占比为 4.2%,其中 Hg 是主要贡献者。这表明调查区 Hg 元素相对于海南岛背景值存在较高程度的富集。

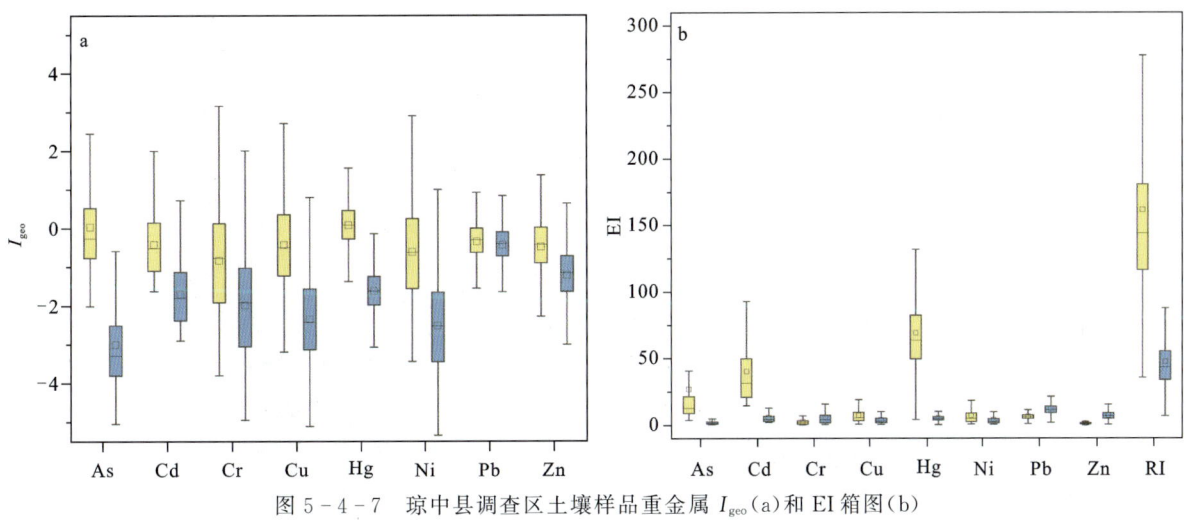

图 5-4-7 琼中县调查区土壤样品重金属 I_{geo}(a)和 EI 箱图(b)

2. 重金属元素空间分布

调查区表层土壤重金属含量空间分布显示(图 5-4-8、图 5-4-9,为便于展示未显示和平镇调查区的结果),8 种重金属元素空间分布存在一定差异。As 元素呈点状浓集的特点,一部分出现在研究区北部,可能与变质岩的分布有关;另一部分在湾岭镇、营根镇城镇区域出现,可能与人类活动相关。Cd 在湾岭镇、营根镇一带呈面状浓集,推测与成土母质背景有关;而在黎母山镇北部呈点状浓集,可能与其他因素有关。Cu、Cr、Ni 分布趋势较为一致,Pb、Zn 分布趋势较为一致,总体均呈面状浓集,推测与成土母质背景有关。Hg 的分布特点与其他元素差异较大,在黎母山镇—湾岭镇一带浓集,主要影响因素可能和其他重金属元素的影响因素不一致。

3. 重金属元素含量影响因素

PMF 模型被进一步用于确定土壤中重金属的来源和量化贡献。在本次工作中,8 种重金属的信号强度均设置为强,信噪比(S/N)大于 2.0,说明研究中的变量是可靠的。模型的因子数最初设定为 3 个、

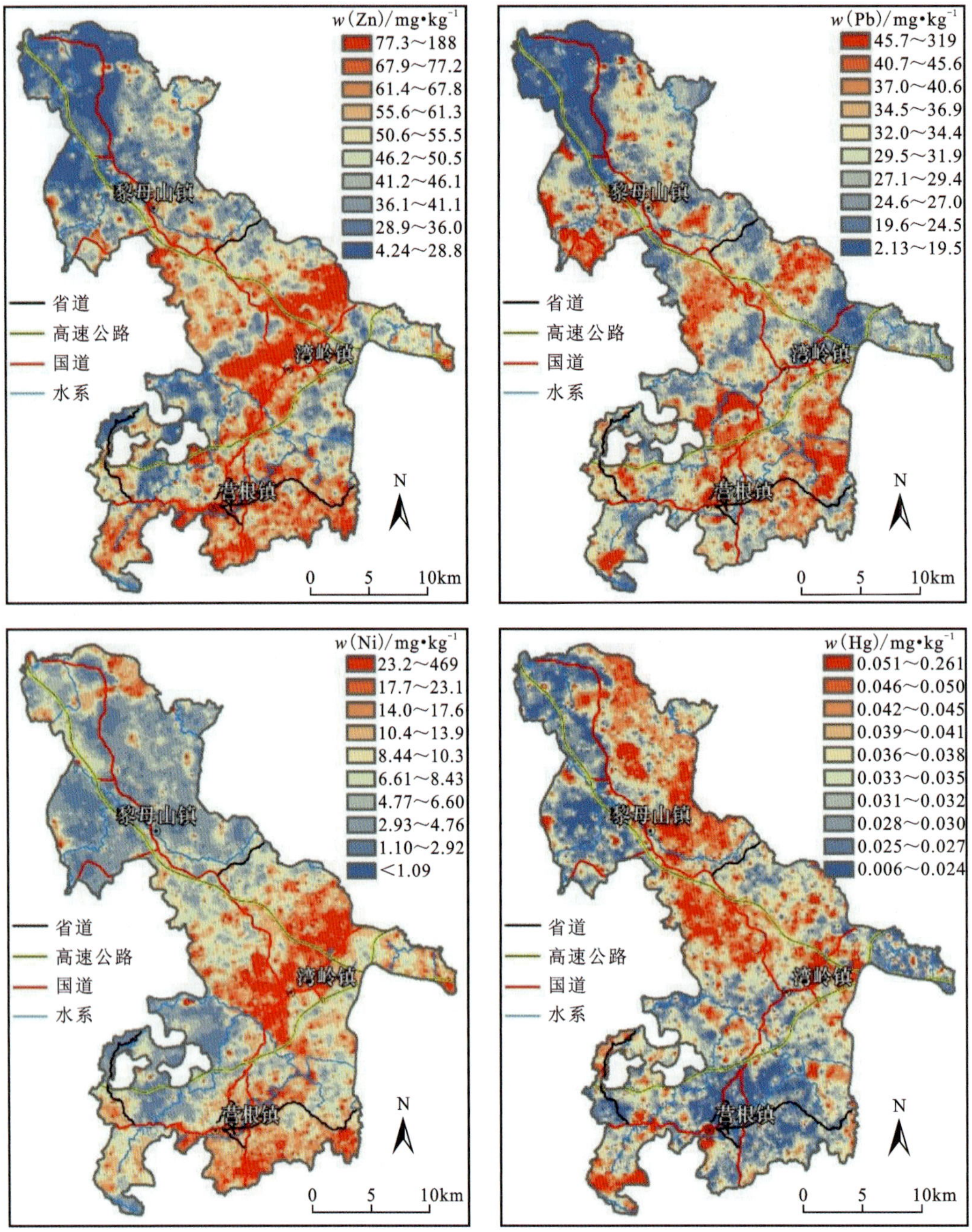

图 5-4-8 琼中县调查区表层土壤 Zn、Pb、Ni、Hg 含量空间分布图

4 个和 5 个,开始的种子数是随机获得的,运行次数为 20 次。通过评估最小的和最稳定的 Q 值来确定最合适的因子数。最后,确定 4 个因子能带来良好的模型拟合,绝大部分样品预测残差在 $-3.0 \sim 3.0$ 之间正常分布,预测 R2 均大于 0.70。使用了经典引导法(BS)和因子元素位移(DISP)两种误差估计模型评估了 PMF 结果的偏差、不确定性。结果显示,BS 模型中大约 91% 的基本因子被重现,而在 DISP 模型中未观察到因子互换,表明 4 个因子的 PMF 解是稳定的。

PMF 模型解析出的土壤重金属各源成分谱及贡献率见图 5-4-10 和图 5-4-11。

因子 1 中 Pb、As、Cd 和 Zn 的贡献率较高,分别为 95.2%、49.3%、26.9%、23.8%。其中,Pb、As、Zn 通常与酸性侵入岩或中低温热液、岩浆活动有关,调查区内因子 1 得分的空间分布上主要与酸性侵入岩有关。因此,因子 1 解释为自然来源(酸性侵入岩)。

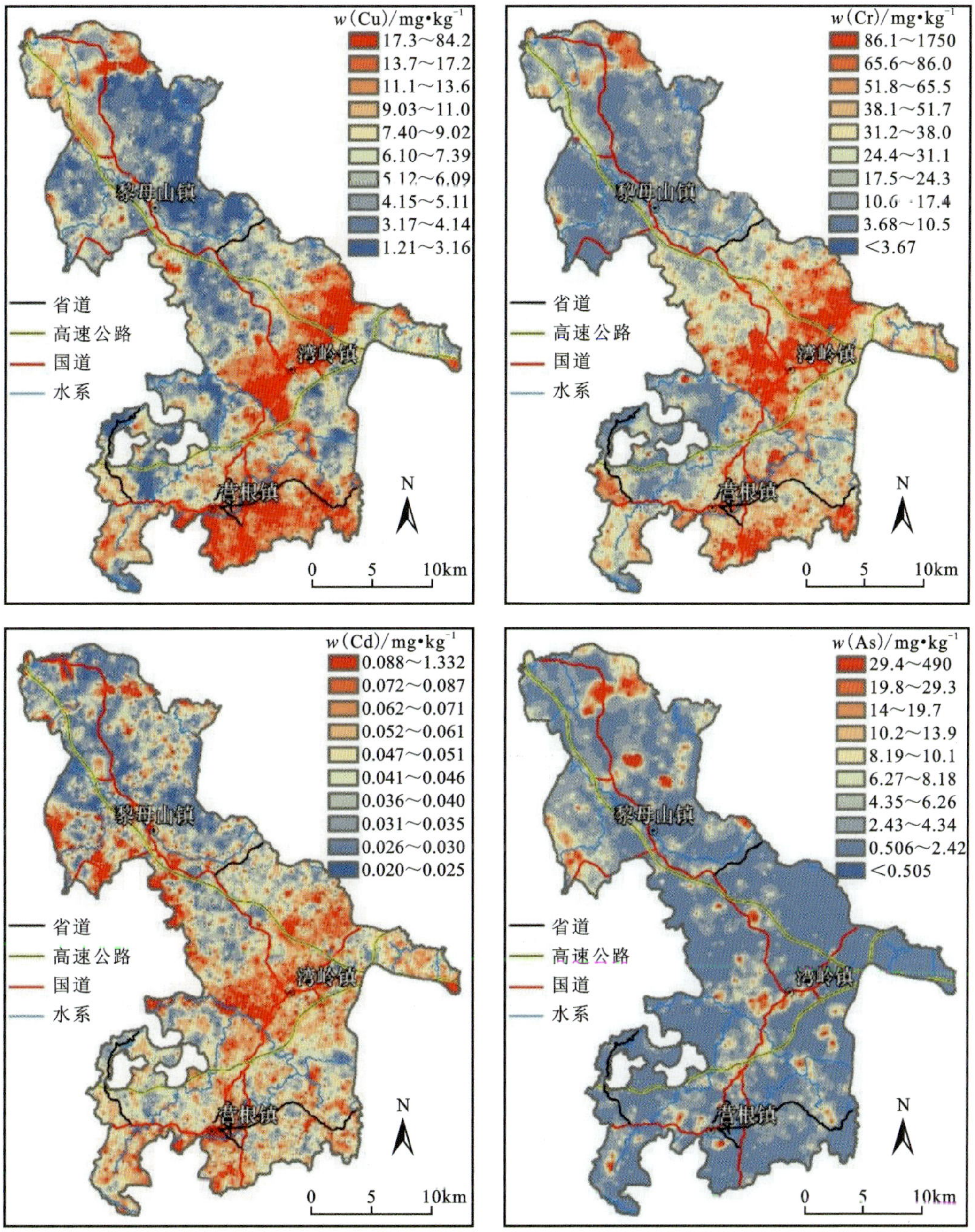

5 农业生态地质调查高效支撑生态农业发展

图 5-4-9 琼中县调查区表层土壤 Cu、Cr、Cd、As 含量空间分布图

因子 2 中 Hg 的贡献率高达 89.5%，远高于其他重金属元素。研究表明，全球 60%～80% 的汞来自人为排放，并主要通过大气干湿沉降进入土壤。工业活动过程中燃煤发电、石油生产和废弃物燃烧等均会增加 Hg 的排放，并通过大气干湿沉降进入农业土壤。因此，因子 2 也解释为自然来源（大气干湿沉降）。

因子 3 中 Cu、Zn、Cd 和 As 贡献率较高，分别为 71.0%、70.4%、52.1%、15.8%。农业活动过程中，动物粪便和废水等直接排放到周围环境中，过度使用化肥和农药也会导致土壤中 Cu 和 Zn 过高，同时，农业材料是农业土壤中 Cd 的主要来源。农业活动导致土壤中 As 的富集也被广泛报道过。因此，因子 3 应代表农业活动来源。

因子 4 中 Cr、Ni 和 Cu 贡献率较高，分别为 89.5%、77.4%、29.0%。Cr 和 Ni 为亲铁元素，普遍具有亲铁亲和性，相关系数高。中性侵入岩岩石中暗色矿物比例高，其中含铁矿物的比例高于酸性侵入岩

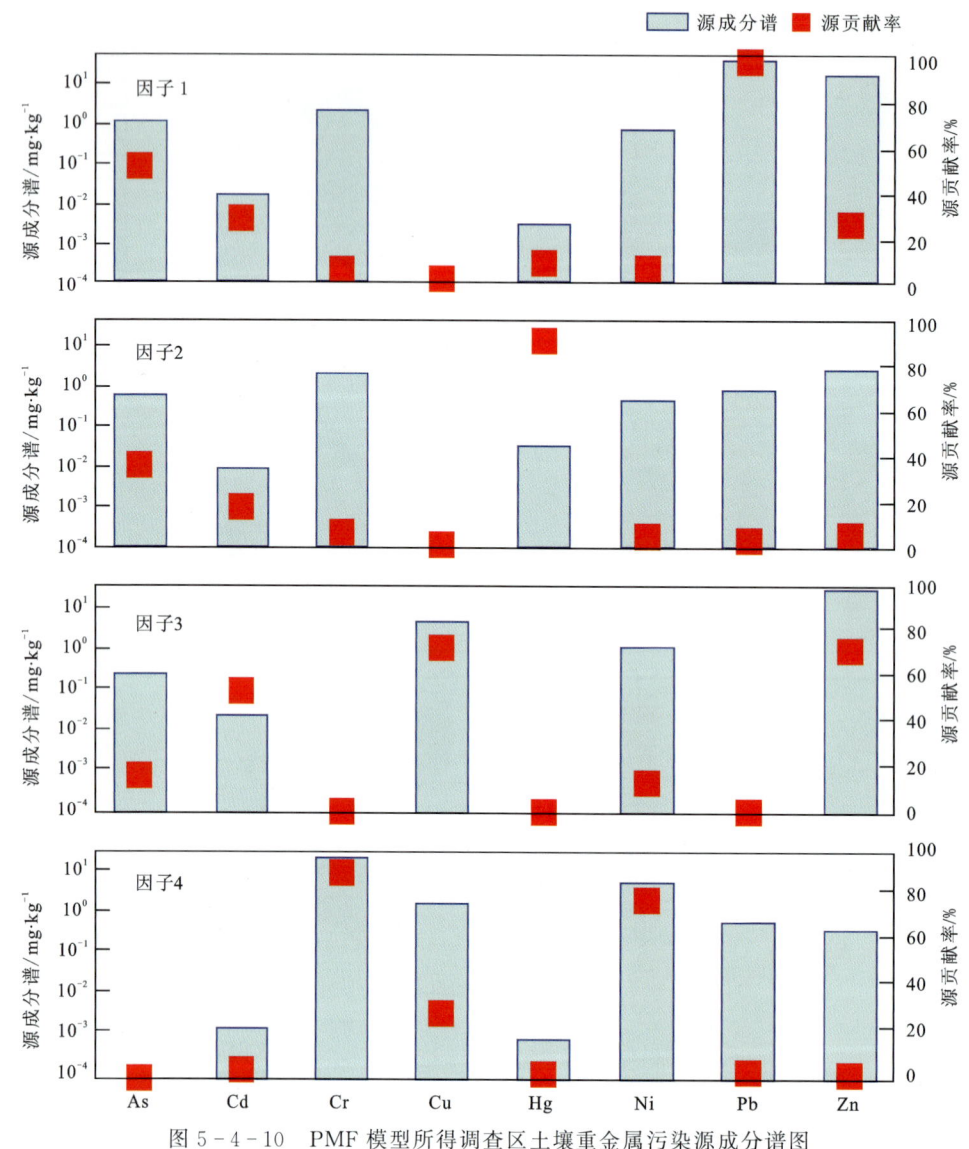

图 5-4-10 PMF 模型所得调查区土壤重金属污染源成分谱图

含铁矿物比例，Cr、Ni 和 Cu 含量普遍高于酸性侵入岩。因此，因子 4 也解释为自然来源（中性侵入岩）。

综上所述，调查区重金属元素有 4 种来源，分别为自然来源（中酸性侵入岩）、自然来源（大气沉降）、农业活动、自然来源（中性侵入岩）。调查区基本工业不发达且无矿业开发活动，所以无明显的工业、矿业来源贡献，主要是自然来源贡献。但是近年来农业生产活动的发展，对土壤重金属含量也已产生了显著的贡献。因子 3 得分高值主要分布在湾岭镇、营根镇附近，这些地区农业相对发达，果园、茶园种植年限普遍较长，土壤重金属污染被解释为农业活动引起是合理的。由此也可得出，尽管琼中县调查区重金属含量较低、无明显污染，但农业生产活动仍对重金属的富集产生了影响，未来再持续进行土地开发，扩大农业生产活动的同时需要重视土壤重金属的生态风险。

5.4.3.3 土壤特色组分

1. 土壤特色组分分级统计

琼中县调查区富硒土壤共计 451km^2，占总调查面积的 59.37%，硒缺乏区占 0.75%，无硒过剩区。富硒土地资源在新进农场、湾岭镇乌石农场大部分均有分布（表 5-4-7）。

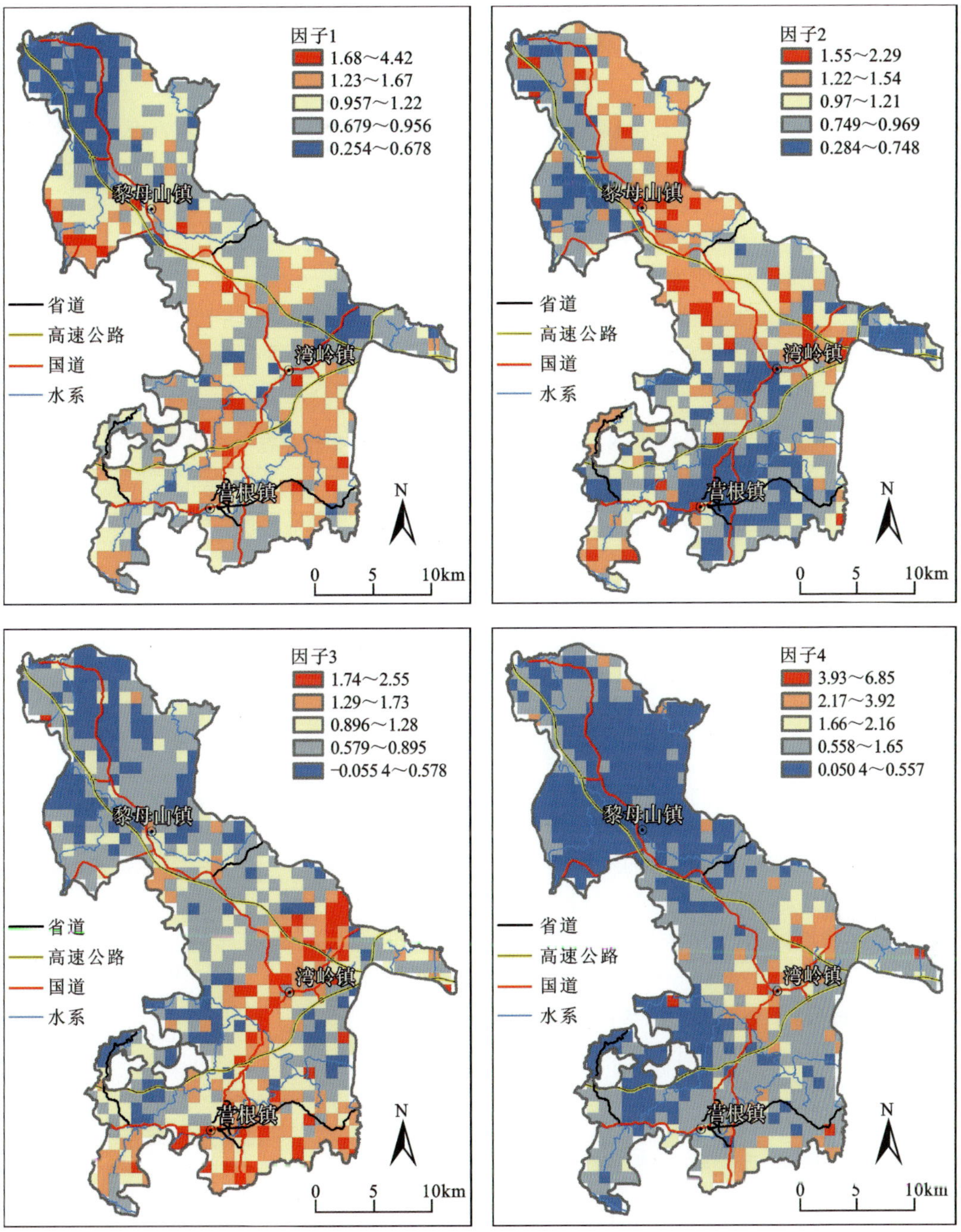

5 农业生态地质调查高效支撑生态农业发展

图 5-4-11 PMF 模型所得因子得分空间分布图

表 5-4-7 土壤特色组分分级(人体健康指标)统计表

元素	过剩	丰富	适量	边缘	缺乏
Se	0.02	64.50	33.72	1.02	0.74
I	0	59.62	32.69	3.65	4.04
F	4.94	7.93	4.51	15.09	67.53
等级	丰富	较丰富	中等	较缺乏	缺乏
Ge	13.74	10.02	16.54	18.00	41.70

I含量以丰富级为主(59.62%)，边缘级和缺乏级分别占3.65%、4.04%，无I过剩区。F含量以缺乏级为主，占67.53%，丰富级占7.93%，F过剩级占4.94%。Ge以缺乏级为主(41.70%)，丰富级占13.74%。

2. 天然富硒土地认定

发展无公害农产品、绿色食品、有机食品，申请天然富硒土地划定与标识、农产品地理标志（三品一标）是提高农产品质量，提升农产品价格，促进特色农产品产业形成的重要途径。根据《天然富硒土地划定与标识》（DZ/T 0380—2021）、《绿色食品产地环境质量》（NY/T 391—2013）、《无公害农产品　种植业产地环境条件》（NY/T 5010—2016）标准中的相关要求，将琼中县调查发现的富硒土地进行分级，共分为3类：绿色富硒土地、无公害富硒土地、一般富硒土地。

琼中县调查区739.567km²范围内共划定天然富硒土壤476.64km²，占调查区总面积的64.45%。其中绿色富硒土地291.12km²，占调查区总面积的39.36%；无公害富硒土地159.84km²，占调查区总面积的21.61%；一般富硒土地25.68km²，占调查区总面积的3.47%（表5-4-8）。

表5-4-8　琼中县调查区富硒土壤类型统计表

	乡镇	湾岭镇	黎母山镇	营根镇	和平镇	红毛镇	吊罗山乡	长征镇	合计
面积/km²	调查面积	209	311	194	24.0	0.596	0.387	0.584	739.567
	绿色富硒	89.8	119	73.2	9.00	0.08	0	0.04	291.12
	无公害富硒	30.8	84.0	40.1	4.09	0.30	0	0.55	159.84
	一般富硒	7.82	8.76	5.88	3.22	0	0	0	25.68
占比/%	绿色富硒	42.97	38.26	37.73	37.50	13.42	0	6.85	39.36
	无公害富硒	14.74	27.01	20.67	17.04	50.34	0	94.18	21.64
	一般富硒	3.74	2.82	3.03	13.42	0	0	0	3.47

其中，湾岭镇划定绿色富硒土地89.8km²（13.5亩），占湾岭镇调查面积的42.97%，主要分布于城寨村以西以北、新坡村以北、岭门村周边、孟田坡村周边、榕木村周边、水央村以南、朗西村以西等地；无公害富硒土地30.8km²（4.6万亩），占湾岭镇调查面积的14.74%，主要分布于加外村至城寨村一带、大坡村至大边村一带、夹子村周边等地；一般富硒土地7.82km²（1.2万亩），占湾岭镇调查面积的3.74%。

湾岭镇位于琼中县东北侧，东与屯昌县接壤，东南与中平镇毗邻，南与营根镇相邻，西接红毛镇，西北连黎母山镇。农业是湾岭镇的支柱产业，有耕地面积4.6万亩，人均1.9亩，相比其他乡镇耕地面积较高，更利于开展进一步农业生产开发。因此，选定湾岭镇协助琼中县人民政府开展第一批天然富硒土地认定申报工作。经过中国地质学会评审和公示，湾岭镇获得绿色富硒土地认定35 500亩，无公害富硒土地4805亩，一般富硒土地3315亩，获批土地中Se平均含量为0.54mg/kg（图5-4-12）。

图5-4-12　琼中县天然富硒土地认定证书

3. 琼中县土壤硒、碘富集机制

1）Se、I空间分布特征与成土母岩和高程的关系

以边长为1km的方格为单位绘制调查区表层、中层、深层土壤Se、I含量分布图（图5-4-13）。在空间上，表层富硒土壤在湾岭镇、和平镇连片分布，表层硒不足和潜在硒不足土壤零星分布于琼中县城周边、湾岭镇东北角。表层、中层、深层土壤Se含量的空间分布特征与地质体无明显相关性。土壤I含量空间分布规律与Se非常相似，同样与地质体无明显相关性。

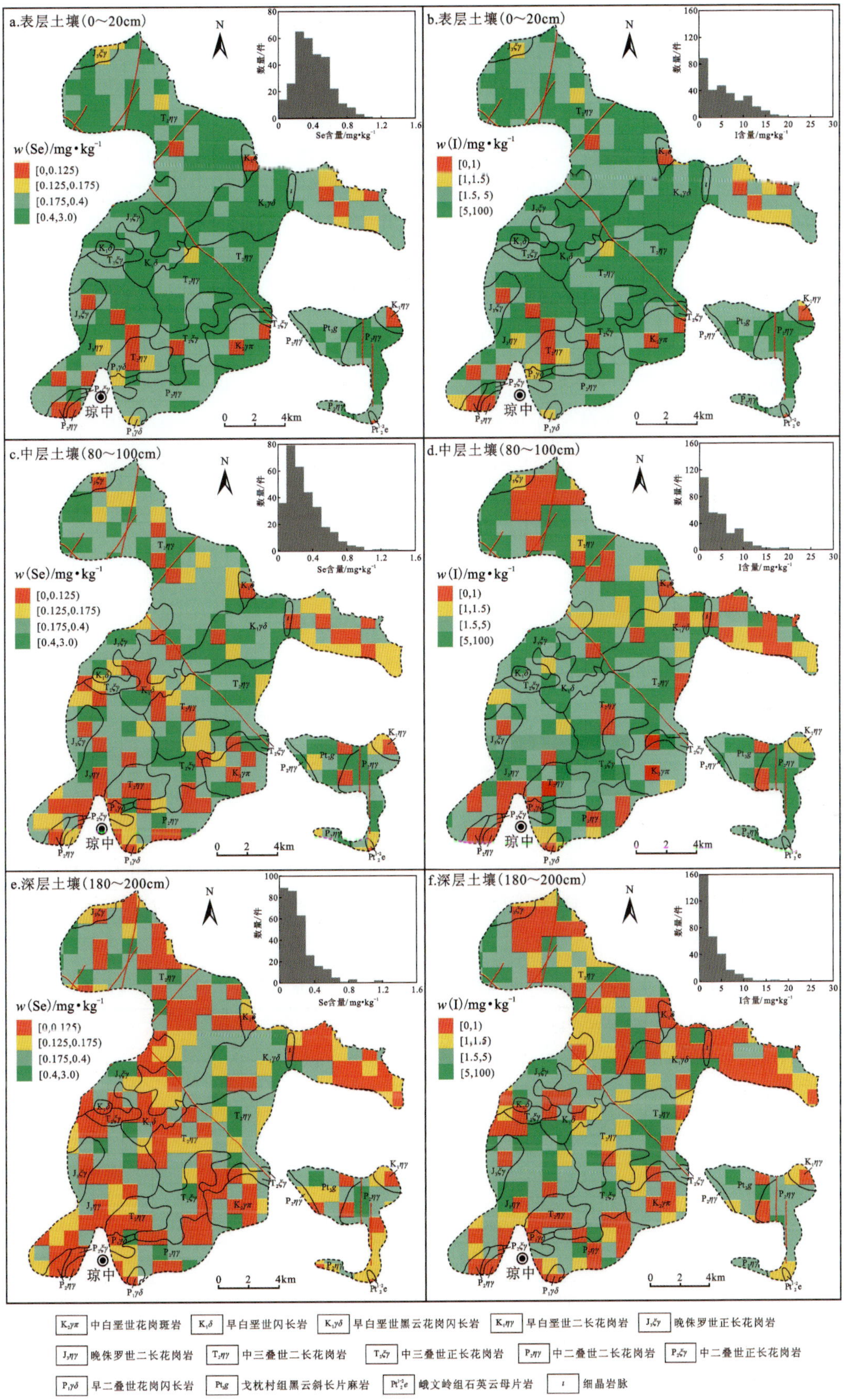

5 农业生态地质调查高效支撑生态农业发展

图 5-4-13 琼中县调查区表层、中层、深层土壤 Se、I 元素分布图

土壤垂向剖面显示,从深层到表层 Se、I 含量呈现逐渐增加的趋势,表层土壤 Se、I 相对于中层、深层土壤富集明显。表层土壤 Se 平均含量(0.40mg/kg)分别是中层、深层土壤 Se 平均含量(0.31mg/kg、0.22mg/kg)的 1.29 倍、1.81 倍,表层土壤 I 平均含量(5.82mg/kg)分别是中层、深层土壤 I 平均含量(4.54mg/kg、2.89mg/kg)的 1.28 倍、2.01 倍。

不同成壤母岩上表层、中层、深层土壤 Se、I 含量均值、方差统计见表 5-4-9(统计表中未展示采样点数小于 3 个的地质体)。不同成壤母岩上表层土壤 Se 平均含量在 0.4mg/kg 左右,在中白垩世花岗斑岩中最高(0.50mg/kg),在晚侏罗世二长花岗岩中最低(0.37mg/kg),表层土壤 I 平均含量在 6.00mg/kg 左右,在中三叠世二长花岗岩中最高 6.51mg/kg,在早白垩世花岗闪长岩中最低(4.46mg/kg)。不同成壤母岩的表层土壤 Se、I 平均含量差异不大。

表 5-4-9 琼中县调查区不同成壤母岩形成的土壤 Se、I 平均含量统计表

地质体	样品数量/件	土壤 Se 平均含量/mg·kg^{-1}				土壤 I 平均含量/mg·kg^{-1}			
		表层	中层	深层	表层/深层	表层	中层	深层	表层/深层
$T_2\xi\gamma$	18	0.39	0.27	0.18	2.17	5.61	4.04	2.67	2.10
$J_3\xi\gamma$	22	0.37	0.30	0.21	1.78	5.65	4.93	3.34	1.69
$T_2\eta\gamma$	129	0.44	0.34	0.24	1.86	6.51	5.24	3.14	2.07
$P_2\eta\gamma$	30	0.40	0.30	0.21	1.89	5.92	4.15	2.67	2.21
$J_3\eta\gamma$	23	0.35	0.23	0.18	1.89	5.28	3.57	3.26	1.62
$K_2\gamma\pi$	10	0.50	0.27	0.22	2.23	6.05	2.68	2.06	2.93
$K_1\delta$	8	0.39	0.28	0.19	2.05	6.65	5.12	3.56	1.87
$K_1\gamma\delta$	45	0.37	0.31	0.22	1.69	4.46	3.61	2.24	2.00
Pt_2g	9	0.41	0.43	0.26	1.58	6.03	6.52	3.58	1.60

对调查区土壤 Se、I 按不同的土壤发生类型进行相关分析(表 5-4-10)。结果显示,砖红壤中(274 件样品)Se、I 在表层、中层、深层土壤中均呈显著正相关关系($p<0.01$),且相关系数较高(0.855,0.781,0.720)。而在水稻土中(30 件样品)Se、I 仅在表层呈显著正相关关系($p<0.01$),相关系数为 0.647,在中层、深层土壤中无相关关系。

表 5-4-10 琼中县调查区不同土壤发生类型中 Se、I 含量与其他指标相关性统计表

指标	砖红壤($N=274$)						水稻土($N=30$)					
	表层		中层		深层		表层		中层		深层	
	Se	I	Se	I	Se	I	Se	I	Se	I	Se	I
Se		0.855		0.781		0.720		0.647		−0.042		−0.052
I	0.855		0.781		0.720		0.647		−0.042		−0.052	
pH	0.556	0.476	0.448	0.353	0.404	0.327	0.362	0.163	0.281	0.235	0.389	0.242
Corg	0.350	0.177	0.323	0.194	0.307	0.145	0.513	0.333	0.643	0.027	0.737	0.005
Fe_2O_3	0.281	0.330	0.176	0.369	0.172	0.420	0.491	0.411	0.327	0.244	0.074	0.247
Al_2O_3	0.470	0.480	0.329	0.432	0.302	0.436	0.410	0.346	0.017	0.203	−0.161	0.265
Hg	0.499	0.312	0.488	0.407	0.753	0.595	0.600	0.311	0.682	0.046	0.721	0.078

2) 土壤 Se、I 水平空间分布的影响因素

调查区土壤 Se 富集程度较高,空间分布与成壤母岩岩性分布无相关性。此外,调查区成壤母岩主要分为两类:一类是中酸性侵入岩,主要包括各类花岗岩及闪长岩,这类岩石中的 Se 含量普遍不高(表 5-4-11);另一类是变质岩,包括石英云母片岩和黑云斜长片麻岩,这类岩石中 Se 含量一般高于中酸性侵入岩(表 5-4-11)。但在调查区以变质岩为成壤母岩的土壤中 Se 含量并未高于以中酸性侵入岩为成壤母岩的土壤(表 5-4-11)。因此,调查区内变质岩不是高 Se 地质体,表层土壤 Se 含量的空间分布与成壤母岩相关性较小。

表 5-4-11　琼中县调查区不同类型岩石中 Se 的含量　　单位:mg/kg

岩石	Se 含量	数据来源
中国酸性岩	0.033	文献(迟清华和鄢明才,2007)
中国中性岩	0.058	文献(迟清华和鄢明才,2007)
中国东部片岩	0.100	文献(鄢明才和迟清华,1997)
中国东部斜长片麻岩	0.070	文献(鄢明才和迟清华,1997)
琼中县中酸性岩	0.060	($N=77$,中位数,尚未发表的数据)
琼中县变质岩	0.180	($N=5$,中位数,尚未发表的数据)

注:N 为样品数量。

调查区内种植类型以槟榔、橡胶为主,占地面积分别为调查区的 59.63% 和 17.25%。槟榔、橡胶园施用肥料以复合肥为主,海南省复合肥($N=38$)、复混肥($N=11$)、尿素($N=31$)中的 Se 平均值分别为 0.08mg/kg、0.06mg/kg、0.13mg/kg,均处于较低的水平。而且槟榔、橡胶园中各类肥料施用量一般要低于其他种植园(尤其是果园、耕地)(赵月等,2021)。所以,整体上农业生产对调查区土壤 Se 的输入量较小。此外,调查区农业生产活动也并未展现空间分布差异性,所以调查区内表层土壤 Se 含量的空间分布与农业生产活动相关性也较小。

大气 I 是土壤 I 的最主要输入源,其输入量远高于来自生物、岩石的输入量,并主要通过大气湿沉降进入土壤。此外,大气湿沉降(降雨)也是土壤 Se 的一个重要来源。因此,大气湿沉降既是土壤 I 的主要来源,也是土壤 Se 的重要来源。调查区土壤 Se 与 I 具有非常高的相关性,尤其在表层土壤中,Se 与 I 相关系数达到 0.855(砖红壤)、0.647(水稻土),为显著性相关($p<0.01$)。表明调查区表层土壤中 Se、I 具有非常一致的地球化学行为。而土壤 I 的来源又与大气湿沉降来源密切相关,琼中县也是海南岛年平均降雨量最大的县市之一,所以推测湿沉降是影响土壤 Se、I 水平空间分布的关键因素之一。

调查区 Se、I 与高程的相关关系是上述结论的另一个间接证据。已有报道发现海拔(或高程)与土壤 Se 具有密切的关系。其中,温新平等(1996)研究发现山西地区土壤 Se 含量随海拔高度的增加而减少。这可能是由于淋溶作用较强,加之 Se 元素在地质环境中易迁移的特性,导致海拔高的地区 Se 元素匮乏。有研究者在浙江省永嘉县发现随着海拔的增大,土壤 Se 含量先增大后减小,但并未解释具体原因。而更多的学者在研究中发现土壤 Se 含量随海拔高度增加而增加,即土壤 Se 和海拔高度表现为正相关,并认为主要是随着海拔高度的上升,气温下降,土壤中的 SOC 含量、pH 以及土壤性质发生改变而间接影响土壤中 Se 含量(龚晶晶等,2021)。廖金凤(1992)发现,与本调查区相邻的五指山地区存在随海拔升高 Se 含量有增加的趋势,并未解释其成因。在本调查区,表层土壤 Se、I 含量与高程呈显著正相关关系,中层、深层土壤 Se、I 含量与高程无相关关系(表 5-4-12)。表层土壤 Se、I 含量随高程增加而显著增加,中层土壤 Se、I 含量随高程增加有一定增加,但变化趋势远小于表层土壤,而深层土壤 Se、I 含量几乎不受高程变化的影响。因此,影响土壤 Se 含量的因素必然具备以下 3 个特征:①随高程增加作用逐渐增强;②主要作用于表层土壤;③对深层土壤无影响。

调查区表层、中层、深层土壤SOC含量均与高程无显著相关性,土壤发生类型也未随着高程的变化发生规律性的变化(表5-4-13),因此二者不满足特征①。表层土壤pH与高程为显著相关($p<0.05$),中、深层土壤pH也同样与高程显著相关($p<0.05$),因此不满足特征③。所以土壤pH、土壤SOC和土壤发生类型不是导致调查区土壤Se、I含量与高程特殊相关关系的因素。气象学研究表明,海拔是降雨量的重要影响因素之一,且多数研究认为降雨量随着海拔的增加而增加。这种规律不仅适用宏观尺度,在小流域尺度也适用。依据这些结果可合理推测调查区随着高程的增加降雨量有增加的趋势。同时降雨主要作用于表层土壤,且对深层土壤直接影响较小。因此,降雨这一因素同时具备特征①②③,故推测降雨是导致调查区土壤Se、I含量与高程特殊相关关系的关键因素。

表5-4-12 高程与土壤中Se、I、Corg含量以及pH的相关性

	高程与Se含量		高程与I含量		高程与Corg含量		高程与pH	
	相关系数	p	相关系数	p	相关系数	p	相关系数	p
表层	0.302	<0.01	0.309	<0.01	0.086	0.135	−0.146	0.011<0.05
中层	0.105	0.069	0.087	0.129	0.058	0.312	−0.116	0.043<0.05
深层	0.040	0.492	0.065	0.257	0.005	0.925	−0.134	0.020<0.05

表5-4-13 不同高程范围内样品土壤发生类型分布

土壤发生类型		高程/m							
		50~100	100~150	150~200	200~250	250~300	300~350	350~400	400~450
水稻土	数量/件	1	3	11	3	7	4	1	0
	占比/%	50.0	15.8	15.9	3.2	8.3	16.0	11.1	0.0
砖红壤	数量/件	1	16	58	91	77	21	8	2
	占比/%	50.0	84.2	84.1	96.8	91.7	84.0	88.9	100.0

3)土壤Se、I赋存和迁移的影响因素

土壤对Se、I的吸附受到土壤SOC、土壤pH、土壤氧化还原环境等多种因素的影响。调查区土壤发生类型主要为砖红壤、水稻土,砖红壤和水稻土中土壤Se、I相关性具有显著的差异。不同深度的砖红壤中Se、I均显著相关,且相关系数相近。表明各深度砖红壤中Se、I地球化学行为均较一致,二者未随着深度的变化而发生"分离"。水稻土中Se、I相关性随深度变化而变化,即仅在表层中呈显著性相关,在中层、深层中无相关性。表明水稻土中随着深度的增加土壤中Se、I出现了"分离"。调查区砖红壤成壤母岩主要为花岗岩,A层至B层厚度普遍为2~3m,具有较好的通气性、透水性,在0~2m深度内氧化还原条件几乎一致。调查区水稻土属于A-P-B-G[耕作层(A)、犁底层(P)、淀积层(B)、潜育层(G)]型水稻土,这类水稻土表层处于淹水排干的循环过程,以氧化条件为主,而中层、深层水稻土长期处于淹水状态,以还原条件为主。在还原条件下,土壤Se主要以硒化物或有机硒的形式存在,其溶解度较低,不易于迁移,所以还原条件不会造成Se的大量淋失。而在淹水造成的高水饱和率条件下,土壤I的溶解度会显著升高,土壤中的I会被植物大量吸收或较快地淋失。所以淹水条件下土壤Se、I不同的地球化学行为是造成中层、深层水稻土中Se、I相关性显著降低的主要原因,而在以氧化条件为主的砖红壤和表层水稻土中Se、I呈显著性相关。

调查区土壤pH总体在5~6.5之间,土壤酸性程度较高,其中表层土壤pH相对中层、深层土壤更低。土壤pH会影响Se在土壤中的存在形式,在碱性土壤中主要以硒酸盐(SeO_4^{2-})形式存在,硒酸盐

(SeO_4^{2-})溶解度较大,不易与黏土矿物、SOC结合,容易淋失;而在酸性土壤中,主要以亚硒酸盐(SeO_3^{2-})形式存在,亚硒酸盐(SeO_3^{2-})则易与黏土矿物、铁锰氧化物、SOC结合,不易淋失。所以pH越高,土壤中的Se越容易淋失,土壤Se含量往往越低。土壤pH对土壤I含量的影响与Se相似。Whitehead(1984)研究发现土壤对I的吸附量在酸性条件下较高,并随着pH升高而降低。土壤I的溶解也受土壤pH的影响,且在pH为4~5.5时溶解量最少。故I与Se一致,在酸性土壤中均不易淋失。因此,调查区的酸性土壤非常利于Se、I的赋存。调查区砖红壤中Se、I含量与土壤pH呈显著负相关,符合上述规律,即随着土壤酸性的增强,土壤Se、I含量呈增加的趋势。而在水稻土中由于淹水条件的影响,土壤I含量与pH无显著相关关系。

土壤有机质含量(SOM)是影响土壤Se、I含量的另一个重要因素,通常土壤有机质含量越高,吸附的Se、I越多。一般用土壤有机碳含量反映有机质含量,即土壤有机质=土壤有机碳×1.724。调查区砖红壤中,不同深度土壤Se、I和土壤SOC均为显著相关。水稻土中,土壤Se与SOC在不同深度中均呈显著相关($p<0.01$),但土壤I与SOC仅在表层土壤中为显著相关($p<0.05$),在中层、深层土壤中无相关关系。由于水稻土SOC吸附的I在水淹条件下发生了溶解,而导致水稻土中I与SOC相关性的降低。此外,随着深度的增加,砖红壤中Se与SOC的相关系数呈降低的趋势,而在水稻土中Se与SOC的相关系数呈增加的趋势。在水稻土的淹水还原条件下,通过微生物的作用,六价硒(SeO_4^{2-})和四价硒(SeO_3^{2-})会被还原为有机硒。这表明在水稻土中随着深度的增加,SOC对Se的吸附量逐渐增加。

成土过程中形成的铁铝氧化物对Se、I的吸附作用较强,一般来说,土壤脱硅富铁铝化程度越高,土壤Se、I含量越高。调查区砖红壤中,不同深度土壤Fe_2O_3、Al_2O_3与Se、I均表现为显著正相关。随着土壤深度的增加,土壤Se与Fe_2O_3、Al_2O_3的相关性逐渐降低,土壤I与Fe_2O_3的相关性逐渐增加,土壤I与Al_2O_3的相关性未发生显著变化。表明砖红壤中随着土壤深度的增加,铁铝氧化物对Se的吸附逐渐减弱,对I的吸附则有增强的趋势。水稻土中,表层土壤Se与Fe_2O_3、Al_2O_3为显著正相关,表层土壤I与Fe_2O_3呈显著正相关,中层、深层土壤Se、I与Fe_2O_3、Al_2O_3无显著相关关系。表明水稻土中铁铝氧化物对Se、I的吸附主要在表层。调查区地处海南腹部,气候温热多雨,表层土壤普遍经历了强烈的化学风化过程,具有相对较高的铁铝氧化物含量,偏酸性的同时富含有机质,具有较强的保存硒的能力,这也是调查区表层土壤硒富集的关键因素之一。

调查区土壤Se空间分布与成壤母岩岩性分布、农业生产活动均无明显相关性。同时调查区土壤Se、I具有非常高的相关性,二者应为同源成因。而土壤I又以大气湿沉降为主要来源,所以推测研究区内大气湿沉降是影响表层土壤中Se、I空间分布特征的关键因素。表层土壤Se、I含量与高程显著正相关关系,中层和深层土壤Se、I含量与高程无显著相关关系。土壤pH、SOC、土壤类型与高程没有这种特殊的相关关系。推测土壤Se、I与高程的关系是外因直接影响,而不是通过影响土壤pH、SOC、土壤类型的间接影响。结合气象学中降雨量随海拔高度的增加而增加的特征,认为降雨是导致研究区土壤Se、I与高程特殊相关关系的因素。土壤Se、I的赋存和迁移受到土壤氧化还原环境、土壤pH、SOC、铁铝氧化物含量等多种因素的影响。总体上,调查区土壤Se、I与pH为负相关,与SOC、铁铝氧化物含量为正相关,显示温暖湿润气候条件下形成的强化学风化、偏酸性、富含有机质土壤具有非常强的保存硒的能力。

5.4.4 灌溉水元素地球化学特征

琼中县调查区共采集72件灌溉水样品,样品分析测试指标包括As、B、Cd、Cr、I、K、Mo、P、Pb、Se、Hg、F、pH,2020年度样品分析测试指标包括As、Cd、Cu、P、Pb、Se、Zn、Hg、pH。各样品指标含量统计情况见表5-4-14。

参照《绿色食品产地环境指标标准》(NY/T 391—2021),所有灌溉水重金属含量均远低于绿色食品产地农田灌溉水中各项污染物指标要求,pH介于6.2～7.7之间,同样符合标准要求,说明琼中地区灌溉水均符合绿色食品产地灌溉水水质要求。

表 5-4-14 琼中县调查区灌溉水样地球化学指标统计特征表

元素（样品数）	单位	最大值	最小值	平均值	中位数	标准差	变异系数
As(72)	μg/L	4.25	0.208	1.29	1.10	0.773	0.59
Cd(72)	μg/L	0.049	0.0002	0.008	0.005	0.009	1.18
Cu(50)	μg/L	1.74	0.122	0.590	0.542	0.332	0.56
P(72)	μg/L	257	5.86	62.8	56.6	46.7	0.73
Pb(72)	μg/L	3.18	0.113	0.444	0.196	0.532	1.23
Se(72)	μg/L	2.29	0.064	0.260	0.240	0.256	1.00
Zn(50)	μg/L	19.9	0.584	4.82	3.52	4.18	0.87
Hg(72)	μg/L	0.011	0.004	0.008	0.008	0.002	0.27
pH(72)		7.67	6.17	6.99	7.04	0.310	0.04
B(22)	μg/L	16.2	5.02	9.01	8.81	2.21	0.26
Cr(22)	μg/L	0.877	0.126	0.302	0.230	0.206	0.67
I(22)	μg/L	18.7	0.329	5.32	4.00	4.59	0.91
K(22)	mg/L	6.76	0.893	2.15	1.85	1.24	0.59
Mo(22)	μg/L	0.483	0.059	0.222	0.231	0.117	0.52
F(22)	mg/L	0.445	0.071	0.143	0.121	0.078	0.54

灌溉水样Se含量介于0.064～2.29μg/L之间,平均值为0.260μg/L,中位数为0.240μg/L。参照《农田灌溉水质标准》(GB 5084—2021),调查区灌溉水样中Se含量均在安全范围之内。

灌溉水样中重金属元素As、Cd、Cu、Pb、Cr、Hg、Zn元素含量变异系数除Cd、Pb外均小于1,Cd、Pb变异系数仅为1.18、1.23,表明调查区重金属元素指标含量变化较小。同时,调查区各分析指标含量均值和中位数均较低,反映调查区灌溉水质总体较好。

另外,对2019年采集的22件灌溉水样品进行了有机污染物测试,结果显示氯苯、1,30-二氯苯、1,4-二氯苯、1,2-二氯苯、1,2,4-三氯苯、乙体六六六、硫丹1、硫丹2检出率均为0,表明琼中地区灌溉水不存在氯代苯和硫丹等有机污染物,水质清洁。

5.5 土壤组分生态效应评价

5.5.1 生态地质结构典型剖面

琼中县岩石背景以花岗岩为主,属于热带海洋季风气候,区域内岩石普遍经历了较强烈的化学风化蚀变。通常形成包含A、B、C层的相对完整的土壤剖面,因此土壤层厚度通常较大,不会成为制约植物生长的条件。调查结果也显示琼中县种植类型丰富多样(图5-5-1)。

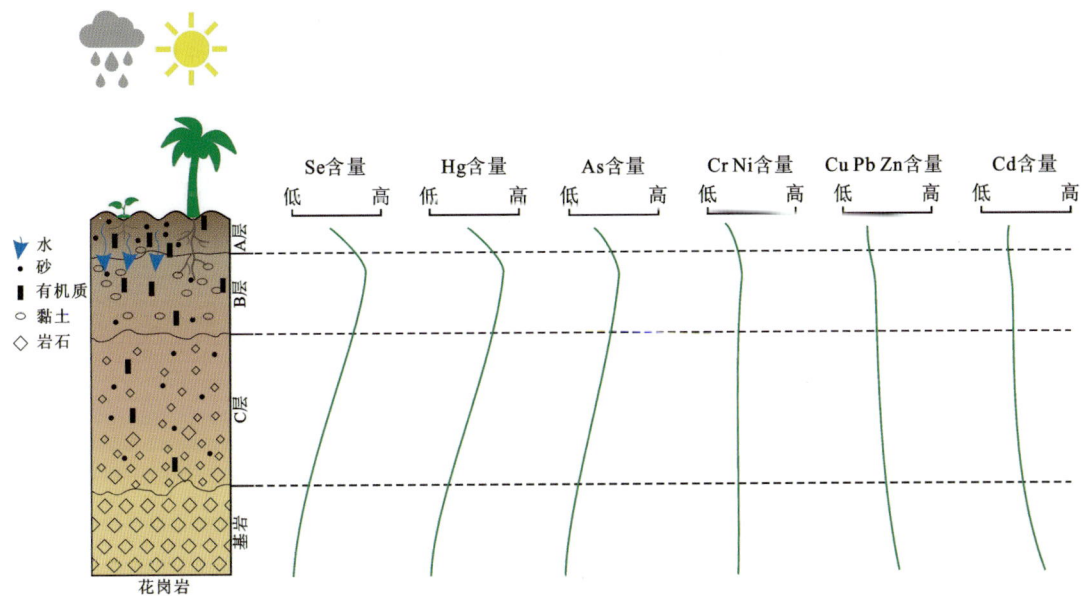

图 5-5-1 花岗岩建造区生态地质结构剖面

花岗岩岩石 Se 含量不高,但调查显示琼中县表层土壤 Se 含量处于较高的水平,富硒土地分布广泛。本次研究认为这一现象主要是由降雨、铁铝氧化物吸附等因素导致的(详见本章上一节)。同时在雨水的淋滤作用下,在琼中县花岗岩建造区由基岩到 B 层 Se 含量逐渐升高,并在 B 层顶部达到最高,B 层到 A 层 Se 含量逐渐降低。本次调查发现了琼中绿橙、香蕉、茶叶(老叶)等多种农作物中 Se 含量较高,这也显示了琼中花岗岩建造区有作为富硒农产品产区的潜力。

调查显示,琼中县表层重金属含量处于较低的水平,这与花岗岩岩石重金属含量普遍不高的特征密不可分。除 Hg 外,其他重金属元素含量从基岩到 A 层均呈现出持续降低的趋势,表明琼中县地区不存在明显的重金属次生富集。重金属来源识别显示,大气沉降输入对土壤 Hg 存在较高的贡献,农业活动对 Cu、Zn、Cd 和 As 有一定的贡献。琼中县绿橙、香蕉、荔枝、花生、益智、茶叶等各类水果和蔬菜中重金属含量很低,可比肩有机种植园。然而农业生产活动仍对重金属的富集产生了影响,未来再持续进行土地开发、扩大农业生产活动的同时需要重视土壤重金属的生态风险。

此外,调查显示琼中县表层土壤富 K 缺 P,也根源于花岗岩中普遍 K 含量较高而 P 普遍较低。因此,花岗岩母岩是琼中县绿色富硒土地的关键成因之一。

5.5.2 生态效应评价——以茶叶为例

1. 茶园根系土 Se、I、重金属含量与 pH

茶园茶树根系土中 Se、I 含量平均值分别为 8.32mg/kg 和 0.46mg/kg,略高于海南岛土壤背景值。其中,根系土中 Se 含量低于茶园表层土壤中 Se 含量均值(0.521mg/kg),但高于富硒标准(0.4mg/kg)。根系土中 I 含量低于茶园表层土壤中 I 含量均值(9.15mg/kg)。

茶园土壤中 Pb、Cr、Cd、As 和 Hg 含量平均值依次为 30.5mg/kg、36.5mg/kg、0.043mg/kg、1.99mg/kg 和 0.041mg/kg,略高于海南岛土壤平均值(表 5-5-1)。所有土壤样品中这 5 种重金属含量均低于《土壤环境质量 农用地土壤污染风险管控标准(试行)》(GB 15618—2018)规定的筛选值,表明茶园土壤未受到重金属污染。土壤 pH 为 4.20~5.04,平均值为 4.65,显著低于海南岛土壤背景值,属于酸性—强酸性土壤。茶树属于典型的喜酸作物,根系富含有机酸、共生菌根菌的酸性存活条件,导致茶树无法在碱性土壤中生长。相关研究表明,较适宜种植茶树的土壤 pH 为 4.0～6.5,最适宜 pH 为 4.5～5.5,每年因为种植茶树导致的土壤酸化率为 0.071。造成土壤酸化的主要原因是茶树根系发达,在生长过程中分泌大量草酸、苹果酸等有机酸而导致土壤酸化。此外,茶叶的生长需要大量的氮肥,氮肥中氨的硝化作用产生 H^+,进一步加速茶园的土壤酸化。茶树是深根性植物,种植茶树导致土壤酸化可以影响到 0～200cm 深度的土壤。这一过程会导致营养型离子的浸出(如 K^+、Na^+、Ca^{2+} 和 Mg^{2+}),同时加速 N 和 P 等土壤养分流失。此外,在酸性条件下,土壤重金属具有较高的有效态含量,这会增加土壤重金属迁移能力从而增加环境健康风险。因此,茶树种植过程中应注意防止土壤过度酸化以确保茶叶质量安全。

表 5-5-1　茶园土壤重金属基本参数统计表($n=20$)

参数	I mg/kg	Se mg/kg	Pb mg/kg	Cr mg/kg	Cd mg/kg	As mg/kg	Hg mg/kg	SOC %	pH
最小值	12.6	0.61	19.5	6.18	0.028	0.839	0.026	0.826	4.2
最大值	4.50	0.33	41.3	130.9	0.083	5.11	0.131	2.35	5.04
平均值	8.32	0.46	30.5	36.5	0.043	1.99	0.041	1.27	4.65
中位值	8.45	0.43	30.6	23.7	0.040	1.75	0.034	1.19	4.65
变异系数	0.28	0.19	0.187	1.005	0.341	0.488	0.58	0.28	0.042
海南岛 背景值	6.09	0.345	24.4	27.5	0.04	1.34	0.02	—	—
农用地土壤 环境筛选值	—	—	70	150	0.3	40	1.3	—	—

注:变异系数用小数表示。

2. 茶树重金属含量特征

Se、I 在茶树不同器官中具有明显的差异(表 5-5-2)。Se、I 含量的平均值和中位数均表现为根>茎>老叶>新叶>嫩芽,而变异系数则恰好相反,表现为嫩芽>新叶>老叶>茎>根。这表明 Se、I 在茶树生长初期含量较小且集中,随着茶树生长 Se、I 不断累积,且含量离散程度增大。但茶树中仅有根、茎、老叶,达到了《富硒茶》(NY/T 600-2002)中对富硒茶含量(0.25～4.00mg/kg)的要求,而新叶、嫩叶含量达到相应标准。

表 5-5-2　茶树不同器官中 Se 含量参数统计表

元素	参数	单位	根	茎	老叶	新叶	嫩芽
Se	最大值	mg/kg	3.470	1.170	0.407	0.120	0.100
	最小值	mg/kg	0.340	0.110	0.264	0.048	0.039
	平均值	mg/kg	1.254	0.551	0.323	0.071	0.059
	中位数	mg/kg	1.010	0.560	0.309	0.063	0.056
	算术标准差	mg/kg	0.785	0.291	0.064	0.021	0.015
	变异系数	%	62.50	52.80	19.80	29.00	25.00

续表 5-5-2

元素	参数	单位	根	茎	老叶	新叶	嫩芽
I	最大值	mg/kg	2.750	0.750	0.475	0.230	0.210
	最小值	mg/kg	0.530	0.300	0.362	0.170	0.160
	平均值	mg/kg	0.984	0.512	0.431	0.197	0.182
	中位数	mg/kg	0.780	0.525	0.443	0.200	0.180
	算术标准差	mg/kg	0.532	0.122	0.042	0.016	0.015
	变异系数	%	54.00	23.70	9.73	8.23	8.10

茶树不同器官中重金属平均含量见图 5-5-2，由此可知，重金属在茶树不同器官中具有明显的差异。其中 Zn、Cr、Pb、Cd 和 Hg 在根系的含量显著高于其他器官，具有较强的富集作用。经根系吸收，是植物摄入重金属的主要途径，相对于其他器官，根系通常更容易富集重金属。其次，不同叶龄的茶叶也表现出重金属富集的差异性，其中 Cr、Pb、Cd 和 Hg 含量表现为老叶＞新叶＞嫩芽，表明这 4 种元素随着植物生长不断累积的特征，而 Cu、Ni 和 Zn 含量表现为嫩芽＞新叶＞老叶，表明这 3 种元素作为植物生长所必需的营养元素在茶叶生长部位富集的特征，这与前人研究结果类似。根据相关限量标准，老叶、新叶和嫩芽中重金属含量均远低于对应的污染阈值（Cr、As、Pb 和 Cd 分别为 5mg/kg、2mg/kg、5mg/kg、1mg/kg、0.3mg/kg）。

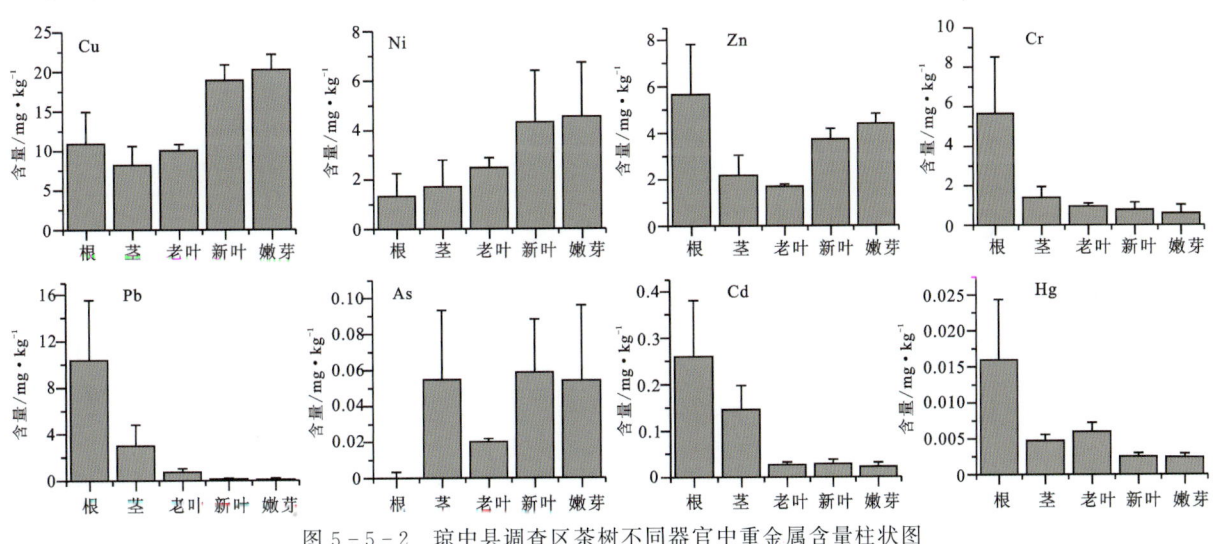

图 5-5-2 琼中县调查区茶树不同器官中重金属含量柱状图

3. 土壤-茶叶有益、有害元素迁移机理

茶叶可吸收、富集分散在大气、水和土壤中的有益、有害元素。目前根系土是茶叶中元素的最主要来源。了解茶叶吸收元素的根际效应不仅有利于揭示茶树吸收、富集有益、有害元素的机理，也利于茶园的健康管理。

在不存在大气污染的情况下，土壤是茶树中 Se、I 和重金属的主要来源。土壤中这些元素主要以难溶态、交换态和水溶态 3 种形态存在。根系是茶树吸收土壤元素的主要器官，其生理活动及与微生物的共同作用改变着茶树的根际环境，同时根际环境中的元素含量、pH、有机质、其他养分、微生物等也影响着茶树根环境中元素的生物有效性和根系对土壤元素的吸收能力。

重金属从土壤迁移到植物是进入食物链的主要途径。生物富集因子（BCF）用于表征植物对重金属的富集能力，公式为：BCF＝植物中重金属含量（干重）/土壤中重金属含量（干重）×100%。

表5-5-3为茶树不同器官Se、I生物富集因子参数统计表。由表可知：①茶树对Se、I的转运能力具有较大差异，Se的生物富集因子要远高于I；②Se、I的BCF值在茶树不同器官的大小为根＞茎＞老叶＞新叶＞嫩芽，表现出远离土壤端逐渐降低的特征。

表5-5-4为土壤-根-茎-叶系统中重金属的生物富集因子。由此可见：①茶树对不同重金属的转运能力具有较大差异，其中对Cd的生物富集因子要远高于Pb、Cr、As和Hg。大量研究表明，农作物对重金属的富集能力与农作物种类、土壤重金属含量、形态特征、土壤的理化性质等多种因素有关。其中，土壤重金属有效态含量是影响农作物对土壤元素吸收的重要因素。调查表明，我国农用地土壤中Cd的有效态比例要远高于其他重金属，导致农作物对Cd具有较高的迁移系数；此外，Hg在叶片中也具有较高的生物富集因子，植物叶片的Hg不仅来自根系土，大气沉降也是Hg的重要来源。②不同器官对重金属的BCF值也具有较大差异。其中Pb、Cr、Cd和Hg的BCF大致表现为根＞茎＞叶，表现出远离土壤端逐渐降低的特征。这些元素不是植物生长的必需元素，通过蒸腾作用等伴随着水分转运至植物体内，向上运移过程中受到不同器官阻碍，转移量逐渐降低。③不同叶龄对重金属的转运程度也不同。老叶因具有较高的Pb、Cr、Cd、Hg含量从而具有较高的生物富集因子。这些元素与N、P、K、Zn等高移动性营养元素不同，它们较难被重新分配，从而伴随着叶片生长不断累积。

表5-5-3 茶树不同器官中Se、I生物富集因子(BCF)参数统计表

参数	Se					I				
	根	茎	老叶	嫩叶	新叶	根	茎	老叶	嫩叶	新叶
最大值	8.80	2.77	0.74	0.24	0.28	0.35	0.17	0.05	0.04	0.04
最小值	0.86	0.27	0.44	0.10	0.11	0.06	0.03	0.03	0.02	0.02
平均值	2.87	1.24	0.56	0.14	0.17	0.13	0.07	0.04	0.03	0.03
中位数	1.93	1.07	0.54	0.13	0.16	0.12	0.06	0.04	0.03	0.03
变异系数	0.70	0.60	0.22	0.29	0.30	0.55	0.46	0.16	0.24	0.25

表5-5-4 茶树不同器官中5种重金属生物富集因子(BCF)参数统计表

器官	Pb	Cr	Cd	As	Hg
根	8.91～64.5 (33.4, 0.426)	6.76～79.9 (28.4, 0.805)	224～2051 (660, 0.631)	—	6.11～138 (46.0, 0.684)
茎	1.64～23.4 (10.1, 0.647)	0.87～35.7 (9.38, 1.060)	211～593 (346, 0.310)	0～5.02 (0.82, 1.970)	3.82～21.04 (13.2, 0.313)
老叶	1.42～4.85 (3.03, 0.468)	4.47～16.9 (12.6, 0.381)	43.4～85.7 (57.6, 0.315)	0～0.57 (0.11, 2.240)	14.9～19.7 (16.6, 0.119)
大叶	0.05～1.49 (0.41, 1.080)	0.37～11.2 (2.70, 0.990)	25.7～135 (75.2, 0.432)	0.45～9.64 (3.40, 0.620)	2.29～9.10 (6.69, 0.270)
嫩芽	0.03～0.93 (0.26, 1.030)	0.43～5.12 (1.89, 0.707)	27.0～108 (55.2, 0.445)	0.74～8.94 (3.25, 0.609)	1.91～10.4 (6.62, 0.345)

注：括号内分别为平均值和变异系数。

4. 土壤对茶叶重金属含量的影响

嫩叶中的Se与土壤中TFe_2O_3为显著正相关关系($p<0.05$)，而与其他元素相关性不显著。嫩叶中

I 与土壤中 I 和 TFe_2O_3 为显著正相关关系,与土壤 Na_2O、K_2O 为显著负相关。新叶中的 Se 与土壤中各指标均无显著相关性,新叶中 I 仅与土壤中 TFe_2O_3、K_2O 为显著负相关。土壤中 TFe_2O_3 含量与黏土矿物的含量相关,通常 TFe_2O_3 含量越高,黏土矿物含量往往越高,而 Na_2O、K_2O 与石英和长石等矿物关系更为密切。因此,推测茶树新叶、嫩叶中 Se 和 I 含量与根系土中黏土矿物、石英、长石矿物的比例相关。此外,嫩叶与土壤地球化学指标的关系似乎要比新叶与土壤地球化学指标的关系更为密切,但总体而言关系非常复杂。

新叶和嫩芽中同土壤重金属、Corg 和 pH 的皮尔逊相关系数见图 5-5-3。结果显示,土壤和新叶中的 Cr、Hg 呈显著正相关($p<0.05$),相关系数分别为 0.62 和 0.51,表明茶叶中 Cr、Hg 与土壤全量重金属密切相关。As 和 Corg 呈显著正相关($p<0.05$),相关系数为 0.63。研究表明,茶树根部吸收的 As 主要来自土壤有效砷,而加大土壤 Corg 含量会增加土壤有效砷的比例,从而增加茶叶对 As 的吸收和累积。新叶中 Hg 和土壤 pH 呈极显著负相关($p<0.01$),相关系数为 -0.86。因此,防止土壤过度酸化是降低茶叶 Hg 含量的有效途径之一。尽管茶叶其他重金属与土壤理化性质存在一定相关性,但显著性水平较差,并不具有普遍性。因此,茶叶重金属与土壤元素、土壤理化性质的关系非常复杂,并不单一受到某一因素的控制。

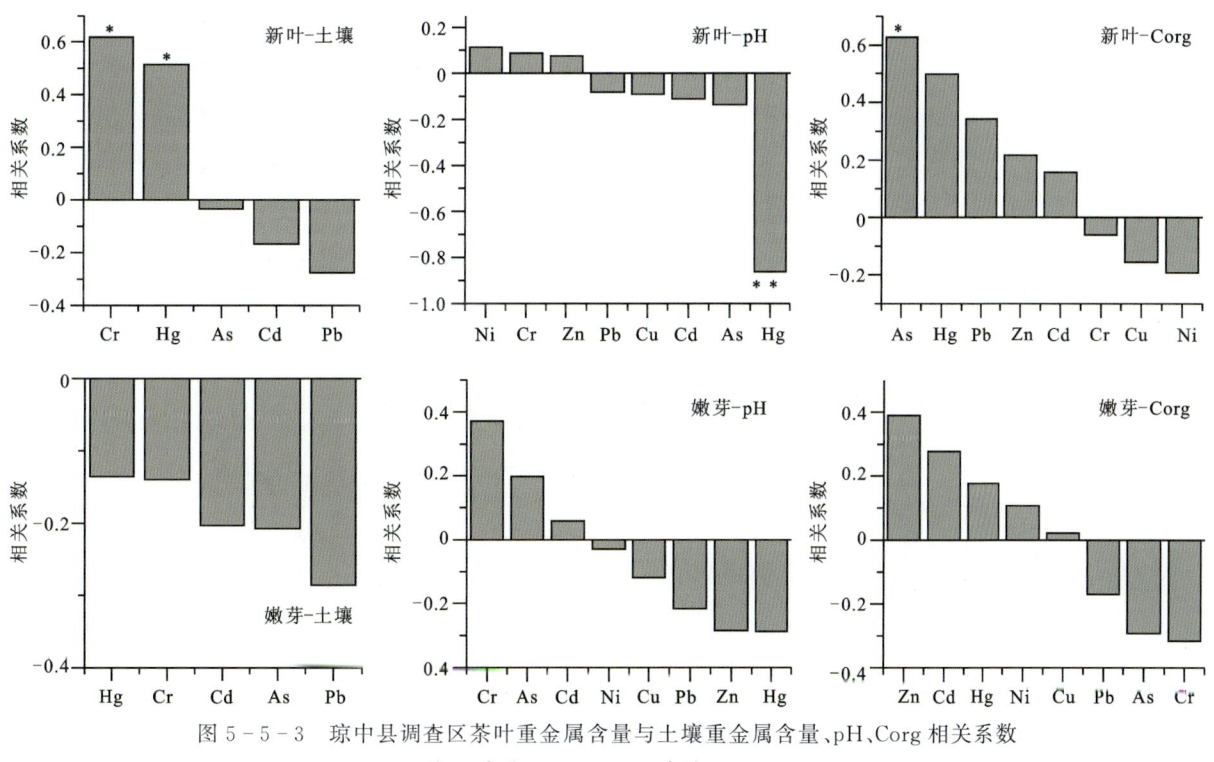

图 5-5-3 琼中县调查区茶叶重金属含量与土壤重金属含量、pH、Corg 相关系数

注:* 表示 $p<0.05$,** 表示 $p<0.01$。

5. 健康风险评价

茶叶重金属日摄入量计算结果见表 5-5-5,相对于新叶,嫩芽中 Zn、Cu、Ni 的日摄入量较高,Cr、Pb、As、Cd 和 Hg 较低,这与茶叶中重金属含量变化一致。无论是新叶还是嫩芽,日摄入量均表现为 Zn>Cu>Ni>Cr>Pb>As>Cd>Hg,其中 Zn、Cu、Ni 的占比都达到 99% 以上,表明饮茶主要摄入的重金属是 Zn、Cu、Ni。健康风险评价结果表明,食用嫩叶和新叶所导致的重金属健康风险值较为接近,Ni 和 Cu 是风险指数的主要贡献者。因此茶叶种植应该注意 Ni 和 Cu 的防控。8 种重金属日摄入量均低于重金属日摄入量阈值,且所有茶叶样品的复合危害系数均远低于 1,表明食用茶叶产生重金属危害的风险较小。

表 5-5-5　茶园茶树新叶与嫩芽重金属日摄入量计算结果统计表

器官	参数	Cu/10⁻⁴	Pb/10⁻⁶	Zn/10⁻³	Cr/10⁻⁶	Ni/10⁻⁴	Cd/10⁻⁷	As/10⁻⁶	Hg/10⁻⁷
新叶	最小值	8.29	1.19	1.15	4.79	3.01	4.31	1.04	1.55
	最大值	12.2	25.8	1.75	40.9	12.8	11.3	8.60	2.58
	平均值	10.3	7.76	1.37	16.8	5.55	7.56	2.66	2.13
嫩芽	最小值	8.78	0.63	1.25	3.48	3.64	2.16	1.54	1.55
	最大值	13.2	16.4	1.96	35.7	12.6	11.9	6.34	3.01
	平均值	11.0	5.00	1.61	12.8	5.85	5.89	2.45	2.06

然而，健康风险研究结果具有较大的不确定性。首先，本次结果基于鲜样干测，然而茶叶种类丰富，不同的加工过程也可能增加茶叶重金属含量。其次，饮茶群体的茶叶消费量具有较大差异，这也导致健康风险评价的差异。此外，饮茶不是人们摄入重金属的主要途径，谷物、薯类、生活环境介质（土壤、水、空气等）中重金属的摄入以及人体对重金属吸收程度均会影响人体重金属健康风险。因此，加强不同环境介质的重金属监测，是保护人类健康的有效途径。

综上所述，茶园土壤 Cr、Cd、As、Pb 和 Hg 含量略高于海南岛背景值，低于土壤污染筛选值，表明茶树种植没有导致土壤中这 5 种重金属的污染。但茶园土壤 pH 远低于海南岛土壤背景值，需要引起注意。茶树各器官中，根部相对富集 Pb、Cr、Cd 和 Hg，叶片相对富集 Cu 和 Ni；在茶叶中，老叶相对富集 Cr、Pb、Cd 和 Hg，嫩芽相对富集 Cu、Ni 和 Zn，反映出重金属在茶树不同生长部位含量的差异。Cu、Ni 是饮茶摄入的主要重金属，是健康风险值的主要贡献者，需要引起关注。成人饮用琼中县茶园新叶和嫩芽所摄入的重金属量低于重金属时摄入量的阈值，基本没有健康风险。

5.6 农业发展规划建议

5.6.1 规划建议依据/原则

参照《土壤环境质量　农用地土壤污染风险管控标准（试行）》(GB 15618—2018) 给定的农用地土壤污染风险筛选值、风险管制值，对超过风险筛选值的土地建议暂不开展农业开发，对超过风险管制值的土地建议禁止种植食用农产品。

调查显示，琼中县调查区土壤 Se、I 等对人体健康有益元素含量丰富，可以针对性开展富硒农产品、富碘农产品等优质安全农产品的生产与开发，充分利用土壤资源。

不同农作物对生长环境（土壤）的需求不同。

橡胶不宜在低湿的地方栽植。它适于在土层深厚、肥沃而湿润、排水良好的酸性砂壤土中生长。

槟榔在不同生长时期对光照的需求有很大的差异，随着植株生长对光照的需求增加。幼株喜阴，成株喜阳；成龄树冠上部有阳光暴晒，基部有遮阴是最好的生长条件。在成龄树基部必须有一定的荫蔽湿润环境，可减轻因日照所引起的温差变幅过大而使茎干爆裂。怕积水，不耐干旱。槟榔适于生长在肥沃、土层深厚、富有机质、保水力强、排水良好的砂壤土或壤土中，以表土为黑色的砂质壤土、底土为红壤或黄壤的为最优。山区的腐殖土，河岸冲积土，村边、路边、屋旁的肥沃园地也适宜种植。海拔在 700 m

以下为佳,不宜在土层薄而有小石砾、未完全风化的土壤栽培。

绿橙在山区和盆地过渡地带最优,靠近水源,常年保持湿润环境,在阳坡更优,在阴坡晚熟。

5.6.2 具体规划建议

琼中县调查区整体属于清洁无污染,养分较缺乏,富 Se、I 等人体健康元素的土壤。根据琼中县调查区现有农业开发现状以及上述规划建议,初步划定琼中县调查区农业开发规划建议,主要涉及以下 5 个方面:①绿色富硒水果(绿橙)种植开发建议区;②调查区内土地利用类型为园地、林地,且达到绿色富硒等级,并且依据绿橙种植对土壤的要求(山区和盆地过渡地带最优,阳坡优于阴坡),对选区进行进一步优选;③绿色富硒茄果类农产品开发建议区;④槟榔种植保持/开发建议区;⑤调查区内土地利用类型为园地、林地,土壤层厚度大于 1.5m,有机质含量较高(较缺乏级及其以上),土壤质地为壤土、砂土,土壤侵蚀程度低,同时土壤中各重金属元素含量低于《土壤环境质量 农用地土壤污染风险管控标准(试行)》(GB 15618—2018)中规定的农用地土壤污染风险管控值。

1. 橡胶种植保持/开发建议区

调查区内土地利用类型为园地、林地,且非富硒土壤区,土壤呈酸性的区域。

2. 建议严格管控区

调查区内土壤中任一重金属元素含量高于《土壤环境质量 农用地土壤污染风险管控标准(试行)》(GB 15618—2018)中规定的农用地土壤污染风险管控值的区域。

3. 规划建议结果

形成初步规划建议见图 5-6-1、图 5-6-2。初步划定绿色富硒水果(绿橙)类农产品开发建议区 12.9 万亩,在黎母山镇全域范围均有分布,在湾岭镇分布于荔枝头村—乌石村—岭头村一带以北,北至鸭婆村—破寨村一带,在和平镇分布于镇中心。富硒花生、茄果类农产品开发建议区 3.68 万亩,受制于琼中县山区的地形地貌条件限制,富硒花生、茄果类农产品开发建议区分布较为零散,但主体分布于湾岭镇至乌石村之间。食用农产品开发严格管控区面积为 0.18 万亩,分布零散,不存在大面积重金属污染土壤。橡胶种植保留/开发建议区共计 29.0 万亩,槟榔种植保留/开发建议区共计 20.2 万亩。

5.7 农业生态地质调查工作模式

海南岛热带特色农业区生态地质调查,是在切实贯彻党中央生态文明建设、全面建成小康社会的战略部署大背景下提出的,宗旨是服务海南岛热带农业科学中心建设,助力建成国家热带现代农业基地;促进地球系统科学的理论创新,推动学科交叉融合发展;提升科学研究水平,增强科技创新能力;奠定构建特色农业生态地质调查技术体系的实践基础。项目总体指导思想为遵循地球系统科学观点,以地质背景、成壤母质物质组成演变为主线,通过地质调查和科学研究的深度融合,集中着力解决以下 3 个方面的问题:一是研究岩石-土壤体系中化学元素活动性规律,为生态效应探索奠定基础;二是研究地球表层生态关键带岩-土(水)-农作物体系中元素转化过程,为自然资源合理利用提供依据;三是研究人类与自然环境的和谐共存,为地球表层系统演化研究提供证据。这些问题的解决,高度契合地质调查"全力支撑国家能源资源安全保障和生态文明建设,精心服务自然资源中心工作"的职责定位。

党的十八大以来,生态文明建设作为重要内容已经被写入我国"五位一体"总体布局和"四个全面"战略布局的国家发展顶层设计之中。我国将生态文明建设提到了前所未有的高度,使山水林田湖草生

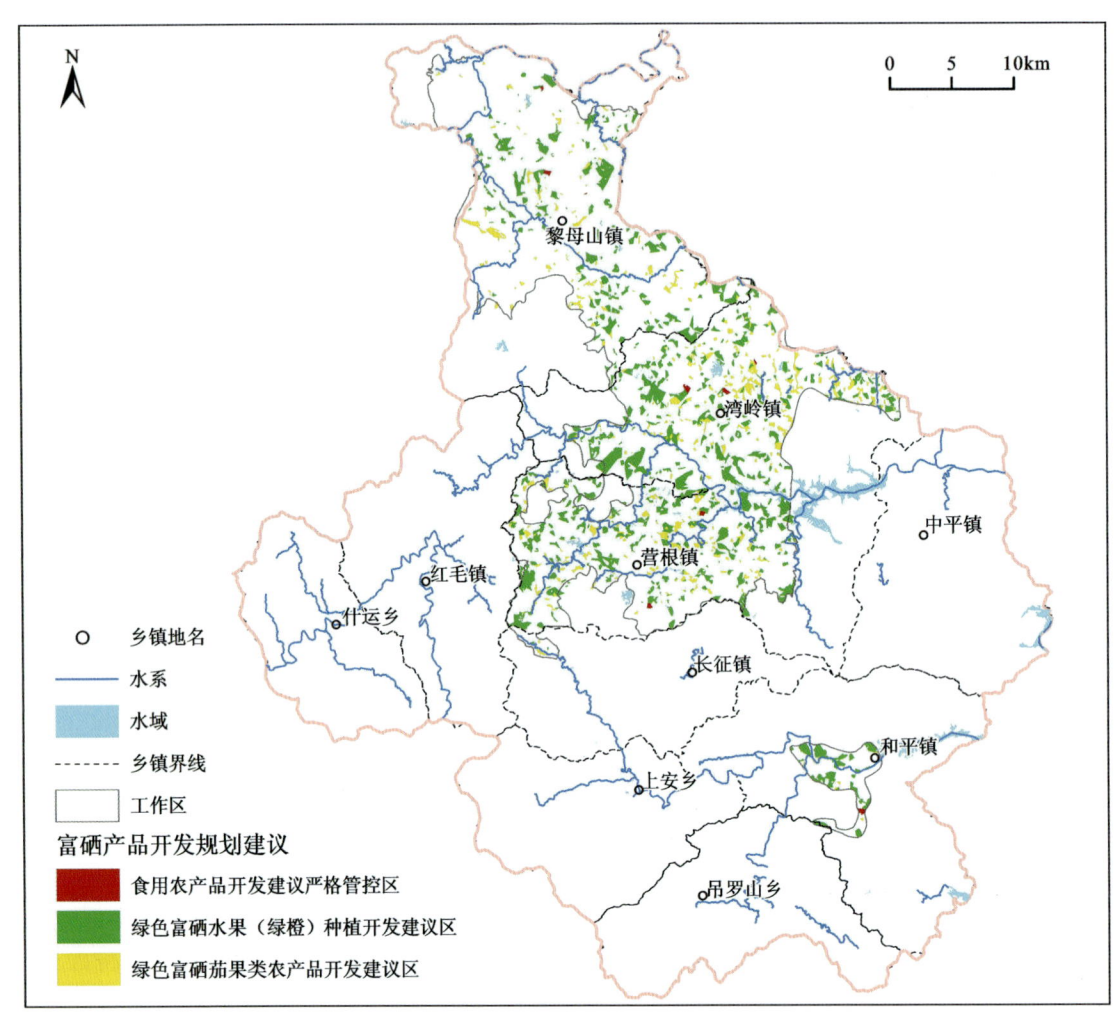

图 5-6-1　琼中县富硒产品规划开发建议图

命共同体理念深入人心。从坚持人与自然和谐共生、坚持推动构建人类命运共同体的发展观出发,提出了构筑尊崇自然、绿色发展生态体系,倡导必须尊重自然、顺应自然、保护自然,强调只有遵循自然规律才能有效防止在开发利用自然上走弯路,在创造更多物质财富和精神财富以满足人民日益增长的美好生活需求的同时,也要提供更多优质生态产品以满足人民日益增长的优美生态环境需要。第十三届全国人民代表大会一次会议的政府工作报告指出,加快建设现代农业产业园和特色农产品优势区,稳定和优化粮食生产。这些都对地质调查工作提出了全新的要求,开辟了更广阔的服务领域,在保障能源资源安全的基础上,还要显著提升支撑服务生态文明建设和特色农业开发的能力和水平。作为基础性、公益性、战略性的地质调查工作应主动适应这种形势,在工作内涵和服务对象上进行了调整,尤其是自然资源部成立以来,地质调查工作支撑生态文明建设和自然资源综合管理成为新时期地质工作转型升级和拓展领域的重要范畴。

正在稳步推进中国特色自由贸易港建设的海南岛,被定位于全面深化改革开放的"三区一中心",将建设国家生态文明试验区作为高质量发展的靓丽名片。海南岛地理位置独特,拥有全国最好的生态环境,同时又是我国热带现代农业基地,为打造农业区生态地质调查支撑服务生态文明建设示范以及生态产品价值实现机制探索提供了极佳的试验场。2019—2021年中国地质调查局组织实施了"海南岛热带特色农业区生态地质调查"二级项目,针对国家生态文明试验区(海南)建设对地质调查工作的新需求和制约海南岛特色农业高质量发展的新问题,以服务国家生态文明试验区(海南)建设为核心,围绕热带高效农业发展以及生态产品价值实现等典型问题,开展特色农业区生态地质调查,构建生态文明试验区农

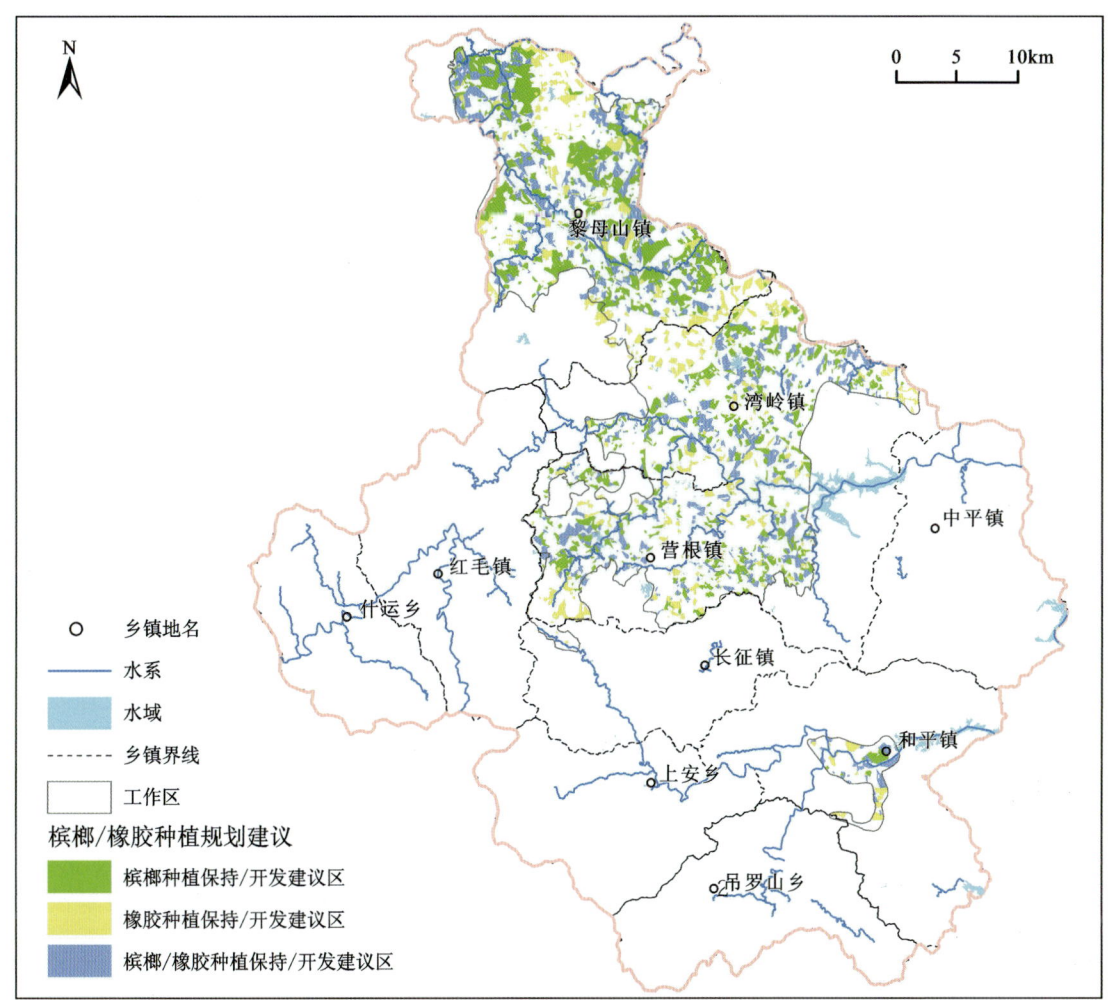

图 5-6-2 槟榔/橡胶种植规划开发建议图

业生态地质调查技术方法体系,打造服务优质生态-产业建设规划的地质转型工作模式,形成了一套可供推广的农业生态地质调查评价工作机制,为经济社会发展提供了资源保障和地质环境保障,有力支撑服务了海南生态文明建设和自然资源管理。

1. 贯彻生态文明建设思想,树立全新发展理念

党的十八大以来,以习近平同志为核心的党中央高度重视生态文明建设,谋划开展了一系列根本性、开创性、长远性工作,对生态文明建设从认识到实践都发生了历史性、转折性、全局性变化。海南岛森林覆盖率高达61.5%,空气质量、水环境属全国一流,94.2%的监测河段水质达到或优于国家地表水Ⅲ类标准,一类、二类海水占91.1%,四面环海形成天然的动物疫病屏障,是全国首个全省性无规定动物疫病区。优越的生态环境为绿色优质农产品生产及品牌打造提供了得天独厚的自然条件。自"海南岛热带特色农业区生态地质调查"二级项目设立以来,在工程首席的指导下,在项目负责人的带领下,项目组成员深入学习贯彻习近平生态文明思想,并以此为引领开展基础地质与生态地质调查工作。认真谋划布局,总结经验做法,以钉钉子精神做好生态地质背景调查评价工作,贯彻落实绿水青山就是金山银山理念,扎实推进美丽乡村建设,以更高标准打好蓝天、碧水、净土保卫战,维护生态环境安全。

党的十九大以来,习近平总书记在多个重要场合、重要时间节点的重要讲话中,就海南自由贸易港建设做出重要论述和指示。"4·13"以来,习近平总书记对海南自由贸易港建设从"逐步探索"到"加快探索"再到"加快推进"以及"推动建设",条条重要指示,一以贯之、一脉相承;声声殷殷重托,饱含深情厚爱。这些重逾万钧的嘱托，激励每一位参与项目工作的地质人都竭尽所能奋斗追梦，同时也成为项目组砥砺向前的指南针和路标。

学之愈深，知之愈明，行之愈笃。项目实施过程中，全面贯彻落实党的十九大精神、习近平总书记在庆祝海南建省办经济特区30周年大会上的重要讲话和《中共中央国务院关于支持海南全面深化改革开放的指导意见》精神，牢固树立创新、协调、绿色、开放、共享的新发展理念。根据新发展阶段的新要求，坚持以人民为中心的发展思想，坚持问题导向，切实解决海南岛高端生态产业和特色农业发展不平衡、不充分的问题，协同推动经济社会和生态环境高质量发展。

新发展理念与海南岛加快发展的沃土紧密结合，已然迸发出无限生机与活力。从海口市、三亚市再到琼中县，"海南生态环境质量只能更好、不能变差"的发展理念深入人心，生态环境质量始终保持全国一流。一流生态已成为海南最大竞争优势，极大地拓宽了海南高质量发展潜力和空间，为生态地质调查提供了根本遵循和行动指南。

2. 践行地球系统科学思维，明确调查内容和目标

地球系统是指由大气圈、水圈、生物圈和岩石圈（包括下地幔和地核）组成的复杂系统。地球系统即使发生微小变化，也会对人类社会和文明进程产生深刻与深远影响。地球系统科学是21世纪地球科学的发展方向和重大主题，将大气圈、水圈、生物圈和岩石圈视为有机联系的整体，跨越领域和学科界限，以更高层次、更大视野认识地球，研究视角从单层圈到多层圈，研究内容从单一过程到耦合过程，研究思路从单要素分析到多要素综合。在地球系统框架内，通过生态地质调查、综合调查和评价地球发展演化过程中重大地质事件的物质组成响应，以及地质事件物质组成响应的资源环境效应，可以为探索地球系统演化与地质构造演化、能源资源、固体矿产资源以及地球表层关键带自然资源效应间的联动机制提供线索，促进地球系统科学的理论创新。同时，生态地质调查和评价涉及地质、地理、地球化学、地球物理、土壤、植物营养乃至生命科学等多种学科，通过生态地质调查和评价能将这些学科有机融合起来，推动学科间交叉融合和创新发展，更有利于解决更综合、更复杂的农业资源环境问题，进而更好地服务自然资源中心工作。

自然资源部成立之后，中国地质调查局为深入贯彻党中央、国务院关于推进生态文明建设的重大决策部署，提升地质调查支撑服务生态文明建设和自然资源管理的广度、深度、精准性与有效性，推进地质调查事业转型升级，制订了关于地质调查支撑服务生态文明建设和自然资源管理的实施意见，增强对自然资源多要素调查的支撑能力，土地资源及生态调查是重点任务之一，目的是为构建土地资源监测体系积累本底资料，同时对区域资源环境承载能力和国土空间开发适宜性进行评价，为制订项目调查内容和目标提供了政策依据。

开展生态地质背景调查，系统揭示岩-土体系中矿物、元素等物质组成的演化特征及规律，弄清土壤中农作物营养元素、有益元素以及有害元素是如何演变而来的，演变结果对土地农用产生何种影响。同时构建典型地质建造地球化学基准，直接为"确保海南省生态环境质量只能更好、不能变差"，特别是"土壤生态环境质量总体保持稳定"提供参比基准。

开展土地特色农用适宜性调查，查明特色农产品产区以及特殊地质背景区土壤养分、有益组分、环境质量、特色组分等的含量状况、分布规律及主导控制因素，为土地特色农用规划开发提供基础地质-地球化学资料和信息。

开展土壤-农作物体系中元素迁移及生态效应调查，用土壤中特色组分（Se、I等）将土壤-农作物体系联系起来，突出富含特色组分农产品产地地质背景、土地特性优势及其品质保障，打通农业提质增效"最后一公里"，围绕特色农业产业规划、特色组分农产品开发以及特色生态产业链形成等，引导生态产品价值实现和国土空间布局优化，服务国家生态文明试验区（海南）建设。

3. 发挥行业技术优势，突出地质调查特色

2018年5月18日至19日，全国生态环境保护大会在北京召开。习近平总书记出席会议，并发表重

5 农业生态地质调查高效支撑生态农业发展

要讲话,将绿水青山就是金山银山的发展理念、良好生态环境是最普惠民生福祉的宗旨精神、山水林田湖草是生命共同体的系统思想贯穿于生态文明思想体系之中。加强生态文明建设、加强生态保护既是重大的经济问题,也是重大的社会和政治问题,为指导坚决打赢蓝天保卫战、深入实施水污染防治行动计划、全面落实土壤污染防治行动计划、持续开展农村人居环境整治行动等提供了重要理论遵循和行动纲领,强力引导全社会实现经济效益、社会效益和生态效益同步提升、同步发展。山水林田湖草是生命共同体的理念,更为新时期地质调查工作转型发展指明了方向。

山水林田湖草是一个相互依存、联系紧密的自然系统,共同构成人类生存发展必不可少的物质基础。人的命脉在田,田的命脉在水,水的命脉在山,山的命脉在土,土的命脉在林和草。这样的理念和路径,为拓展生态地质调查新领域、树立生态地质调查新思维奠定了基础。

按照山水林田湖草是生命共同体的理念,土壤(土地)是林、草、农作物赖以生存的自然物质基础,而土壤是由地质体经风化成壤作用形成的,归根结底地质体才是世间万物赖以生存的根本物质基础。地质体风化成壤的进程,实质上是地质体物质组成演化的过程,包括矿物组成及其化学组成的演化。生长在土壤中的动物、植物,是无机的地质体向有机的动物、植物体演化的延续。因此,物质组成演化是整个生态系统周而复始发生、发展的控制要素和直接表现形式,是生态地质调查的主线。围绕这条主线展开的特色农业区生态地质调查是传统地质工作转型发展的产物,顺应了新时代发展脉搏,应生态文明建设的大势而生,应乡村振兴战略的大局而生。充分发挥地质行业技术优势,突出地质调查特色,是实施好生态地质调查工作的前提和保障。

4. 立足地方社会经济发展现状,找准成果转化突破口

根据项目总体工作部署及年度工作安排,在3年的项目实施周期内,分别在海口市、澄迈县、琼中县、五指山市、三亚市、陵水县、东方市、乐东县8个县市开展区域生态地质背景调查及土地特色农用适宜性调查,目的是充分了解和把握海南岛土壤(土地)特色,在此基础上围绕乡村振兴战略,为做强做优热带特色高效农业提供基础地质-地球化学资料和信息。特色农业区生态地质调查工作属于地质调查转型发展的新方向,成果推广应用没有先例可循。为了使调查结果更好地服务地方经济社会发展,需要对接地方经济社会发展定位,找准成果转化突破口,积累生态地质调查成果成功示范应用案例。

琼中县是海南岛的"水塔",是"三江之源",万泉河、南渡江、昌化江都发源于此,同时也是海南历代黎族、苗族的聚居地;生态气候条件优越,旅游资源丰富,有丰富的矿产资源和优美的自然风光,盛享"黎母圣地、山水琼中"的美誉,2020年之前却一直戴着国家级贫困县的"帽子",是自然资源部的定点扶贫县之一。因此,支撑服务琼中县脱贫攻坚和乡村振兴是项目推进的重要任务,琼中县势必成为本项目实施的重点选区。3年来,项目承担单位先后多次到琼中县开展需求对接调研,双方经过充分沟通共同确定了农业生态地质调查的范围和重点调查区,二级项目充分发挥地质专业技术优势,在重点调查区开展了土地特色农用适宜性调查、农作物生态效应调查以及地质遗迹调查等系列调查工作。工作过程中,项目团队与琼中县委、县政府以及农业农村局、自然资源和规划局保持密切联系,与分管人员建立微信联络群,大大提高了沟通的效率,为后期富硒土地申报和开发利用以及特色农业产业规划奠定了良好的基础,在强力支撑脱贫攻坚的同时,也让琼中县这个曾经的贫困县迸发出发展的生机与活力。

5. 推动调查成果认证,助力生态产品价值实现

琼中县通过土地特色农用适宜性调查发现了丰富的富硒、富碘土地,而且土壤中富含的Se、I等特色组分在茶叶、辣椒、花生、百香果、山药、秋葵等农作物中含量相对较高,产生了明显的生态效应,为开发富硒、富碘农产品奠定了基础。

根据琼中县地区硒、碘等土壤特色组分区域分布状况,通过与琼中县委、县政府沟通交流,选择湾岭镇约4.36万亩富硒土地参加中国地质学会首批富硒土地认证,并获得批准。目前,琼中县人民政府正在积极开展富硒土地产业规划和产业对接,琼中清洁富硒沃土,必将促进该地区特色农业的孕育、开花、结果。

· 175 ·

琼中县富硒土地调查成果获得认证,在为当地生态产品价值实现探索出一条可行路径的同时,也为其他调查区调查成果的开发利用提供了成功案例。项目实施模式及调查成果应用范式的形成,有助于推进生态地质调查成果更好地服务地方经济发展,是确保项目调查成果"落地生根"的根本保障。

6. 总结调查思路和方法,拓展应用服务范围

"海南岛热带特色农业区生态地质调查"项目是在地质调查转型发展的大背景下获得立项支持的。项目实施期间,结合海南岛各调查区地质特色及地方经济发展需求,探索出调查成果开发应用的可行路径。系统梳理、总结项目的调查思路及方法,对我国其他省(自治区、直辖市)类似的特色农业区生态地质调查具有积极的借鉴和示范作用。

特色农业区生态地质调查总体思路概括为一线、两点、三尺度、四要素。一线是以地质体物质组成演化为主线;两点是以土地特色农用适宜性调查为着力点、以服务特色农业开发规划为落脚点;三尺度是全域尺度生态地质背景调查、特色农产品产区地质条件适宜性或特殊地质背景区农作物适宜性调查和农产品产地土壤-农作物体系物质迁移及生态效应调查;四要素是岩石、土壤、水和农作物4类调查要素。

根据调查方法技术,对应"三尺度、四要素"地质调查需求,总结凝练出系统的区域生态地质背景调查、土地特色农用适宜性调查和土壤-农作物体系元素迁移及生态效应调查等方法技术,将助力特色农业区生态地质调查向海南岛以外拓展,惠及更广大的地区。

6 地质遗迹调查助推地方特色旅游产业发展

6.1 琼中县地质遗迹概况

琼中县地质遗迹共有 49 处,分为 3 个大类、5 个类、10 个亚类,以地貌景观大类(岩土体地貌、水体地貌)为主,占 87.8%,其中基础地质大类 2 处,地貌景观大类 43 处,地质灾害大类 4 处,包含岩石剖面、岩土体地貌、火山地貌、水体地貌、地质灾害 5 类,侵入岩剖面、侵入岩地貌、变质岩地貌、碎屑岩地貌、火山岩地貌、河流、瀑布、湖泊和潭、泉、崩塌 10 个亚类(图 6-1-1,表 6-1-1)。

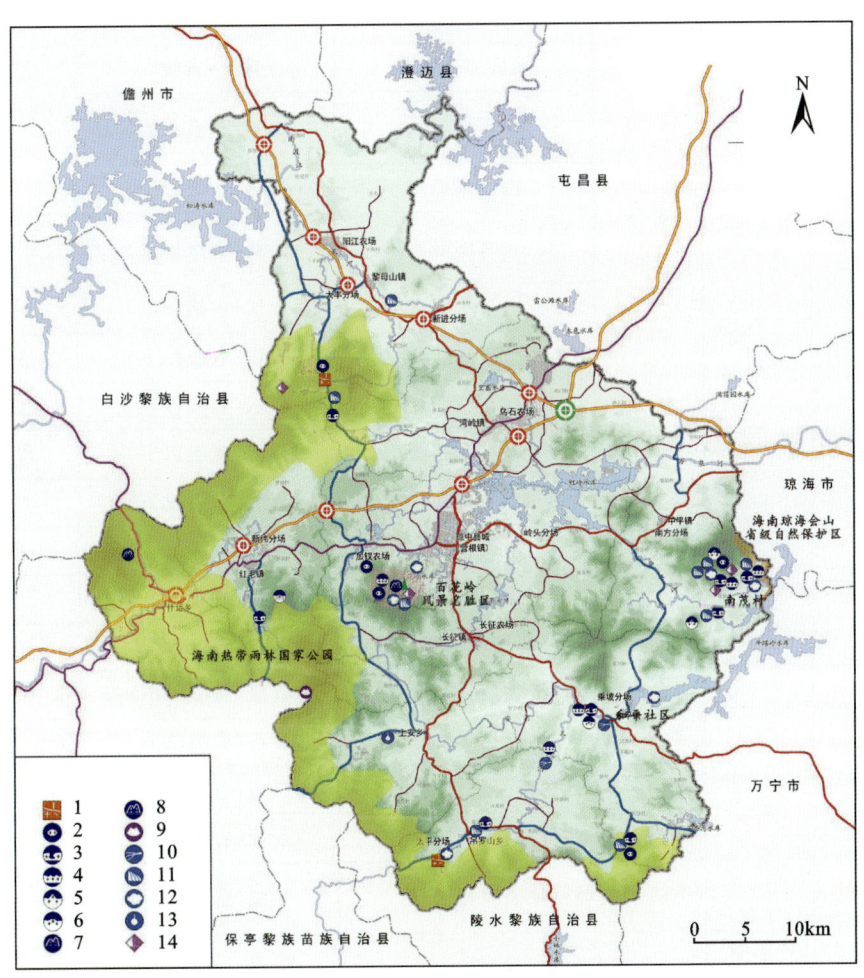

图 6-1-1 琼中县地质遗迹分布图

1.侵入岩剖面;2.石蛋;3.壶穴;4.岩槽;5.圆顶峰长岭脊;6.低山圆丘;7.变质岩地貌;
8.碎屑岩地貌;9.火山岩地貌;10.河流;11.瀑布;12.湖泊、潭;13.泉;14.崩塌

通过专家鉴评及对比分析,琼中县49处地质遗迹中省级有8处,占比16%,分别为路平河壶穴群、乘坡河壶穴群、黎母溪壶穴群、五指山火山岩地貌、飞水岭瀑布、南茂七步水瀑布、百花岭瀑布和南茂岭千丈崖,剩余41处为省级以下,占比84%(表6-1-1)。

表6-1-1 琼中县地质遗迹统计表

大类(Ⅰ)	类(Ⅱ)	亚类(Ⅲ)	遗迹名称	等级	分布位置
基础地质	岩石剖面	侵入岩剖面	黎母山巨斑状角闪黑云二长花岗岩剖面	Ⅳ级(省级以下)	海南热带雨林国家公园黎母山段
			咬饭河辉绿岩剖面	Ⅳ级(省级以下)	海南热带雨林国家公园吊罗山段
地貌景观	岩土体地貌	侵入岩地貌	南茂岭花岗岩石蛋群	Ⅳ级(省级以下)	中平镇南茂村
			黎母山花岗岩石蛋群	Ⅳ级(省级以下)	海南热带雨林国家公园黎母山段
			飞水岭花岗岩石蛋	Ⅳ级(省级以下)	海南热带雨林国家公园吊罗山段
			百花岭花岗岩石蛋	Ⅳ级(省级以下)	百花岭风景名胜区
			加钗农场石蛋	Ⅳ级(省级以下)	营根镇加钗农场
			路平河壶穴群	Ⅲ级(省级)	中平镇路平村
			乘坡河壶穴群	Ⅲ级(省级)	和平镇和平社区
			黎母溪壶穴群	Ⅲ级(省级)	海南热带雨林国家公园黎母山段
			南茂溪壶穴	Ⅳ级(省级以下)	中平镇南茂村
			飞水溪壶穴	Ⅳ级(省级以下)	海南热带雨林国家公园吊罗山段
			七步水壶穴	Ⅳ级(省级以下)	中平镇南茂村
			咬饭河壶穴群	Ⅳ级(省级以下)	吊罗山乡高提村
			五指山大水河壶穴	Ⅳ级(省级以下)	红毛镇罗解村
			乘坡河岩槽	Ⅳ级(省级以下)	和平镇和平社区
			七步水溪岩槽	Ⅳ级(省级以下)	中平镇南茂村
			南茂溪岩槽	Ⅳ级(省级以下)	中平镇南茂村
			咬饭河岩槽	Ⅳ级(省级以下)	吊罗山乡高提村
			百花岭花岗岩沟槽	Ⅳ级(省级以下)	百花岭风景名胜区
			南茂岭花岗岩岭脊	Ⅳ级(省级以下)	中平镇南茂村
			牛岭花岗岩岭脊	Ⅳ级(省级以下)	中平镇路平村
			乘坡河花岗岩圆丘	Ⅳ级(省级以下)	和平镇和平社区
			番响村花岗岩圆丘	Ⅳ级(省级以下)	红毛镇番响村
		变质岩地貌	百花岭变质岩差异风化	Ⅳ级(省级以下)	百花岭风景名胜区
		碎屑岩地貌	鹦哥岭碎屑岩地貌	Ⅳ级(省级以下)	海南热带雨林国家公园鹦哥岭段
	火山地貌	火山岩地貌	五指山火山岩地貌	Ⅲ级(省级)	海南热带雨林国家公园五指山段

续表 6-1-1

大类（Ⅰ）	类（Ⅱ）	亚类（Ⅲ）	遗迹名称	等级	分布位置
地貌景观	水体地貌	河流	乘坡河	Ⅳ级（省级以下）	和平镇和平社区
			咬饭河	Ⅳ级（省级以下）	海南热带雨林国家公园吊罗山段
		瀑布	飞水岭瀑布	Ⅲ级（省级）	海南热带雨林国家公园吊罗山段
			南茂七步水瀑布	Ⅲ级（省级）	中平镇南茂村
			南茂千丈崖瀑布	Ⅳ级（省级以下）	中平镇南茂村
			小壶口（路平村）瀑布	Ⅳ级（省级以下）	中平镇路平村
			新进农场瀑布	Ⅳ级（省级以下）	黎母山镇新进农场
			南茂溪婚纱瀑布	Ⅳ级（省级以下）	中平镇南茂村
			咬饭河瀑布群	Ⅳ级（省级以下）	海南热带雨林国家公园吊罗山段
			黎母山瀑布	Ⅳ级（省级以下）	海南热带雨林国家公园黎母山段
			百花岭瀑布	Ⅲ级（省级）	百花岭风景名胜区
		湖泊、潭	南茂溪潭池群	Ⅳ级（省级以下）	中平镇南茂村
			七步水潭池	Ⅳ级（省级以下）	中平镇南茂村
			咬饭河潭池	Ⅳ级（省级以下）	海南热带雨林国家公园吊罗山段
			牛路岭水库	Ⅳ级（省级以下）	和平镇堑对村
			白石岭水库	Ⅳ级（省级以下）	营根镇加钗农场
			百花岭天池	Ⅳ级（省级以下）	百花岭风景名胜区
		泉	上安乡地热田	Ⅳ级（省级以下）	上安乡南流村
地质灾害	地质灾害遗迹	崩塌	南茂岭千丈崖	Ⅲ级（省级）	中平镇南茂村
			黎母山千丈崖	Ⅳ级（省级以下）	海南热带雨林国家公园黎母山段
			南茂溪崩落石	Ⅳ级（省级以下）	中平镇南茂村
			百花岭飞来石	Ⅳ级（省级以下）	百花岭风景名胜区

(1)岩石剖面：琼中县岩石剖面地质遗迹较少，仅有黎母山巨斑状角闪黑云二长花岗岩剖面和咬饭河辉绿岩剖面两处。黎母山巨斑状角闪黑云二长花岗岩剖面位于黎母山黎母溪，是印支期晚三叠世琼中黎母岭单元的代表岩石类型，具较高的科学性及观赏性。咬饭河辉绿岩是琼中县最晚期岩浆侵入活动的特征岩石，表现为侵入穿插早期岩体的现象，广泛分布于琼中县裸露的基岩河床，具一定的科普性和观赏性。

(2)岩土体地貌：琼中县岩土体地貌包括石蛋、壶穴和岩槽3种。其中，琼中县石蛋资源丰富，主要分布于南茂岭（52个）、黎母山（45个）、飞水岭（18个）、乘坡河（10个）、百花岭（10个）等地区。琼中县壶穴主要分布于路平河（24个）、乘坡河（456个）、黎母溪（52个）和咬饭河（35个）等河流河床处。琼中县岩槽（沟槽）主要分布于百花岭地区，发育于沟谷中花岗岩表面。

(3)火山地貌：五指山火山岩地貌分布于琼中县与五指山的交界，海拔1867m，是海南省最高峰，因形似五指故名五指山。

(4)水体地貌:琼中县因地处热带雨林,降雨充沛,植被稠密,因此瀑布资源极其丰富。其中代表性瀑布包括百花岭瀑布、飞水岭瀑布、南茂七步水瀑布。

(5)地质灾害:南茂岭千丈崖是琼中县崩塌地质灾害地质遗迹的代表。

6.2 琼中县典型地质遗迹

6.2.1 岩土体地貌

1. 石蛋

石蛋的形成以化学风化和暴雨冲刷为主要动力,并辅以热胀冷缩的物理风化作用,被原生节理切割成大大小小、近似立方体、四方体、长方体的花岗岩块体逐渐接近,或暴露于地表后,历经漫长的地质历史时期的"球形风化"作用,先产生差异风化和侵蚀作用;块体内部,岩性致密,抗侵蚀能力相对较强,以强度相对较弱热胀冷缩的物理风化作用为主,剥蚀程度相对较弱,逐渐形成风化壳;而块体接触处,即层面或节理交叉处,抗侵蚀能力相对较弱,与水溶液相互作用,产生强度相对较大的化学风化作用,剥蚀程度相对较强,棱角逐渐圆滑化;随差异风化和侵蚀作用持续,块体接触处,即棱角首先被风化掉,最后使块体变成两头略小、中间略大的椭球形或球形的石蛋(图6-2-1)。

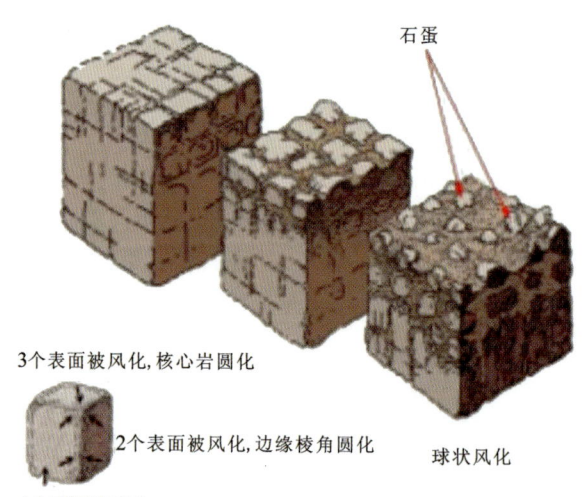

图6-2-1 石蛋形成示意图

琼中县石蛋分布较广泛,各花岗岩山脉均有。经统计,南茂岭区段石蛋有52个,黎母岭区段有45个,飞水岭区段有18个,乘坡河区段有10个,百花岭10个(图6-2-2)。其中,南茂岭以巨型石蛋为主(直径超过3m),黎母山以中型为主(直径1m左右),百花岭、乘坡河区段以小型石蛋(直径1m以内)为主。石蛋外形圆润灵秀,线条多变且富于韵律,千姿百态,或如人似物,或神秘抽象。

2. 壶穴

琼中县为花岗岩出露区域,岩石抗侵蚀能力强,上游区水量大、谷地落差大,以下蚀作用为主,但局部地段仍存相对平缓河床,流水挟带物质(砂或石块)在低凹处滞留,遇河道拐弯处,水流顺裂隙改变运动方向,侧向水流运动与垂直水流混合,将上游带来的石块(滞留在低凹处的石块)磨蚀成螺状、脚丫状、深缸状、叠加状和串珠状的壶穴,也就是当地百姓所谓的"石臼"(图6-2-3)。

南茂岭巨石蛋

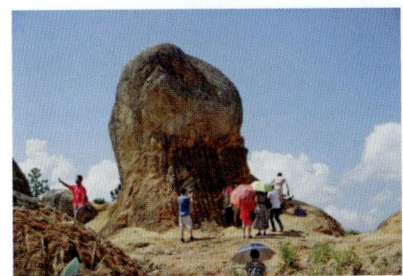

黎母山石蛋　　　　　　　　　　　百花岭石蛋

图 6-2-2　石蛋

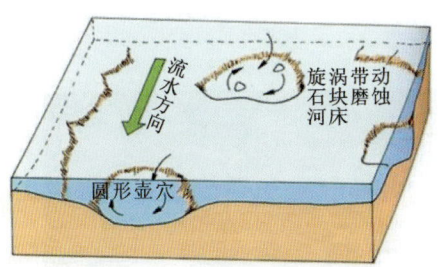

图 6-2-3　壶穴成因示意图（引自廖如松等，2020）

琼中县壶穴主要分布在牛路岭水库区域、黎母山、吊罗山北部和五指山北部等地区，其中牛路岭水库区域的和平镇乘坡河、咬饭河等河流河床发育壶穴最多，其次为黎母山、五指山北部地区等（表6-2-1）。

表 6-2-1　琼中县壶穴分布情况一览表

区域	河段	数量/个	形态	直径大于3m/个	直径小于3m/个
牛路岭水库区域	乘坡河	456	圆形、椭圆形	8	448
	南茂村七步水	11	圆形、椭圆形	0	11
	路平河	24	圆形、椭圆形	10	14
	咬饭河	35	圆形、椭圆形	5	30
黎母山	黎母溪	52	圆形、椭圆形	10	42
吊罗山北部	飞水岭	8	圆形、椭圆形	0	8
五指山北部	五指山大水河	23	圆形、椭圆形	0	23

和平镇乘坡河壶穴群中壶穴总共约456个，分布长约1000m，宽约200m。其数量之多，体形之大，造型之绝妙，水流之变幻，是我国乃至全世界都罕见的地质奇观。该河段壶穴象形类型丰富（图6-2-4），各发育成长时期均有。

图 6-2-4　和平镇乘坡河壶穴群

路平河壶穴群主要分布于牛路岭水库流域下游(水库西端汇入口)峡谷转弯处。由于河床基岩为粗中粒含斑黑云母正长花岗岩,节理裂隙较为密集,3 段高于水位线的裸露河床基岩被河水冲蚀形成巨型壶穴,错综叠加,造型玄妙(图 6-2-5)。河水跌落处与转弯处形成巨型叠加壶穴直径大于 3m,直线流水河段发育密集的小型壶穴直径小于 3m。

图 6-2-5　路平河壶穴群

咬饭河壶穴群分布于咬饭河中段,咬饭河为乘坡河上游分支河流(乘坡河汇集小万泉河和咬饭河流入牛路岭水库),水流源自琼中县南部的吊罗山脉的汇水流向,由南往北,流经吊罗山乡至和平镇,总长 25km 左右,河道宽 10～100m。流域内冲刷裸露的花岗岩基岩河床形成多段壶穴群景观。壶穴常见于节理裂隙发育的花岗岩河床,在节理裂隙接缝处成长。岩体中相对抗风化弱的辉绿岩脉常被先冲蚀变成沟槽甚至深沟,沟壑边缘带流水侧向作用较强,壶穴相对发育较密集(图 6-2-6)。

6 地质遗迹调查助推地方特色旅游产业发展

巨型壶穴　　　　　　　　　　　　叠加壶穴

图6-2-6　咬饭河壶穴群

黎母溪壶穴群位于黎母岭自然保护区,分布于长约360m、宽约20m的黎母溪,河道近南北走向,北高南低。4级基岩河床缓降分布,降水落差50m,分布多级小潭池。基岩为粗中粒巨斑状角闪黑云母二长花岗岩,为印支期晚三叠世琼中黎母岭单元侵入岩。壶穴形态多样,有螺状、脚丫状、深缸状、叠加状、串珠状等(图6-2-7)。

3. 岩槽(沟槽)

琼中县岩槽(沟槽)现象主要分布于百花岭地区,发育于沟谷中花岗岩表面,宽10～30cm,深30～50cm。花岗岩由于沟槽发育,形似莲花,称为莲花石(图6-2-8)。沟槽的形成与花岗岩岩石表层受到风化作用和线状流水侵蚀作用以及植物根系及苔藓、地衣等产生的生物化学破坏作用有关。

6.2.2　水体地貌

琼中县穹隆山脉诸多,热带雨林降雨充沛、植被稠密,山体岩性多为渗水性差的致密花岗岩,汇水面积广,水系发育。山脉汇水低洼处形成溪谷,溪谷河流跌水处形成瀑布。瀑布大多是由于早期北东-南西向断裂或节理发育,随着构造抬升或地表水流下切,在断裂或裂隙处因崩塌频发常形成悬崖陡壁,构造抬升越剧烈,形成的悬崖陡壁落差越大,后期地表汇水侵蚀形成。其中,百花岭瀑布、飞水岭瀑布、南茂溪七步水瀑布、南茂溪婚纱瀑布、南茂千丈崖瀑布、咬饭河瀑布、新进农场瀑布、黎母山瀑布、小壶口瀑布9处瀑布比较典型(表6-2-2)。

1. 百花岭瀑布

百花岭瀑布(图6-2-9)分布于百花岭地区。百花岭地区峰峦叠嶂,植被茂盛,年均降雨量2044mm,主峰高1100m,山体岩性为印支期花岗岩,岩石致密坚硬,隔水性好。山体海拔在680～1100m的山脊线有围成集水面积达2.0km²的汇水区。降雨及岩石缝隙地下水水流会汇集山沟流向低处。水流到汇水区最低处"金龙吐珠"的位置,地形突然变陡,水流直泻而下,形成落差达300m的"百花岭瀑布"。降雨季节瀑布宽达20m,枯水期5m,分3级直泻而下。一级瀑布水流是从两座山峰间喷出,状如"双龙吐珠";二级瀑布两侧树稀灌木杂草丛生,相传长有传奇草药能治百病,故得名"灵丹妙药";三级瀑布水波循崖直下,犹如天女散花般,故称"天女散花","天女散花"下有"白虎潭"。

2. 飞水岭瀑布

飞水岭瀑布(图6-2-10)位于琼中县和平镇飞水岭,流水落差100m,宽10～20m。瀑布分两级,第一级落差60m,旱季水幕宽8m,雨季宽20m左右。岩体坡度70°左右。岩面不规则节理块状,瀑布流幕呈飞水分支散花状,形态优美。第二级瀑布分支为两个小瀑布,沿岩体裂隙流到瀑布底端潭池,坡度60°左右,水流宽10m左右。

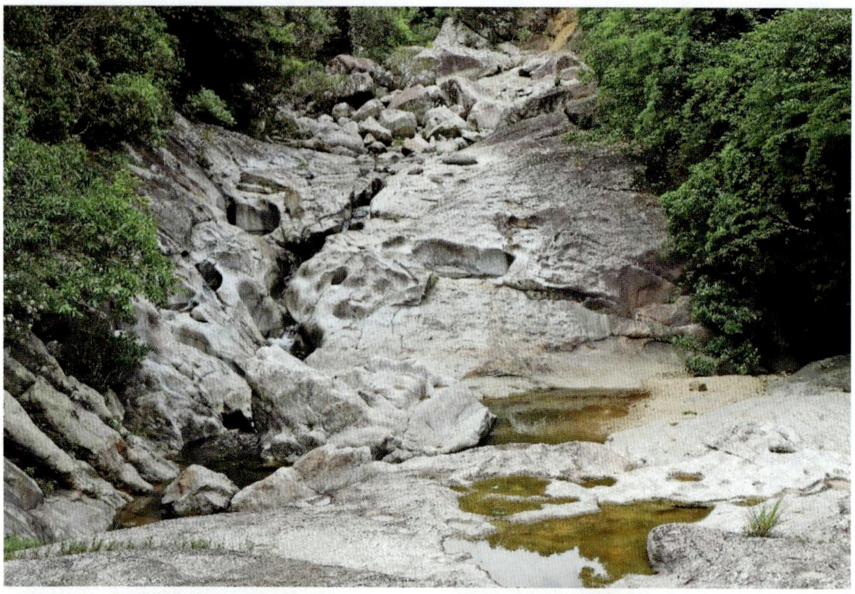

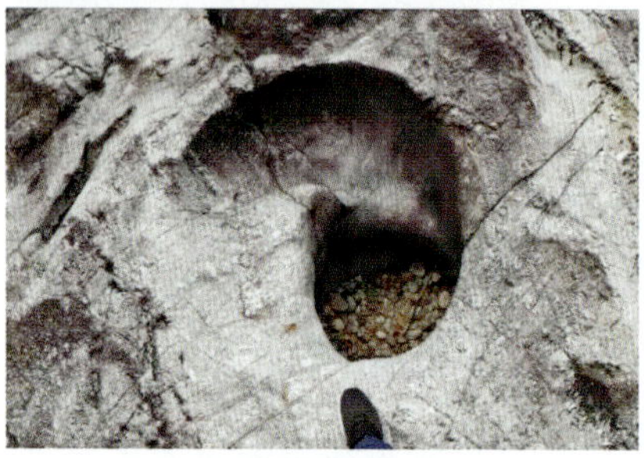

图 6-2-7　黎母溪壶穴群

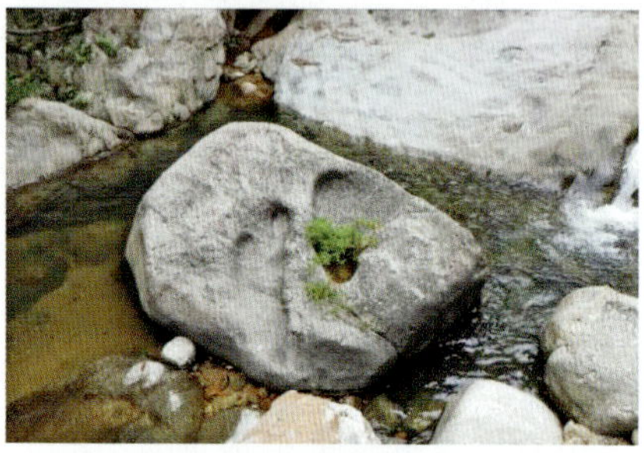

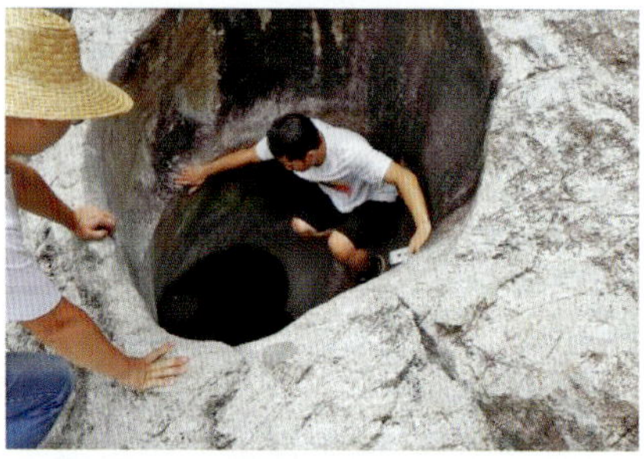

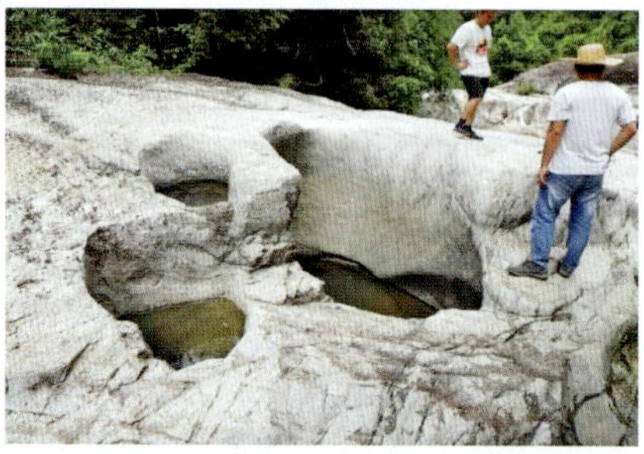

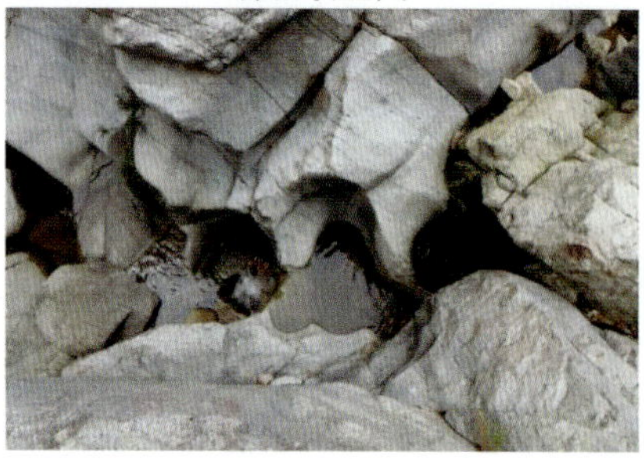

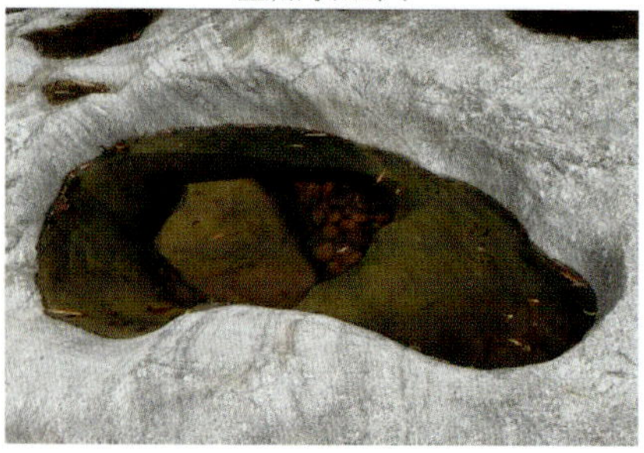

6　地质遗迹调查助推地方特色旅游产业发展

图 6-2-8　百花岭地区出现的岩石沟槽现象

表 6-2-2　琼中县瀑布统计表

山脉(水系)	名称	落水高差/m	标高/m	宽度/m	跌水/级	汇水面积/km²
五指山脉	百花岭瀑布	300	380～680	5～20	3	2.0
吊罗山脉	飞水岭瀑布	100	350～450	10～20	2	4.2
吊罗山脉	咬饭河瀑布群	20	310～330	5～10	3	2.4
南茂岭山脉	南茂七步水瀑布	15	200～215	5～20	1	4.2
南茂岭山脉	南茂溪婚纱瀑布	30	360～390	10～30	1	2.7
南茂岭山脉	南茂千丈崖瀑布	320	550～650	10～30	1	0.7
黎母山脉	新进农场瀑布	10		5～10	1	
黎母山脉	黎母山瀑布	15	750～765	5～10	1	0.6
路平河	小壶口瀑布	5	120～125	5	1	河道跌口

3. 南茂七步水瀑布

南茂七步水瀑布(图 6-2-11)分布于中平镇南茂岭东侧的七步水溪,处于沟谷下游河段,沟谷长 3.0km,整条沟谷降水落差 400m。汇水面积 4.2km²,常年流水,枯水期瀑布宽 5m,丰水期宽达 20m。瀑布降水落差 15m。

4. 南茂溪婚纱瀑布

南茂溪婚纱瀑布(图 6-2-12)分布于中平镇南茂村南茂溪,落差约 30m,宽约 20m,瀑布紧贴花岗岩岩壁留下,形如"婚纱"。南茂溪源于南茂岭南侧,优美多姿的景致与发育于其间的瀑布群、潭池群,是

图 6-2-9 百花岭瀑布

6 地质遗迹调查助推地方特色旅游产业发展

图 6-2-10 飞水岭瀑布

海南瀑布最美的花岗岩溪谷。南茂溪具有雨量充沛、植被发育好等自然条件，加上溪谷中瀑布众多，分布密度大，空气环境优良，常年相对湿度为80%～90%，负离子平均含量达15 000个/cm³，是海南负离子浓度较高的溪谷之一。南茂溪婚纱瀑布是休闲和观赏的绝佳景观。

图6-2-11 南茂七步水瀑布

图6-2-12 南茂溪婚纱瀑布

5. 南茂千丈崖瀑布

南茂千丈崖瀑布（图6-2-13）源于南茂岭南侧，高差300余米，汇水面积0.7 km²，丰水期才见明显流水，为千丈崖断壁所致，是海南第一高差瀑布。

图6-2-13 南茂千丈崖瀑布

6. 咬饭河瀑布群

咬饭河瀑布群（图6-2-14）位于吊罗山国家森林公园，分布于吊罗山北部汇水沟谷，沟谷南北长3.0 km，整条沟谷海拔300～550 m，沟谷裸露黑云母二长花岗岩，偶见辉绿岩脉穿插。咬饭河瀑布群共有3级跌水，水流落差约20 m，宽5～10 m。沟谷中还有多级潭池、小跌口瀑布、石臼群、石蛋、岩脉穿插等地质遗迹景观。自然生态极其良好，水质优良清澈，自然山林、溪谷流水、形态玄妙的花岗岩河床构成了典型的热带雨林花岗岩沟谷地貌景观。

6.2.3 火山岩地貌

五指山火山岩地貌（图6-2-15）分布于琼中县与五指山的交界，海拔1867 m，是海南省最高峰。五

6 地质遗迹调查助推地方特色旅游产业发展

图 6-2-14 咬饭河瀑布群

指山受东西向尖峰-吊罗断裂、差异风化剥蚀和流水侵蚀影响，下白垩统六罗村组流纹质火山岩形成群峰兀立的峰林地貌景观，具有尖、兀、峭、奇的特点。从琼中县红毛镇、上安乡等地可以清楚地欣赏五指山的直指苍穹、神态飘逸。

6.2.4 崩塌

南茂岭千丈崖（图 6-2-16）是一种崩塌地质灾害地质遗迹。南茂岭花岗岩崩塌规模较大，发育于南茂山断崖，主要是顺北西-南东向大节理裂隙剥蚀，受水流冲刷崩塌形成大崖壁，同时形成海南第一高差瀑布，崩塌壁（崖壁），坡高约 300m，长约 500m，坡度约 80°。

图 6-2-15　五指山火山地貌

图 6-2-16　南茂岭千丈崖

6.3　琼中县地学旅游提升

通过地质遗迹调查，摸清琼中县地质遗迹资源的丰厚"家底"，依托地质遗迹等资源着力开展地质遗迹科普工作，规划设计地质遗迹科普路线和科普解说牌，编写《海南琼中自然资源图册》和《瞧，百花岭的百变秀》两本科普图书，制作科普折页，有效带动了琼中县地学旅游产业发展，提升了琼中县公众的科普素养，助推了乡村文化振兴。

6.3.1　地质遗迹科普路线

1. 路线规划设计

围绕琼中县地质遗迹资源分布，结合五指山热带雨林国家公园，串联重要村镇，规划设计 6 条地质遗迹科普路线，并以琼中县地学科普旅游手绘地图和 17 个科普解说牌为载体，充分串联琼中县地质遗迹资源,展示地质遗迹魅力,普及地学知识。6条路线规划设计见表6-3-1。

表 6-3-1　琼中县地质遗迹科普路线设计一览表

序号	区域	路线	主要山脉及水系	典型地质遗迹	依托村镇
1	县中心	县城(营根镇)—百花岭	百花岭	百花岭瀑布	县城(营根镇)
				百花岭天池	
				百花岭溪谷	
			百花岭水库	百花岭水库	
2	东部	县城(营根镇)—红岭水库—路平—南茂	南茂岭山脉	南茂千丈崖	南茂村
				南茂七步水瀑布	
				南茂七步水溪谷	
				南茂婚纱瀑布	
			红岭水库	红岭水库	岭头茶场
			牛路岭水库	牛路岭水库	路平村
				路平石臼群	
3	东南部	县城(营根镇)—乘坡河—长兴飞水岭	乘坡河	乘坡河石臼群	和平镇
			飞水岭	飞水岭瀑布	长兴镇
4	正南部	县城(营根镇)—上安乡—吊罗山乡	咬饭河	咬饭河石臼群	吊罗山乡
			吊罗山	吊罗山瀑布群	
				吊罗山溪谷	
			五指山	五指山火山岩地貌	长安乡
5	西部	县城(营根镇)—加钗农场—番响村—什寒—鹦哥岭	大水河	大水河石臼群	番响村
				加钗石蛋	加钗农场
			鹦哥岭	鹦哥岭碎屑岩	五指山热带雨林国家公园
6	北部	县城(营根镇)—黎母山	黎母山	黎母山石蛋	五指山热带雨林国家公园黎母山段
				黎母山瀑布群	
			黎母河	黎母河石臼群	
				黎母河溪谷	

2. 琼中县地学科普旅游手绘地图

琼中县地学科普旅游手绘地图(图6-3-1)清晰地展示6条琼中县地质遗迹科普路线,并生动地标绘黎母山、五指山、百花岭瀑布等典型的地质遗迹景观,同时通俗易懂、简洁准确地讲解了海南的岛屿和琼中的山脉、岩石、水系、动植物以及人文历史等知识点,对提升琼中县地学旅游有很大作用。

3. 科普解说牌

依托琼中县典型地质遗迹研究成果设计的17个科普解说牌(图6-3-2)主要介绍了壶穴、石蛋、百花岭瀑布等17处典型的地质遗迹景观,通过解说题、解说文字、相应的图片和图画,对地质遗迹景观进行了科学解释和最佳展示。设计的语言文字科学准确、简单易懂,展现的画面与图片清晰完整,具有美感。解说牌所用材质、外形和颜色与周边的整体环境相协调,并易于维护更新。

图6-3-1 琼中县地学科普旅游手绘地图

图6-3-2 科普解说牌

6.3.2 科普图书

基于琼中县地质遗迹资源、热带雨林资源、人文资源等,编著《海南琼中自然资源图册》和《瞧,百花岭的百变秀》(图6-3-3)两本科普图书,充分展现琼中县特色丰富的资源,为琼中县乡村发展地学研学提供充分的支撑。

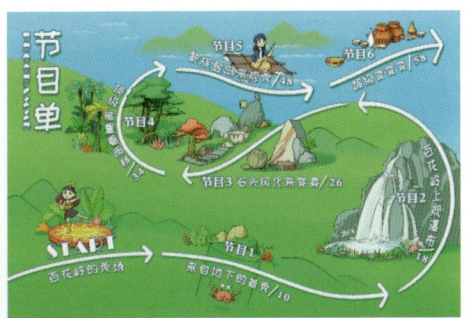

图6-3-3 《瞧,百花岭的百变秀》封面

《海南琼中自然资源图册》依托琼中县的自然资源和百花岭地质遗迹资源编写而成,展示了琼中的山水之美、生态之美、人文之美,使人领略到琼中秀丽的群峰争翠、绝美的溪瀑河流、多彩的诗画田园、神秘的原始雨林,希望通过这本书让琼中县人民和外来游客了解琼中、走进琼中、爱上琼中!

《瞧,百花岭的百变秀》结合百花岭热带雨林及地质遗迹资源,将百花岭拟人化,以生动的卡通形象、奇妙的故事结构、趣味的知识解读、精美的绘画"秀"出百花岭的自然魅力。书中设有地图和线路,将其巧妙地与表演结合在一起,秀场里的现象在地图中有位置的标识,带着这本书,读者可以到百花岭去解锁自然奥秘。

6.4 琼中县地质遗迹区划

根据地貌特征和地质遗迹资源禀赋,琼中县地质遗迹区可划分为4个地质遗迹区和7个地质遗迹分区(图6-4-1)。其中,黎母山花岗岩地貌地质遗迹区(A)包含黎母溪壶穴群地质遗迹分区(A_1)1个地质遗迹分区;五指山北部花岗岩地貌地质遗迹区(B)包含百花岭花岗岩沟谷地质遗迹分区(B_1)和五指山大水河壶穴群地质遗迹分区(B_2)2个地质遗迹分区;牛路岭水库流域壶穴群地质遗迹区(C)包含南茂岭壶穴群分区(C_1)、乘坡河壶穴群地质遗迹分区(C_2)和咬饭河壶穴群地质遗迹分区(C_3)3个地质遗迹分区;吊罗山北部花岗岩地貌地质遗迹区(D)包含飞水岭瀑布地质遗迹分区(D_1)1个地质遗迹分区。

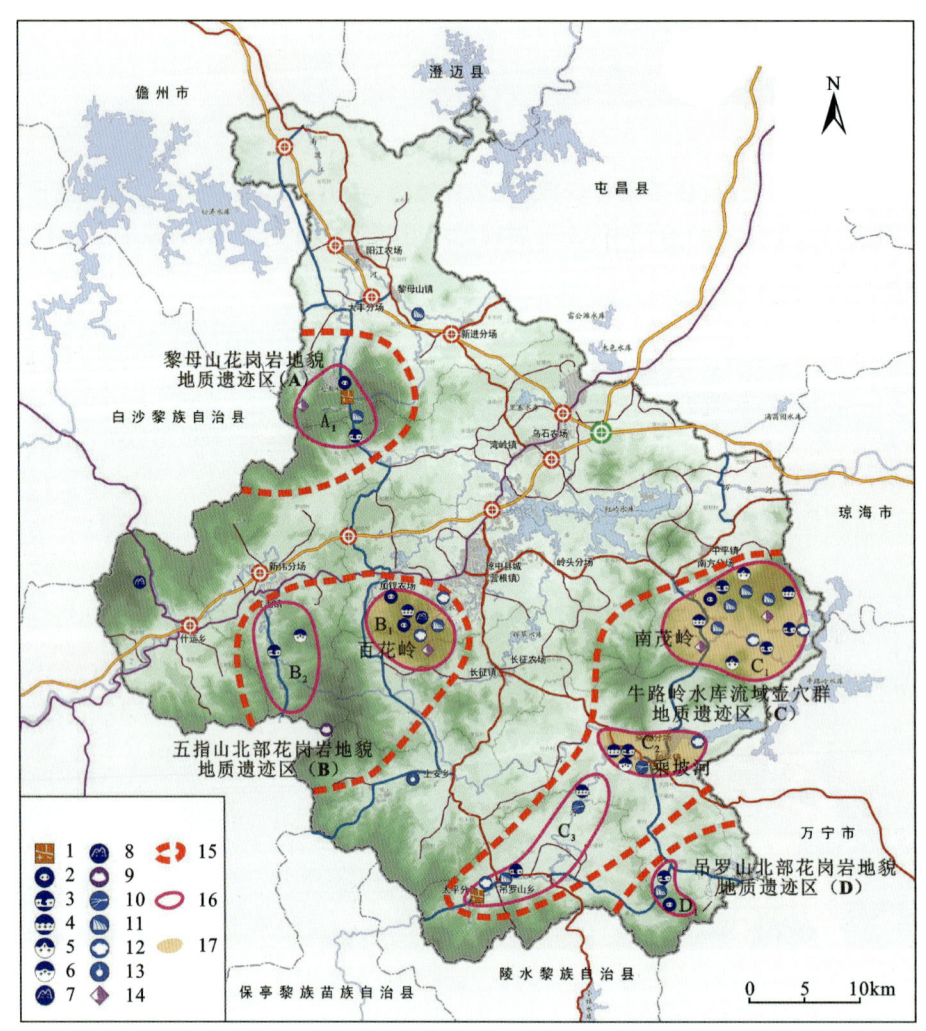

图6-4-1 琼中县地质遗迹分布和区划图

1.侵入岩剖面;2.石蛋;3.壶穴;4.岩槽;5.圆顶峰长岭脊;6.低山圆丘;7.变质岩地貌;8.碎屑岩地貌;9.火山岩地貌;10.河流;11.瀑布;12.湖泊、潭;13.泉;14.崩塌;15.地质遗迹;16.地质遗迹分区;17.开发利用前景区

（1）黎母山花岗岩地貌地质遗迹区（A）：分布于内黎母山脉一带，本区基础地质类、地貌类、地质灾害均有发育，包括黎母山溪谷石蛋、壶穴群、瀑布群、侵入岩剖面等。黎母山壶穴群地质遗迹分区（A_1）以黎母山溪谷一带划区，黎母山水系较发育，3座水库及多条溪谷，地质遗迹4处，主要有溪谷壶穴群、瀑布、侵入岩剖面等。

（2）五指山北部花岗岩地貌地质遗迹区（B）：分布于五指山北麓大水河一带，以地貌景观资源为主。其中，百花岭花岗岩沟谷地质遗迹分区（B_1）以地貌景观为主，包括百花岭瀑布、百花天池、花岗岩石蛋等地质遗迹。五指山大水河壶穴群地质遗迹分区（B_2）以地貌景观为主，主要为花岗岩壶穴和五指山火山岩地貌。

（3）牛路岭水库流域壶穴群地质遗迹区（C）：以牛路岭水库的汇水河流流域划分，县域内最典型的壶穴群、瀑布群地质遗迹集中于牛路岭水库流域，流域涵盖了吊罗乡、咬饭河、乘坡河、南茂岭等区段，共有地质遗迹27处。南茂岭壶穴群地质遗迹分区（C_1）以南茂岭山脉划分，有地质遗迹16处，分3条水系分布（南茂溪谷、千丈崖溪谷、七步水溪谷），以壶穴、岩槽、潭池、瀑布地貌景观为主。乘坡河壶穴群地质遗迹分区（C_2）以乘坡河流域划分，有地质遗迹6处，以河道壶穴群景观为主，区内分布规模最大的壶穴群景观（乘坡河壶穴群）。咬饭河壶穴群地质遗迹分区（C_3）以咬饭河流域划分，有地质遗迹5处，涵盖壶穴、瀑布、潭池、河流、侵入岩剖面等基础地质及地貌景观。

（4）吊罗山北部花岗岩地貌地质遗迹区（D）：以县域内吊罗山山脉东北部划分，县域只划分了吊罗山脉的东北小部分，所以地质遗迹较少（3处），主要为飞水岭景区的地质遗迹。飞水岭瀑布地质遗迹分区（D_1）以飞水岭瀑布景观为主，还有少量的壶穴、石蛋等地貌景观。

6.5 琼中县地质遗迹保护与开发利用建议

结合琼中县地质遗迹资源的等级、地质遗迹区划、保护和开发利用现状以及可开发性，建议将地质遗迹资源最密集、最具观赏性且开发利用后最有利于助推经济发展的3个区域作为开发利用前景区进行因地制宜的开发和利用。在打造3个开发利用前景区的基础上，依托五指山热带雨林公园，结合琼中县重要路网系统，设计合理的地质遗迹科普路线，串联开发利用前景区，提升琼中县地质遗迹科普研学水平。

1. 南茂岭开发利用前景区

该区域具有丰富的地质遗迹景观资源，南茂溪谷及瀑布群、七步水瀑布及溪谷、南茂千丈崖及千丈崖瀑布、海拔超过1200m的南茂岭山脉，以及登山可纵观牛路岭水库景观、乘坡河及琼中东部的山水景观。但目前景区交通便利性较差，水泥公路狭窄，景区设施相对简单，只有七步水修建了人工栈道及简易停车场和卫生间，溪谷栈道只有不到溪谷长度的一半，南茂溪谷、南茂溪婚纱瀑布、南茂千丈崖还是天然状态，无点位路线，通达性极差。

建议：整合乘坡河壶穴群、路平河壶穴群、牛路岭水库，通过提升该区周边交通网络，升级完善南茂溪谷、南茂岭千丈崖路线；修建登山栈道、观景平台及相应配套停车场、卫生间，鼓励引导村民设立民宿、特色餐饮、农家乐等，提升景点交通便利性和服务性，形成高质量乡村休闲旅游线路；加大宣传，最终申报地质公园或者打造琼中东部区知名旅游风景区。

2. 乘坡河开发利用前景区

该区具有规模庞大的壶穴群景观，数量多，体型大，造型绝妙，水流变幻，是我国乃至全世界都罕见的地质奇观。周边有堑对村等特色旅游村落，交通便利性较好，临近万洋高速，但景点知名度低，观测感较差。

建议：整合乘坡河壶穴群、路平河壶穴群以及堑对村，建设近景观景设施（河道桥廊栈道）及高位观景塔台和停车场、卫生间等服务设施；申报地质公园或者打造琼中东部区知名旅游风景区以及建设"地质＋生态旅游"地质文化村。

3. 百花岭开发利用前景区

该区域地处琼中县城南侧3km，有海南知名旅游景区——百花岭风景名胜区，2020年10月挂牌国家AAAA级景区，配套设施相对完善，除海南第一瀑布"百花岭瀑布"外，还有形态各异的风化象形石、变质岩风化地貌、石蛋、花岗岩沟槽等特殊地质景观，加上典型的热带雨林景观，构成了百花岭丰富多彩的立体景观。

建议：完善景区设施建设，同时进行科普研究，查清景区地质遗迹资源，厘清其成因机理，挖掘景区地质遗迹的科学内涵；对区内植被、动物等资源进行综合研究，分析动植物的多样性；提升旅游路线和景点解读，配合海南岛国际贸易岛建设，打造国际性综合型旅游景区。

7 琼中县"双评价"支撑服务国土空间规划

资源环境承载力评价和国土空间开发适宜性评价(以下简称"双评价")是优化国土空间开发格局、合理布局建设空间的依据(杜海娥等,2019)。国内外学者探索开展了包括土地、水、生态等在内的各种资源环境承载能力的评价与研究工作(Gober and Kirkwood,2010;刘年磊等,2014;Widodo et al.,2015;封志明等,2017)。本次基于《资源环境承载能力和国土空间开发适宜性评价指南(试行)》的技术要求,以琼中县"双评价"为试点,探索县域"双评价"实践案例和技术方法体系。开展琼中县"双评价"是优化生态空间开发保护格局、研判国土空间开发利用问题和风险、科学编制国土空间规划的重要举措。

7.1 省级战略功能定位

琼中县地处海南岛中部,五指山北麓,盛享"黎母圣地、山水琼中"的美誉。为了提高生态空间完整性、加强湿地保护、维护和提升生态系统功能、加强重大流域地区协调、创新生态资源价值转化通道,《海南省国土空间规划(2020—2035)》(公开征求意见版)提出,建立海南热带雨林国家公园、优化调整自然保护区范围和功能分区、优化自然公园建设布局和规模,划定海南中部山地为生态保护修复区,提出打造海南中部绿色生态核心安全格局。因此,琼中县是海南中部绿色生态核心示范城市。

为了充分落实省级国土空间规划战略部署,琼中县"十四五"规划明确提出了"一县、三城、五地"的发展目标,将琼中县打造成为国家生态文明建设的示范县、绿水青山就是金山银山践行区、黎苗文化传承体验区、海南自贸港生态康养目的地、海南自贸港中部旅游消费胜地、海南自贸港中部文化体育聚集地、海南自贸港农产品加工物流集散地、海南自贸港应急物资储备基地。"双评价"是开展国土空间规划的先行性工作,是编制国土空间规划、完善空间治理的基础性工作,是优化国土空间开发保护格局,完善区域主体功能定位,划定生态保护红线、永久基本农田、城镇开发边界(陈国光等,2019),确定用地用海等规划指标的参考依据。

7.2 自然资源禀赋特征

7.2.1 土地资源

1. 土地资源概况

根据第三次全国国土调查数据,琼中县土地面积 2 705.17 km²,土地利用类型以林地和园地为主。其中,林地面积为 1 238.59 kkm²,占比 45.79%;园地面积为 1 252.64 km²,占比 46.30%;耕地面积为

69.82km², 占比 2.58%; 草地面积为 3.74km², 占比 0.14%; 水域、湿地等面积为 82.64km², 占比 3.05%; 建设用地面积为 55.93km², 占比 2.07%; 其他用地面积为 1.81km², 占比 0.07%（图7-2-1、图 7-2-2）。

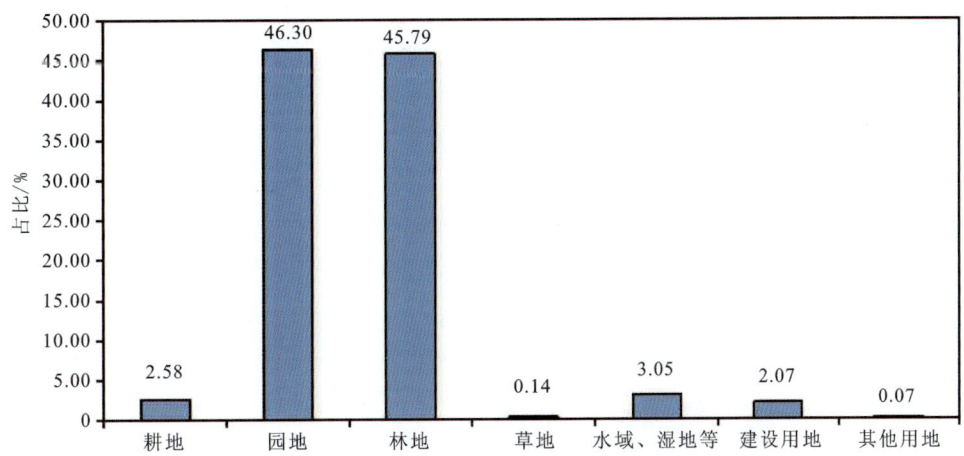

图 7-2-1 琼中县不同土地利用类型面积占比

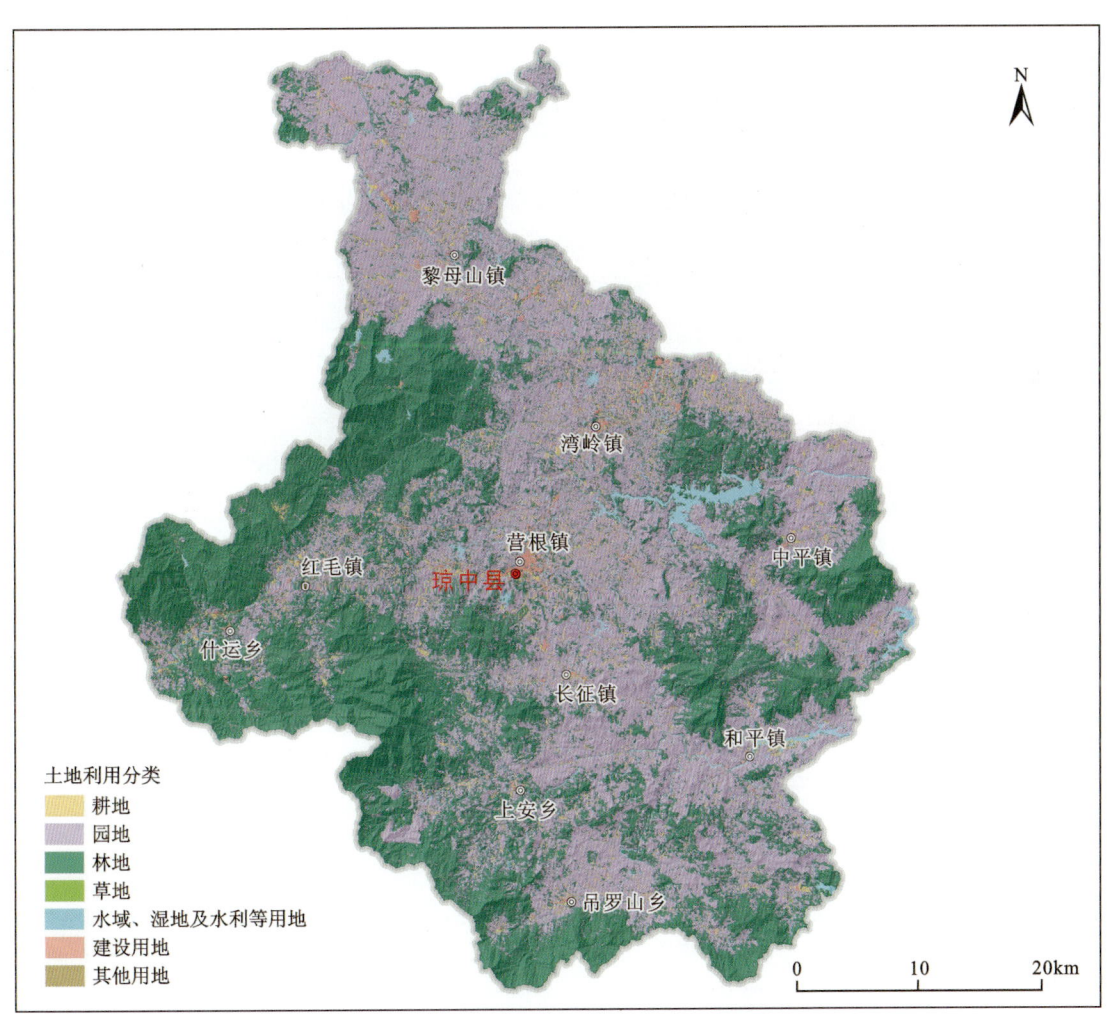

图 7-2-2 琼中县土地利用分类分布图

琼中县林地资源面积为 1 238.59 km²。其中,乔木林地面积为 1 135.89km²,占比 91.71%;灌木林地面积为 58.15km²,占比 4.69%;竹林地面积为 7.07km²,占比 0.57%;其他林地面积为 37.48km²,占比 3.03%。

琼中县园地资源面积为 1 252.64km²。其中,茶园面积为 8.28km²,占比 0.66%;果园面积为 23.57km²,占比 1.88%;橡胶园面积为 869.32km²,占比 69.40%;其他园地面积为 351.47km²,占比 28.06%。

琼中县富硒土壤资源分布广泛,按照《土地质量地球化学评价规范》(DZ/T 0295—2016),将琼中县表层土壤 Se 元素养分指标划分为高、适量、边缘、缺乏 4 个等级,其中土壤 Se 含量等级高的土壤面积为 1 250.23km²,占比 46.22%;土壤 Se 含量等级适量的土壤面积为 1 196.60km²,占比 44.23%;土壤 Se 含量等级边缘的土壤面积为 87.04km²,占比 3.22%;土壤 Se 含量等级缺乏的土壤面积为 171.28km²,占比 6.33%(图 7-2-3)。

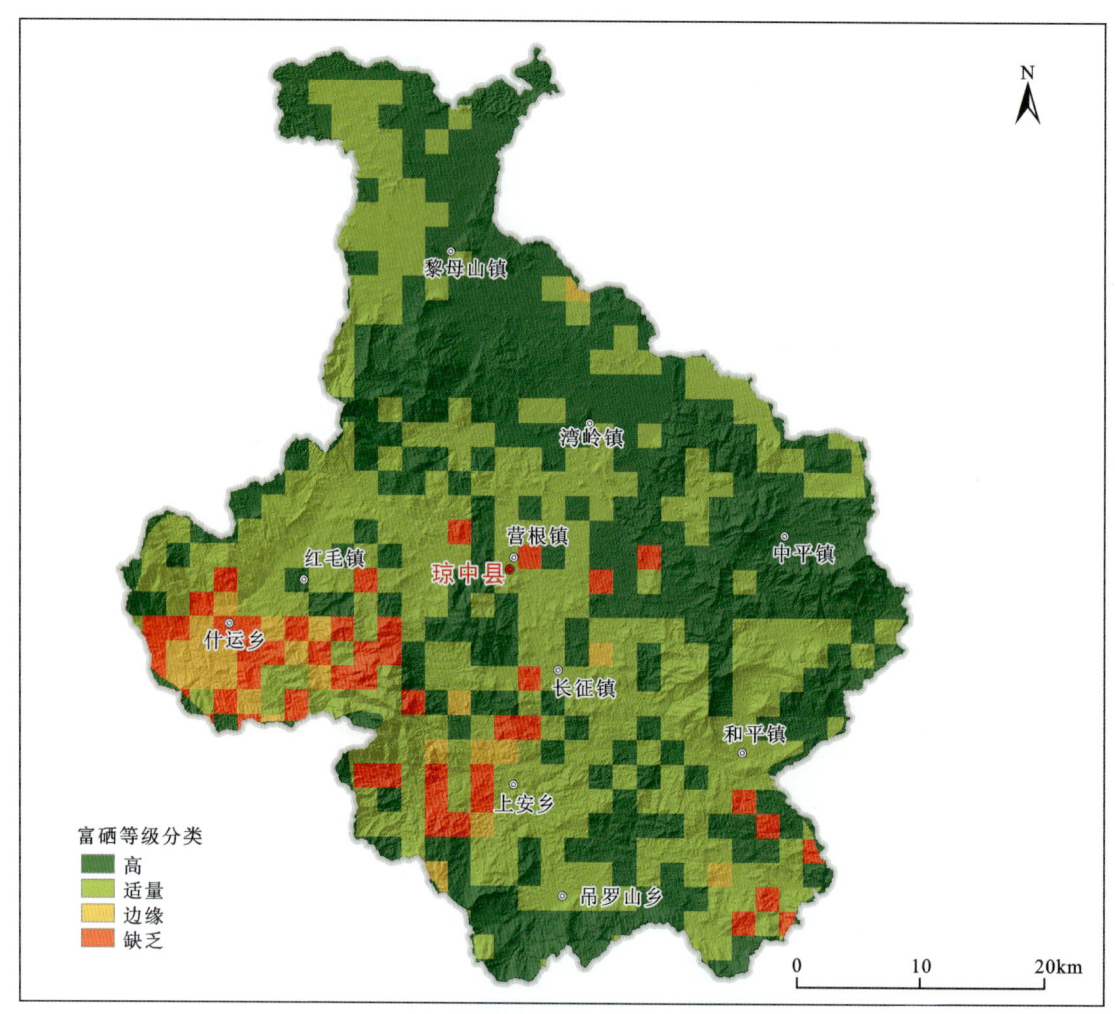

图 7-2-3 琼中县富硒土地分类分布图

2. 土壤环境

土壤是维持陆地生态系统功能和持续性的重要有限资源,是人类赖以生存和发展的物质基础,也是农业和自然界生态系统的基础。土壤的重要功能,主要由土壤的物理、化学和生物性质 3 个方面体现出来。土壤是物质的过滤器、缓冲器以及转化器,亦是动植物、微生物生长、栖息地。因此,土壤环境对整个陆地生态系统起着重要的作用。

琼中县位于海南岛中部,为海南岛生态核心区,是海南热带雨林国家公园的核心区。琼中县地质建造以中酸性侵入岩为主,仅北部少部分区域出露白垩系红色砂岩和极少出露的变质岩;中酸性侵入岩多以中生代花岗岩为主。在热带、亚热带湿润潮湿的气候下中酸性岩浆岩经过强烈的风化作用,形成以砖红壤、水稻土为主的土壤类型。

目前系统研究琼中县全域土壤环境和质量的成果较少。关于土壤养分的研究可以参考琼中县农业局对耕地土壤养分测试结果的统计,全县土壤pH变幅为4.5～6.5,有机质含量为25.5～31.8g/kg,全氮含量为1.12～1.61g/kg,全磷含量为0.65～1.14g/kg,全钾含量为27.6～32.0g/kg,碱解氮含量为118～133mg/kg,有效磷含量为8.0～11.0mg/kg,速效钾含量为43.0～83.0mg/kg,土壤呈现出酸性至微酸性,有机质和全氮含量中等,全钾较丰富而速效钾缺乏,全磷与有效磷均呈现缺乏的趋势。谭丽霞等(2012)曾针对琼中县什运乡土壤养分状况进行过系统研究,研究揭示什运乡土壤酸性强,有机质和全氮含量处于中等水平,但土壤碱解氮较高,处于中等偏上水平。无论是全量水平,还是有效态水平,土壤磷、钾含量均处于低至极低水平。对比第二次土壤养分调查,发现海南岛中部山区土壤养分状况退化较为严重的现象。傅杨荣(2014)依托海南岛1∶25万土地质量地球化学调查,总体查明了海南岛的土壤地球化学特征、土壤环境、质量,并识别出琼中县土壤总体环境质量良好,但存在小区域的As、Cd、Cr、Pb等元素超过农用地土壤污染风险筛选值的情况,揭示出琼中部分区域存在N适度级土壤,P存在缺乏级土壤,K存在富足级土壤,有机质存在相对缺乏土壤,Zn出现不连续的适度级土壤,Se存在连续的富足级土壤。

针对上述现象和存在的问题,结合1∶25万土壤地球化学调查结果,在琼中县开展大比例尺的土壤地球化学调查,并依据土壤环境质量评价依据《土壤环境质量 农用地土壤污染风险管控标准(试行)》(GB 15618—2018)中的农用地土壤污染风险筛选值(表7-2-1)、农用地土壤风险管控值(表7-2-2)以及《土地质量地球化学评价规范》,系统总结琼中县土壤环境质量。

表7-2-1 农用地土壤污染风险筛选值

序号	污染物测试项目		风险筛选值			
			pH≤5.5	5.5<pH≤6.5	6.5<pH≤7.5	pH>7.5
1	Cd	水田	0.3	0.4	0.6	0.8
		其他	0.3	0.3	0.3	0.6
2	Hg	水田	0.5	0.5	0.6	1.0
		其他	1.3	1.8	2.4	3.4
3	As	水田	30	30	25	20
		其他	40	40	30	25
4	Pb	水田	80	100	140	240
		其他	70	90	120	170
5	Cr	水田	250	250	300	350
		其他	150	150	200	250
6	Cu	水田	150	150	200	200
		其他	50	50	100	100
7	Ni		60	70	100	190
8	Zn		200	200	250	300

表 7-2-2 农用地土壤风险管控值

序号	污染物测定项目	风险筛选值			
		pH≤5.5	5.5<pH≤6.5	6.5<pH≤7.5	pH>7.5
1	Cd	1.5	2.0	3.0	4.0
2	Hg	2.0	2.5	4.0	6.0
3	As	200	150	120	100
4	Pb	400	500	700	1000
5	Cr	800	850	1000	1300

调查结果显示，琼中县全域土壤酸碱度以酸性和中性居多，强酸性零星分布；全域大部分区域 N 元素处于缺乏等级；P 元素亦处于缺乏等级，但琼中县在中平镇、长征镇、上安乡、红毛镇、湾岭镇、营根镇等地存在北东向分布的 P 元素丰富区域。Zn 和 I 元素丰富区亦在琼中县大面积分布。综合土壤养分地球化学等级图显示，琼中县全域土壤养分处于较缺乏的等级，丰富和缺乏区域零星分散分布于全域。土壤质量地球化学综合等级图显示，琼中县表层土壤良好—中等—优良土地占比较高。

综上所述，海南省琼中县表层土壤环境质量总体优良，土壤环境质量和养分状况与土地利用类型、地形条件、人为活动以及地质本底条件密切相关，表层土壤的部分重金属超标可能与岩浆岩的元素组成相关，另外表层土壤绝大部分为酸性性质，易引起重金属元素的活化迁移，但与之平衡的是土壤黏度也较大，限制了重金属元素的活性。高健翁等（2021）亦揭示了琼中 Cu、Pb、Zn、Cr、Ni、Cd、As、Hg 重金属元素平均值均高于海南岛土壤重金属背景值，表现出不同程度的积累；不同土地利用类型及种植类型对表层土壤重金属富集影响较大；垂向上由表层至深层，土壤 Pb、Zn、Cu、Cr、Ni 重金属元素含量依次降低，但差异不大；Cd、As、Hg 在垂向上表现出明显的表聚性；Cu、Cr、Ni 主要受地质背景影响，其余 5 种元素均受地质背景及人为因素影响。

7.2.2 水资源

1. 地表水

琼中县地表水的补给来源主要为降雨，以 1956—2021 年同步期降雨系列作为依据，琼中县多年平均降雨量为 $61.27×10^9 m^3$，平均径流系数为 0.64，地表水资源量为 $39.16×10^9 m^3$，地表水资源量地域分布与降雨量呈正相关（表 7-2-3，图 7-2-4）。

表 7-2-3 琼中县不同行政区水资源量统计表　　　　　　　　　　　　　　　　单位：$10^9 m^3$

乡镇	营根镇	长征镇	黎母山镇	湾岭镇	红毛镇	吊罗山乡	上安乡	和平镇	中平镇	什运乡	合计
地表水资源量	7.65	6.98	6.27	6.72	1.30	1.60	2.83	2.53	1.53	1.75	39.16
地下水资源量	1.96	1.12	2.00	1.67	0.42	0.46	0.81	0.72	0.44	0.57	10.17

2. 地下水

按照 1:25 万区域水文地质资料普查数据，琼中县地下水资源总量约为 $10.17×10^9 m^3$，受降雨、地

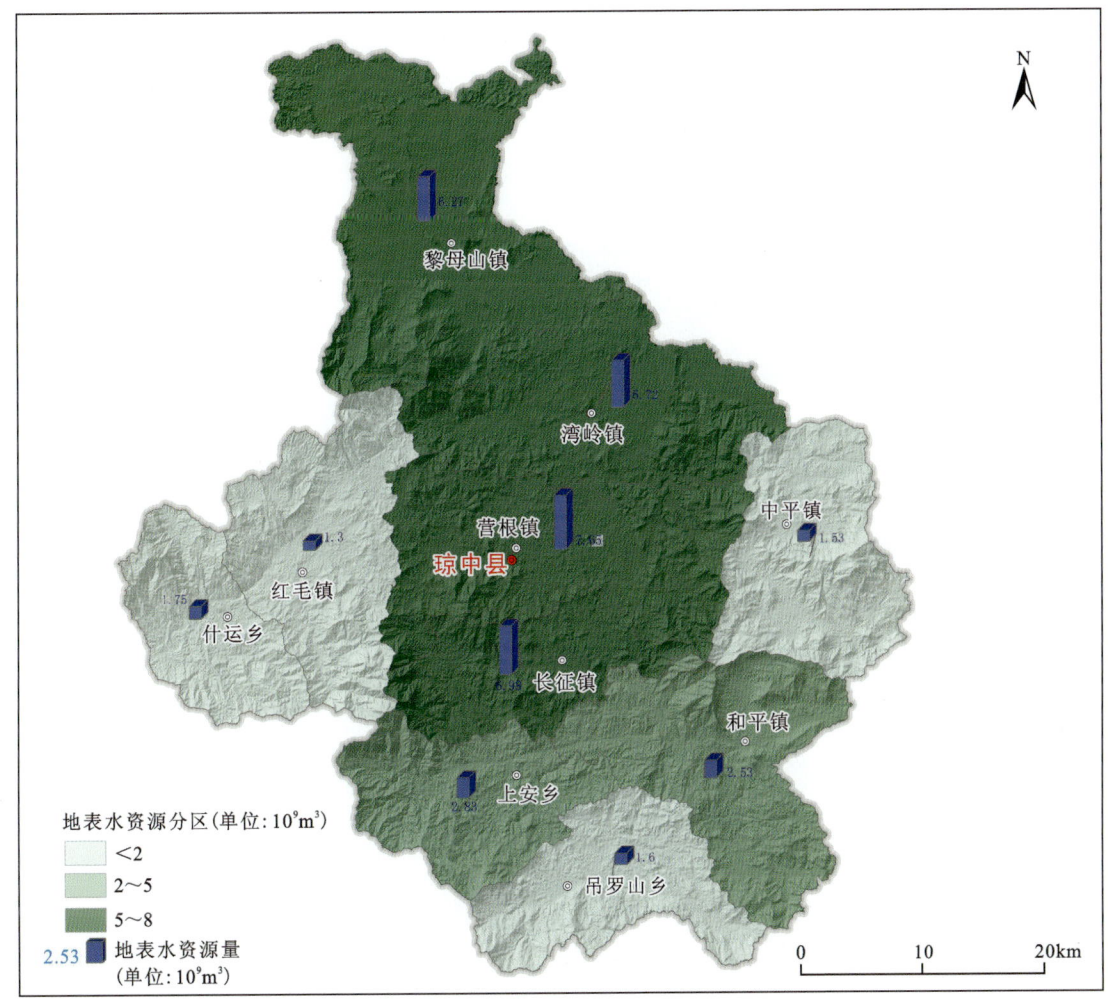

图 7-2-4 琼中县地表水资源分区图

形地貌、地质构造等因素影响,空间分布不均。其中,黎母山镇、营根镇、湾岭镇地质构造相对发育、地形相对低缓区,有利于降雨的入渗与储存,地下水资源相对丰富,分别为 $2.00\times10^9 m^3$、$1.96\times10^9 m^3$、$1.67\times10^9 m^3$。琼中县西部、南部、东南部地形陡峻、地质构造相对不发育,不利于降雨的入渗与储存,地下水资源相对贫乏(图 7-2-5)。

7.2.3 矿产资源

依据"中南地区矿产资源潜力评价"项目数据,琼中县分布 7 种矿产共 19 个矿床(点)。其中,中型矿床 3 处,小型矿床 13 处,矿点 3 处。优势矿种为金矿、铅矿、多金属矿等。金矿集中分布在湾岭镇、中平镇、和平镇、上安乡一带,铅矿集中分布在什运乡、上安乡一带,多金属矿集中分布在和平镇和西部的鹦哥岭一带(表 7-2-4,图 7-2-6)。

7.2.4 地质遗迹资源

琼中县地处海南岛中部,属热带雨林气候,降雨十分充沛,地质遗迹资源丰富。花岗岩穹隆山脉发育,

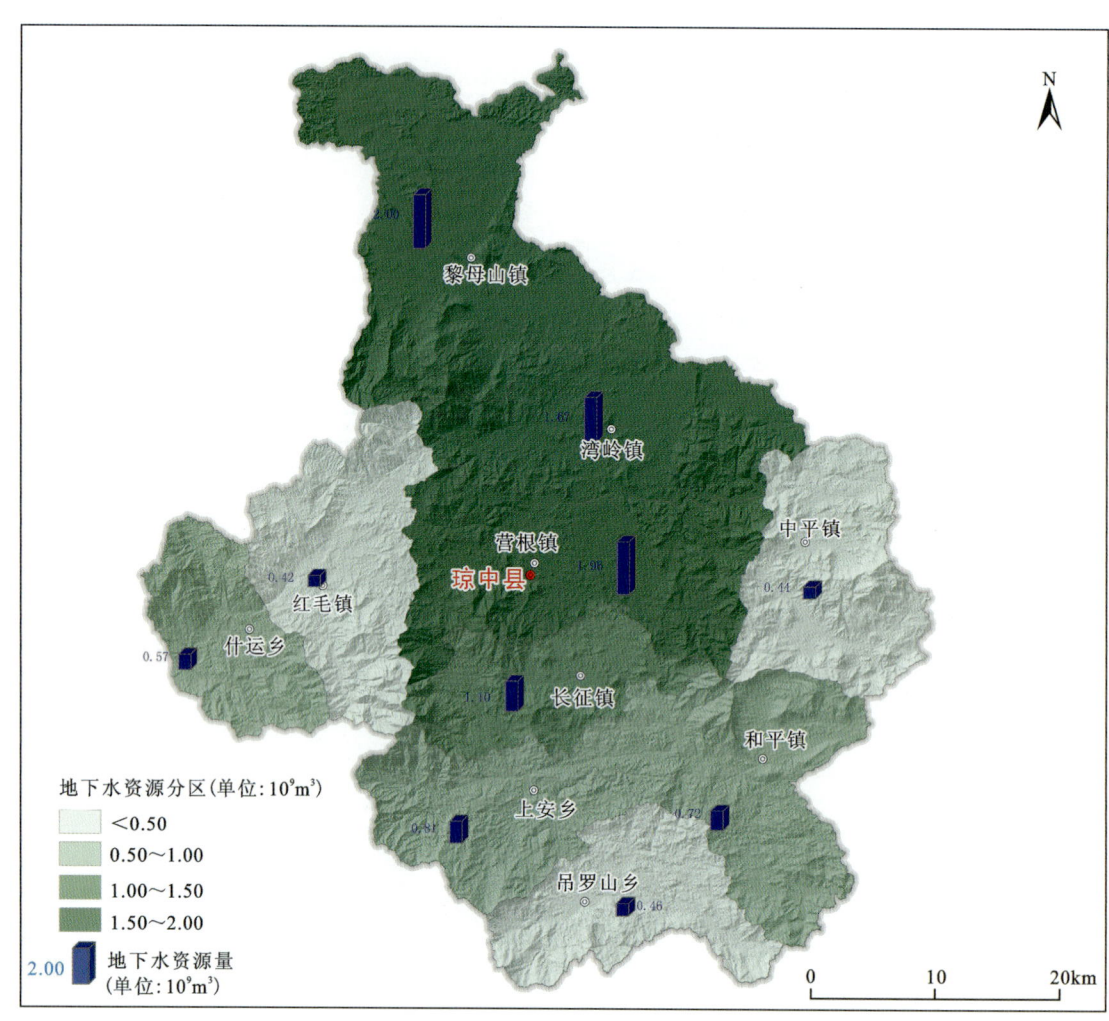

图7-2-5 琼中县地下水资源分区图

表7-2-4 琼中县矿产资源一览表 单位:个

序号	矿床	矿床个数				
		特大型	大型	中型	小型	矿点
1	金矿				5	1
2	铜矿				1	
3	铅矿				4	
4	多金属矿			2	3	1
5	萤石矿			1		
6	其他矿					1
7	合计			3	13	3

形成花岗岩河流冲蚀地貌景观较多(壶穴群、岩槽、瀑布),配套有河流、湖泊、山岭地貌景观及其他地质体、环境类景观。地质遗迹景观49处,其中基础类2处,地貌景观43处,地质灾害4处(图6-1-1,表6-1-1)。

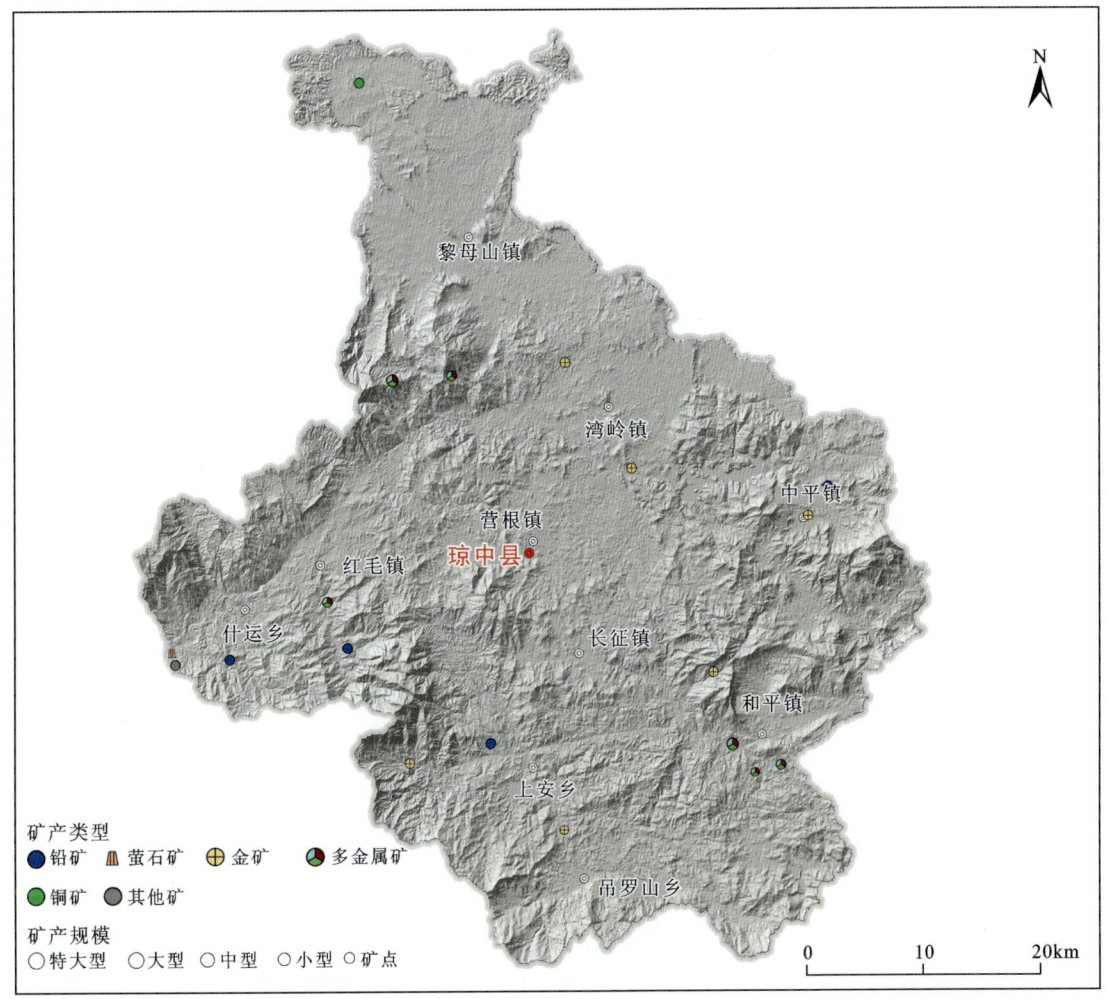

图 7-2-6　琼中县矿产资源分布图

7.2.5　自然保护区与森林公园

琼中县有国家级自然保护区和森林公园 7 处,面积 32 618.062 1hm²,分别为海南吊罗山国家级自然保护区、海南吊罗山国家森林公园、海南蓝洋温泉国家森林公园、海南黎母山国家森林公园、海南五指山国家级自然保护区、海南兴隆侨乡国家森林公园、海南鹦哥岭国家级自然保护区;有省级自然保护区 3 处,面积 11 113.346 0hm²,主要分布在县域西部的黎母山、鹦哥岭、五指山、吊罗山等森林覆盖区,分别为海南会山省级自然保护区、黎母山省级自然保护区、海南南林省级自然保护区(图 7-2-7)。

7.2.6　生物多样性资源

1. 国家级重点保护植物资源

琼中县生物资源丰富,分布国家一级保护植物 2 种,分别为海南苏铁、坡垒;分布国家二级保护植物 12 种,分别为白桫椤、大叶黑桫椤、阴生桫椤、黑桫椤、土沉香、青梅、蕉木、海南假韶子、金毛狗蕨、海南

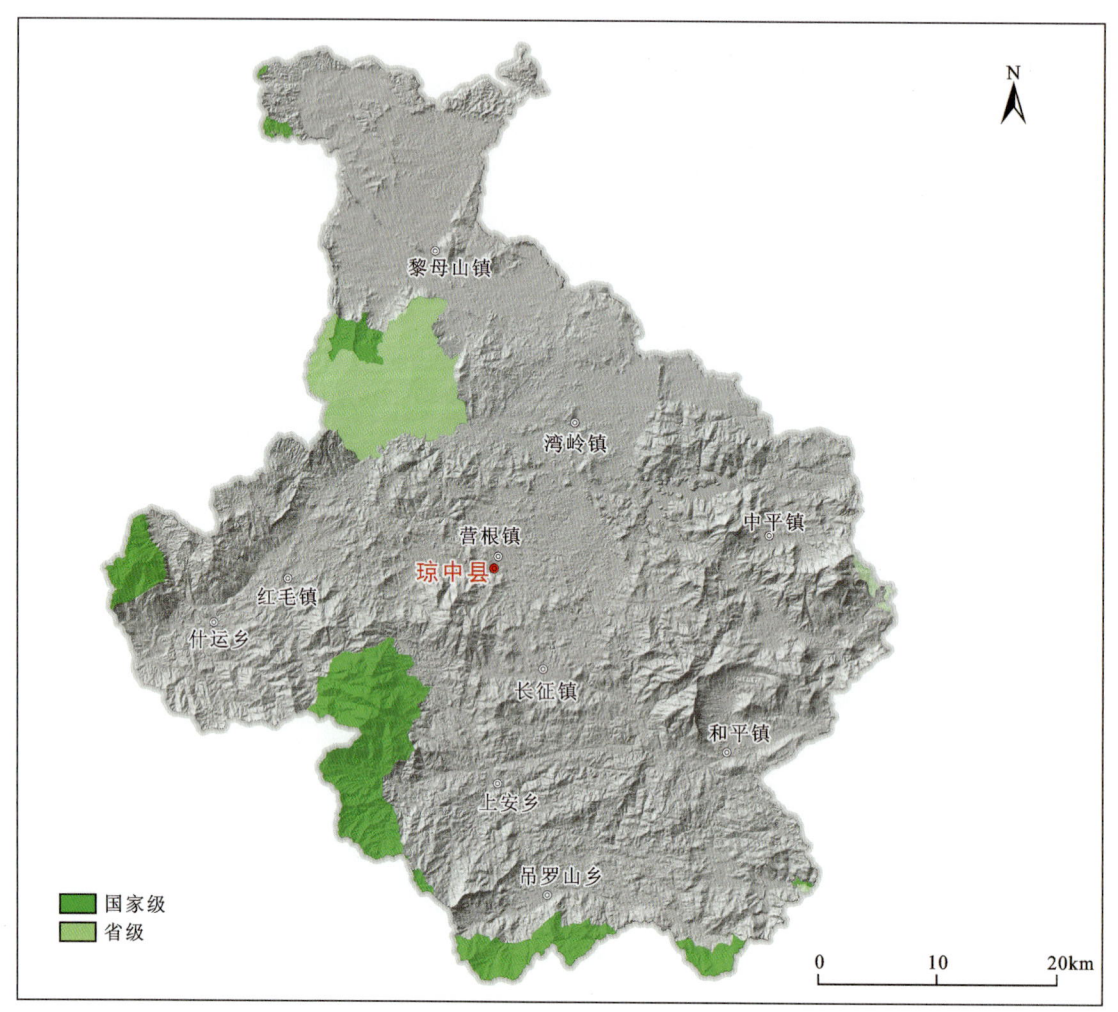

图 7-2-7 琼中县自然保护区分布图

大风子、蝴蝶树、乐东拟单性木兰(图 7-2-8)。

2. 国家级重点保护动物资源

琼中县生物资源丰富,分布国家一级保护动物 3 种,分别为圆鼻巨蜥、海南孔雀雉、海南山鹧鸪;分布国家二级保护动物 10 种,分别为凤头鹰、巨松鼠、猕猴、雀鹰、赤腹鹰、虎纹蛙、松雀鹰、蟒蛇、黑熊、水鹿(图 7-2-9)。

7.3 资源环境承载能力和国土空间开发适宜性评价体系

7.3.1 评价目的

评价目的是分析县域尺度范围内资源环境禀赋条件,研判国土空间开发利用问题和风险,识别生态系统服务功能极重要和生态极敏感空间,明确农业生产、城镇建设的最大合理规模和适宜空间,为完善主体功能区布局,划定生态保护红线、永久基本农田、城镇开发边界,优化国土空间开发保护格局,科学编制国土空间规划,实施国土空间用途管制和生态保护与修复提供技术支撑,倒逼形成以生态优先、绿

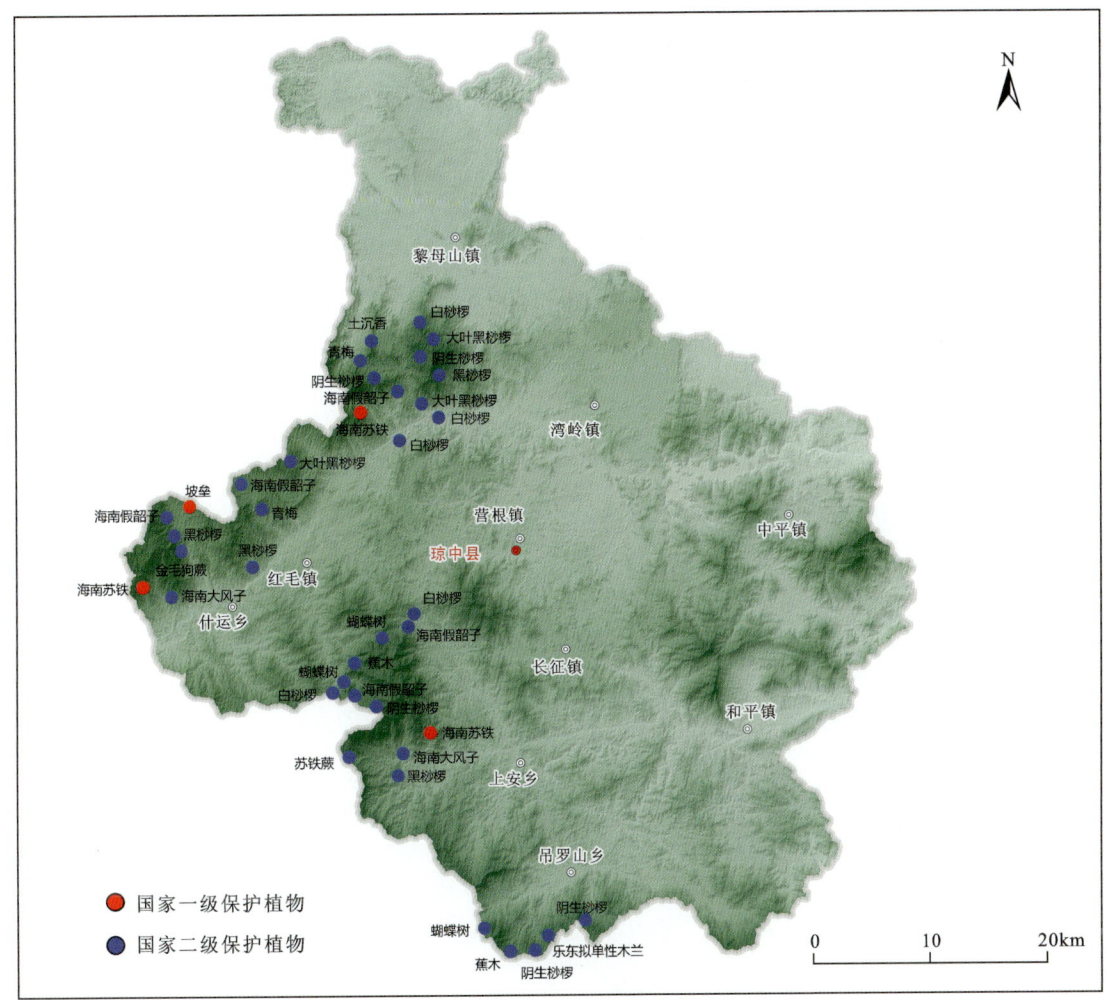

图 7-2-8 琼中县重点保护植物资源分布图

色发展为导向的高质量发展新路子。

7.3.2 评价原则

(1)底线思维原则:按照县域人口资源环境相均衡、经济社会生态效益相统一的原则,从生态保护、农业生产、城镇建设等功能维度,强化资源环境底线约束,维护生态安全、粮食安全、经济安全。在优先识别生态系统服务功能极重要、生态极敏感区域的基础上,综合分析农业生产、城镇建设的合理规模和适宜等级。

(2)问题导向原则:充分考虑县域国土空间水、土地、气候、生态、环境、灾害等资源环境要素,定性与定量相结合,客观评价区域资源环境禀赋条件,识别国土空间开发利用现状的问题和风险,有针对性地提出意见和建议。

(3)因地制宜原则:充分考虑县域区域面积,合理选择评价内容和技术方法。县级评价要侧重开发适宜性。

(4)简单实用原则:在保障科学性的基础之上,抓住本质和关键,精选最有代表性的指标,选择合理的方法工具,精简结果表达。强化操作导向,确保评价成果科学、好用、实用。

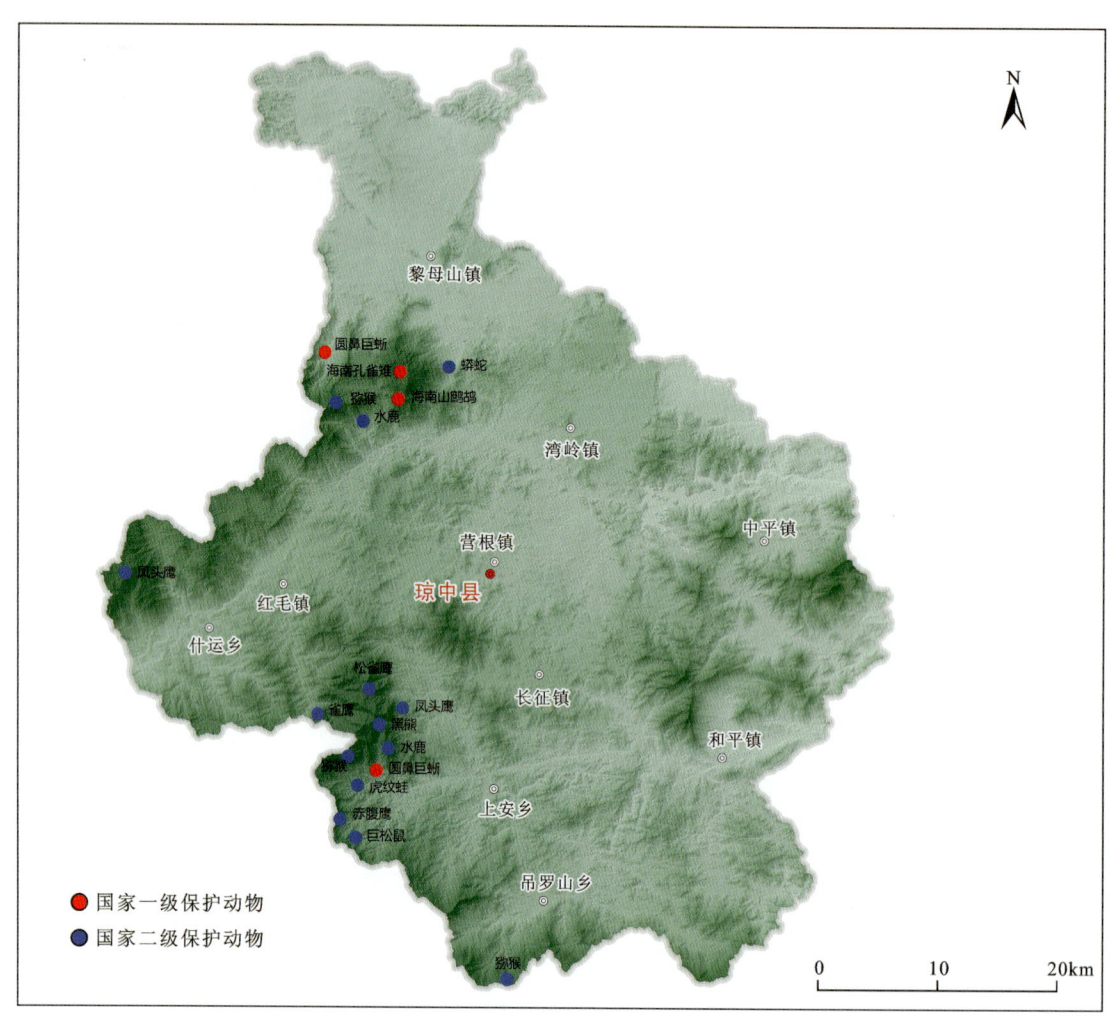

图 7-2-9 琼中县重点保护动物资源分布图

7.3.3 评价体系

县域"双评价"主要包括四大步骤：一是资源环境单要素评价；二是国土空间开发适宜性评价；三是资源环境承载规模评价；四是开展综合分析。具体体系与流程见图 7-3-1。

单要素评价包括土地资源、水资源、环境、生态和灾害 5 类要素。针对不同的功能指向和评价尺度构建差异化的评价体系，根据生态保护、农业生产、城镇建设差异性集成评价方法，综合划分生态指向的生态保护等级，农业和城镇建设适宜性等级。依据评价结果，重点针对生态保护极重要区、农业生产适宜区和不适宜区、城镇建设适宜区和不适宜区进行校验，综合判断评价结果与实际状况的相符性，并修正评价结果。

结合单要素和综合集成评价结果，对县域空间资源环境禀赋和空间格局进行刻画，识别当前发展存在的问题和未来可能的风险，分析各开发空间剩余潜力和规模上限。最后将评价结果作为国土空间格局、主体功能区优化、三线划定、国土空间综合整治和生态修复的支撑。

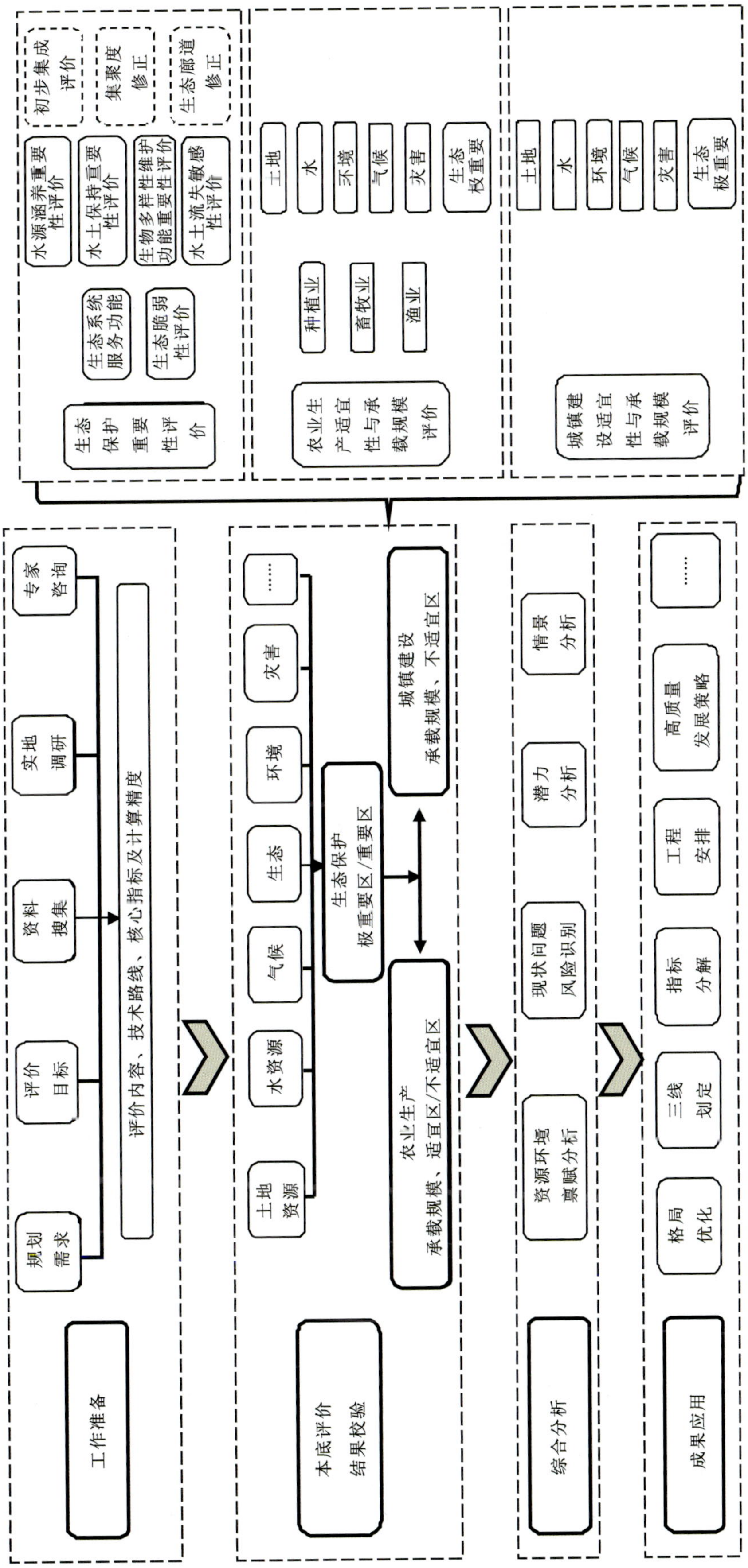

7 琼中县"双评价"支撑服务国土空间规划

图 7-3-1 琼中县县域"双评价"体系与流程

7.4 资源环境承载能力和国土空间开发适宜性评价

7.4.1 生态保护重要性评价

开展生态系统服务功能重要性和生态敏感性评价,集成得到生态保护重要性,识别生态保护极重要区和重要区。生态系统服务功能越重要,生态敏感性越高,且生态系统完整性越好,生态廊道的连通性越好,生态保护重要性等级越高。

7.4.1.1 生态系统服务功能重要性评价

根据自然地理特征和气候气象状况,一般选择水源涵养、水土保持、生物多样性维护为生态系统服务功能的重要性评价因子。

1. 水源涵养功能重要性

(1)评价因子:通过降雨量减去蒸散量和地表径流量得到的水源涵养量,评价生态系统水源涵养功能的相对重要程度。主要考虑河流源区、河流供水功能、地表覆盖、地形等因子。

(2)评价方法:降雨量大于蒸散量较多,且地表径流量相对较小的区域,水源涵养功能重要性较高。森林、灌丛、草地和湿地生态系统质量较高的区域,由于地表径流小,水源涵养功能相对较高。通常,将累积水源涵养量最高的前50%区域确定为水源涵养极重要区。

评价计算方法为水源涵养量计算模型法,计算公式如下:

$$TQ = \sum_{i}^{j}(P_i - R_i - ET_i) \times A_i \times 10^3 \qquad (7-1)$$

式中:TQ 为水源涵养量(mm);P_i 为降雨量(mm);R_i 为地表径流量(mm);ET_i 为蒸散发量(mm);A_i 为 i 类生态系统面积(km^2);i 为研究区第 i 类生态系统类型;j 为研究区生态系统类型数。

降雨量(P_i)和蒸散发量(ET_i)根据实测数据通过空间差值求得,地表径流量(R_i)通过公式计算求得:

$$R_i = P_i \times a \qquad (7-2)$$

式中:a 为平均地表径流系数。按地表生态系统类型计算,各生态系统类型平均地表径流系数如表 7-4-1 所示。

2. 水土保持功能重要性

(1)评价因子:水土保持功能是生态系统通过其结构与过程减少水蚀所导致的土壤侵蚀的功能,是生态系统提供的重要调节服务之一。水土保持功能主要与气候、土壤、地形和植被有关,主要考虑土壤可蚀性、地形、降雨等因子。通常,森林、灌丛、草地生态系统土壤保持功能相对较高,植被覆盖度高、坡度越大的区域,土壤保持功能重要性越高。

(2)评价方法:按照《资源环境承载能力和国土空间开发适宜性评价技术指南(试行)》的相关要求,将坡度不小于25°且植被覆盖率不小于80%的森林、灌丛和草地确定为水土保持极重要区;将坡度不小于15°且植被覆盖率不小于60%的森林、灌丛和草地确定为水土保持重要区;其他区域为一般重要区。

表 7-4-1　各类型生态系统地表径流系数均值　　　　　　　　　　　单位:%

生态系统类型1	生态系统类型2	平均地表径流系数	生态系统类型1	生态系统类型2	平均地表径流系数
森林	常绿阔叶林	2.67	灌丛	针叶灌丛	4.17
	常绿针叶林	3.02		稀疏灌丛	19.20
	针阔混交林	2.29	草地	草甸	8.20
	落叶阔叶林	1.33		草原	4.78
	落叶针叶林	0.88		草丛	9.37
	稀疏林	19.20		稀疏草地	18.27
灌丛	常绿阔叶灌丛	4.26	湿地	湿地	0
	落叶阔叶灌丛	4.17			

3. 生物多样性维护功能重要性

(1)评价因子:该项指标评价的目的是识别现状和未来可以承担区域生物多样性(包括生态系统多样性、物种多样性和遗传多样性)维护功能的重点区域,主要考虑现状物种及其保护地因子、物种生境因子(森林、草原、湿地等生态系统分布或植物净初级生产力等反映植被生产力的综合指标)。

(2)评价方法:生物多样性维护功能重要性在生态系统、物种和遗传资源3个层次进行评价。

在生态系统层次,将原真性和完整性高,需要优先保护的森林、灌丛、草地、内陆湿地、荒漠、海洋等生态系统评定为生物多样性维护极重要区;其他需保护的生态系统评定为生物多样性维护重要区。

在物种层次,参考《国家重点保护野生动植物名录》《世界自然保护联盟(IUCN)濒危物种红色名录》及《中国生物多样性红色名录》,确定具有重要保护价值的物种为保护目标,将极危、濒危物种的集中分布区域、极小种群野生动植物的主要分布区域确定为生物多样性维护极重要区;将省级重点保护物种等其他具有重要保护价值物种的集中分布区域确定为生物多样性维护重要区。

在遗传资源层次,将重要野生的农作物、水产、畜牧等种质资源的主要天然分布区域确定为生物多样性维护极重要区。

参照《生态保护红线划定指南》(环办生态〔2017〕48号),以生物多样性维护服务能力指数作为评估指标,计算公式为:

$$S_{bio} = NPP_{mean} \times F_{pre} \times F_{tem} \times (1 - F_{alt}) \tag{7-3}$$

式中:S_{bio}为生物多样性维护服务能力指数;NPP_{mean}为多年植被净初级生产力平均值;F_{pre}为多年平均降水量;F_{tem}为多年平均气温;F_{alt}为海拔因子。

植被生产力和碳汇之间有着密切的联系。植被净初级生产力是绿色植物呼吸后所剩下的单位面积单位时间内所固定的能量或所生产的有机物质,即总第一性生产量减去植物呼吸作用所剩下的能量或有机物质。它是植物光合作用有机物质的净创造,作为表征陆地生态过程的关键参数,是理解地表碳循环过程不可缺少的部分,是一个估算地球支持能力和评价陆地生态系统可持续发展的一个重要指标。因此,国际地圈生物圈计划(IGBP)、全球变化与陆地生态系统(GCTE)和《京都议定书》(Kyoto Protocol)等把植被的NPP研究确定为核心内容之一。

4. 生态系统服务功能重要性评价

根据水源涵养、水土保持、生物多样性维护生态系统服务功能重要性评价结果,取各项结果的最高等级作为生态系统服务功能重要性等级。

判别标准为:水源涵养、水土保持、生物多样性维护功能重要性的极重要区,3项均为极重要区的分区,集成评价均归属于生态系统服务功能极重要区;将水源涵养、水土保持、生物多样性维护功能重要性分区中,有 2 项或以上为重要区的分区,集成评价归属于生态系统服务功能重要区;将水源涵养、水土保持、生物多样性维护功能重要性分区中,有 2 项或以上为一般区的分区,集成评价归属于生态系统服务功能一般区。

7.4.1.2 生态脆弱性评价

1. 水土流失敏感性评价

(1)评价因子:进行水土流失、石漠化、土地沙化、海岸侵蚀及沙源流失等生态脆弱性,取各项结果的最高等级作为生态脆弱性等级。

(2)评价方法:将水土流失剧烈和极强烈的区域确定为水土流失极脆弱区,水土流失强烈和中度的区域确定为脆弱区,其他区域为一般重要区。

参照国家环境保护部发布的《生态保护红线划定指南》(环办生态〔2017〕48 号),水土流失敏感性主要考虑气候气象、土壤植被、地形地貌等因子的影响,根据水土流失方程的基本原理,选取降雨侵蚀力、土壤可蚀性、地形起伏度和地表植被覆盖率等指标。将反映各因素对水土流失敏感性的单因子评估数据,运用 Spatial Analyst 中的 Raster Calculator,进行乘积运算得到水土流失敏感性指数如下:

$$SS_i = \sqrt[4]{R_i \times K_i \times LS_i \times C_i} \tag{7-4}$$

式中:SS_i 为 i 空间单元水土流失敏感性指数;R_i 为降雨侵蚀力;K_i 为土壤可蚀性;LS_i 为地形起伏度;C_i 为植被覆盖因子。式中各评价指标不同等级赋值范围见表 7-4-2。

表 7-4-2 水土流失敏感性评价因子分级赋值

评价因子	极敏感	高度敏感	中度敏感	轻度敏感	不敏感
降雨侵蚀力(R)	>600	400~600	100~400	25~100	<25
土壤可蚀性(K)	砂粉土/粉土	砂壤/粉黏土/壤黏土	面砂土/壤土	粗砂土/细砂土/黏土	石砾/沙
地形起伏度(LS)	>300	100~300	100~50	20~50	0~20
植被覆盖(C)	≤0.2	0.2~0.4	0.4~0.6	0.6~0.8	≥0.8
分级赋值	9	7	5	3	1

7.4.1.3 生态保护重要性集成评价

1. 生态保护重要性等级初评价

取生态系统服务功能重要性和生态脆弱性评价结果的较高等级,作为生态保护重要性等级的初判结果。生态系统服务功能极重要区和生态脆弱区加总确定为生态保护极重要区,取生态系统服务功能重要区和生态脆弱区加总确定为生态保护重要区,其余为生态保护一般区。判别矩阵如表 7-4-3 所示。

表 7-4-3 生态保护等级分区判别矩阵

生态保护重要性		生态系统服务功能重要性等级		
		极重要	重要	一般
生态脆弱性等级	极重要	极重要	极重要	极重要
	重要	极重要	重要	重要
	一般	极重要	重要	一般

2. 生态保护重要性等级修正评价

(1) 集聚度修正：对生态保护极重要区斑块进行集聚度分析，面积小于 0.2km² 以下的斑块进行修正，以保障生态斑块具有一定的生态功能和内部生境。修正原则为：

面积小于 0.2km² 的重要区和一般区在极重要区范围内，修正为极重要区；面积小于 0.2km² 的极重要区和一般区在重要区范围内，修正为重要区；面积小于 0.2km² 的极重要区和重要区在一般区范围内，修正为一般区。

(2) 重要生态廊道修正：基于野生动物活动监测结果和专家经验，对于野生动物迁徙、洄游十分重要的生态廊道，初步判断为重要等级的图斑调整为极重要区，初步判断为一般重要等级的图斑调整为重要区。生态廊道判别采用最短路径法。最短路径法是用来计算并显示从源点到目标点的最短路径或最小成本路径，该路径是生物物种迁移与扩散的最短路径，可以有效避免外界的各种干扰，通过最短路径法可以找到可通达性考虑得到的最好的路线。

基于最小消费路径的生态网络构建过程大致可以分为生源地辨识、景观阻力评价、消费面制作、生态网络构建 4 个步骤。首先，通过原始数据的数字化和遥感提取，得到现状阻力和生态斑块的基础数据；其次，结合耗费成本分析和最短路径分析，构建潜在生态网络，结合重力提取重要生态廊道；最后，在上述网络构建基础上，提出规划建议生态廊道。

源地选择：大型生境斑块为生物多样性提供了重要的空间保障，是区域生物多样性的重要生源地。通过构建生态廊道系统来连接这些大型的核心斑块，对保护生物多样性、维持改善生态环境具有重要意义。将自然保护区、森林公园、湿地公园、水源保护区、一级保护林地等生境较好的斑块确认为源和目标。这些斑块是区域生物物种的聚集地，是物种生存繁衍的重要栖息地，具有重要的生态意义。

景观阻力评价：生态适宜性是指在某一个生境斑块对物种、繁衍、迁移等活动的适宜性程度。景观阻力是指物种在不同景观之间进行迁移的难易程度，它与生境适宜性的程度呈反比关系，斑块生境适宜性越高，物种迁移的景观阻力就越小。

潜在的生态网路是由源或目标的质量、源与目标之间不同的土地利用类型的景观阻力决定的，而植物群落特征（如植被覆盖率、植被类型、人为干扰强度等）对物种的迁移和生境的适宜性起着决定性的作用。因此，景观阻力由植被覆盖率、植被类型、人为干扰强度 3 个因子构成。不同的土地利用类型的景观阻力值是不同的，如表 7-4-4 所示。

表 7-4-4 不同土地利用类型的景观阻力值

土地利用类型	具体说明	阻力值
林地	林地	3
农业用地	耕地、园地、其他农用地	50
水域	主要水系、大中型水库（大于 10 000m²）	300
水域	一般水系、小型水库（小于 10 000m²）	200
建设用地	城市建设用地	1000
自然保留地	沙地、裸地	800
交通用地	各种交通道路	100

潜在生态网络构建：基于 ArcGIS 软件，采用最小路径可以计算源与目标之间的最小阻力路径，该路径为生物物种迁移和扩散的最佳路径，可以有效避免外界的各种干扰。参照国内外研究现状，确定 200m 范围为生态廊道的最佳宽度，在 ArcGIS 软件中进行空间分析与计算。最终通过连接生态源区斑块的潜在生态廊道，组成了潜在的生态网络。

7.4.1.4 评价结果

通过集聚度修正、重要生态廊道修正等操作,得出琼中县生态保护重要性等级修正评价图(图7-4-1)。根据琼中县生态保护重要性等级修正评价图,生态保护等级极重要区分布面积1 749.20km²,占比为64.66%;生态保护等级重要区分布面积291.20km²,占比为面积的10.77%;生态保护等级一般区分布面积664.76km²,占比为24.57%。

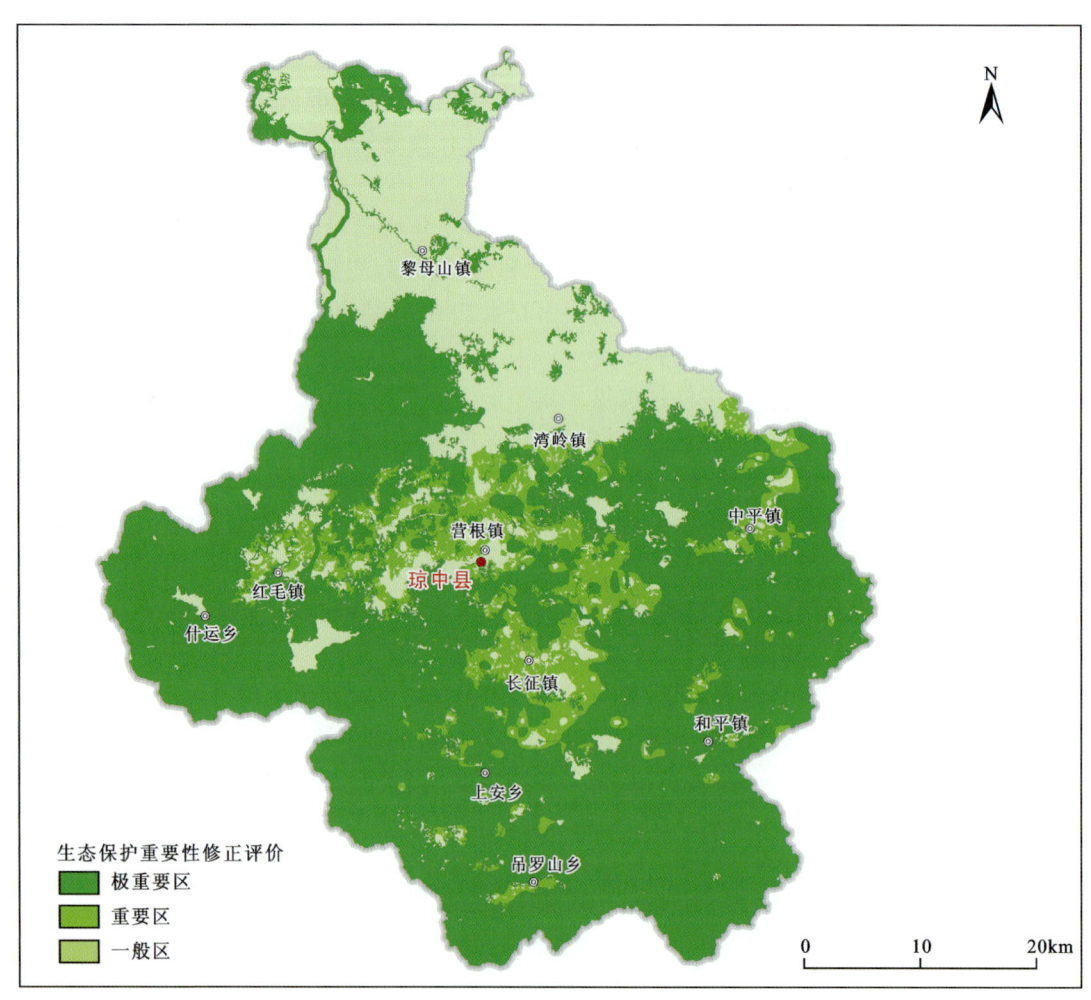

图7-4-1 琼中县生态保护重要性等级修正评价图

生态保护极重要区主要分布在琼中县南部、东南部、西南部,按照面积从大到小主要位于和平镇、红毛镇、中平镇,其中和平镇分布面积269.03km²,占比最高为15.38%;生态保护重要区主要分布在营根镇、长征镇、湾岭镇,其中营根镇分布面积114.16km²,占比最高为39.20%;生态保护一般区主要分布在黎母山镇、湾岭镇、营根镇,其中黎母山镇分布面积327.02km²,占比最高为49.19%(表7-4-5)。

表7-4-5 生态保护重要性评价结果分级表

区域	极重要		重要		一般	
	面积/km²	占比/%	面积/km²	占比/%	面积/km²	占比/%
吊罗山乡	198.14	11.33	5.63	1.93	1.84	0.28
上安乡	192.54	11.01	7.73	2.66	6.42	0.97

续表 7-4-5

区域	极重要		重要		一般	
	面积/km²	占比/%	面积/km²	占比/%	面积/km²	占比/%
和平镇	269.03	15.38	27.20	9.34	7.68	1.15
长征镇	119.94	6.86	42.54	14.61	16.63	2.50
什运乡	142.08	8.12	8.13	2.79	13.67	2.06
营根镇	177.65	10.15	114.16	39.20	60.58	9.11
中平镇	205.28	11.73	29.04	9.97	13.68	2.06
红毛镇	207.95	11.89	25.74	8.84	35.42	5.33
湾岭镇	115.04	6.58	30.02	10.31	181.82	27.35
黎母山镇	121.55	6.95	1.01	0.35	327.02	49.19
合计	1 749.20	100.00	291.20	100.00	664.76	100.00

7.4.2 农业生产适宜性评价与承载规模评价

在生态保护极重要区以外的区域，开展种植业、畜牧业、渔业等农业生产适宜性评价，识别农业生产适宜区和不适宜区。

7.4.2.1 种植业生产适宜性评价

以水、土、光、热组合条件为基础，结合土壤环境质量、气象灾害等因素，评价种植业生产适宜程度。一般地，水资源丰度越高，地势越平坦，土壤肥力越好，光热越充足，土壤环境质量越好，气象灾害风险越低，且地块规模和连片程度越高，越适宜种植业生产。

1. 土地资源评价

评价数据：从地理空间数据云下载 1∶5 万地形测绘数据；从中国科学院资源环境科学数据中心下载土壤质量数据。

评价方法：由 1∶5 万地形测绘数据内插生成地形坡度，按照≤3°、3°～8°、8°～15°、15°～25°、>25° 划分为平地、平坡地、缓坡地、缓陡坡地、陡坡地 5 个等级，生成坡度分级图。以地形坡度为基础，结合土壤质地，将农业生产土地资源划分为高、较高、中等、较低、低 5 个等级。

2. 水资源评价

评价数据：根据搜集降雨站资料，在 Spatial Analyst 工具中选择 Interpolate to Raster 选项，选择相应的插值方法得到多年平均降雨量等值线图。

评价方法：一般可按照>1200mm、800～1200mm、400～800mm、200～400mm、<200mm 划分为很湿润、湿润、半湿润、半干旱、干旱 5 个等级。

3. 气候评价

评价数据：从中国科学院资源环境科学数据中心下载全县范围不低于 10℃ 活动积温图、不低于 0℃ 活动积温图和年均气温图。

评价方法:通过空间插值得到活动积温图层,不低于 10℃活动积温按照 5040°～6500°、6500°～7000°、7000°～7500°、7500°～8000°、8000°～8819°生成活动积温分级图;不低于 0℃活动积温按照 5625°～6500°、6500°～7000°、7000°～7500°、7500°～8000°、8000°～8812°生成活动积温分级图。以活动积温为依据,将种植业功能指向气候资源划分为高、较高、中等、较低、低 5 个等级。

4. 环境评价

评价数据:1∶25 万多目标地球化学调查数据。

评价方法:依据《土壤环境质量 农用地土壤污染风险管控标准(试行)》(GB 15618—2018),按土壤中污染物含量低于或等于风险筛选值、大于风险筛选值但小于等于风险管控值、大于风险管控值时,将土壤环境质量相应划分为高、中、低 3 个等级。

5. 灾害评价

评价数据:1∶5 万数字高程模型(DEM)、地理空间数据云。

评价方法:气象灾害主要有洪涝、干旱、台风、大雾等。依据已收集资料,选取洪涝、干旱、台风灾害开展评价。以县区为单元,将 10d 内降雨量达到 300mm 或 20d 内降雨量达到 400mm,记为 1 个洪涝年;干旱日超过 90 天记为 1 个干旱年;某日出现瞬时风速达到或超过 17m/s 的记为大风日;某日出现瞬时风速达到 24.5m/s 的记为狂风日;当一年中出现 30d 大风日或一个狂风日记为一个风灾年。

统计历史受灾次数,按照单项气象灾害发生的频率＜20%、20%～40%、40%～60%、60%～80%、＞80%,将气象灾害危险性划分为低、较低、中等、较高、高 5 个等级。

6. 种植业生产集成评价

基于土地资源和水资源评价结果,根据基础判别矩阵确定种植业生产的水土资源基础,再结合气候评价结果,得到种植业生产条件等级的初步结果。再进一步用土壤环境质量对该结果进行修正,对于土壤环境质量评价结果为最低值的,将初步评价结果调整为低等级,土壤环境质量评价结果为中等级的,将初步评价结果下降一个级别,最终得到种植业生产条件等级。

7.4.2.2 畜牧业生产适宜性评价

评价数据:中国科学院资源环境科学数据中心下载土壤质地、降雨等数据;1∶25 万多目标地球化学调查数据等。

评价方法:畜牧业分为放牧为主的牧区畜牧业和舍饲为主的农业畜牧业。年降雨量 400mm 等值线或 10℃等值线是牧区和农区的分界线。很湿润地区,主要是农业畜牧业区,受自然条件约束相对小,主要制约因素是饲料供给保障能力、环境质量(土壤环境质量和水环境质量)等,以种定养,畜随粮走,农牧结合。根据自然资源条件,按照《资源环境承载力和国土空间开发适宜性评价技术指南(试行)》(以下简称《指南》)提供的选择方案,可以将区内全部种植业适宜区都评定为农业畜牧业适宜区。

7.4.2.3 渔业生产适宜性评价

按照《指南》要求,分别开展渔业养殖和渔业捕捞两类评价,综合集成评价渔业生产适宜性。

1. 渔业养殖

按照《指南》要求,渔业养殖适宜程度主要取决于水域环境、自然灾害等因素。水质优良、自然灾害风险低的水域确定为渔业养殖适宜区。水质不达标或环境污染严重的水域确定为渔业养殖不适宜区。

评价数据:地表水水质分析数据。

评价方法：水质是否适合渔业养殖取决于水域的水环境质量高低。根据《指南》要求，水环境质量越高的水域越适合养殖；相反，水环境质量越低的水域越不适合养殖。按照《地表水环境质量标准》（GB 3838—2002），开展地表水水质评价，依据地表水水域环境功能和保护目标划分为5类水。

3. 渔业捕捞

评价数据：县域地表水水质分析数据、渔业养殖生产基本情况。

评价方法：渔业捕捞适宜程度主要取决于可捕获渔业资源和鱼卵数量、天然饵料的供给情况等因素，捕捞对象的资源量越丰富、鱼卵越多，天然饵料基础越好，渔业捕捞适宜程度越高。渔业再生产能力退化水域、特有鱼类水产种质资源保护区则评定为不适宜区。

7.4.2.4　农业生产适宜性集成评价

将种植业、畜牧业、渔业生产适宜区进行空间叠加（取交集），得到农业生产适宜区；将种植业、畜牧业、渔业生产不适宜区进行空间叠加（取并集），得到农业生产不适宜区。

叠加结果如图7-4-2所示，适宜区表示既适合种植也适合畜牧和渔业的区域；不适宜区表示种植、畜牧、渔业生产有其一不适宜则为不适宜。除去生态保护极重要区外，琼中县的农业生产适宜区和不适宜区面积分别为560.90km²、427.40km²，占比分别为20.73%、15.80%。

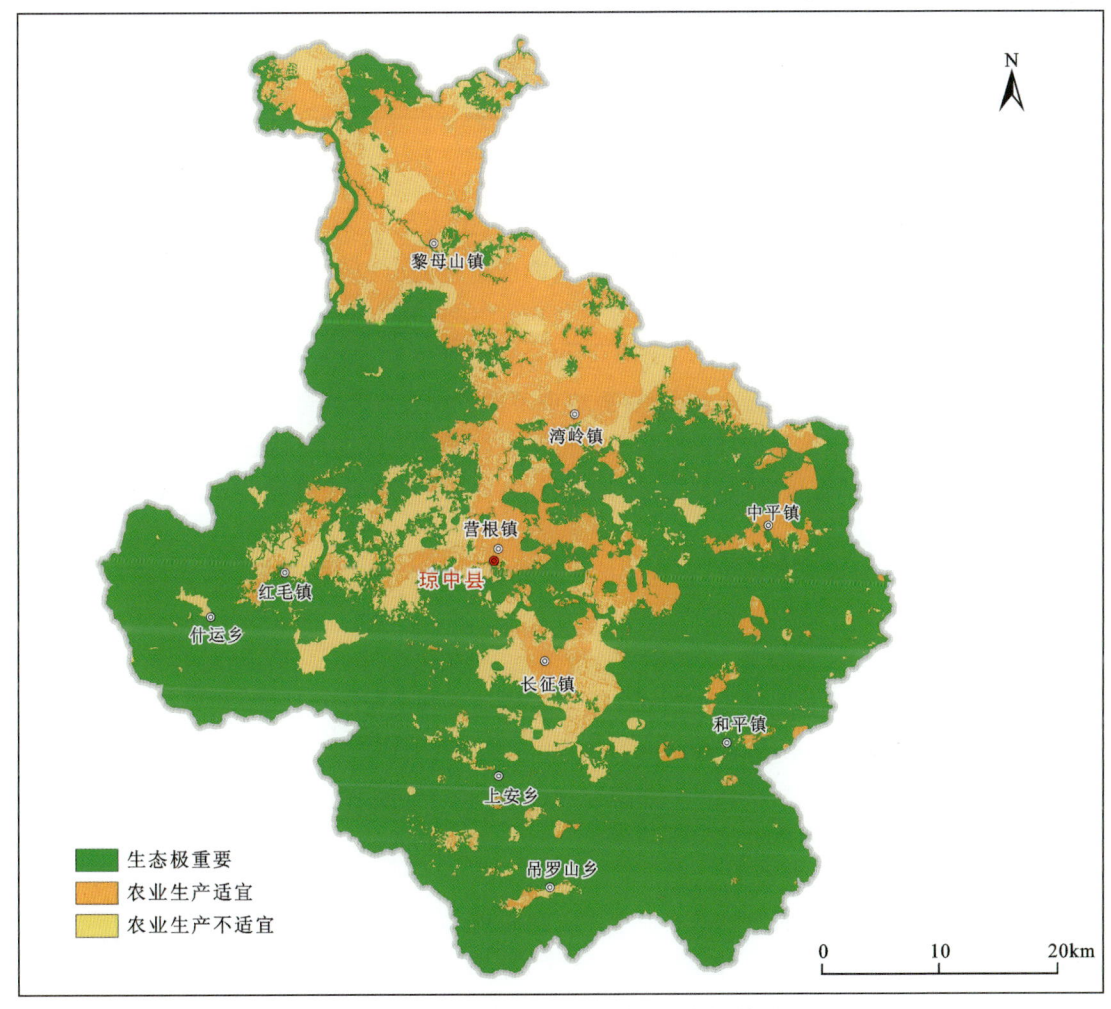

图7-4-2　琼中县农业生产适宜性评价图

吊罗山乡、上安乡、和平镇、什运乡、长征镇、红毛镇等乡镇主要生态保护极重要分布区,因此可作为农业生产的土地面积较少。琼中县农业生产适宜性分布面积最大的镇(乡)为黎母山镇、湾岭镇、营根镇等,其中黎母山镇适宜农业生产分布面积为214.16km²,占比最高为38.18%(表7-4-6)。

表7-4-6 农业生产适宜性评价结果分级表

区域	适宜		不适宜	
	面积/km²	占比/%	面积/km²	占比/%
吊罗山乡	3.51	0.63	4.58	1.07
上安乡	3.77	0.67	10.98	2.57
和平镇	20.66	3.68	21.30	4.98
长征镇	22.73	4.05	37.28	8.72
什运乡	1.06	0.19	21.04	4.92
营根镇	101.12	18.03	81.51	19.07
中平镇	37.96	6.77	9.17	2.15
红毛镇	15.73	2.80	45.63	10.68
湾岭镇	140.20	25.00	78.80	18.44
黎母山镇	214.16	38.18	117.11	27.40
合计	560.90	100.00	427.40	100.00

5. 农业生产承载规模评价

1)耕地承载规模

从水资源的角度,可承载的耕地规模包括可承载的灌溉耕地面积和单纯以天然降水为水源的耕地面积。

从土地资源的角度,选取土地坡度小于10°、土壤粉砂含量较低、积温高、土壤污染含量小于风险管控值的区域,统计重叠区域面积,可作为土地资源约束条件下耕地承载的最大规模。

从空间约束的角度,将生态保护极重要区和种植业生产不适宜区以外区域的规模,作为空间约束下耕地的最大承载规模。按照短板原理,取上述约束条件下的最小值,作为耕地承载的最大合理规模。

2)畜牧承载规模

按照《指南》要求,针对农区畜牧业,通过测算农区养殖粪肥养分需求量和供给量,确定农区合理载畜量(以猪当量计)。

针对农业畜牧业,本次从水资源、土地资源角度考虑,地形坡度10°~25°、积温中等、土壤污染小于风险管控值区域可作为水、土地资源约束条件下农业畜牧业承载的最大规模。

3)渔业承载规模

针对渔业养殖,以控制养殖尾水排放和水质污染为前提,以保证鱼、虾、贝、藻、参类正常生长、繁殖和水产品质量为目标,确定渔业养殖的合理规模。

4)农业生产承载规模集成评价

基于现有数据情况,本次评价只针对农业生产承载规模(可承载面积)进行计算,暂时不考虑畜牧承载的载畜量和渔业养殖的合理规模。按照《指南》要求,分别计算耕地承载规模、畜牧承载规模、渔业承载规模,根据地块连片度对结果进行修正,按照耕地和畜牧地块面积不小于0.5km²,渔业地块面积不小于0.01km²,均划分为可承载规模。

琼中县农业生产承载规模评价结果见图7-4-3和表7-4-7。评价结果显示,琼中县农业生产承载规模主要分布在黎母山镇、湾岭镇、营根镇、中平镇。琼中县耕地承载规模面积186.53km²,耕地承载规模最大的乡镇为黎母山镇、湾岭镇、营根镇等,其中黎母山镇耕地承载规模面积为70.98km²,占比最高为38.05%。琼中县畜牧承载规模面积218.06km²,畜牧承载规模最大的乡镇为黎母山镇、湾岭镇、营根镇等,其中黎母山镇畜牧承载规模面积为115.16km²,占比最高为52.81%。琼中县渔业承载规模面积74.16km²,渔业承载规模最大的乡镇为中平镇、湾岭镇、营根镇等,其中中平镇渔业承载规模面积为20.41km²,占比最高为27.52%。

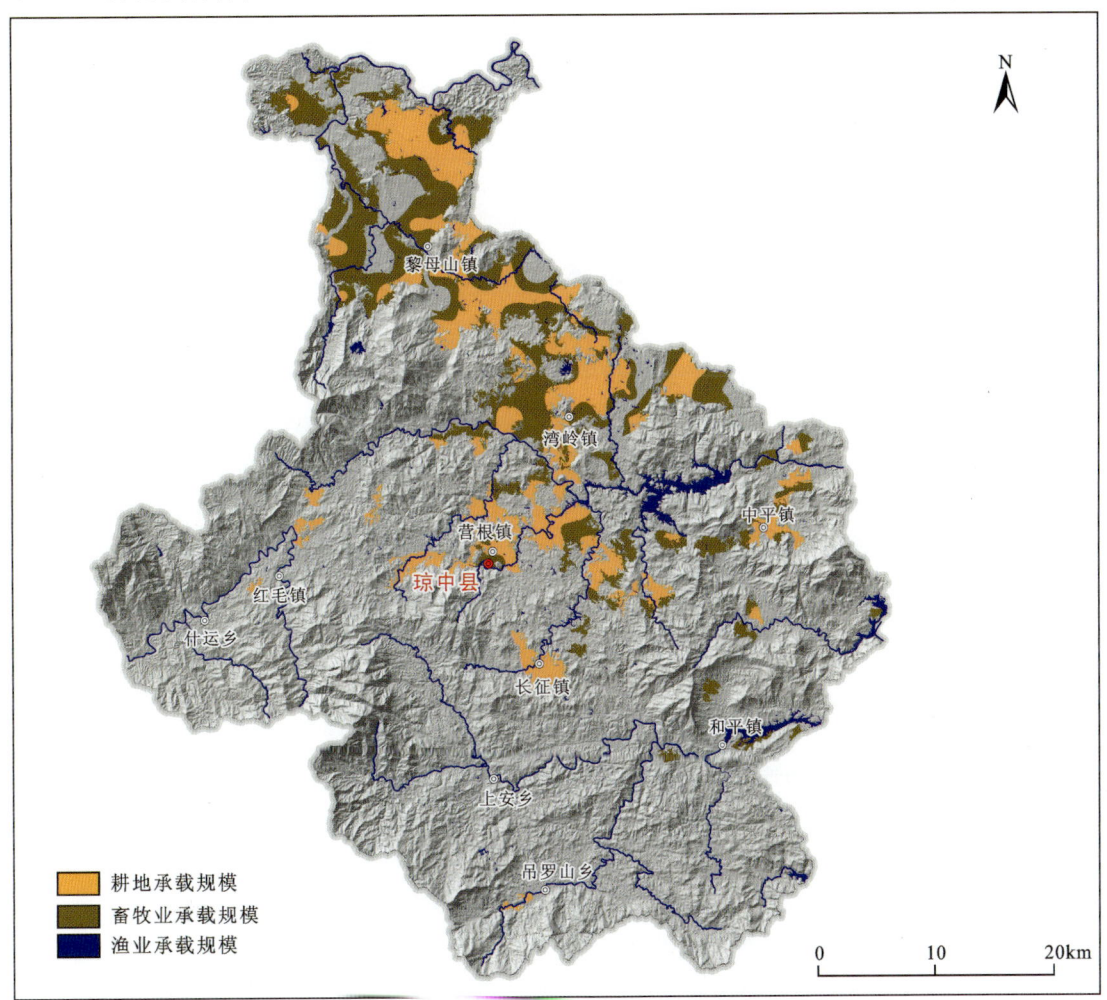

图7-4-3 琼中县农业生产承载规模评价图

表7-4-7 琼中县农业生产承载规模评价结果分级表

区域	耕地承载规模		畜牧承载规模		渔业承载规模	
	面积/km²	占比/%	面积/km²	占比/%	面积/km²	占比/%
吊罗山乡	1.31	0.70	0	0	1.09	1.47
上安乡	0	0	0	0	1.06	1.43
和平镇	0	0	4.76	2.18	9.87	13.31
长征镇	8.95	4.80	2.10	0.96	1.03	1.39
什运乡	0	0	0	0	1.88	2.54

续表 7-4-7

区域	耕地承载规模		畜牧承载规模		渔业承载规模	
	面积/km²	占比/%	面积/km²	占比/%	面积/km²	占比/%
营根镇	43.19	23.16	23.54	10.80	15.68	21.14
中平镇	10.04	5.38	12.73	5.84	20.41	27.52
红毛镇	4.51	2.42	0	0	1.09	1.47
湾岭镇	47.55	25.49	59.77	27.41	16.37	22.07
黎母山镇	70.98	38.05	115.16	52.81	5.68	7.66
合计	186.53	100.00	218.06	100.00	74.16	100.00

7.4.3 城镇建设适宜性评价与承载规模

根据《指南》，结合评价区特点，按照"地势越平坦，水资源丰富，水汽环境容量较高，人居环境条件越好，自然灾害风险越低，地理及交通区位条件越好，越有利于城镇建设"的思路，本次城镇建设适宜性评价从自然资源条件、气候环境、环境容量、地质灾害及城镇发展条件等方面，进行"单项评价＋集成评价"的综合分析，以识别适宜或不适宜城镇建设的国土空间分布情况、范围及规模。同时，结合集成评价成果及相关数据，以土地资源和水资源为约束，对各乡镇可承载城镇建设的最大规模进行分析。

7.4.3.1 城镇建设适宜性单因子评价

1. 土地资源评价

土地资源评价以地形坡度、地形起伏度、海拔高度数据为基础，进行"单项评价＋集成评价"的综合分析。

(1) 地形坡度：基于数字地形图，计算栅格单元的坡度。按照 <3°、3°～8°、8°～15°、15°～25°、>25° 生成坡度分级图。

(2) 地形起伏度：以 DEM 数据为基础，利用高程阈值法进行全区的地形起伏度提取。

(3) 海拔高度：海拔高度划分为 5 级，分别为 <200m、200～300m、300～400m、400～700m、>700m。

以地形坡度为基础，结合地形起伏度、海拔高度，将土地资源的可利用程度划分为高、较高、中等、较低、低 5 种类型。对于海拔高度，按照《指南》要求，海拔大于 2000m 的区域城镇建设条件要做降级处理，调整为对于海拔高度大于 700m 的区域降 2 级作为城镇建设条件等级，对于海拔高度为 400～700m 的区域降 1 级作为城镇建设条件等级。对地形坡度降级要素也根据实际情况进行调整，对于地形起伏度大于 150m 的区域降 2 级作为城镇建设条件等级，对于地形起伏度为 100～150m 的区域降 1 级作为城镇建设条件等级。

2. 水资源评价

根据县级行政区划进行区划，按照模数 >50 万 m³/km²、40 万～50 万 m³/km²、30 万～40 万 m³/km²、20 万～30 万 m³/km²、<20 万 m³/km² 的等级划分为好、较好、中、较差、差 5 个等级，以形成一个县域各水域间的相对评价。

3. 环境评价

开展城镇建设功能指向的环境评价,优先开展环境安全评价。环境安全诸多评价要素,重点考虑水、土环境质量状况。

(1)地下水质量评价:按照《地下水质量标准》(GB/T 14848—2017)和《食品安全国家标准饮用水天然矿泉水检验方法》(GD/T 8538—2016),确定参评指标有56项,按照其性质分别划分为感官性指标、一般化学指标、微生物指标、毒理学指标和放射性指标5类,包括感官性指标4项,一般化学指标29项,微生物指标4项,毒理学指标17项,放射性指标2项。采用单因子评价法和综合质量评价法对采集到的地下水样品质量进行评价。

(2)土壤环境质量评价:按照《土地质量地球化学评价规范》(DZ/T 0295—2016),将表层土壤质量划分为5个等级:一等(优质)土壤面、二等(良好)土壤、三等(中等)土壤、四等(差等)土壤、五等(劣质)土壤。

(3)综合集成评价:综合地下水质量评价、土壤环境质量评价,将环境质量的城镇建设程度划分为高、较高、中等、较低、低5种类型。

4. 灾害评价

灾害主要涉及地震地质灾害、崩滑流地质灾害等,通过单要素和综合集成评价地震地质灾害、崩滑流地质灾害,将评价结果划分为高、较高、中等、较低、低5个等级。

7.4.3.2 城镇建设适宜性综合集成评价

首先,基于土地资源和水资源评价结果,确定城镇建设的水、土资源基础,作为城镇建设条件等级的初步结果。按照城镇建设指向的水、土资源基础参考判别矩阵进行等级划分(表7-4-8)。

表7-4-8 城镇建设指向的水土资源基础参考判别矩阵

土地资源	水资源				
	好	较好	中等	较差	差
高	高	高	较高	中等	低
较高	高	高	较高	较低	低
中等	较高	较高	中等	较低	低
较低	中等	较低	较低	低	低
低	低	低	低	低	低

然后,以初步结果为基础,对于灾害评价结果为高易发区的,将初步评价结果降低2级;对于灾害评价为较高易发区的,将初步评价结果降低1级。对于环境质量评价结果为低的,将初评价结果降低2级;对于环境质量评价结果为较低的,将初评价结果降低1级。

最后,在生态保护极重要区范围之外,将城镇建设条件等级为高、较高的划为适宜区,其他区域划分为不适宜。

根据琼中县城镇建设适宜性评价图(图7-4-4、图7-4-5),除去生态保护极重要区外,琼中县城镇建设适宜区面积为424.68km²,占全县土地面积的15.70%;不适宜区面积为529.38km²,占全县土地面积的19.57%。琼中县城镇建设适宜性分布面积最大的乡镇为黎母山镇、湾岭镇、营根镇等,其中黎母山镇适宜农业生产分布面积为211.10km²,占比最高为49.71%(表7-4-9)。

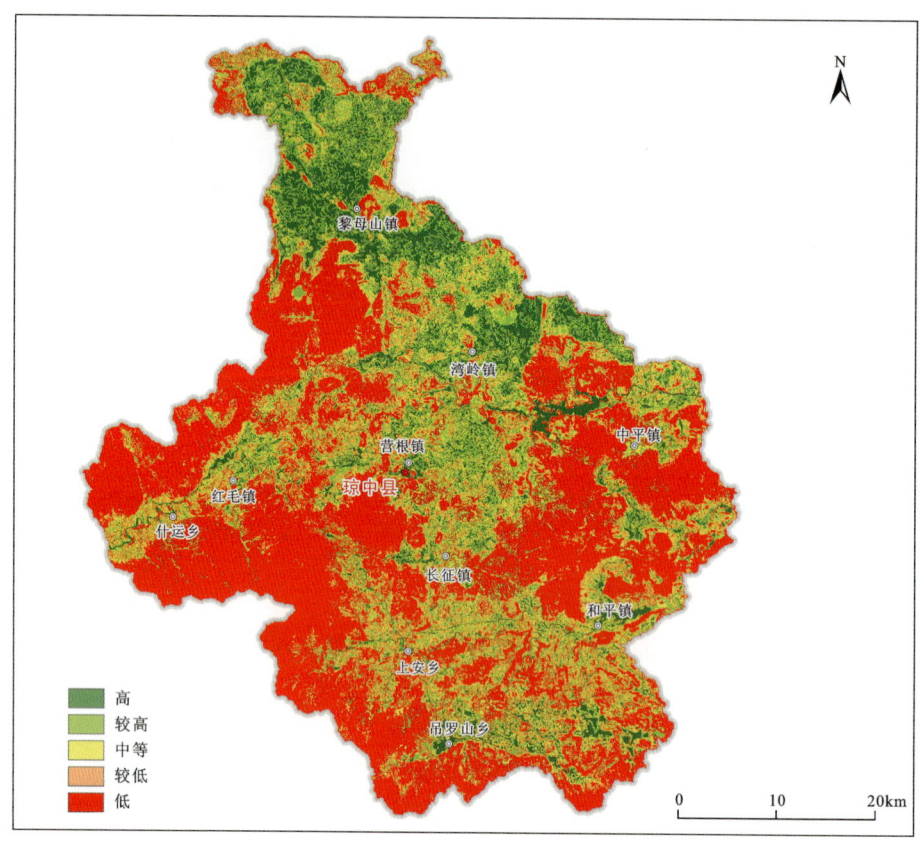

图 7-4-4　琼中县城镇建设适宜性评价图

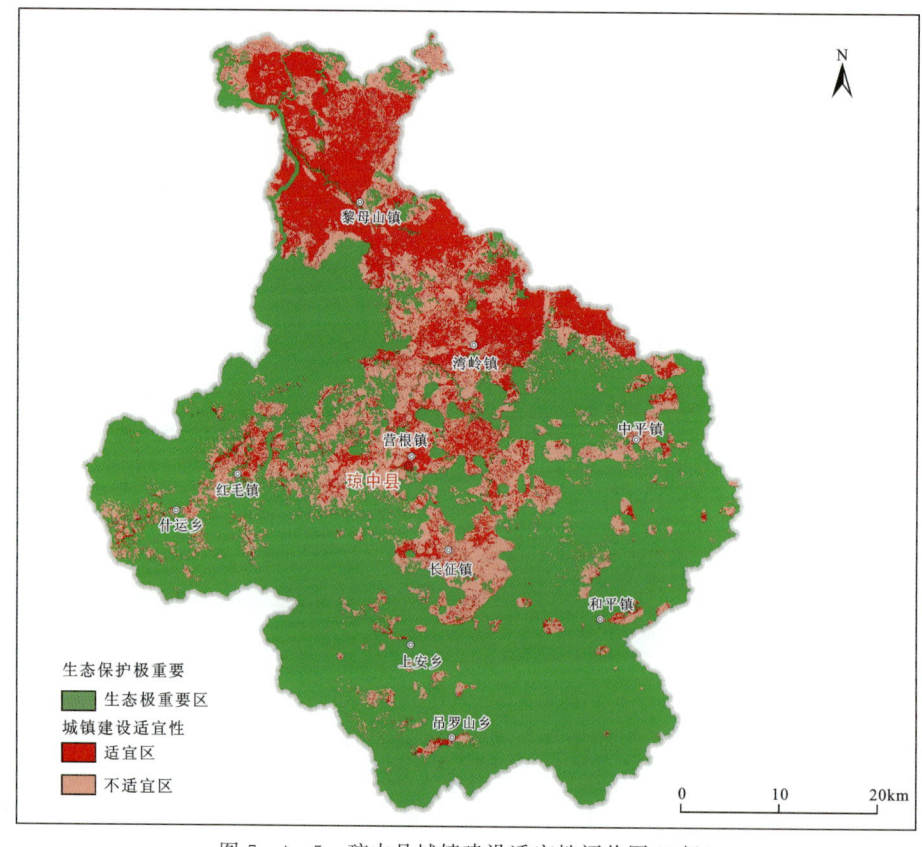

图 7-4-5　琼中县城镇建设适宜性评价图（3级）

表 7-4-9 城镇建设适宜性评价结果分级表

区域	适宜		不适宜	
	面积/km²	占比/%	面积/km²	占比/%
吊罗山乡	2.09	0.49	5.35	1.01
上安乡	1.77	0.42	12.19	2.30
和平镇	6.89	1.62	28.01	5.29
长征镇	15.26	3.59	43.84	8.28
什运乡	3.38	0.80	18.19	3.44
营根镇	52.05	12.26	122.49	23.14
中平镇	9.31	2.19	33.29	6.29
红毛镇	15.64	3.68	45.21	8.54
湾岭镇	107.19	25.24	104.42	19.72
黎母山镇	211.10	49.71	116.39	21.99
合计	424.68	100.00	529.38	100.00

3. 城镇建设承载规模评价

按照《指南》要求,结合琼中县城镇建设适宜性评价结果,提取适宜性分区,以各行政单元作为评价范围统计其面积,作为各乡镇水、土、环境资源约束条件下城镇建设的最大规模。琼中县可承载建设用地规模为 424.68km²,占全县土地面积的 15.70%。其中,黎母山镇、湾岭镇、营根镇承载规模最大,面积分别为 211.10km²、107.19km²、52.05km²。与现状建设用地规模进行对比分析,黎母山镇、湾岭镇、营根镇可承载潜力巨大(表 7-4-10,图 7-4-6)。

表 7-4-10 城镇建设承载规模统计表 单位:km²

区域	城镇建设承载规模			
	乡镇面积	承载规模	现状建设用地	可承载潜力
吊罗山乡	205.61	2.09	1.06	1.03
上安乡	206.69	1.77	0.90	0.87
和平镇	303.91	6.89	2.29	4.60
长征镇	179.11	15.26	1.78	13.49
什运乡	163.88	3.38	1.58	1.81
营根镇	352.39	52.05	10.30	41.76
中平镇	248.00	9.31	1.86	7.45
红毛镇	269.11	15.64	2.48	13.16
湾岭镇	326.89	107.19	7.36	99.83
黎母山镇	449.58	211.10	8.60	202.50
合计	2 705.17	424.68	38.21	386.50

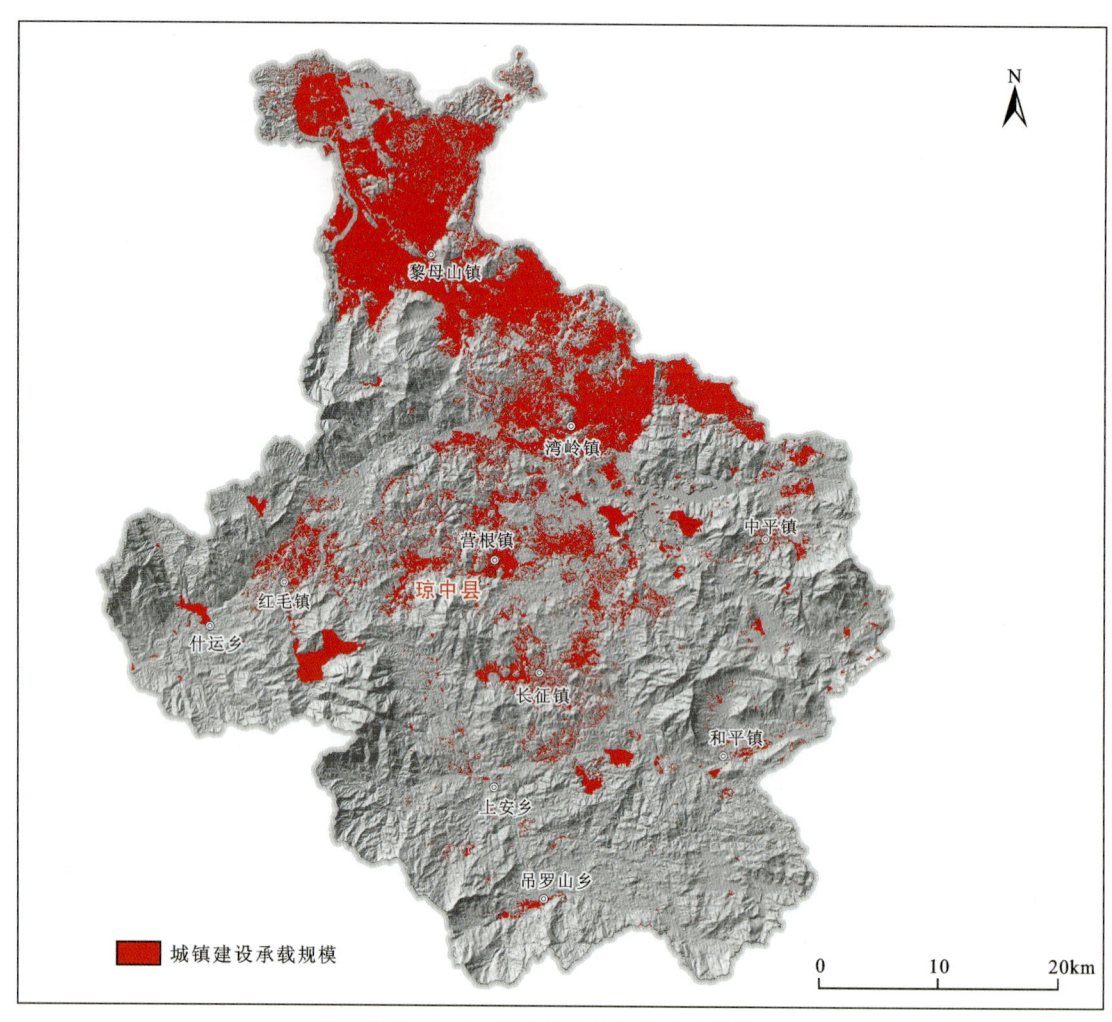

图 7-4-6 琼中县城镇建设承载规模

7.5 风险识别与潜力分析

7.5.1 风险识别

将生态保护重要性、农业生产及城镇建设适宜性评价结果与用地现状进行对比，重点识别以下冲突。对比现状耕地规模与耕地承载规模、现状城镇建设用地规模与城镇建设承载规模、牧区实际载畜量与牲畜承载规模、渔业实际捕捞和养殖规模、渔业承载规模等，判断区域资源环境承载状态。对资源环境超载的地区，找出主要原因，提出改善路径。

可根据相关评价因子，识别水平衡、水土保持、生物多样性、湿地保护、地面沉降、土壤污染等方面问题，研判未来变化趋势和存在风险。

7.5.1.1 生态保护风险识别

1. 生态保护极重要区与建设用地冲突

根据第三次全国国土调查统计,琼中县现有建设用地面积为 55.93km²。将生态保护极重要区与第三次全国国土调查建设用地图斑进行对比分析,与建设用地冲突面积 8.620 594km²,占整个建设用地面积的 15.41%,冲突较小。从用地类型上看,冲突建设用地一级分类主要为住宅用地和交通运输用地,分别占总冲突面积的 55.33%、30.43%。公共管理与公共服务用地、商业服务业用地、工矿用地、特殊用地面积相对较小,综合占冲突面积的 14.24%(表 7-5-1)。

表 7-5-1 生态保护极重要区与建设用地冲突面积情况统计表　　单位:km²

分类		面积	合计
一级分类	二级分类		
住宅用地	农村宅基地	3.139 263	4.769 585
	城镇住宅用地	1.630 322	
公共管理与公共服务用地	科教文卫用地	0.286 753	0.600 355
	机关团体新闻出版用地	0.115 293	
	公园与绿地	0.003 403	
	公用设施用地	0.194 906	
商业服务业用地	商业服务业设施用地	0.111 022	0.126 458
	物流仓储用地	0.015 436	
工矿用地	工业用地	0.160 400	0.458 061
	采矿用地	0.297 661	
特殊用地	特殊用地	0.043 152	0.043 152
交通运输用地	交通服务场站用地	0.018 130	2.622 983
	公路用地	2.466 289	
	城镇村道路用地	0.137 452	
	管道运输用地	0.000 366	
	机场用地	0.000 746	
合计		8.620 594	8.620 594

2. 生态保护极重要区与耕地用地冲突

将生态保护极重要区与第三次全国国土调查耕地用地图斑进行对比分析,与耕地用地冲突面积 22.40km²。从用地类型上看,冲突耕地用地二级分类主要为旱地和水田,分别占总冲突面积的 12.59%、87.05%,与茶园和果园冲突面积较少(表 7-5-2)。

3. 生态保护极重要区与园地用地重叠

将生态保护极重要区与第三次全国国土调查园地用地图斑进行对比分析,与园地用地重叠面积 600.10km²。从用地类型上看,重叠园地用地二级分类主要为橡胶园和其他园地,分别占总重叠面积的 62.77%、35.59%(表 7-5-3)。

表 7 - 5 - 2　生态保护极重要区与耕地用地冲突情况统计表　　　　　　　　　　单位:km²

分类		面积
一级分类	二级分类	
耕地	旱地	2.82
	水浇地	0.08
	水田	19.50
合计		22.40

表 7 - 5 - 3　生态保护极重要区与园地用地重叠情况统计表　　　　　　　　　　单位:km²

分类		面积
一级分类	二级分类	
园地	茶园	2.58
	果园	7.24
	橡胶园	376.71
	其他园地	213.57
合计		600.10

4. 生态保护极重要区与林地用地重叠

将生态保护极重要区与第三次全国国土调查林地用地图斑进行对比分析,与林地用地重叠面积1 135.12km²,重叠林地用地二级分类主要为乔木林地,占总重叠面积的93.88%(表7-5-4)。按照第三次全国国土调查数据,林地总面积1 238.59km²,1 135.12km² 林地面积位于生态极重要区范围内,占总林地总面积的91.65%,其余林地面积103.47km²,呈分散零星分布,不在生态极重要区范围内。因此,从这个角度分析,说明生态保护极重要区划定范围是比较准确的。

按照海南省自然资源和规划厅给琼中县下达林地用地面积为2 408.63km²,第三次全国国土调查林地图斑面积为1 238.59km²,距离下达指标面积还缺少1 170.04km² 林地面积。根据生态用地与园地用地叠加分析,园地总面积1 252.64km²,其中600.10km² 园地面积位于生态保护极重要区范围内,建议进一步加大园地用地划入生态用地范围,增补缺少的林地面积。

表 7 - 5 - 4　生态保护极重要区与林地用地重叠情况统计表　　　　　　　　　　单位:km²

分类		面积
一级分类	二级分类	
林地	灌木林地	39.16
	其他林地	27.23
	乔木林地	1 065.65
	竹林地	3.08
合计		1 135.12

7.5.1.2 农业生产风险识别

1. 现状耕地在种植业生产不适宜区

根据第三次全国国土调查统计,琼中县现有耕地面积69.82km²,将农业生产适宜性分析与第三次全国国土调查耕地用地图斑现状进行对比分析,36.04km²耕地面积分布在农业生产不适宜区,占整个耕地面积的51.62%,冲突面积较大。从用地类型上看,其中水田冲突面积最大,面积为30.94km²,占冲突总面积的85.85%(表7-5-5)。

表7-5-5 耕地与农业生产不适宜冲突统计表　　　　　　　　单位:km²

分类		面积
一级分类	二级分类	
耕地	旱地	4.96
	水浇地	0.14
	水田	30.94
合计		36.04

2. 现状耕地在生态保护极重要地区

将生态保护极重要区与第三次全国国土调查耕地用地图斑进行对比分析,22.40km²耕地面积分布在生态保护极重要区,占整个耕地面积的32.08%,冲突面积较大。

7.5.1.3 城镇建设风险识别

根据第三次全国国土调查统计,琼中县现有建设用地面积为55.93km²。将现状城镇用地与评价结果城镇建设不适宜区进行对比得出,全县现状城镇用地17.176 770km²处于城镇建设不适宜区范围内,冲突面积较大。不适宜的原因为用地坡度和地形起伏度等地质要素。从用地类型上看,主要冲突建设用地类型为住宅用地、交通运输用地,分别占总冲突面积的48.17%、33.12%(表7-5-6)。

表7-5-6 建设用地与城镇建设不适宜冲突统计表　　　　　　　单位:km²

建设用地分类		面积	合计
一级分类	二级分类		
住宅用地	农村宅基地	4.597 345	8.274 537
	城镇住宅用地	3.677 192	
公共管理与公共服务用地	科教文卫用地	0.612 971	1.198 184
	机关团体新闻出版用地	0.298 338	
	公园与绿地	0.016 705	
	公用设施用地	0.270 170	
商业服务业用地	商业服务业设施用地	0.392 134	0.441 172
	物流仓储用地	0.049 038	

续表 7-5-6

建设用地分类		面积	合计
一级分类	二级分类		
工矿用地	工业用地	0.565 909	1.291 310
	采矿用地	0.725 401	
特殊用地	特殊用地	0.282 467	0.282 467
交通运输用地	交通服务场站用地	0.083 989	5.688 267
	公路用地	5.296 068	
	城镇村道路用地	0.307 098	
	管道运输用地	0.000 366	
	机场用地	0.000 746	
细化地类	广场用地	0.000 833	0.000 833
合计		17.176 770	17.176 770

7.5.2 潜力分析

根据农业生产适宜性评价结果,对种植业、畜牧业不适宜区以外的区域,结合土地利用现状和资源环境承载规模,分析可开发为耕地、牧草地的空间分布和规模。根据渔业生产适宜性评价结果,在渔业生产适宜区内,结合渔业养殖、捕捞现状和渔业承载规模,分析渔业养殖、捕捞的潜力空间和规模。

根据城镇建设适宜性评价结果,对城镇建设不适宜区以外的区域,扣除集中连片耕地后,结合土地利用现状和城镇建设承载规模,分析可用于城镇建设的空间分布和规模。

琼中县第三次全国国土调查数据见表 7-5-7,琼中县用地类型包括耕地、草地、林地、园地、水域、湿地等,建设用地,其他用地,主要用地类型为林地和园地。根据海南省自然资源和规划厅下达各市县用地指标值(表 7-5-8),与第三次全国国土调查数据对比分析,耕地指标缺口达 40.31 km²,林地指标缺口达 1 170.04 km²,建设用地指标缺口达 20.92 km²。

表 7-5-7 琼中县第三次全国国土调查数据　　　　单位:km²

用地分类	耕地	草地	林地	园地	水域、湿地等	建设用地	其他用地	合计
面积	69.82	3.74	1238.59	1252.64	82.64	55.93	1.81	2705.17

表 7-5-8 琼中县用地下达指标值　　　　单位:km²

用地分类	下达指标面积	第三次全国国土调查面积	需增补面积
耕地指标	110.13	69.82	40.31
林地指标	2 408.63	1 238.59	1 170.04
建设用地指标	76.85	55.93	20.92
合计	2 595.61	1 364.34	1 231.27

1. 农业发展潜力分析

根据农业生产适宜性评价结果,对农业生产不适宜区以外的区域,应该考虑扣除生态保护极重要区、已建城镇、水域湿地、林地等区域,并考虑农业种植连片度等要求,结合土地利用现状和资源环境承载规模,分析可开发为农业生产耕地的空间分布和规模。

琼中县农业生产发展潜力面积见表7-5-9,琼中县农业生产总体发展潜力面积222.50km²。琼中县农业生产潜力分布面积最大的乡镇为黎母山镇、营根镇、湾岭镇,潜力面积分别为74.06km²、40.34km²、38.70km²(图7-5-1)。

表7-5-9 琼中县农业生产发展潜力面积统计表　　　单位:km²

区域	吊罗山乡	上安乡	和平镇	长征镇	什运乡	营根镇	中平镇	红毛镇	湾岭镇	黎母山镇	合计
乡镇面积	205.61	206.69	303.91	179.11	163.88	352.39	248.00	269.11	326.89	449.58	2 705.17
发展潜力面积	2.54	5.42	17.53	23.80	0.33	40.34	3.76	16.02	38.70	74.06	222.50

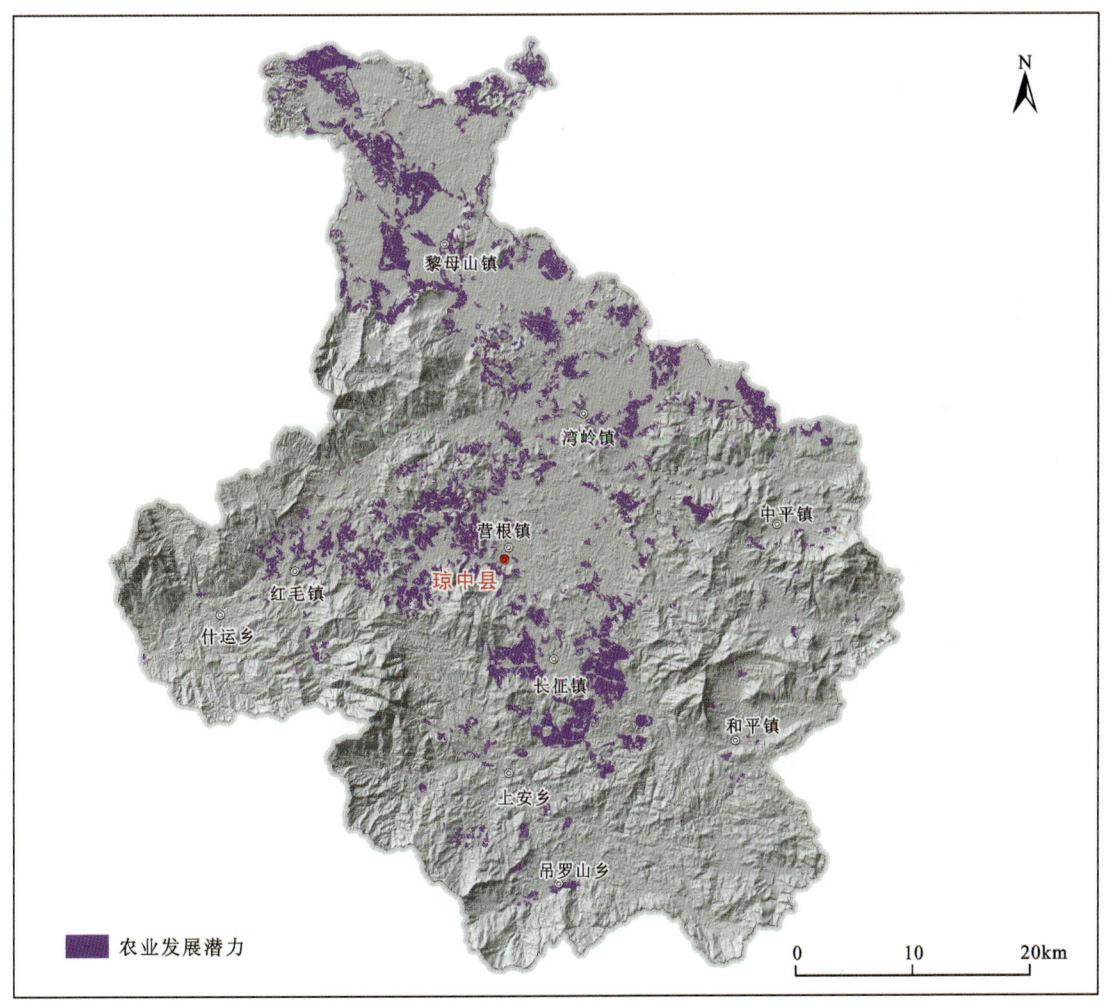

图7-5-1 琼中县农业生产潜力面积分区图

2. 城镇发展潜力分析

根据城镇建设适宜性评价结果，对城镇建设不适宜区以外的区域，扣除集中连片耕地后，结合土地利用现状和城镇建设承载规模，分析可用于城镇建设的空间分布和规模。

琼中县城镇发展潜力见表7-5-10，琼中县城镇总体发展潜力面积275.81km²。琼中县城镇发展潜力分布面积最大的乡镇为黎母山镇、湾岭镇、营根镇，潜力发展面积分别为154.61km²、63.48km²、26.90km²（图7-5-2）。

表7-5-10 琼中县城镇发展潜力面积统计表　　　　　　　　　　　　　　　　单位：km²

区域	吊罗山乡	上安乡	和平镇	长征镇	什运乡	营根镇	中平镇	红毛镇	湾岭镇	黎母山镇	合计
乡镇面积	205.61	206.69	303.91	179.11	163.88	352.39	248.00	269.11	326.89	449.58	2705.17
发展潜力面积	1.11	1.39	5.78	8.14	0.63	26.90	5.86	7.91	63.48	154.61	275.81

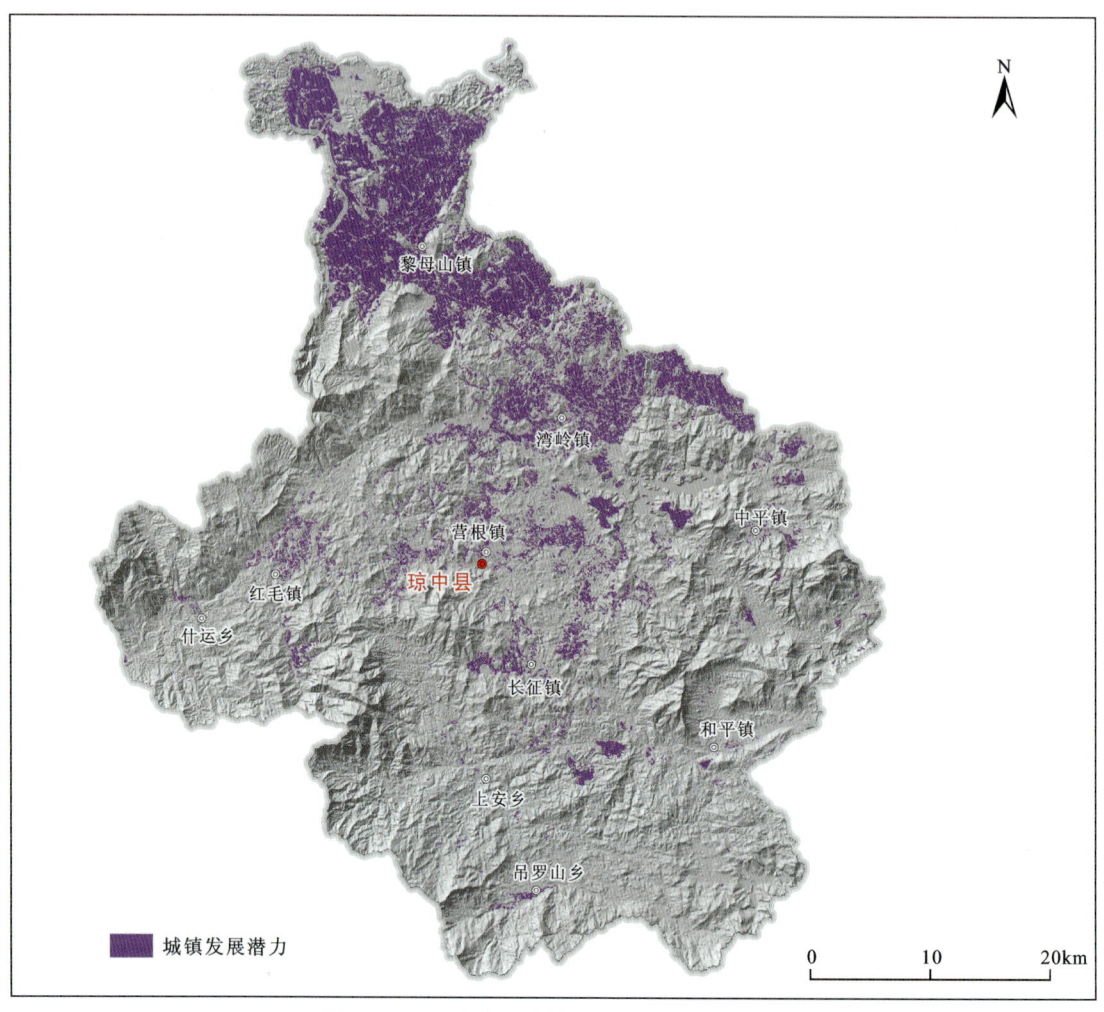

图7-5-2 琼中县城镇发展潜力面积分区图

7.6 国土空间规划地学建议

1. 琼中县自然资源空间本底特征总体优良，建议进一步加强生态环境与生物资源保护，夯实海南省中部生态文明建设示范县功能定位

(1)森林资源丰富，覆盖率总体高，天然林面积被人工林侵占，植被的水土保持能力有所下降。琼中县境内有海南三大山脉。全省海拔第一的五指山和全省海拔第二的黎母山均位于琼中县内，另有五指山、黎母山、吊罗山、鹦哥岭等是国家级、省级自然保护区和森林公园。林地和天然林规模居全省第一，森林覆盖率高达83.74%，是我国极少数的热带原始森林集中地区之一，也是热带雨林国家公园主体分布市县之一。近年来，县内大量种植橡胶树、槟榔树、桉树等人工林和经济林，造成天然林面积被侵占。调查数据显示，2009年天然林面积为158万亩，2020年天然林面积减少到121万亩，且多分布在地形坡度大于25°以上区域，土壤侵蚀现象也较为明显，植被的水土保持能力有所下降。建议以热带雨林国家公园为主体，依托五指山、黎母山、鹦哥岭、尖峰岭、霸王岭、吊罗山等构成生态绿心，构建中部绿色生态屏障。

(2)水资源丰富，水源地保护力度不够。琼中县降雨丰富，年平均降雨量达到2400mm。按照琼中县水务局提供的资料数据，琼中县地表水资源量约为$39.16\times10^3 m^3$，地下水资源量约为$10.17\times10^9 m^3$，水资源相当丰富。同时，琼中县境内发育河流241条，海南省的南渡江、昌化江、万泉河三大河流均发源于琼中县境内。因此，琼中县既是海南省的"三江之源"，又是重要的生态水源涵养区。目前，存在的问题是重点的水源地保护力度不够，水源存在污染风险。琼中县水环境污染物主要来源于种植业化肥施用、畜禽养殖造成的农业面源污染以及未经统一处理排放的生活污水。农业面源污染和畜禽养殖污染分布广泛，治理难度大，加上县内环保基础设施建设滞后，环境压力较大。建议加强"三江水源"涵养保护，以南渡江、昌化江、万泉河及重要水库为载体，增强地表水生态效益、水环境效益及保持生态可持续能力。

(3)生物多样性资源丰富，生物保护廊道有待构建。琼中县生物资源丰富，国家级一级保护植物2种、二级保护植物12种，国家级一级保护动物3种、二级保护动物10种。但是，由于长期人为活动干扰，大量低海拔地段的热带雨林、季雨林消失，致使物种最为丰富、保护价值最高的低海拔区域基带植被严重缺乏，动植物物种迁移、传播的通道被阻隔，削弱了许多优质生境的生命支撑功能。因此，琼中县物种生境较破碎化，生物多样性保护廊道有待科学构建和区域协调发展。

2. 贯彻落实绿色生态可持续的科学发展路线，建议进一步探索生态资源价值实现机制，充分发挥琼中县资源优势，践行"两山理论"示范区，有效衔接乡村振兴战略

(1)进一步摸清琼中县地质遗迹资源家底，建议发展琼中县各乡镇的地质遗迹保护、旅游资源合理开发。在琼中县已经调查地质遗迹49处，主要分布于黎母山、百花岭、乘坡河、吊罗山乡咬饭河、飞水岭、中平镇南茂溪和七步水、路平村、大水河等地。建议在加钗农场、红毛镇、什运乡推进地质文化村建设；在百花岭、中平镇、什运乡提升地学科普内容；在加钗农场、和平镇、上安乡开发农业生态旅游路线，建设什晏村旅游驿站和宣传推广基地。

(2)琼中县耕地资源有限，但耕地资源清洁，且具有富硒富碘特性，应着力做优做强特色农业，提高土地利用效率和附加值。调查发现琼中县大面积富硒富碘清洁土壤。在黎母山镇—湾岭镇—营根镇—和平镇调查范围内，发现天然富硒土壤$476.64 km^2$。同时发现富碘土壤66.1万亩，且富硒与富碘土壤分布范围总体一致，土壤环境质量优良，提供了琼中县开发富硒含碘绿色农产品的地质依据，奠定打造

富硒含碘特色农产品品牌地质基础。首次申请天然富硒土地标识认定4.36万亩,助力富硒土地资源价值实现。土壤-农作物体系质迁移和生态效应调查显示富硒富碘土壤生态效应。农作物中硒、碘含量测试结果显示,琼中县出产的部分绿橙、百香果、花生、玉米、槟榔、茶叶(老叶)和水稻7种农产品中,硒含量达到富硒标准,同时含碘,证实土壤中硒、碘等特色组分已经在这些农作物中产生了生态效应,表明了琼中具备打造富硒含碘特色农产品品牌的地质条件。因此,应着力做优做强特色农业,提高土地利用效率和附加值。

(3)建议打造"地质特色+生态农业"地质文化乡村建设模式,服务美丽乡村建设。琼中县不仅富硒土壤资源丰富,而且地质遗迹资源禀赋优良。结合琼中县广泛分布的地质遗迹和富硒土壤等优势地质资源,建议以"地质微景观+特色生态农业"为主线,以富硒富碘土地资源和富硒含碘农产品为依托,按照"地质特色+生态农业"的模式,开展琼中县地质文化村选点调查与地质文化村建设工作,服务美丽乡村建设。

(4)琼中县矿泉水与地热水资源优良,开发潜力巨大。琼中县主要为花岗岩地质建造区,是富含偏硅酸、锶、锌等微量元素的天然矿泉水水源区。2019—2020年期间,成功勘探到8口具有较大开发价值的珍稀矿泉水源水井,8口矿泉水井总出水量达到4890t/d,水质各项检测指标均可达Ⅰ类或Ⅱ类饮用水标准;地热资源勘探取得新突破,成功探获3口具有理疗效果的地热水井,水温50°左右,每天总出水量突破5000t,具有较大的热温泉水资源开发价值。建议下一步加大矿泉水与地热水资源勘探和合理开发,实现"资源变资产",增强贫困地区的造血功能,为琼中县可持续发展的绿色"水产业"提供了强有力的支撑作用。

3. 贯彻落实省级战略定位,按照"一县、三城、五地"区域协调发展和"两屏、三带、多廊点、多节点"的生态保护格局,落实优化三生空间边界,打造黎苗风情的国土空间开发新格局

(1)落实优化生态保护红线,构建"两屏、三带、多廊道、多节点"的生态保护格局。根据琼中县生态保护重要性评价图,琼中县生态保护等级极重要区和生态保护等级重要区面积分别为1 749.20 km²、291.20 km²,总面积为2 040.40 km²,占县域面积的75.43%。落实海南省下达的琼中县生态保护红线1 210.73 km²,占县域面积的44.76%。因此,总体满足海南省下达的生态保护红线范围要求。

海南省下达的林地用地面积为2 408.63 km²,第三次全国国土调查林地图斑面积为1 238.59 km²,园地总面积1 252.64 km²,林地、园地总面积为2 491.23 km²,多于下达指标82.60 km²,建议该部分余量可调出,增补耕地指标面积。

(2)耕地面积减少,且呈细碎化,部分分布在农业生产不适宜区,冲突面积较大。琼中县第二次全国国土调查(二调)耕地面积111.45 km²,第三次全国国土调查(三调)耕地面积总量为69.82 km²,较"二调"减少41.63 km²,主要流向林地、园地。现有耕地受地形地貌影响,造成耕地的分散与细碎化。将农业生产适宜性分析与第三次全国国土调查耕地用地图斑现状进行对比分析,36.04 km²耕地面积分布在农业生产不适宜区,占整个耕地面积的51.62%,冲突面积较大。将生态保护极重要区与第三次全国国土调查耕地用地图斑进行对比分析,22.40 km²耕地面积分布在生态保护极重要区,占整个耕地面积的32.08%,冲突面积较大。

海南省下达耕地保有量为110.13 km²,建议调出生态红线内耕地,调出多规建设用地、其他建设项目占用后得到耕地保留区,结合耕地后备资源调查和"双评价"成果,选取适宜耕种区进行补划,城镇开发边界划定时,涉及永久基本农田的,以"开天窗"的形式予以保留。根据琼中县农业生产发展潜力评价结果,琼中县耕地总体发展潜力面积222.50 km²,满足补划要求。

(3)优化产业园区开发边界,打造黎苗风情的国土空间开发新格局。海南省下达建设用地保有量为76.85 km²,"三调"建设用地总量为55.93 km²,可以增补建设用地20.92 km²。将现状城镇用地与评价结果城镇建设不适宜区进行对比得出,全县现状城镇用地17.176 770 km²处于城镇建设不适宜区范围内。琼中县城镇建设土地发展潜力面积 275.81km², 建设用地适宜区增补量较大, 主要集中在黎母山镇、湾岭镇、营根镇。因此, 整体分析用地适宜性, 剔除山体、低洼、稳定耕地成片等不适宜建设区域, 优化产业园区开发边界, 打造黎苗风情的国土空间开发新格局。

8 琼中县脱贫攻坚地质调查模式及经验启示

自2018年4月自然资源部成立以来,一直坚持以习近平新时代中国特色社会主义思想为指导,深入学习贯彻习近平总书记关于扶贫工作的重要论述,始终把扶贫工作作为重大政治任务,不断增强政治担当、行动自觉和责任意识。自然资源部中国地质调查局高度重视脱贫攻坚工作,在2018年9月10日第30次、11月21日第40次、12月28日第45次局党组织会上,中国地质调查局传达学习自然资源部扶贫工作有关要求和自然资源部脱贫攻坚领导小组会议有关精神及相关讲话精神,研究部署地质调查支撑服务脱贫攻坚相关工作安排。

围绕琼中县饮水安全、清洁能源、住房安全、农业发展、特色旅游、国土规划等需求,开展水文地质调查、地热资源调查、地质灾害调查、农业地质调查、地质遗迹调查、资源环境承载能力、国土空间开发适宜性评价等工作,取得了显著的扶贫成效,形成了"地质调查+供水""地质调查+地热""地质调查+灾害""地质调查+农业""地质调查+旅游""地质调查+规划"的"地质调查+"脱贫攻坚工作模式,建立了地质调查支撑服务脱贫攻坚的"琼中经验做法"。

8.1 琼中县脱贫攻坚"地质调查+"模式

琼中县是自然资源部定点扶贫的六县之一,自然资源部中国地质调查局围绕琼中县偏远贫困山区,贯彻落实习近平生态文明思想理念,聚焦"两不愁三保障"工作,践行"绿水青山就是金山银山"的做法,开展解决资源、环境问题的地质调查与研究工作,实现贫困地区资源环境优势转化为经济优势,科技创新引领地质调查工作,助力脱贫攻坚快速见效。中国地质调查局先后在琼中县开展了水文地质调查保障饮水安全利用、地热资源勘探有效支撑清洁能源开发、地质灾害调查服务防灾减灾及民生安全、农业生态地质调查高效支撑生态农业发展、地质遗迹调查助推地方特色旅游产业发展、琼中县双评价支撑服务国土空间规划等工作,地质工作在支撑脱贫攻坚中逐步形成了"地质调查+"工作模式(图8-1-1)。

1. 水文地质调查,保障农村用水安全

在琼中县开展水文地质调查与安全饮水示范工作,保障贫困区安全饮水。2019—2020年,建成29口扶贫井、5处示范井、24口探采结合井(图8-1-2),包括1处饮水示范工程(图8-1-3)。总出水量达到8091t/d,总水量可满足4万余人的安全饮水需求,目前已解决1.5万余人安全饮水以及百亩槟榔园、山茶园灌溉和多处养殖基地的供水需求(图8-1-4、图8-1-5)。

开展矿泉水勘探与监测,成功勘探到8口具有较大开发价值的珍稀矿泉水源,水质各项检测指标均可达Ⅰ类或Ⅱ类饮用水标准。8口井总出水量达到4890t/d,其中2口为锌-偏硅酸复合型矿泉水,4口锶-偏硅酸复合型矿泉水,2口为偏硅酸矿泉水,均达到矿泉水开发价值。通过矿泉水勘探工作,谋划琼中县的水产业开发,助力打造"黎母山矿泉水"品牌,增强贫困地区"造血"功能。开启了绿色扶贫模式,形成了"地质调查+供水"的工作模式。

8 琼中县脱贫攻坚地质调查模式及经验启示

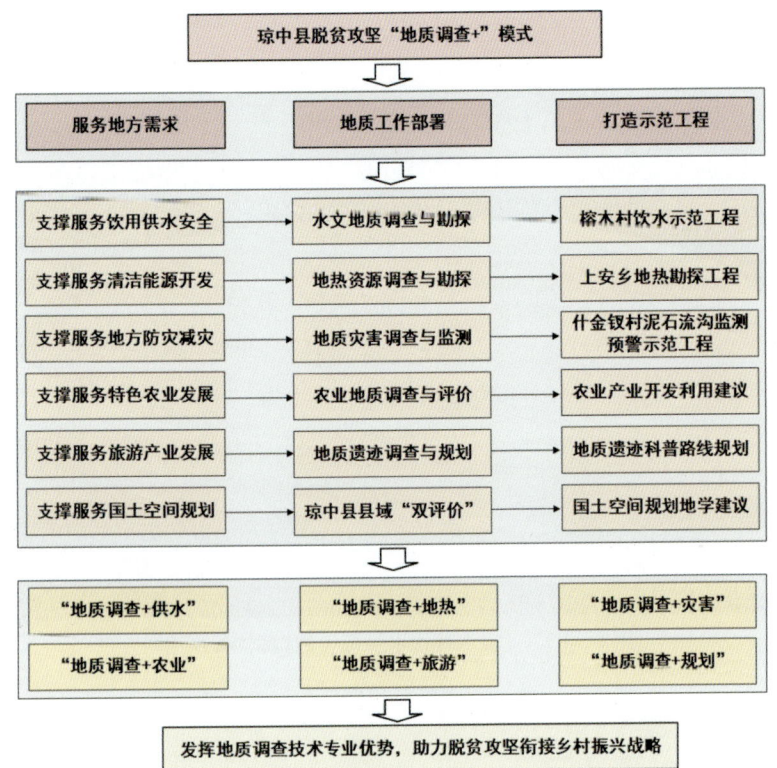

图 8-1-1 琼中县脱贫攻坚"地质调查+"模式

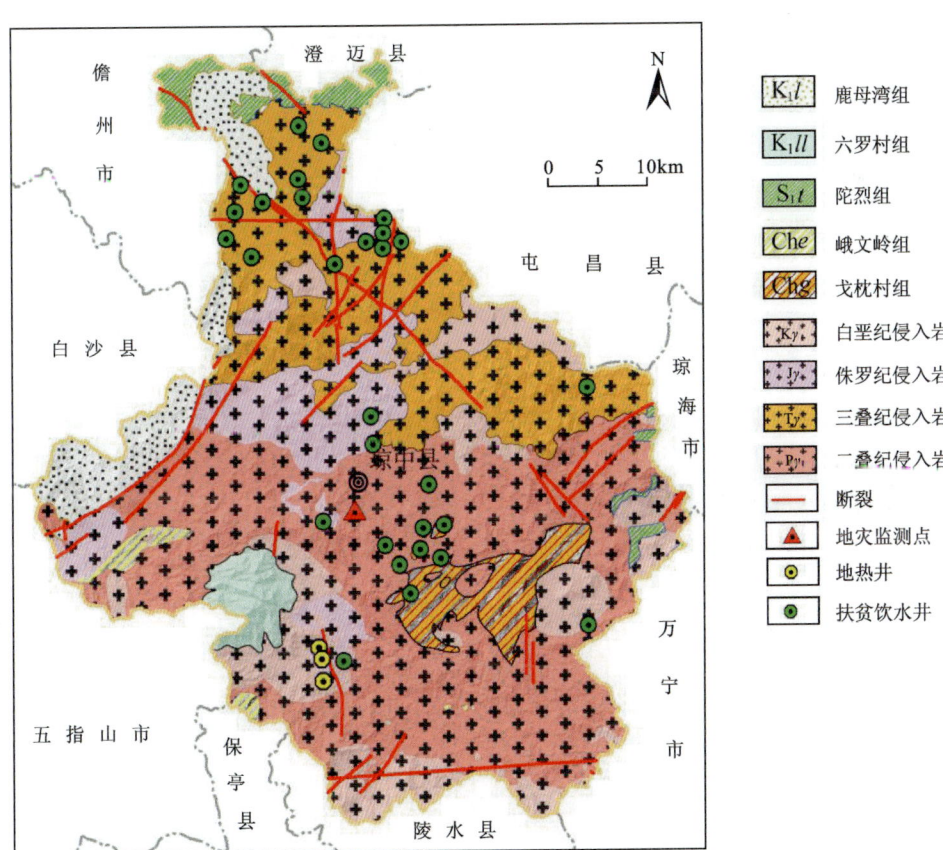

图 8-1-2 琼中县扶贫井分布图

图 8-1-3　榕木村饮水示范工程(高位蓄水池)

图 8-1-4　南涩村扶贫水井成功出水(村民提桶接水)

图 8-1-5　干埇村扶贫水井成功出水(周边村民开车拉水)

2. 地热资源勘探,支撑清洁能源开发

在琼中县上安乡南流地热田圈定温泉靶区5处,选取4处靶区进行地热钻探施工,分别在 F_1'、F_2'、F_3'、F_4'、F_{10} 断裂或断裂交会部位部署4口地热钻孔(图8-1-6)。其中,3口地热井均成功探获地热矿水,3口地热井井温为46.0~52.1℃,总出水量突破5000 t/d,地热资源丰富。

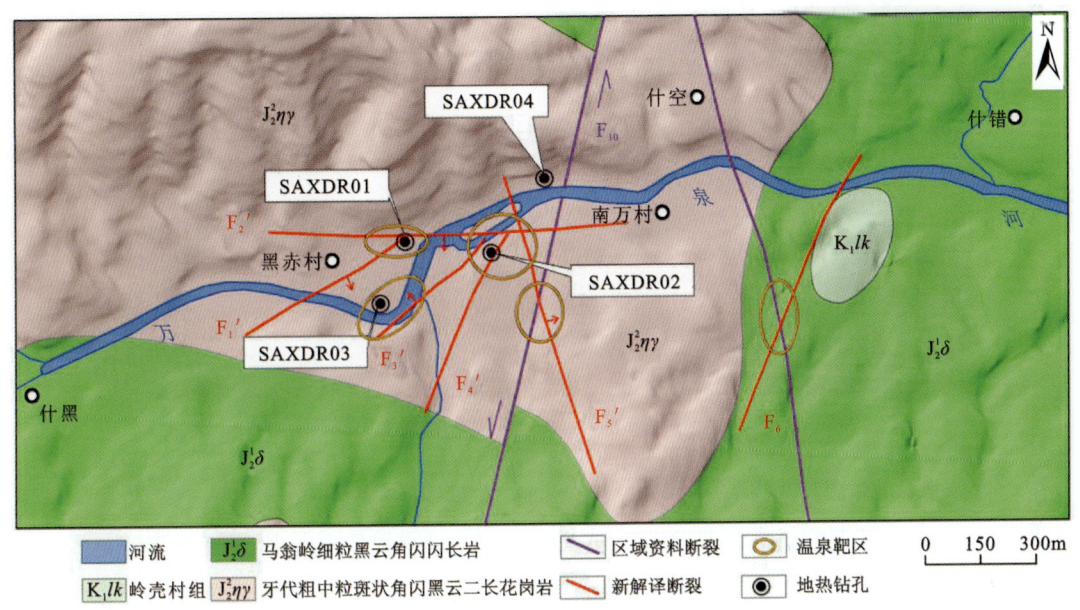

图8-1-6 琼中县上安乡南流地热田地热孔位置示意图

其中,第1口井(SAXDR01)成井深度402.86m,水温高达49.2℃;第2口井(SAXDR02)成井深度220.60m,水温高达52.1℃(图8-1-7);第3口井(SAXDR03)成井深度313.00m,水温高达45.3℃(图8-1-8)。水质检测结果表明,南流地热田地热流体为理疗热矿水中的氟水、硅水,具有较高的理疗价值,可以进行医疗矿水开发。琼中县地热资源勘探开启了清洁能源扶贫模式,支撑琼中县清洁能源开发和温泉旅游小镇建设,形成了"地质调查+地热"的工作模式。

图8-1-7 SAXDR02地热井

图 8-1-8 SAXDR03 地热井

3. 地质灾害调查，支撑民生与住房安全

开展琼中县地质灾害调查和汛期地质灾害驻守工作，掌握琼中县地质灾害发育特征及分布规律。针对琼中县花岗岩分布区地质灾害发育特征，选取营根镇什金钗村典型泥石流灾害进行监测预警示范。建成"琼中县地质灾害监测预警信息平台"，发布琼中县"地灾云监测"微信小程序，实现在线化运行管理地质灾害监测数据，及时掌握地质灾害动态变化，推进琼中县减灾防灾新体系建设。针对琼中县建房削坡工程，提出了防治建议，有效指导地方人民政府应急处置方案，保证了人民生命与财产安全，形成了"地质调查＋防灾"的工作模式。

4. 农业生态地质调查，服务农业产业化

开展琼中县农业生态地质调查，掌握琼中县土壤地质建造、土壤组分、物质垂向演化规律。在全县黎母山镇—湾岭镇—营根镇—和平镇 739.567 km^2 调查范围内，发现天然富硒土壤 476.64 万亩，占调查区总面积的 64.45%。查明绿橙、百香果、花生、玉米、槟榔、茶叶（老叶）和水稻 7 种农产品达到富硒标准，申报并获批海南首个天然富硒土地标识认定。在琼中县划定绿色富硒（绿橙）类农产品开发建议区 12.9 万亩，富硒花生、茄果类农产品开发建议区 3.68 万亩。农业生态地质调查成果对促进土地资源高效利用，提升农产品品质等具有很大的作用，形成了"地质调查＋农业"的工作模式。

5. 地质遗迹调查，推动地方特色旅游产业发展

摸清琼中县地质遗迹资源家底，提出地质遗迹资源保护与科学利用建议，为琼中县各乡镇的地质遗迹保护、旅游开发提供依据，助力百花岭升级为 AAAA 级风景名胜区。出版《海南琼中自然资源图册》，宣传推广琼中县可开发利用旅游资源。结合琼中县广泛分布的地质遗迹和富硒土壤等优势地质资源，提出以"地质微景观＋特色生态农业"为主线，以富硒富碘土地资源和富硒含碘农产品为依托，按照"地质＋生态旅游"模式，编制完成了《海南省琼中县罗马村地质文化村建设实施方案》《海南省琼中县红毛镇番响村地质文化村建设实施方案》，服务美丽乡村建设。推动地方地质遗迹保护和科学研究，形成"地质遗迹＋旅游"的工作模式，有效地推动了琼中县旅游产业的快速发展。

6. 琼中县"双评价",服务县域国土空间规划

完成琼中县资源环境承载能力和国土空间开发适宜性评价,掌握琼中县自然资源本底状况与风险要素,编制国土空间规划地学建议。提出贯彻落实省级战略定位,按照"一县、三城、五地"区域协调发展和"两屏、三带、多廊点、多节点"的生态保护格局,落实优化三生空间边界,打造黎苗风情的国土空间开发新格局。形成"地质调查＋规划"的工作模式,有效优化国土空间开发保护格局、完善区域主体功能定位。

8.2 地质调查支撑服务琼中脱贫攻坚经验启示

1. 党的坚强领导是地质调查助力琼中县脱贫攻坚的根本

脱贫攻坚是事关全面建成小康社会、实现第一个百年奋斗目标和实现中华民族伟大复兴中国梦的关键环节。党的十八大以来,以习近平同志为核心的党中央把脱贫攻坚摆到治国理政的突出位置。

1986年,党中央、国务院吹响了"向贫困宣战"的号角。30多年后,在2020年,习近平总书记召开了脱贫攻坚座谈会,吹响了决战脱贫攻坚战役的号角,明确指出,消除贫困、改善民生、实现共同富裕是社会主义的本质要求,是我们党的重要使命。目前我国在脱贫攻坚领域取得了前所未有的成就,得到国际社会的高度认可,这些成就凝聚了全党全国各族人民的智慧和心血,是广大干部群众扎扎实实干出来的,彰显了中国共产党领导和我国社会主义制度的政治优势。

琼中县是自然资源部定点扶贫的六县之一。自然资源部党组深入领会落实习近平总书记脱贫攻坚系列重要讲话精神,紧密围绕"四个全面"战略布局,牢固树立并切实贯彻创新、协调、绿色、开放、共享的新发展理念,立足精准扶贫、精准脱贫,重点聚焦解决自然资源部定点扶贫六县的"两不愁三保障"和安全饮用水问题。中国地质调查局贯彻落实自然资源部关于脱贫攻坚总体工作安排,部署琼中县脱贫攻坚地质调查工作。总之,历任部党组和部领导、局领导将琼中县扶贫工作置于重要位置,接力扶贫。始终把脱贫攻坚作为一项政治任务来抓,要瞄准精准脱贫的目标,在精准施策上出实招,在精准推进上下实功,在精准落实上见实效。海南省各级党委和琼中县人民政府高度重视,密切配合,全力推进各项工作的落实。充分发挥地质调查专业优势,最大限度地激发贫困区资源环境优势,为琼中县经济社会发展注入强大动力。

2. 顺畅的工作机制是地质调查助力琼中县脱贫攻坚的保障

为了加强琼中县扶贫工作的组织力量,自然资源部先后向琼中县派驻县、驻乡镇、驻村等工作团队,坚持对口定点扶贫。中国地质调查局专门成立琼中县脱贫攻坚地质调查工作组,常年设立地质调查项目,派驻专业技术人员在琼中县开展地质调查工作,为扶贫工作提供了有力的组织保证。

为将地质调查支撑服务琼中县脱贫攻坚落到实处,自然资源部中国地质调查局与海南省自然资源和规划厅、琼中县自然资源和规划局建立了精准扶贫工作联系机制,形成了扶贫工作会议制度,定期召开扶贫工作领导小组会议、党建工作领导小组会议,专题研究定点扶贫工作。做到需求清晰、部署统一、分工明确、实施协同、服务高效,确保扶贫项目转化为切实脱贫效果,持续长期发挥作用,为共同推动琼中县脱贫攻坚地质调查工作奠定了机制保障。

3. 精准的工作部署是地质调查助力琼中县脱贫攻坚的基础

琼中县脱贫攻坚地质调查工作组坚持以精准扶贫、精准脱贫思想为指导。针对贫困原因多样、症状复杂、差异较大的特点,注重在分类施策上下功夫,在精准精细上求实效,通过深入调研号准脉、问题导向施准策、突出重点对准靶,精准对接琼中县脱贫攻坚需求和综合分析存在的问题,充分发挥地质调查工作技术优势,聚焦"两不愁三保障"和安全饮水需求,在水文地质、灾害地质、农业地质、能源地质、旅游地质等方面持续发力,力求脱贫攻坚的深度破冰,让扶贫维度更广更宽。

4. 示范引领是地质调查助力琼中县脱贫攻坚的关键

中国地质调查局坚持需求导向和问题导向相结合,坚持发挥专业优势与贫困地区实际相结合,坚持点上示范辐射面上脱贫,以更大的决心、更强的力度、更精准的举措,举全局之力打通地质工作支撑脱贫攻坚的"最后一公里",使"地质调查+"的扶贫作用进一步显现。

将水文地质调查工作与解决贫困区人民饮水难题结合,建设安全饮水示范工程、示范井和探采结合井;将地质灾害调查与建立防灾减灾示范基地相结合,长期开展海南省汛期地质灾害驻守工作,最大限度减少人员和财产损失;将地热资源调查与地热旅游小镇建设结合,积极引入企业投资;将农业生态地质调查做到成果能够直接支撑服务地方人民政府建设特色农业示范园,以富硒富碘土地资源和富硒含碘农产品为依托,促进土地资源高效利用;将地质遗迹资源调查与科普线路规划结合,有效地推动了琼中县旅游产业的快速发展;将"双评价"工作与国土空间规划结合,优化国土空间开发保护格局、完善区域主体功能定位。

5. 人民群众满意是地质调查助力琼中县脱贫攻坚的动力

支撑服务琼中县脱贫攻坚地质调查工作,既是中央赋予我们的政治使命,也是新时期地质工作者肩负的历史责任。作为地质工作工作者,依然要保存着那份珍贵的"坚守与倔强",将"奉献与实干"的基因融入血液,践行和弘扬"责任、创新、合作、奉献、清廉"的新时代地质文化精神,全力支撑服务琼中县脱贫攻坚并有效衔接乡村振兴战略,让琼中县人民群众满意!

主要参考文献

白莉,刘希胜,2019.银川平原浅层地下水水质分析评价[J].宁夏工程技术,18(3):280-282,285.

陈国光,周国华,梁晓红,等,2019.土地质量地球化学调查成果应用于永久基本农田划分方法技术[J].地质通报,38(Z1):437-442.

陈桥,庄妍,郝得成,等,2019.山东北部沿海区地下水质量评价及其成因分析:以潍坊市昌邑市卜庄镇为例[J].人民长江,50(5):36-40.

迟清华,鄢明才,2007.应用地球化学元素丰度数据手册[M].北京:地质出版社.

杜海娥,李正,郑煜,2019.资源环境承载能力评价和国土空间开发适宜性评价研究进展[J].中国矿业,28(S2):159-165.

封志明,杨艳昭,闫慧敏,等,2017.百年来的资源环境承载力研究:从理论到实践[J].资源科学,39(3):379-395.

傅杨荣,2014.海南岛土壤地球化学与优质农业研究[D].武汉:中国地质大学(武汉).

高健翁,龚晶晶,杨剑洲,等,2021.海南岛琼中黎母山—湾岭地区土壤重金属元素分布特征及生态风险评价[J].地质通报,40(5):807-816.

龚晶晶,高健翁,杨剑洲,等,2021.琼中黎母山—湾岭地区土壤硒、碘分布特征及其影响因素探讨[J].地质科技通报,40(6):255-267.

黄道顺,2005.花岗岩裂隙水的赋存特征及找水要点[J].矿产保护与利用(4):51-54.

纪汶龙,刘中业,朱恒华,等,2021.沂蒙山区中北部侵入岩蓄水构造的富水特征及供水意义[J].山东国土资源,37(12):35-42.

兰兆青,2013.Hopfield网络在水质综合评价中的应用[J].山西农业学报,33(2):182-184.

李亚松,张兆吉,费宇红,等,2012.改进的灰色聚类法在地下水质量评价中的应用[J].水资源保护,28(5):25-28.

廖金凤,1992.海南岛生态环境中的硒[J].中山大学学报(自然科学版)(3):110-116.

廖如松,余雷,陈伟海,等,2020.海南琼中乘坡河谷壶穴的形态及成因[J].桂林理工大学学报,40(1):9.

刘年磊,卢亚灵,蒋洪强,等,2017.基于环境质量标准的环境承载力评价方法及其应用[J].地理科学进展,36(3):296-305.

皮建高,刘长明,潘晟,2009.洞庭湖区浅层地下水安全供水研究[J].华南地质与矿产(4):48-53.

齐信,黎清华,张再天,等,2021a.海南省琼中县花岗岩地区含水层电性特征及地下水赋存规律[J].地质通报,40(6):1001-1009.

齐信,王安涛,黎清华,等,2021b.海南省琼中县地下水质量评价研究[J].华南地质,37(3):339-347.

谭丽霞,符传良,潘顺秋,等,2012.海南琼中县什运乡土壤养分状况研究[J].热带作物学报,33(5):816-820.

童军,徐定芳,范毅,2019.湘潭市河西应急地下水源地评价[J].华南地质与矿产,35(4):463-471.

汪云,杨海博,郑梦琪,等,2019.泰莱盆地地下水蓄水构造特征及勘查定井研究[J].水利水电技术,50(3):52-65.

温新平,陈永祥,王三祥,等,1996.山西省水土含硒量及大骨节病区的海拔分布[J].广东微量元素科学,3(2):61-64.

邢高哲,孙恺,2015.包头市地下水质量评价[J].地下水,37(2):16-19.

许真,何江涛,马文洁,等,2014.地下水质量指标分类综合评价方法研究[J].水文地质工程地质,41(6):6-12.

鄢明才,迟清华,1997.中国东部地壳与岩石的化学组成[M].北京:科学出版社.

于伟伟,邢立亭,马振民,等,2009.模糊评判在地下水质量评价中的应用[J].济南大学学报(自然科学版),23(1):87-89.

张礼中,林学钰,张永波,2008.基于GIS的地下水质量可拓评价模型[J].辽宁工程技术大学学报(自然科学版),27(5):781-784.

赵月,李玉珠,苏磊,等,2021.海南槟榔园不同母岩发育土壤养分状况及其化学计量特征[J].生态学杂志,40(3):680-691.

郑淑蕙,侯发高,倪葆龄,1983.我国大气降水的氢氧稳定同位素研究[J].科学通报(13):801-806.

CRAIG H,1961. Standard for reporting concentrations of deuterium and oxygen-18 in natural waters[J]. Science,133(3467):1833-1834.

GIBBS R J,1970. Mechanisms controlling world water chemistry[J]. Science,170(3962):1088-1090.

GOBER P,KIRKWOOD C W,2010. Vulnerability assessment of climate-induced water shortage in Phoenix[J]. Proceedings of the National Academy of Sciences,107(50):21295-21299.

LIU B D,2004. Inequalities and convergence concepts of fuzzy and rough variables[J]. Fuzzy and Decision Makin(2):46-49.

URICCHIO V F,GIORDANO R,LOPEZ N,2004. A fuzzy knowledge-based decision support system for groundwater pollution risk evaluation[J]. Journal of Environmental Management,73(3):189-197.

WHITEHEAD D C,1984. The distribution and transformations of iodine in the environment[J]. Environment International,10(4):321-339.

WIDODO B,LUPYANTO R,SULISTIONO B,et al.,2015. Analysis of environmental carrying capacity for the development of sustainable settlement in Yogyakarta urban area[J]. Procedia Environmental Sciences,28:519-527.